오직 스터디 카페 멤버에게만
주어지는 특별 혜택!

이기적 스터디 카페

이기적 스터디 카페

합격을 위한 기적 같은 선물
또기적 합격자료집

혼자 공부하기 외롭다면?
온라인 스터디 참여

모든 궁금증 바로 해결!
전문가와 1:1 질문답변

1년 내내 진행되는
이기적 365 이벤트

도서 증정 & 상품까지!
우수 서평단 도전

간편하게 한눈에
시험 일정 확인

합격까지 모든 순간 이기적과 함께!

이기적 365 EVENT

QR코드를 찍어 이벤트에 참여하고 푸짐한 선물 받아가세요!

1 기출문제 복원하기

이기적 책으로 공부하고 시험을 봤다면 7일 내로 문제를 제보해 주세요!

2 합격 후기 작성하기

당신만의 특별한 합격 스토리와 노하우를 전해 주세요!

3 온라인 서점 리뷰 남기기

온라인 서점에서 책을 구매하고 평점과 리뷰를 남겨 주세요!

4 정오표 이벤트 참여하기

더 완벽한 이기적이 될 수 있게 수험서의 오류를 제보해 주세요!

※ 이벤트별 혜택은 변경될 수 있으므로 자세한 내용은 해당 QR을 참고해 주세요.

기적의 적중률, 여러분의 참여로 완성됩니다
기출 복원 EVENT

1. 이기적 수험서로 공부하고 시험에 응시했다면 누구나 참여 가능
2. 응시일로부터 7일 이내 복원 문제만 인정(수험표 첨부 필수!)
3. 중복, 누락, 허위 문제는 당첨 대상에서 제외

※ 이벤트별 혜택은 변경될 수 있으므로 자세한 내용은 해당 QR을 참고해 주세요.

도서 인증하면 고퀄리티 강의가 따라온다!
100% 무료 강의

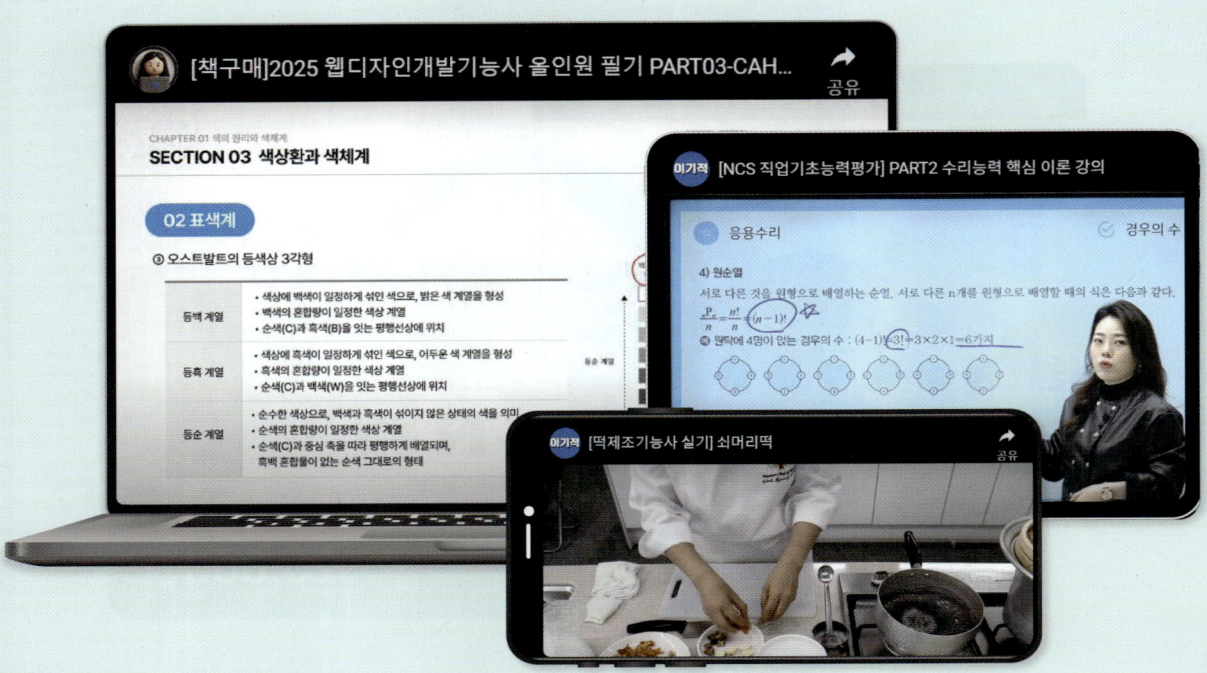

이용방법

STEP 1	STEP 2	STEP 3	STEP 4
	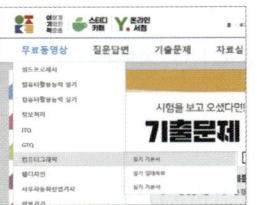	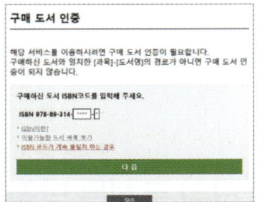	
이기적 홈페이지 (https://license.youngjin.com/) 접속	무료 동영상 게시판에서 도서와 동일한 메뉴 선택	책 바코드 아래의 ISBN 코드와 도서 인증 정답 입력	이기적 수험서와 동영상 강의로 학습 효율 UP!

※ 도서별 동영상 제공 범위는 상이하며, 도서 내 차례에서 확인할 수 있습니다.

 ◁ 이기적 홈페이지 바로가기

영진닷컴 이기적

합격을 위해 모두 드려요.
이기적 합격 솔루션!
이기적이 여러분을 위해 준비했어요

저자가 직접 알려주는, 무료 동영상 강의

동영상 강의와 함께라면 자격증 독학 어렵지 않아요.
이기적이 준비한 무료 동영상 강의로 학습하세요.

합격자가 직접 작성한, 핵심 포인트 정리

시험 보기 직전까지 이기적이 여러분과 함께합니다.
중요한 내용만 모아 담은 핵심 포인트 PDF로 공부한 내용을 정리해 보세요.

마지막 문제 풀이로 최종 점검, 핵심 문제

책에 있는 문제를 다 풀었는데도 뭔가 부족하다면?
추가로 제공하는 핵심 문제 풀어보고 최종 합격까지!

혼자 공부하는 게 막막하다면, ADsP 스터디

이기적이 운영하는 ADsP 온라인 스터디에 참여해 보세요.
스터디원에게만 제공되는 추가 자료와 우수 참가자 혜택까지!

※ 〈2026 이기적 ADsP 데이터분석 준전문가 이론서+기출문제〉를 구매하고 인증한 회원에게만 드리는 자료입니다.

◀ 모든 혜택 한 번에 보기

정오표 바로가기 ▶

문제 풀이로 실력 업그레이드
CBT 온라인 문제집

CBT 온라인 문제집 이용 가이드

STEP 1   CBT 사이트 (cbt.youngjin.com) 접속하기

STEP 2   과목을 선택하고 시작하기 버튼 클릭하기

STEP 3   시간에 맞춰 문제 풀고 합격 여부 확인하기

STEP 4   로그인하면 MY 페이지에서 응시 결과 확인 가능

글자 크기 조절
· 글자 크기 100% 150% 200%

안 푼 문제 수 확인 가능
· 전체 문제 수 : 40 · 안 푼 문제 수 : 40

실제 시험처럼 시간 재며 풀기
제한 시간 40분
남은 시간 37분 39초

모바일 접속도 가능

답안 표기란에 체크

안 푼 문제로 바로 이동 가능
합격 결과 즉시 확인

이기적 CBT

이렇게 기막힌 적중률

ADsP 데이터분석 준전문가
이론서+기출문제

"이" 한 권으로 합격의 "기적"을 경험하세요!

차례

출제빈도에 따라 분류하였습니다.
- 상 : 반드시 보고 가야 하는 이론
- 중 : 보편적으로 다루어지는 이론
- 하 : 알고 가면 좋은 이론

▶ 표시된 부분은 이론 동영상 강의가 제공됩니다.
이기적 홈페이지(license.youngjin.com)에 접속하여 시청하세요.

▶ 본 도서에서 제공하는 동영상 시청은 1판 1쇄 기준 2년간 유효합니다.
단, 출제기준안에 따라 동영상 내용은 변경될 수 있습니다.

PART 01 ▶ 합격 강의
데이터 이해

CHAPTER 01 데이터의 이해
- 중 SECTION 01 데이터와 정보 — 18
- 하 SECTION 02 데이터베이스 — 21

CHAPTER 02 데이터의 가치와 미래
- 상 SECTION 01 빅데이터의 이해 — 26
- 중 SECTION 02 데이터 사이언스 — 31
- ✔ 합격을 다지는 예상문제 — 35

PART 02 ▶ 합격 강의
데이터 분석 기획

CHAPTER 01 데이터 분석 기획의 이해
- 중 SECTION 01 분석 기획 — 42
- 상 SECTION 02 분석 방법론 — 44

CHAPTER 02 분석 마스터 플랜
- 하 SECTION 01 마스터 플랜 수립 — 54
- 중 SECTION 02 분석 거버넌스 체계 수립 — 59
- ✔ 합격을 다지는 예상문제 — 66

PART 03 ▶ 합격 강의
데이터 분석

CHAPTER 01 데이터 분석 이해
- 하 SECTION 01 데이터의 수집과 알고리즘 활용 — 74
  - 01. 데이터 수집 목적의 차이
  - 02. 머신러닝과 데이터 마이닝
- 중 SECTION 02 데이터 분석 기법의 이해 — 76
  - 01. 데이터 처리
  - 02. 분석 방법

CHAPTER 02 기초통계와 통계 검정
- 중 SECTION 01 통계 개념 이해 — 82
  - 01. 데이터와 확률변수
  - 02. 모집단과 표본
  - 03. 측정과 척도
  - 04. 용어와 표기법
- 중 SECTION 02 통계분석의 이해 — 89
  - 01. 확률과 확률분포
- 중 SECTION 03 기술통계량 — 97
  - 01. 데이터의 구조와 표현
  - 02. 데이터의 특성
  - 03. 데이터의 변환과 관계 분석
- 중 SECTION 04 추정과 통계 검정 — 105
  - 01. 추정
  - 02. 통계적 가설 검정

CHAPTER 03　머신러닝

- **SECTION 01** 머신러닝 개요　118
  - 01. 알고리즘 분류
  - 02. 평가 지표
  - 03. 교차 검증
- **SECTION 02** 지도학습(Supervised Learning)　125
  - 01. 선형회귀
  - 02. 로지스틱회귀
  - 03. 나이브 베이즈 분류
  - 04. 서포트 벡터 머신
  - 05. K-NN
  - 06. 의사결정나무
  - 07. 앙상블 기법
  - 08. 인공신경망 모형
  - 09. 시계열 데이터 분석
- **SECTION 03** 비지도학습(Unsupervised Learning)　145
  - 01. 주요 개념
  - 02. 차원 축소 및 행렬 분해 관련 방법론
  - 03. 군집화
  - 04. 유사도 기반 추천 알고리즘
- 합격을 다지는 예상문제　154

PART 04　최신 기출문제

기출문제 45회(2025.05.17. 시행)　166
기출문제 44회(2025.02.22. 시행)　179
기출문제 43회(2024.11.03. 시행)　194
기출문제 42회(2024.08.10. 시행)　208
기출문제 41회(2024.05.11. 시행)　220
기출문제 40회(2024.02.24. 시행)　234
최신 기출문제 정답 & 해설　246

PART 05　실전 모의고사

실전 모의고사 01회　274
실전 모의고사 02회　286
실전 모의고사 정답 & 해설　298

부록　R 스크립트

주요 R 스크립트 및 해석　308

구매 인증 PDF

핵심 포인트 정리

핵심 문제

※ 참여 방법 : '이기적 스터디 카페' 검색 → 이기적 스터디 카페(cafe.naver.com/yjbooks) 접속 → '구매 인증 PDF 증정' 게시판 → 구매 인증 → 메일로 자료 받기

이 책의 구성

STEP 01

핵심만 정리한 이론

다년간 분석한 기출문제의 출제빈도, 경향을 토대로 각 섹션마다 출제 빈도를 상,중,하로 나눴습니다.

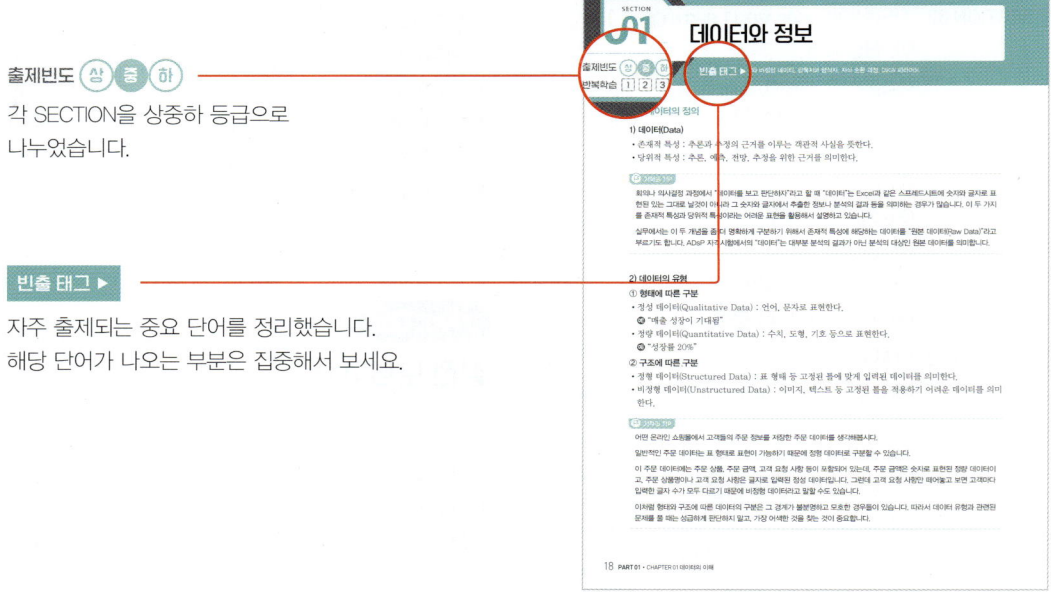

출제빈도 상 중 하
각 SECTION을 상중하 등급으로 나누었습니다.

빈출 태그 ▶
자주 출제되는 중요 단어를 정리했습니다.
해당 단어가 나오는 부분은 집중해서 보세요.

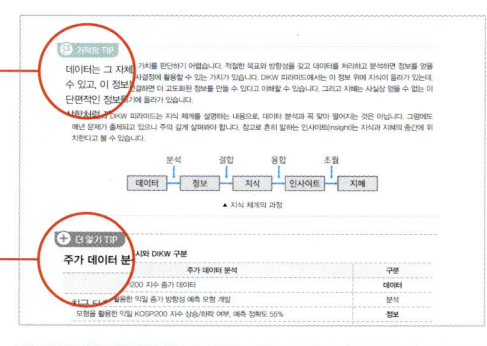

기적의 TIP
시험공부를 하며 알아두면 좋은 선생님의 생생한 노하우와 팁을 담아냈습니다.

더 알기 TIP
더 학습하면 내용을 이해하기 수월해지는 정보들을 제시하였습니다.

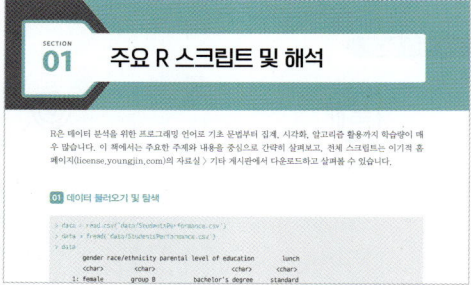

R 스크립트
R 코드 실행 결과에 대한 해석과 분석 방법을 별도 학습할 수 있도록 부록으로 수록하였습니다.

STEP 02
합격을 다지는 예상문제

이론 학습 후 합격을 다지는 예상문제로 이론을 복습하고 자신의 실력을 체크하세요.

STEP 03
기출문제와 모의고사

최신 기출문제 6회와 출제 경향을 반영하여 개발한 모의고사 2회입니다. 실전처럼 풀어보고 시험을 대비해 감각을 키워보세요.

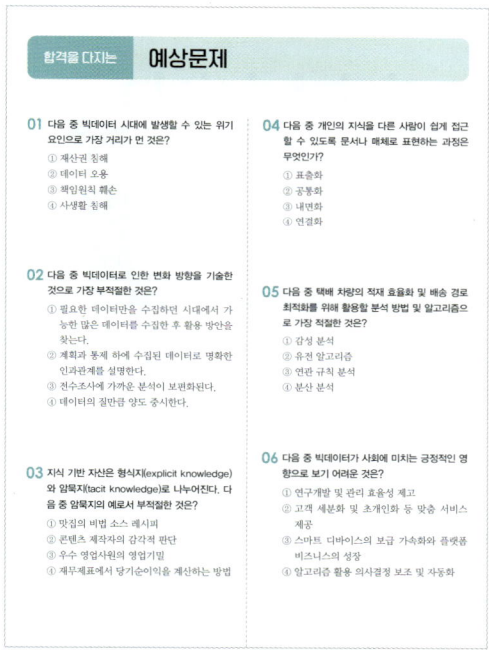

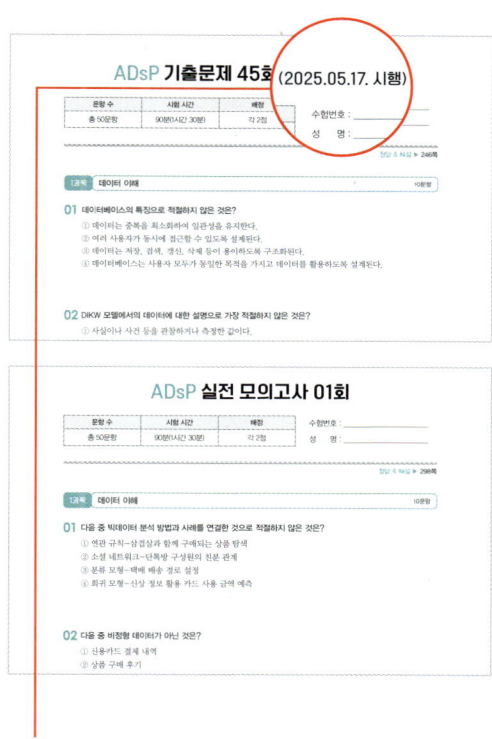

예상문제의 정답과 해설은 예상문제 뒷페이지에서 확인할 수 있습니다.

오답 피하기

상세하고 친절한 해설로 한 번 더 중요 내용을 짚어 드립니다.

(2025.05.17. 시행)

최신 기출문제
45~40회 최신 기출문제를 수록했습니다. 복원된 문제를 반복해서 풀어보세요..

실전 모의고사
실제 시험처럼 시간을 재고 마지막 테스트를 진행해 보세요.

시험의 모든 것

01 응시 자격 조건
- 남녀노소 누구나 응시 가능

02 원서 접수하기
- www.dataq.or.kr에서 접수
- 연 4회 시행

03 시험 응시
- 신분증, 검정색 필기구(컴퓨터용 사인펜 또는 볼펜), 수험표 지참
- 필기시험만 존재하며 PBT(Paper Based Test) 방식으로 90분 동안 진행

04 합격자 발표
- 100점 만점 중 60점 이상 득점
- www.dataq.or.kr에서 합격자 발표

01 데이터분석 준전문가란?

데이터분석 준전문가(Advanced Data Analytics Semi-Professional, ADsP)란 데이터 이해에 대한 기본지식을 바탕으로 데이터 분석 기획 및 데이터 분석 등의 직무를 수행하는 실무자를 말한다.

02 데이터분석 준전문가의 직무

직무	세부내용
데이터 기획	비즈니스 목표 달성을 위해 내부 업무 프로세스를 기반으로 다양한 분석기회를 발굴하여 분석의 목표를 정의하고, 분석대상 도출 및 분석 결과 활용 시나리오를 정의하여 분석과제를 체계화 및 구체화하는 빅데이터 분석과제 정의, 분석 로드맵 수립, 성과 관리 등을 수행한다.
데이터 분석	분석에 대한 요건을 구체적으로 도출하고, 분석과정을 설계하고, 요건을 실무담당자와 합의하는 요건정의, 모델링, 검증 및 테스트, 적용 등을 수행한다.

03 출제 기준

과목명	주요항목	세부항목
데이터 이해	데이터의 이해	데이터와 정보
		데이터베이스의 정의와 특징
		데이터베이스 활용
	데이터의 가치와 미래	빅데이터의 이해
		빅데이터의 가치와 영향
		비즈니스 모델
		위기 요인과 통제 방안
		미래의 빅데이터
	가치 창조를 위한 데이터 사이언스와 전략 인사이트	빅데이터 분석과 전략 인사이트
		전략 인사이트 도출을 위한 필요 역량
		빅데이터 그리고 데이터 사이언스의 미래
데이터 분석 기획	데이터 분석 기획의 이해	분석 기획 방향성 도출
		분석 방법론
		분석 과제 발굴
		분석 프로젝트 관리 방안
	분석 마스터 플랜	마스터 플랜 수립
		분석 거버넌스 체계 수립
데이터 분석	R기초와 데이터 마트	R기초
		데이터 마트
		결측값 처리와 이상값 검색
	통계분석	통계학 개론
		기초통계분석
		다변량 분석
		시계열 예측
	정형 데이터 마이닝	데이터 마이닝 개요
		분류분석(Classification)
		군집분석(Clustering)
		연관분석(Association Analysis)

시험 출제 경향

ADsP 데이터분석 준전문가 시험은 실기시험 없이 필기로만 진행되며, 90분 동안 객관식 총 50문항을 풀게 됩니다. 또한, 각 과목별 40% 미만 정답 시 과락이며 총점 60점 이상만 맞으면 합격할 수 있는 시험이기도 합니다. 만점이 아닌 합격이 목표라면 자신 있는 과목에서 확실히 점수를 챙기고 이해가 어려운 부분은 과감히 우선순위를 뒤로하여 효율적인 학습 전략을 세우는 것도 방법입니다.

▶ 데이터분석 준전문가 시험 (총 50문항, 각 2점)

과목명	문항 수	배점	시험 시간	합격 기준
데이터 이해	10	20점	90분 (1시간 30분)	총점 60점 이상 (과목별 40% 미만 취득 시 과락)
데이터 분석 기획	10	20점		
데이터 분석	30	60점		
총계	50문항	100점		

PART 01 데이터 이해 — 무조건 점수를 따고 들어가야 하는 기본 파트! (10문항)

데이터의 정의와 유형, 데이터베이스, 빅데이터 등 데이터 분야의 전반적인 개요를 다루는 과목입니다. 기본 개념과 사례를 묻는 유형이 주로 출제되고 있습니다. 데이터 웨어하우스, DBMS, IoT 등의 주요 개념에 대한 이해와 빅데이터로 인한 사생활 침해 등 사회적 문제에 대해서도 자주 출제되니 이에 대비해야 합니다. 난이도가 높지 않은 과목이므로, 가능하면 10문제 모두 맞히는 것을 목표로 삼는 것이 좋습니다.

01 데이터의 이해 — 중 — 30%
빈출태그 정형 데이터와 비정형 데이터, 암묵지와 형식지, 지식 순환 과정, DIKW 피라미드, 데이터 웨어하우스(DW), 데이터 마트(DM), OLTP, OLAP, BI

02 데이터의 가치와 미래 — 상 — 70%
빈출태그 3V, 4V, 5V, 빅데이터 출현 배경, 분석 방향 변화, 위기 요인과 통제 방안, 분석 3요소(데이터-기술-인력), 데이터 사이언스 구성 영역, 데이터 사이언티스트의 역할

PART 02　데이터 분석 기획 암기를 통해 개념을 정리하고 이해하기! 10문항

데이터 분석을 위한 기획 과정을 상세히 다루는 과목입니다. 범위가 넓고 혼동하기 쉬운 내용이 많아 어느 정도 암기가 필요합니다. 따라서 분석 기획의 전체적인 흐름을 파악하고, 분석 방법론 종류별 특징과 단계별 세부 내용을 이해하며 구분할 수 있어야 합니다.

데이터 분석 기획 과정의 단계와 순서 등을 물어보는 문제가 지속해서 출제되고 있으므로 철저한 대비가 필요합니다. 이와 함께 분석 조직의 구조와 유형별 특징도 반드시 숙지하세요.

01 데이터 분석 기획의 이해　　상　60%
빈출태그　분석 주제 유형 분류, 단기적 과제 중심 접근 방식, 중장기적 마스터 플랜 방식, KDD 방법론, CRISP-DM 방법론, 폭포수 모델, 하향식(Top Down) 접근 방식, 관리 방안

02 분석 마스터 플랜　　중　40%
빈출태그　우선순위 평가, 시급성과 난이도, 우선순위 선정 매트릭스, 거버넌스 구성 요소, 분석 준비도, 분석 성숙도, 수준 진단, 분석 조직 구조 유형

PART 03　데이터 분석 시험을 관통하는 핵심 부분, 반복 학습 필수! 30문항

데이터 분석은 본 자격증의 핵심 내용이 모두 담긴 중요한 과목입니다. 문항 수도 가장 많고 전문 용어들이 많이 등장하므로 시간을 들여 꼼꼼히 공부해야 합니다.

본 교재에서는 데이터 분석 과목을 자격시험의 가이드 구성을 참고하여 효율적인 순서로 재구성하였으며, R 실습과 관련된 내용은 부록으로 따로 수록하였습니다. 최근에는 R 관련 문항이 R 언어 자체를 묻는 문항보다 R 코드의 실행 결과를 해석하는 유형으로 변화하고 있고, 회차마다 1~2문제 정도 출제가 되고 있습니다. 따라서 효율적인 시험 대비를 위해 R 기초의 핵심적인 내용은 부록에서 살펴보고 더 심화된 내용은 별도로 학습하는 것을 추천합니다.

01 데이터 분석 이해　　하　10%
빈출태그　머신러닝, 인공지능, 알고리즘, 데이터 처리, 표준화 및 정규화, 결측값 처리, 이상값 처리

02 기초통계와 통계 검정　　중　30%
빈출태그　조사 방법론, 표본 추출 방법, 질적 데이터와 양적 데이터, 4가지 척도 종류, 조건부 확률, 독립사건과 배반사건, 평균과 분산, 상관계수, 순서 통계량 사분위수, 산포 측도, 정규화, 통계적 가설 검정, 귀무가설과 대립가설, 유의확률(p-value), 비모수검정

03 머신러닝　　상　60%
빈출태그　평가지표(MAE, RMSE, 오분류율 등), ROC 곡선, 홀드아웃 교차검증, K-폴드 교차검증, 선형회귀의 가정, 오즈와 로짓, 지니 불순도와 엔트로피, 앙상블 기법, 시계열 분해, 거리의 종류, 주성분 분석(PCA), 다차원 척도법(MDS), 군집화 알고리즘 비교, 연관 규칙 분석

Q&A

※시험에 대해 가장 궁금해하시는 내용을 모았습니다.

Q 데이터 관련 배경지식이 없는 수험생도 단기간에 합격할 수 있을까요?

A ADsP(데이터분석 준전문가) 시험은 데이터 분석 입문자도 합격할 수 있는 시험입니다. 특히 비슷한 유형의 문제가 반복해서 출제되므로 기출문제를 철저히 분석하여 최소 4회 이상 푸는 것이 좋습니다. 10~15일 정도의 학습기간을 투자한다면 충분히 합격 점수를 받을 수 있습니다.

Q 수험표는 반드시 지참해야 하나요?

A 수험표는 필수 준비물은 아니지만, 수험표를 통해 응시정보를 제공하니 반드시 확인이 필요합니다. 시험 전 문자 메시지를 통해 고사장 및 수험번호를 안내하고 있습니다. 아울러 신분증은 반드시 지참해야 하며 미지참 시 시험 응시가 제한됩니다.

Q 신분증은 어떤 것이 인정되나요?

A 실물 신분증은 주민등록증, 운전면허증, 여권, 공무원증 등이 인정되며 모바일 신분증 및 신분확인 서비스도 일부 인정됩니다. 정확한 신분증 인정 범위는 한국데이터산업진흥원 데이터자격검정 홈페이지(www.dataq.or.kr)를 참고하시기 바랍니다.

Q 답안지에 수정테이프 사용이 가능한가요?

A 답안지는 수정테이프나 수정액 등을 사용하여 수정할 수 없습니다. 시험 종료 5분 전까지 감독관에게 요청하여 새 답안지로 교체가 가능합니다.

Q 합격기준이 어떻게 되나요?

A 데이터분석 준전문가 자격검정의 합격기준은 100점 만점 중 60점 이상 득점입니다. 단 과목별 100점 만점으로 하여 40점 미만인 과목이 있으면 과락으로 불합격 처리됩니다.

Q 시험문제나 답안이 공개되나요?

A 시험 문제와 답안, 채점기준, 답안지 등은 관련 규정에 따라 모두 비공개로 시행하고 있습니다.

저자의 말

이제는 누구에게나 데이터 분석이 필요한 시대입니다.

데이터와 IT 기술의 발달, 빅데이터와 AI에 대한 관심이 높아지면서, 기업들은 구성원들의 데이터 역량 강화와 검증에 대한 필요성을 절감하고 있습니다. 이에 따라 '데이터 분석가'라는 직무가 주목받고, 기업은 유능한 분석가를 찾기 위해, 취업이나 이직을 준비하는 이들은 그에 걸맞는 역량을 갖추기 위해 노력하고 있습니다.

데이터분석 준전문가(ADsP) 자격시험은 이러한 흐름 속에서 등장했습니다. ADsP는 "데이터 이해에 대한 기본 지식을 바탕으로 데이터 분석 기획 및 분석 업무를 수행할 수 있는 실무자"를 양성하기 위해 만들어진 시험입니다. 하지만 데이터 분석은 특정 직무에만 해당되는 기술이 아닙니다. 모든 비즈니스 영역에서 요구되는 핵심 역량이며, 분석 직무가 아니더라도 데이터를 바탕으로 정보를 해석하고, 인사이트를 도출하며, 합리적인 의사결정을 내릴 수 있는 능력이 중요해지고 있습니다.

물론 자격시험을 통과했다고 해서 곧바로 실무에서 데이터 분석을 잘하게 되는 것은 아닙니다. 저 역시 대학과 대학원에서 통계학을 전공했고, 이후에는 기업 임직원을 대상으로 Python, SQL 등 분석 도구와 기초통계부터 알고리즘까지 다양한 주제로 강의하며 분석 프로젝트도 수행해 왔습니다. 그러나 실제 현장에서는 배운 내용을 그대로 적용하기 어려운 경우가 많았고, 종종 현실에 맞게 새롭게 구성해야 했습니다. 여러분도 이 점을 꼭 기억해야 합니다. 이론과 현실은 다를 수 있으며, 진짜 중요한 것은 '분석을 실제로 수행할 수 있는 역량'입니다.

이 자격시험은 많은 이들이 데이터 분석에 입문하는 출발점이 됩니다. 세상과 비즈니스의 흐름을 이해하고, 상황에 맞는 적절한 방법으로 분석을 수행하려면 이론뿐 아니라 다양한 경험이 필요합니다. 자격 취득은 끝이 아니라 시작입니다. 앞으로 더 많은 것을 채워나갈 준비라고 생각해야 합니다. 어떤 분은 이미 데이터와 관련된 일을 하고 있으면서 개인적인 관심이나 회사의 권유로 시험을 준비할 수도 있습니다. 이 경우에도 ADsP를 통해 기존의 분석 프로세스나 이론을 점검하고, 새로운 방법론을 살펴보며 개선의 기회를 가질 수 있습니다. 단, 모든 직무와 환경이 다르듯이, 자신에게 맞는 방법을 현실적으로 선택하는 것이 중요합니다. 이 자격시험을 계기로 본인의 경험과 조직의 상황을 고려한 분석적 사고와 방향성을 다시 정리해 보시기 바랍니다.

이 책은 ADsP 시험을 처음 준비하는 분들부터, 이미 실무에서 데이터를 다루고 있는 분들까지 모두를 위한 실용적인 학습 안내서입니다. 시험 준비에 시간을 아끼고, 부담을 줄이면서도 정확하고 효율적으로 개념을 익힐 수 있도록 구성했습니다.

여러분의 합격을 진심으로 응원합니다.

저자 *임경덕*

PART 01

데이터 이해

파트 소개

데이터와 정보, 데이터베이스의 기본 개념과 주요 용어를 학습합니다.
첫 번째 챕터에서는 데이터의 정의와 데이터의 유형, 지식과 정보 체계를 다루고, 두 번째 챕터에서는 데이터베이스의 특성과 주요 용어, 활용에 대해서 살펴봅니다.

CHAPTER 01

데이터의 이해

학습 방향

반복적으로 출제되는 주제 중심으로 내용을 정리했습니다. 첫 번째 섹션에서 데이터의 유형과 암묵지-형식지, DIKW 피라미드, 두 번째 섹션에서는 데이터베이스 관련 용어를 중심으로 암기하고, 기출문제도 통째로 외웁시다.

출제빈도

SECTION 01	중	60%
SECTION 02	하	40%

SECTION 01 데이터와 정보

출제빈도 상 중 하
반복학습 1 2 3

빈출 태그 ▶ 정형 데이터와 비정형 데이터, 암묵지와 형식지, 지식 순환 과정, DIKW 피라미드

01 데이터의 정의

1) 데이터(Data)
- 존재적 특성 : 추론과 추정의 근거를 이루는 객관적 사실을 뜻한다.
- 당위적 특성 : 추론, 예측, 전망, 추정을 위한 근거를 의미한다.

> **기적의 TIP**
>
> 회의나 의사결정 과정에서 "데이터를 보고 판단하자"라고 할 때 "데이터"는 Excel과 같은 스프레드시트에 숫자와 글자로 표현된 있는 그대로 날것이 아니라 그 숫자와 글자에서 추출한 정보나 분석의 결과 등을 의미하는 경우가 많습니다. 이 두 가지를 존재적 특성과 당위적 특성이라는 어려운 표현을 활용해서 설명하고 있습니다.
>
> 실무에서는 이 두 개념을 좀 더 명확하게 구분하기 위해서 존재적 특성에 해당하는 데이터를 "원본 데이터(Raw Data)"라고 부르기도 합니다. ADsP 자격시험에서의 "데이터"는 대부분 분석의 결과가 아닌 분석의 대상인 원본 데이터를 의미합니다.

2) 데이터의 유형

① 형태에 따른 구분
- 정성 데이터(Qualitative Data) : 언어, 문자로 표현한다.
  - 예 "매출 성장이 기대됨"
- 정량 데이터(Quantitative Data) : 수치, 도형, 기호 등으로 표현한다.
  - 예 "성장률 20%"

② 구조에 따른 구분
- 정형 데이터(Structured Data) : 표 형태 등 고정된 틀에 맞게 입력된 데이터를 의미한다.
- 비정형 데이터(Unstructured Data) : 이미지, 텍스트 등 고정된 틀을 적용하기 어려운 데이터를 의미한다.

> **기적의 TIP**
>
> 어떤 온라인 쇼핑몰에서 고객들의 주문 정보를 저장한 주문 데이터를 생각해봅시다.
>
> 일반적인 주문 데이터는 표 형태로 표현이 가능하기 때문에 정형 데이터로 구분할 수 있습니다.
>
> 이 주문 데이터에는 주문 상품, 주문 금액, 고객 요청 사항 등이 포함되어 있는데, 주문 금액은 숫자로 표현된 정량 데이터이고, 주문 상품명이나 고객 요청 사항은 글자로 입력된 정성 데이터입니다. 그런데 고객 요청 사항만 떼어놓고 보면 고객마다 입력한 글자 수가 모두 다르기 때문에 비정형 데이터라고 말할 수도 있습니다.
>
> 이처럼 형태와 구조에 따른 데이터의 구분은 그 경계가 불분명하고 모호한 경우들이 있습니다. 따라서 데이터 유형과 관련된 문제를 풀 때는 성급하게 판단하지 말고, 가장 어색한 것을 찾는 것이 중요합니다.

3) 지식 경영과 데이터

① 암묵지(Tacit Knowledge)
개인에게 습득되어 있지만 밖으로는 드러나지 않는 지식을 의미한다.

② 형식지(Explicit Knowledge)
문서, 영상 등으로 형상화되어 전달과 공유가 용이한 지식이다.

③ 지식의 순환
지식 경영에서는 아래의 네 과정을 통해 암묵지와 형식지가 상호작용한다고 본다.
- 표출화(Externalization) : 개인의 지식을 언어나 기호, 숫자 등의 형태를 가진 데이터로 표현
- 연결화(Combination) : 상대의 표출화된 지식을 본인의 지식에 연결
- 내면화(Internalization) : 축적된 경험 및 데이터를 바탕으로 지식을 습득
- 공동화(Socialization) : 조직의 구성원이 동일한 지식을 공유

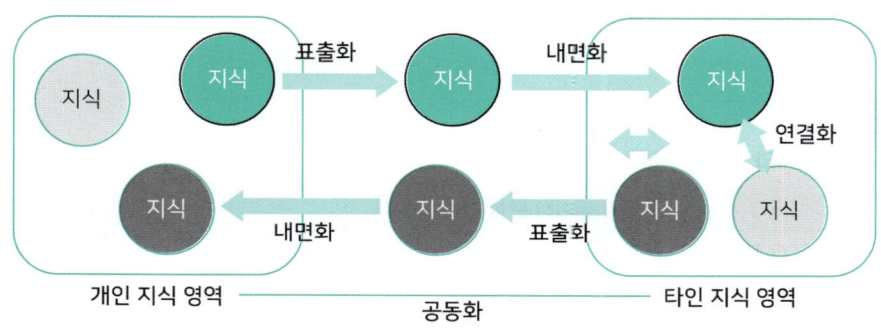

▲ 지식의 순환

4) DIKW 피라미드
자주 혼용되는 데이터, 정보, 지식과 지혜를 계층적인 구조로 설명하는 모형이다.

▶ DIKW 피라이드 구분

구분	내용
데이터(Data)	수치나 기호, 문자로 표현된 기록 그 자체를 의미
정보(Information)	목적에 따라 데이터를 가공, 처리, 분석한 결과물
지식(Knowledge)	정보를 연결하고 일반화한 체계적이고 가치 있는 사실
지혜(Wisdom)	축적된 지식과 경험 및 아이디어를 결합한 창의적인 산물

▲ DIKW 피라미드 모형

기적의 TIP

데이터는 그 자체로는 가치를 판단하기 어렵습니다. 적절한 목표와 방향성을 갖고 데이터를 처리하고 분석하면 정보를 얻을 수 있고, 이 정보는 의사결정에 활용할 수 있는 가치가 있습니다. DIKW 피라미드에서는 이 정보 위에 지식이 올라가 있는데, 단편적인 정보들을 연결하면 더 고도화된 정보를 만들 수 있다고 이해할 수 있습니다. 그리고 지혜는 사실상 얻을 수 없는 이상향처럼 제일 꼭대기에 올라가 있습니다.

지식 경영과 DIKW 피라미드는 지식 체계를 설명하는 내용으로, 데이터 분석과 꼭 맞아 떨어지는 것은 아닙니다. 그럼에도 매년 문제가 출제되고 있으니 주의 깊게 살펴봐야 합니다. 참고로 흔히 말하는 인사이트(Insight)는 지식과 지혜의 중간에 위치한다고 볼 수 있습니다.

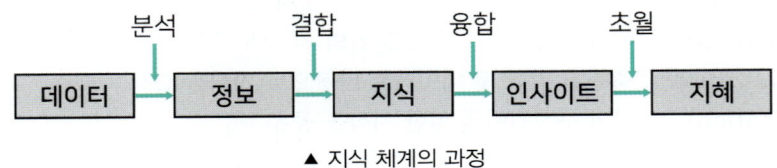

▲ 지식 체계의 과정

더 알기 TIP

주가 데이터 분석 예시와 DIKW 구분

주가 데이터 분석	구분
최근 5년간 KOSPI200 지수 종가 데이터	**데이터**
과거 패턴을 활용한 익일 종가 방향성 예측 모형 개발	분석
모형을 활용한 익일 KOSPI200 지수 상승/하락 여부, 예측 정확도 55%	**정보**
데이터 분석 결과 정보 및 은행 이자율 등 외부 정보 결합	결합
"종가 방향성 예측을 활용한 투자로 은행 이자율보다 높은 수익률을 얻기 어렵다."	**지식**
지속적인 분석 및 알고리즘 개발 및 소액 테스트	융합
"알고리즘을 활용한 투자로 성공하는 것은 쉽지 않다."	인사이트
"아무것도 안 하는 것이 가장 좋은 투자방법이다."	**지혜**

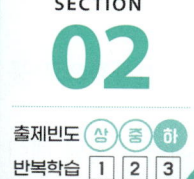

SECTION 02 데이터베이스

빈출 태그 ▶ 데이터 웨어하우스(DW), 데이터 마트(DM), OLTP, OLAP, BI

01 데이터베이스의 정의와 특징

1) 데이터베이스의 정의

- 데이터베이스(Database, DB)는 특정한 목적을 위해 수집한 데이터를 여러 사람이 공유하기 위해 효율적으로 통합 관리되는 정보의 집합을 의미한다.
- ADsP 가이드에서는 데이터베이스를 "문자, 기호, 음성, 화상, 영상 등 상호 관련된 다수의 콘텐츠를 정보 처리 및 정보통신 기기에 의하여 체계적으로 수집·축적하여 다양한 용도와 방법으로 이용할 수 있도록 정리한 정보의 집합체"로 정의한다.
- 데이터베이스를 구축하고 유지, 관리할 수 있는 소프트웨어를 데이터베이스 관리 시스템(DBMS, DataBase Management System)이라고 하며, 데이터베이스와 구분된다.

2) 데이터베이스의 특징

구분	내용
통합된 데이터	동일한 내용의 데이터는 중복되어 있지 않다.
저장된 데이터	데이터베이스의 데이터는 컴퓨터가 접근할 수 있는 저장 매체에 저장된다.
공용 데이터	여러 사용자가 서로 다른 목적으로 데이터를 공동으로 이용할 수 있다.
변화되는 데이터	데이터베이스의 상태는 새 데이터의 추가, 기존 데이터의 삭제 등으로 항상 변화하지만 각 시점에서 정확한 데이터를 유지해야 한다.

이외에도 기계 가독성, 검색 가능성, 원격 조작성과 같은 특성이 있다.

02 데이터베이스의 활용

1) 기업 내부 데이터베이스

- 기업 경영 전반에 관한 인사, 조직, 생산, 영업 활동을 포함한 모든 데이터를 연계하여 일관된 체계로 구축, 운영되며 경영 활동의 기반이 되는 시스템이다.
- 제조, 금융, 유통 등 다양한 부문에 걸쳐 기업 데이터베이스의 도입 및 시스템 확장이 이뤄져왔으며, 오늘날에도 빅데이터와 AI에 대응하기 위해 시스템 구축이 이뤄지고 있다.

2) 데이터베이스 시스템 관련 용어

① OLTP(OnLine Transaction Processing)

금융 거래, 주문 처리, 고객 관리, 생산 과정 등에서 발생한 이벤트 등 트랜잭션을 실시간으로 처리하는 시스템을 의미하며, 이 과정에서 생성된 데이터는 DW로 전송된다.

② **DW(Data Warehouse, 데이터 웨어하우스)**
- 다양한 출처에서 데이터를 통합하여 저장하는 중앙 저장소(창고)이며, 기업의 데이터를 전사적으로 통합한 DW를 EDW(Enterprise Data Warehouse)라고 부른다.
- 모든 부서와 기능의 데이터를 포함하는 중앙 집중식 데이터 관리가 특징이며, OLTP에서 수집된 데이터를 통합하고 저장한다.

③ **DM(Data Mart, 데이터 마트)**
- 특정 부서나 기능에 맞춘 소규모 DW로 EDW의 하위 집합으로 볼 수 있다.
- 월 마감 보고서 생성 등 반복적이고 조직적으로 이뤄지는 데이터 조회 및 활용작업을 효율적으로 처리하기 위해 생성하고 활용할 수 있다.
- 데이터 마이닝의 모델링 과정에서 필요한 데이터를 미리 DM을 생성할 수 있으며, DW의 데이터를 수집, 변형, 집계하여 생성한다.

④ **OLAP(OnLine Analytical Processing)**
- DW, DM 등에 저장된 대용량 데이터를 다양한 방법으로 분석하여 의사결정에 도움을 주는 시스템이다.
- 대시보드 등을 생성하는 비즈니스 인텔리전스, 데이터 마이닝 등에 활용한다.

> **기적의 TIP**
>
> 신용카드 결제 과정으로 위의 용어들을 다시 한번 살펴봅시다.
>
> 카드사가 결제서비스를 제공하고 제대로 운영이 되려면, 카드사는 결제가 이뤄질 때마다 누가, 언제, 어디서, 얼마를 결제했는지를 건별로 데이터베이스에 저장해야 합니다(OLTP→DW). 이렇게 저장된 "원장" 데이터를 활용하여 카드사는 고객에게 청구하고, 가맹점주에게 결제 금액을 지급합니다. 이 원장 데이터를 중심으로 하는 데이터베이스는 카드사를 운영하기 위해 필수적인 요소입니다. 금융, 유통, 제조를 불문하고 초기의 기업 데이터베이스는 이렇듯 운영을 위해 데이터를 수집하고 관리하는 데 초점을 둘 수밖에 없습니다.
>
> 그런데 카드사의 영업, 마케팅, 신용관리를 담당하는 부서에서는 이 원장 데이터와 고객 데이터 등을 분석하고 전략을 수립할 수도 있습니다. 이 때는 각각의 결제 건이 아니라 결제 묶음 단위의 정보를 활용합니다. 예를 들면 고객별 월 결제 금액이나 가맹점별 월 매출액이 있습니다. DW의 데이터를 합계 등 집계를 통해 크기를 줄이고 정보를 압축시킨 더 작은 데이터로 바꾸게 됩니다(DW→DM). 같은 조직이나 비슷한 업무와 기능을 담당하면 활용하는 데이터도 같거나 겹칠 수밖에 없는데, 자주 활용되고 많은 사람들이 사용하는 작은 데이터를 묶어서 따로 관리하는 것이 바로 데이터 마트입니다. 창고형 매장에서는 생수를 한 팩 단위로 팔지만 마트에서는 당장 필요한 한 병만 살 수 있는 것과 비슷합니다.
>
> 이렇게 만들어진 DM의 데이터를 처리하고 분석하는 과정을 거치게 됩니다. 스프레드 시트와 문서작성 도구를 활용하는 단순한 집계와 시각화, 보고서 생성 등 개인의 PC에서 작업할 수도 있지만 데이터베이스 시스템 내에 있는 솔루션 등을 활용하여 대시보드를 생성하고 알고리즘을 적용하는 비즈니스 인텔리전스, 데이터 마이닝 등과 연계할 수 있습니다(DM→OLAP).

▲ 데이터 처리 및 분석의 흐름

ADsP 자격시험에서는 시스템의 구성보다는 각 개별 용어의 표현과 의미를 중심으로 문제를 출제하고 있지만, 각 요소의 연계를 생각하면 훨씬 효과적으로 이해할 수 있습니다.

3) 데이터베이스 활용 전략 용어

① ERP(Enterprise Resource Planning)
- 기업의 모든 자원과 프로세스를 통합적으로 관리하는 시스템으로 데이터베이스 활용이 필수적이다.
- 전사적인 운영 효율성을 높이고, 데이터의 일관성을 유지하며, 실시간으로 비즈니스 인사이트를 제공하는 것을 목적으로 한다.

② 경영정보시스템(Management Information System, MIS)
기업의 생산성과 수익성을 높이기 위해 기업의 경영관리에 필요한 정보를 신속히 수집, 가공, 축적하여 조직 내 구성원에게 제공, 공유하는 시스템을 의미한다.

③ CRM(Customer Relationship Management, 고객 경험 관리)
고객 만족도와 충성도를 높이기 위해서 고객 데이터를 수집, 분석하여 맞춤형 서비스를 제공하고 마케팅 등에 활용한다.

④ RM(Risk Management)
금융업을 중심으로 계약 및 거래의 연체를 관리하기 위해 데이터 마이닝 등을 활용하여 위험을 수치화하고 최소화하거나 제어하기 위한 일련의 과정을 의미한다.

⑤ SCM(Supply Chain Management, 공급망 관리)
제조업 및 유통업에서 공급망 전체를 관리하는 시스템으로, 원재료의 수급부터 최종 제품의 고객 전달까지의 모든 과정을 효율적으로 관리하고 비용 절감과 서비스 수준 향상을 목표로 한다.

⑥ BI(Business Intelligence, 비즈니스 인텔리전스)
기업의 데이터를 분석하여 유용한 정보를 도출하고, 이를 바탕으로 의사결정을 지원하는 시스템으로 KPI 등 지표와 데이터 마이닝의 결과 등을 데이터 시각화, 대시보드로 표현한다.

4) 사회기반구조 데이터베이스
- 1990년대 무역, 통관, 물류, 조세, 국세, 조달 등 사회 각 부문의 정보화로 데이터베이스 구축이 추진되었다.
- 물류, 지리, 교통, 의료, 교육 등 다양한 영역에서 데이터베이스가 활용되고 있으며, 4차 산업혁명 등의 영향으로 사회 전반의 기간재로서 공공 데이터베이스가 자리매김하고 있다.

> 지혜로운 사람은 외부에서
> 행복을 찾지 않는다.
> 그는 자기 안에서 고요함을 구한다.
>
> 아르투어 쇼펜하우어

이기적 강의는 무조건 0원!

이기적 영진닷컴

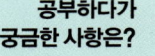 **공부하다가 궁금한 사항은?**

이기적 스터디 카페

CHAPTER

02

데이터의 가치와 미래

학습 방향

빅데이터의 개념과 영향, 위기 요인과 통제 방안, 빅데이터 분석의 절차와 데이터 사이언스의 개념에 대해서 매년 비슷한 유형의 문제가 출제됩니다. 앞 챕터와 마찬가지로 기출문제를 중심으로 주요한 내용을 암기하면 됩니다.

출제빈도

| SECTION 01 | 상 | 65% |
| SECTION 02 | 중 | 35% |

SECTION 01 빅데이터의 이해

빈출 태그 ▶ 3V, 4V, 5V, 빅데이터 출현 배경, 분석 방향 변화, 위기 요인과 통제 방안

01 빅데이터의 이해

1) 다양한 빅데이터 정의 및 특성

① 규모 중심 정의

일반적인 데이터베이스 소프트웨어로 저장, 관리, 분석할 수 있는 범위를 초과하는 규모의 데이터이다.

② 분석 비용 및 기술 초점 정의

다양한 종류의 대규모 데이터로부터 저렴한 비용으로 가치를 추출하고 데이터의 초고속 수집, 발굴, 분석을 지원하도록 고안된 차세대 기술 및 아키텍처다.

③ 빅데이터의 특성 "3V"

- Volume(양, 크기) : 데이터의 용량, 물리적인 크기가 커지고 있다.
- Variety(다양성) : 다양한 유형의 데이터가 생성, 저장되고 있다.
- Velocity(속도) : 수집과 처리, 활용 과정에서 속도가 빨라지고 주기가 단축되고 있다.

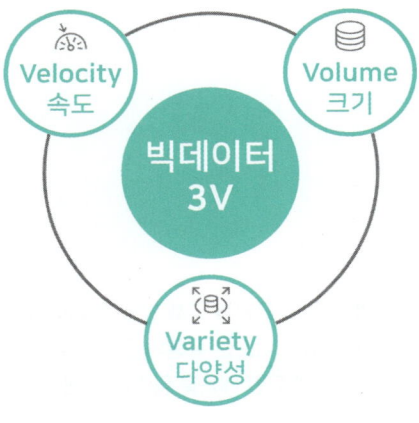

▲ 빅데이터의 특성(3V)

- 기존 3V에 Veracity(정확성), Value(가치), Visualization(시각화) 등의 속성을 더하기도 한다.

02 빅데이터의 출현 배경 및 영향

1) 빅데이터 출현 배경

① 데이터 산업의 진화
거래를 정확하게 기록하고 거래의 자동화를 지원하는 데이터 처리 및 통합 중심의 비즈니스에서 더 많은 데이터를 연결하고 활용하며 분석하는 비즈니스로 확장되었다.

② 비즈니스 데이터의 축적
- 3차 산업혁명으로 불리는 IT(정보통신) 기술의 지속적인 발전 및 다양한 IT 비즈니스의 성장으로 금융, 유통, 제조 등 다양한 산업 영역에 걸쳐 데이터의 지속적인 축적이 이뤄졌다.
- 스마트 디바이스의 보급이 가속화되면서 SNS(소셜미디어), 이커머스 등 플랫폼 비즈니스가 성장하였으며, 플랫폼을 중심으로 고객, 콘텐츠, 거래 등 다양하고 규모가 큰 데이터가 쌓이게 되었다.

③ 데이터 관련 기술의 발전
- 데이터 처리 및 저장에 필요한 CPU, 메모리 등의 기술의 발달로 시간이 지날수록 더 많은 데이터를 더 낮은 비용으로 처리, 저장, 활용할 수 있게 되었다.
- 인터넷과 카메라·디스플레이·GPS 등 다양한 센서가 통합된 스마트 디바이스의 보급으로 실시간으로 더 많은 데이터가 생성되고 네트워크를 통해 이동할 수 있는 환경이 조성되었다.
- 분산처리, 클라우드 컴퓨팅 등 새로운 기술은 기존 플랫폼의 기술적 한계를 극복하고 더 많은 트래픽과 데이터를 처리할 수 있도록 도왔다.

> **기적의 TIP**
>
> 자격시험 가이드에서는 "클라우드 서비스의 분산 병렬처리 컴퓨팅이 빅데이터 처리 비용 절감에 도움이 된다"라고 말하고 있지만, 이 표현은 오해의 소지가 많습니다. 클라우드와 분산 병렬처리는 별개의 것으로 이해해야 합니다.
>
> 앱 서비스를 제공하거나 데이터를 처리, 저장하려면 큰 컴퓨터, 서버가 필요합니다. 클라우드(cloud)는 원격환경에서 서버를 운영하는 것으로 서버를 직접 설치하고 운영하는 온프레미스(on-premise)와 대비되는 개념입니다. 온프레미스 환경에서도 분산 병렬처리 환경을 구성할 수도 있습니다.
>
> 다양한 분산 병렬처리의 개념이 존재하는데, 온프레미스에 비해 클라우드의 장점은 확장성(scalability)이 있다는 것입니다. 예를 들어 배달 앱을 운영을 하는 회사의 금요일 저녁 앱 서비스 동시접속자수가 100만명이라고 하면 온프레미스 서버를 구축할 때 100만명을 감당할 수 있는 서버 구축이 필요합니다. 그런데 화요일 새벽 3시에는 접속자수가 100명도 안 될 것이고, 이 비싼 서버는 전기만 먹는 쓰레기가 됩니다. 이럴 때 클라우드의 확장성이 효과가 있습니다. 클라우드 서비스에서 1만명을 처리할 수 있는 서비스를 구성해두고 확장성을 활용하면, 100만명이 접속하면 기존 서비스 서버가 100개로 자가 복제되고, 다시 사용자가 줄어들면 그것에 비례해서 서비스 서버의 개수도 줄어들게 만들 수 있습니다. 클라우드 서비스가 말하는 "쓴 만큼 돈을 내기 때문에 효율적이다"라는 말이 여기서 나옵니다.
>
> 그런데 항상 클라우드 서비스가 비용 효율적인 것은 아닙니다. 서비스의 종류와 이용자들의 이용 패턴에 따라 온프레미스 비용이 더 낮을 때도 있고, 정보 보안이나 법 규제에 따라서 클라우드 서비스를 활용하기 힘들 때도 있습니다.
>
> 만약 시험 문항에 클라우드와 비용에 관한 문제가 나온다면 가이드에 등장하는 표현을 기준으로 더 확실한 문항을 찾아보는 것이 좋겠습니다.

④ 데이터 및 알고리즘 기반 연구 활발
- 통계학, 수학, 컴퓨터 공학 등 다양한 학계에서 데이터 처리와 분석을 위한 알고리즘을 개발해왔으며, 더 많은 데이터와 더 빠른 컴퓨터 성능을 활용해 고도화된 알고리즘을 개발하고 데이터 기술 발달에 기여했다.
- 비즈니스 영역에서 적재된 데이터를 활용하여 정보를 추출하고 가치를 창출하기 위한 다양한 전략과 방법을 모색했듯이, 다양한 연구 영역에서도 기존보다 더 크고 복잡한 데이터에서 알고리즘을 활용해 정보를 고도화하는 방법이 일반화되고 있다.

2) 빅데이터 영향

① 빅데이터 관심 증가
석탄, 원유, 렌즈 등에 비유되는 빅데이터는 차세대 산업 혁신에 꼭 필요한 요소로 관심이 집중되고 있다.

② 빅데이터 영향 증대
- 4차 산업혁명의 기반 기술로 D(Data, 데이터), N(Network, 네트워크), A(Artificial Intelligence, 인공지능)를 꼽을 만큼 데이터 자체의 중요성과 네트워크를 활용한 데이터의 이동, 알고리즘을 활용한 데이터의 활용 전략이 강조되고 있다.
- 기업, 학계, 정부, 개인 등 다양한 주체별로 빅데이터에 대한 관심과 투자가 확대되고 있다.
- 정교한 상황 분석을 통한 고도화된 전략 수립을 통해 혁신과 경쟁력 제고, 생산성 향상 등 미래 대응에 힘쓰고 있다.

3) 데이터 분석 방향 변화
- 데이터 분석 영역에서도 빅데이터는 분석 전략 수립, 분석 방법, 분석 수행 절차 등에 큰 영향을 미친다.
- 특히 "주제 설정 → 실험 계획 → 실험 및 데이터 수집 → 데이터 처리 → 분석 → 결과 도출"의 단계로 진행되는 데이터 기반 연구는, 아래와 같이 큰 네 가지 본질적인 변화를 겪었다.

① 사전 처리 → 사후 처리
- 기존에는 실험 계획을 통해서 분석에 필요한 데이터만 수집하고, 수집된 데이터에서 불필요한 부분을 제거하는 사전 처리(pre-processing)가 중요했다.
- 빅데이터는 실험 계획과 상관없이 운영 과정에서 수집되는 경우가 많으며, 이미 적재된 데이터와 현재 상황에 맞게 분석 주제를 설정하고 데이터를 처리하는 사후 처리(post-processing)가 필요하다.
- 즉, 분석 주제 설정이 데이터 적재 이후에 이뤄지면서 데이터 처리 시점에 차이가 발생한다.

② 표본조사 → 전수조사
- 실험이나 설문조사에는 데이터 수집과 관련된 비용이 들기 때문에 실험을 무한히 반복하거나 관심 대상 전부를 조사하는 전수조사(census)가 어렵고, 실험 횟수를 제한하거나 일부 대상을 조사하는 표본조사(sampling)가 일반적이었다.
- 그러나 이미 쌓여 있는 빅데이터를 활용해서 분석을 수행할 경우 별도의 데이터 수집이 필요 없고, 적재된 데이터 전부를 모두 활용한 분석이 가능하다.
- 이러한 관점에서 빅데이터 분석은 일종의 전수조사라고 볼 수 있으나, 한 회사의 데이터베이스에 전체 비즈니스의 데이터가 쌓여 있는 것은 아니므로 주의가 필요하다.

③ 질 → 양
- 데이터 처리와 분석과정에서 충분한 컴퓨팅 자원이 있다면, 더 많은 데이터를 활용하는 것이 오류를 낮추고 성능을 높이며 더 나은 분석 결과를 가져오는 경우가 많다.
- 단, 실제 분석에서는 아무리 큰 데이터라 하더라도 분석에 적합하지 않은 부분 데이터를 제거하는 등 데이터의 질을 높이기 위한 작업이 선행되어야 한다.

④ 인과관계 → 상관관계
- 기존의 실험 계획에서는 다양한 통제(control) 기법을 활용하여 분석 주제와 상관없는 다른 요인이 미칠 영향을 최소화하여 데이터를 수집했고, 따라서 데이터 분석 결과를 인과관계로 해석하는 것이 무리가 없었다.
- 대부분의 빅데이터는 분석주제에 따라서 계획되지 않고 통제되지 않은 상태로 적재되기 때문에, 데이터의 어떤 변수 혹은 요인들 간의 상관관계나 패턴 등을 일반화하여 인과관계로 확장하기가 어렵다.
- 그러나 빅데이터 분석을 통해 얻은 정보와 인사이트를 바탕으로 전략을 수립하고 실행한 후 다시 쌓인 데이터를 활용해 정보와 전략을 개선·업데이트하는 방법이 일반화되고 있다.

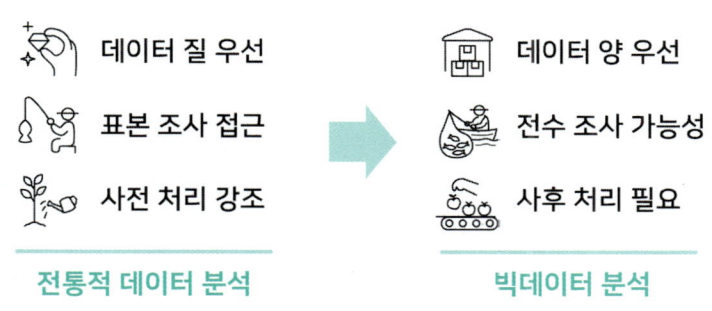

▲ 데이터 분석 방향의 변화

03 빅데이터의 위기 요인과 통제 방안

1) 위기 요인
빅데이터 비즈니스의 성장과 확장이 사회에 부정적인 영향을 미칠 가능성이 있다.

① 사생활 침해
금융·통신 등 민간 정보나 주민등록·납세 정보와 같은 공공정보가 활용되거나 유출될 경우, 개인의 사생활이 침해될 우려가 있다.

② 책임 원칙 훼손
- 대출, 채용 등 실생활과 밀접한 의사결정과정에서 알고리즘 활용이 일반화되면서, 특정 개인의 행동이나 특성이 아닌 개인이 속한 집단에 따라 예측이 이뤄지고 결과가 정해지는 문제가 발생할 수 있다.
- 개인의 잘못이 아님에도 불이익을 받는 책임 원칙 훼손이 발생하면서 사회 정의 문제로 이어질 수 있다.

③ 데이터 오용
오류와 불확실성에 대한 이해가 없는 데이터 및 알고리즘에 대한 맹목적인 믿음은 잘못된 의사결정과 피해로 이어질 수 있다.

2) 통제 방안

① 동의제에서 책임제로 전환
데이터로 인한 사생활 침해 문제를 해결하기 위해, 개인정보 제공자의 동의보다 사용자의 책임을 강조하는 방안을 통해 사용 주체가 보다 적극적인 개인정보 보호 장치를 강구하도록 유도할 수 있다.

② 결과 기반 책임 원칙 고수
범죄 등으로 인한 사법판단에서 특정인의 성향 등을 고려한 알고리즘의 예측이 아닌 실제 결과를 바탕으로 책임을 부여하는 원칙을 유지한다.

③ 알고리즘 접근 허용
무분별한 알고리즘 활용 및 적용으로 인한 데이터 오용 및 부작용을 최소화하기 위해 알고리즘에 대한 접근권을 보장하고 객관적인 인증방안을 도입할 필요가 있다.

> **기적의 TIP**
>
> 가이드에서 빅데이터와 관련해 "가치 패러다임의 변화 3단계"라는 주제로 디지털화, 연결, 에이전시가 등장합니다. 그런데 이 내용은 보편적이고 객관적인 사실보다는 주관적인 의견에 가깝습니다. 그러나 시험에서 단계 순서나 각 단계의 정의에 대해서 묻는 문제가 자주 출제되고 있으므로 살펴볼 필요가 있습니다.

▶ 가치 패러다임의 변화 3단계

단계	설명
디지털화(Digitalization)	아날로그 데이터의 디지털 변환 단계로, 빅데이터 분석의 출발점
연결(Connection)	디지털화된 데이터를 다양한 채널과 네트워크로 연결하는 단계
에이전시(Agency)	연결된 데이터를 활용해 의사결정과 예측, 실행으로 전환하는 단계

SECTION 02 데이터 사이언스

빈출 태그 ▶ 분석 3요소(데이터-기술-인력), 데이터 사이언스 구성 영역, 데이터 사이언티스트의 역할

01 빅데이터 분석과 데이터 사이언스

1) 전략 수립의 중요성

① 인프라 중심 투자 한계 및 회의론 등장
- 빅데이터에 대한 기업의 관심이 높아지고 하드웨어 중심의 빅데이터 인프라를 도입하기 위한 투자가 활발하지만, 이후 데이터를 활용하고 가치를 창출하기 위한 전략의 부재로 인해 한계를 느끼기도 한다.
- 과거 CRM 도입 시기에도 비슷한 사례가 있으며, 이미 기존에 운영하고 있던 서비스와 방법론을 빅데이터 사례로 포장하는 경우들이 발생하고 있다.

② 활용 가능성 및 가치 창출 중심의 빅데이터 전략 수립 필요
- "큰 데이터를 잘 저장한다"는 단순한 전략에서 벗어나 빅데이터를 활용해서 정보와 인사이트를 얻고, 이를 바탕으로 기업과 사회에 영향을 미칠 수 있는 가치를 창출할 수 있는 전략이 필요하다.
- 예를 들어, 데이터 분석 과정에서 복잡한 알고리즘을 사용하는 것보다 분석 결과가 의미 있어야 하며, 통찰력 있는 인력이 이를 올바르게 이해하고 비즈니스에 적용 가능한 전략을 수립하고 실행하며, 결과를 평가할 수 있는 체계가 마련되어야 한다.
- 데이터의 크기나 분석 방법의 복잡성과 별개로 비즈니스를 이해하고 전략적 인사이트를 제공하는 가치 중심의 분석이 필요하다.

2) 빅데이터 분석의 3요소

요소	설명
데이터	IoT(사물인터넷), 스마트 디바이스 등의 보급으로 모든 것의 데이터화가 이루어진다.
기술	데이터를 처리, 저장하는 인프라와 AI, BI 등 데이터를 분석하고 활용하는 기술이 더욱 발전되고 일반화된다.
인력	데이터에 대한 이해와 제반 기술을 활용해 비즈니스 전략을 수립할 수 있는 데이터 사이언티스트의 역할이 강조된다.

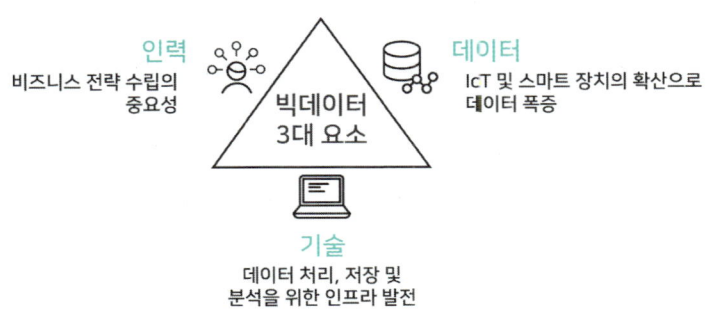

▲ 빅데이터 분석의 3요소

3) 산업별 주요 데이터 활용 및 분석 주제

산업	데이터 활용 및 분석 주제
전 산업 공통	수요 예측 및 목표설정, 지표 관리, 업무 자동화, BI(대시보드) 생성
B2C 공통	고객 세분화, 개인화 마케팅, 고객 이탈 예측, 챗봇 및 AI 기반 콜센터 운영
이커머스, 콘텐츠	상품 및 서비스, 콘텐츠 추천, 트래픽 관리
금융	리스크 관리, 마케팅 전략 수립, 신용 점수(연체 위험) 관리, 투자 포트폴리오 최적화, 부정 거래(사기) 탐지
유통	판매 예측, 재고 최적화, 판촉 및 매대 관리, 가격 최적화
제조	품질 관리(불량 예측), 공급망 최적화, 공정 개발, 디지털 트윈(실시간 모니터링)
운송	일정 관리, 물류 관리, 교통량 예측 및 경로 최적화
헬스케어	진단 예측, 환자 건강 데이터 모니터링, 신약 개발
에너지	수요 예측, 설비 유지보수, 에너지 효율 분석, 사용 패턴 분석

4) 주요 알고리즘 예시

- if-else로 표현 가능한 규칙 기반(rule-based) 전략을 대신하여, 데이터와 알고리즘을 기반으로 기계학습(machine learning) 활용 전략이 대중화되고 있다.
- 비즈니스와 서비스, 상황과 데이터의 특성 등을 고려하여 적절한 알고리즘을 선택하는 것이 중요하며, 아래와 같은 대표적인 알고리즘들을 활용하고 있다.

① 연관 규칙(Association Rule)과 협업 필터링(Collaborative Filtering)

- 연관 규칙은 장바구니 분석이라고도 불리며, 구매 건수를 활용하여 두 상품의 관련도를 수치로 계산하거나 특정한 상품과 같이 자주 구매되는 연관 상품을 찾으며 상품 추천에 활용할 수 있다.
- 연관 규칙은 단순히 사용자의 동시 구매 여부를 기반으로 추천을 수행하는 반면, 협업 필터링은 사용자가 남긴 특정 콘텐츠의 평점 데이터를 활용하며 콘텐츠 간 유사도 혹은 사용자 간 유사도를 수치화하여 추천에 활용한다.

② 회귀(Regression)

"카드 사용 금액", "불량 건수"와 같이 관심있는 대상이 숫자일 때 데이터의 다른 변수들과의 관계를 활용하여 차이를 설명하고 예측한다.

③ 분류(Classification)

- "연체 여부", "불량 여부"와 같이 관심있는 대상이 그룹 혹은 범주의 값을 가질 때, 데이터의 값에 따라 비율의 차이를 설명하고 확률을 예측할 때 활용한다.
- 최근에는 이미지 데이터와 딥러닝을 활용하여 객체를 구분하거나 불량 검사에서의 육안 검사를 대체하기도 하는데, 모두 분류에 해당한다고 볼 수 있다.

④ 유전 알고리즘(Genetic Algorithms)

생물학적 진화 원리를 모방하여 복잡한 제약 조건에서의 최적 값을 찾는 최적화 기법으로 경로 최적화, 생산 일정 최적화 등에 활용한다.

⑤ 네트워크 분석(Network Analysis)
- 다수 개체 간의 관계와 상호작용의 정도를 숫자로 계산하고 시각적으로 표현하고 분석하는 방법이다.
- 소셜 미디어 등에서 사람들 간의 관계를 분석하는 소셜 네트워크 분석(social network analysis), 웹 페이지와 문서의 관계를 분석하는 정보 네트워크 분석, 유전자·단백질 등 생물학적 요소 간의 관계를 분석하는 생물학적 네트워크 분석이 대표적이다.

⑥ 감정 분석(Sentiment Analysis)
- 텍스트 데이터를 분석하여 그 안에 담긴 감정이나 의견을 파악하는 기술로 인간의 언어를 수치화하기 위한 임베딩 등 자연어 처리(natural language processing)와 분류 알고리즘의 활용이 필요하다.
- 주로 고객 리뷰 및 설문조사 등 피드백 분석을 위해서 활용한다.

> **기적의 TIP**
> 가이드나 기출문제에서 "빅데이터 비즈니스 모델"이라는 표현을 활용합니다. "비즈니스 모델"은 보통 기업이 어디서 어떻게 돈을 버는지 수익 창출 방향과 방법을 정의한 것을 의미하는데, ADsP에서 모델은 보통 알고리즘을 말합니다. 즉, "빅데이터 비즈니스 모델"은 "비즈니스에서 자주 활용하는 빅데이터 관련 알고리즘"으로 이해할 수 있습니다.

02 데이터 사이언스의 의미와 역할

1) 데이터 사이언스
- 데이터 사이언스는 데이터에서 유의미한 인사이트를 도출하기 위해 다양한 기법과 도구를 사용하는 학문으로 통계학, 수학, 컴퓨터 과학, 머신러닝, 데이터 시각화 등을 포함한다.
- 데이터 수집, 데이터 처리, 데이터 분석, 모델링, 예측 분석, 데이터 시각화에 이르기까지 데이터 분석 전반에 걸친 활동을 통해 데이터 기반 의사결정을 지원하고, 비즈니스 문제를 해결하며, 새로운 기회를 발견하는 데 기여한다.

2) 데이터 사이언스의 구성 영역

① 정보기술(IT) 영역
- 데이터베이스, 서버, 네트워크, 클라우드 컴퓨팅 등을 포함하여 데이터 인프라를 구축하고 관리하는 역할을 한다.
- 데이터 저장 및 관리, 시스템 통합, 보안 관리, 데이터 처리 등의 활동을 통해 데이터 분석을 위한 기술적 기반을 제공하고, 데이터의 안전성과 접근성을 보장한다.

② 분석(Analytics) 영역
- 데이터를 수집, 처리, 분석하여 유용한 인사이트를 도출하는 과정으로 데이터 마이닝과 같은 절차와 기초통계, 머신러닝 등의 방법을 포함한다.
- 데이터 시각화, 예측 모델링, 패턴 인식, 데이터 해석 등을 통해 데이터 기반 의사결정을 지원하고, 비즈니스 성과를 향상시키는 데 기여한다.

③ 비즈니스 분석(Business Analysis) 영역
비즈니스 문제를 정의하고, 데이터를 활용하여 해결책을 제안하는 과정으로 비즈니스 요구사항 분석, 프로세스 개선, 전략 수립 등으로 구성되며 비즈니스 목표를 달성하기 위해 데이터와 기술을 효과적으로 활용한다.

> **기적의 TIP**
>
> 데이터 사이언스에 대한 관심이 급격히 증가하고 이론이 정립되기 전에 비즈니스에 이미 활용되면서 상황과 시기에 따라 다양한 정의가 사용되고 있습니다. 데이터 사이언스의 구성 또한 다양하게 정의되며, 대표적으로 위의 세 가지 영역에서 분석 영역 대신 "수학과 통계학", 비즈니스 분석 영역 대신 "도메인 지식"이라는 표현을 사용하기도 합니다.

3) 데이터 사이언티스트

① 정의와 역할
- 데이터 사이언티스트는 데이터 사이언스의 기법과 도구를 사용하여 데이터를 분석하고, 인사이트를 도출하는 전문가를 의미한다.
- 데이터 수집 및 처리부터 분석 및 모델링, 시각화, 비즈니스 문제 해결까지 다양한 역할을 담당한다.

② 데이터 사이언티스트 요구 역량
- 데이터 사이언스의 구성 영역과 마찬가지로 데이터 사이언티스트는 분석 역량, IT 전문성, 컨설팅 능력을 갖춰야 하며, 이것을 다시 기술적 역량과 비기술적 역량으로 구분하기도 한다.

▶ 데이터 사이언티스트의 요구 역량

역량 구분	내용
기술적 역량 (Technical Skill, Hard Skill)	• 빅데이터 및 알고리즘, 방법론에 대한 이해와 이론적 지식 • 경험을 통한 분석 기술에 대한 숙달과 노하우를 활용한 최적 분석 설계 역량
비기술적 역량 (Non-technical Skill, Soft Skill)	• 창의적 사고와 호기심, 논리적 비판을 통한 통찰력 있는 분석 • 스토리텔링, 시각화를 활용한 설득력 있는 전달 • 원활한 소통을 통한 다분야 간 협력 역량

- 데이터 사이언티스트는 데이터 기술뿐만 아니라 비즈니스와 도메인에 대한 폭 넓은 이해와 철학, 심리학 등을 바탕으로 한 인문학적 사고 및 소통 역량 등을 골고루 갖춰야 한다.
- 데이터 사이언스는 영역과 역할이 매우 넓어 개인보다는 조직 단위의 구성이 일반적이며, 특히 리더의 경우 협업을 위한 소통 능력뿐만 아니라 프로젝트 관리 역량, 리더십 역량 등이 요구된다.

합격을 다지는 예상문제

01 다음 중 빅데이터 시대에 발생할 수 있는 위기 요인으로 가장 거리가 먼 것은?

① 재산권 침해
② 데이터 오용
③ 책임원칙 훼손
④ 사생활 침해

02 다음 중 빅데이터로 인한 변화 방향을 기술한 것으로 가장 부적절한 것은?

① 필요한 데이터만을 수집하던 시대에서 가능한 많은 데이터를 수집한 후 활용 방안을 찾는다.
② 계획과 통제 하에 수집된 데이터로 명확한 인과관계를 설명한다.
③ 전수조사에 가까운 분석이 보편화된다.
④ 데이터의 질만큼 양도 중시한다.

03 지식 기반 자산은 형식지(explicit knowledge)와 암묵지(tacit knowledge)로 나누어진다. 다음 중 암묵지의 예로서 부적절한 것은?

① 맛집의 비법 소스 레시피
② 콘텐츠 제작자의 감각적 판단
③ 우수 영업사원의 영업기밀
④ 재무제표에서 당기순이익을 계산하는 방법

04 다음 중 개인의 지식을 다른 사람이 쉽게 접근할 수 있도록 문서나 매체로 표현하는 과정은 무엇인가?

① 표출화
② 공통화
③ 내면화
④ 연결화

05 다음 중 택배 차량의 적재 효율화 및 배송 경로 최적화를 위해 활용할 분석 방법 및 알고리즘으로 가장 적절한 것은?

① 감성 분석
② 유전 알고리즘
③ 연관 규칙 분석
④ 분산 분석

06 다음 중 빅데이터가 사회에 미치는 긍정적인 영향으로 보기 어려운 것은?

① 연구개발 및 관리 효율성 제고
② 고객 세분화 및 초개인화 등 맞춤 서비스 제공
③ 스마트 디바이스의 보급 가속화와 플랫폼 비즈니스의 성장
④ 알고리즘 활용 의사결정 보조 및 자동화

07 다음 중 데이터 사이언스의 주요 활용 분야로 가장 적절하지 않은 것은?

① 물리적 제품의 대량 생산 자동화
② 고객 이탈 예측
③ 질병 진단 및 발병 예측
④ 상품 및 콘텐츠 추천

08 다음 중 제조업 및 유통업에서 공급망 전체를 관리하는 시스템에 해당하는 것은?

① ERP
② CRM
③ SCM
④ RM

09 빅데이터와 알고리즘 활용의 일반화로 인해 발생 가능한 부정적인 측면 중 하나인 "책임 원칙의 훼손"에 대한 사례로 가장 적절한 것은?

① SNS 탐색을 통한 개인신상정보 수집
② 일상 대화 녹취를 활용한 상품 추천
③ 자율주행 알고리즘 오류로 인한 사고 발생
④ 특정 지역 거주를 이유로 한 보험료 할증

10 다음 중 DIKW 피라미드의 구성 요소가 아닌 것은?

① Data(데이터)
② Information(정보)
③ Know-how(노하우)
④ Wisdom(지혜)

11 다음 중 빅데이터 출현 배경으로 가장 적절하지 않은 것은?

① 다양한 산업에서 기업들의 데이터 축적
② 데이터 구조의 정형화로 수집 및 분석이 용이
③ 다양한 학계에서 데이터를 활용한 과학적 방법론의 확산
④ 디지털화, 저장 기술, 인터넷 보급, 클라우드 컴퓨팅 등 관련 기술의 발전

12 다음 중 빅데이터의 관점에서 바라본 사물인터넷(IoT)의 의미로 가장 적절한 것은?

① 모든 것의 데이터화(Datafication)
② 서비스 지능화(Intelligent Service)
③ 분석 고급화(Advanced Analytics)
④ 정보 공유화(Information Sharing)

13 데이터 사이언스에 관한 설명으로 가장 옳지 않은 것은?

① 데이터 사이언티스트는 기술적인 역량과 함께 호기심과 소통 능력과 같은 비기술적 역량도 갖춰야 한다.
② 빅데이터 분석 및 활용을 위해 데이터, 기술, 인력에 대한 체계적인 전략 수립이 필요하다.
③ 분석은 객관적으로 이뤄져야하며, 사람의 경험적인 판단이나 주관적인 의사결정은 배제한다.
④ 데이터 기술과 알고리즘의 발전으로 비정형 데이터에 대한 분석 난이도가 낮아지고 있다.

14 다음 중 기업 데이터 분석 업무와 사례의 연결이 가장 적절하지 않은 것은?

① 마케팅 관리 – 광고 캠페인 성과 예측
② 재무 관리 – 고객 충성도 평가
③ 공급체인 관리 – 물류 최적화
④ 고객 관계 관리 – 고객 만족도 분석

15 다음 중 빅데이터의 핵심 요소(3V)에 포함되지 않는 것은?

① 가치(Value)
② 규모(Volume)
③ 다양성(Variety)
④ 속도(Velocity)

16 다음 중 데이터의 단위와 그 의미에 대한 설명 중 옳지 않은 것은?

① 비트(Bit)는 정보의 최소 단위이다.
② 테라바이트(TB)는 기가바이트(GB)의 1,024배에 해당한다.
③ 데이터 단위는 1,024배씩 증가하며, 킬로바이트(KB), 메가바이트(MB) 등의 확장 개념이 존재한다.
④ 바이트(Byte)는 16개의 비트로 구성된다.

17 다음 중 정형 데이터에 해당하는 것은?

① 뉴스 기사 텍스트
② 의료 영상 이미지
③ 기온 측정 데이터
④ 녹음된 인터뷰 음성

18 다음에서 설명하는 데이터베이스 관련 용어로 옳은 것은?

> 기업의 모든 자원과 프로세스를 통합적으로 관리하는 시스템으로, 생산, 재무, 인사, 회계 등 다양한 업무를 하나의 플랫폼에서 운영하며 효율성을 극대화하는 것을 목표로 한다.

① CRM
② SCM
③ MIS
④ ERP

합격을 다지는 예상문제 정답 & 해설

01 ①	02 ②	03 ④	04 ①	05 ②
06 ③	07 ①	08 ③	09 ④	10 ③
11 ②	12 ①	13 ③	14 ②	15 ①
16 ④	17 ③	18 ④		

01 ①

다양한 영역에서 빅데이터가 긍정적인 영향을 미치고 있으나, B2C 비즈니스를 중심으로 과도한 데이터의 적재 및 활용으로 인해 ② 데이터 오용, ③ 책임원칙 훼손, ④ 사생활 침해와 같은 위험이 발생할 수 있다.
이러한 배경에서 ①의 재산권 침해는 빅데이터로 인한 위기 요인으로 보기 어렵다.

02 ②

오늘날 빅데이터는 운영 과정에서 많은 양의 데이터가 생성되며, 분석 여부와 상관없이 크고 다양한 데이터가 적재되고 있다.
사실상 전수조사에 가깝게 관심 대상의 전체에 가까운 데이터를 분석에 활용할 수 있으며, 양질의 데이터를 중시하던 과거와 달리 분석에 활용하는 데이터의 양도 중요하게 생각된다.
②의 내용은 실험 계획을 통한 데이터 수집과 분석에 대한 설명으로 통제되지 않은 데이터에서 인과관계를 설명하기 어려운 빅데이터 분석과는 거리가 멀다.

03 ④

개인에게 습득되어 있지만 밖으로는 드러나지 않은 지식을 의미한다. ④는 교재나 강의로 표현되어 습득 가능한 지식으로 형식지이다.

04 ①

문제의 4개 문항은 지식 경영에서 지식 순환의 세부 과정이며, 주어진 설명에 해당하는 것은 표출화이다.

05 ②

해당 문제는 경로 탐색 및 조합 최적화와 관련된 문제로, 주어진 문항 중에서 최적화에 활용하는 것은 ②의 유전 알고리즘이다.

오답 피하기
① 감성 분석은 리뷰 등 텍스트의 긍정, 부정 여부를 판단한다.
③ 연관 규칙 분석은 제품 구매나 콘텐츠 시청 데이터로 아이템(항목)간 관계를 수치로 계산한다. 소비자의 구매 패턴 분석 등에 사용된다.
④ 분산 분석은 통계 검정 방법 중 하나로, 집단 간의 차이 검정에 사용된다.

06 ③

빅데이터의 확산과 활용은 사회에 다양한 영향을 미치며 ①, ②, ④는 긍정적인 영향으로 볼 수 있다.
③은 빅데이터의 결과가 아닌, 성장의 배경 요인이기 때문에 긍정/부정 등 가치 평가가 어렵다.

07 ①

데이터 사이언스는 데이터에서 유의미한 인사이트를 도출하기 위해 다양한 기법과 도구를 사용하는 학문으로 다양한 산업 분야에 영향을 미친다. 다른 문항과 달리 ①은 데이터 사이언스보다는 2차 산업혁명에 대한 설명에 가까우며, 오늘날에도 해당 분야에서는 데이터 기술보다 로봇 기술이 더 중심적인 역할을 하고 있다.

08 ③

설명에 해당하는 것은 SCM이며, Supply Chain Management(공급망 관리)의 약어이다.
SCM은 원재료의 수급부터 최종 제품의 고객 전달까지의 모든 과정을 효율적으로 관리하고 비용 절감과 서비스 수준 향상을 목표로 한다.

오답 피하기
① ERP(Enterprise Resource Planning) : 기업의 전사적 자원관리 시스템으로 내부 자원을 통합 관리하는 시스템
② CRM(Customer Relationship Management) : 고객 데이터를 분석하고 마케팅 및 판매, 고객 서비스 등을 개선하기 위한 시스템
④ RM(Risk Management) : 일반적으로 위험 관리를 의미하며, 정보 시스템 분야에서 공급망 관리 시스템으로 보기는 어려움

09 ④

책임 원칙의 훼손은 알고리즘에 의해 의사결정을 내릴 때 개인의 행동이나 특성이 아닌 개인이 속한 집단의 정보를 바탕으로 한 예측 및 의사결정으로 인해 선량한 개인이 피해를 받는 것을 의미한다.
④의 사고가 자주 발생하는 지역에 거주한다는 이유로 다른 조건이 동일한 사람에 비해 더 높은 보험료를 내는 것이 책임 원칙 훼손에 해당한다.

오답 피하기
① 개인정보 수집 및 사생활 침해 관련 내용
② 사용자 동의 없는 데이터 활용에 대한 내용
③ 집단 기반 예측으로 인한 피해가 아닌 기술적 오류에 해당하는 내용

10 ③

DIKW 피라미드는 데이터(Data)와 정보(Information), 지식(Knowledge)과 지혜(Wisdom)를 계층 구조로 설명한다.

11 ②

데이터 수집의 편의를 위해 데이터 구조를 정형화했던 과거와 달리, 최근에는 형태와 구조가 다양한 데이터가 생성, 적재, 활용되고 있다.
이러한 비정형 데이터를 수집하기 위한 하드웨어의 발전과 분석하기위한 알고리즘 등의 발전이 상호 보완 관계에 있다.

12 ①

사물인터넷은 센서를 활용해 생성한 데이터를 네트워크를 통해 데이터베이스나 주변으로 전달하는 역할을 한다. 즉, 현실의 상황이나 관심 대상에 대한 속성을 디지털화하고 데이터화하는 기술이라고 이해할 수 있다.

오답 피하기
② 서비스의 지능화는 빅데이터 또는 AI가 활용되는 결과에 가까운 개념으로 IoT의 의미나 역할에 대한 설명은 아니다.
③ IoT는 분석을 직접하지 않고 데이터를 제공하는 쪽에 가깝다.
④ IoT 기기 간의 연결이 정보 공유를 가능하게 하는 것은 맞지만, 빅데이터 관점에서 IoT의 본질적 의미는 데이터의 생성이다.

13 ③

올바른 데이터 분석의 결과는 객관적인 정보와 사실을 담고 있다.
단, 분석 주제 및 과제의 설정, 프로젝트의 수행과 관리, 분석 방향 설정 및 피드백 과정에서 구성원의 경험과 협의 등이 불가피하며, 목표 달성을 위해 전사적인 역량 강화와 문화 조성이 필요하다.

14 ②

기업 데이터 분석은 각 분야에서 다양하게 활용될 수 있지만, 재무 관리에서 고객 충성도 평가를 수행하는 것은 일반적이지 않다. 고객 충성도 평가는 주로 마케팅 또는 고객 관리의 범주에 속하며, 재무 관리는 기업의 자금 흐름, 투자, 비용 분석 등에 초점을 맞춘다.

15 ①

빅데이터의 핵심 요소는 3V로 정의되며, 규모(Volume), 속도(Velocity), 다양성(Variety)이 포함된다. 하지만 '가치(Value)'는 빅데이터를 활용하는 과정에서 중요한 개념이긴 하지만, 기본적인 3V 개념에는 속하지 않는다. 일부 확장된 정의에서는 가치(Value)와 진실성(Veracity)을 포함하여 4V 또는 5V로 설명하기도 한다.

16 ④

데이터의 최소 단위는 비트(Bit)이며, 1바이트(Byte)는 일반적으로 8비트로 구성된다. 그러나 문제에서 바이트가 16개의 비트로 이루어져 있다고 표현했으므로 틀린 설명이다. 데이터 단위는 일반적으로 1,024배씩 증가하며, KB, MB, GB, TB, PB 등의 확장된 개념을 사용한다.

17 ③

정형 데이터는 숫자로 구조화되어 있어 쉽게 분석이 가능하다. 기온 측정 데이터는 숫자로 표현되므로 정형 데이터에 해당한다. 반면, 뉴스 기사 텍스트, 의료 영상 이미지, 음성 데이터 등은 구조화되지 않은 형태의 비정형 데이터로 분류된다.

18 ④

ERP(Enterprise Resource Planning, 전사적 자원 관리)는 기업의 다양한 업무를 하나의 통합된 시스템에서 운영하여 데이터 흐름을 최적화하고, 업무의 효율성을 높이는 것을 목표로 한다.

오답 피하기
① CRM(Customer Relationship Management) : 고객과의 관계를 관리하는 시스템이다.
② SCM(Supply Chain Management) : 공급망 관리에 초점을 둔 시스템이다.
③ MIS(Management Information System) : 경영 정보를 체계적으로 관리하는 시스템을 뜻한다.

PART 02

데이터 분석 기획

파트 소개

데이터 분석 수행에 앞서 다양한 분석 방법론을 탐색하고 분석을 기획하며 마스터 플랜을 수립하는 절차와 개념을 학습합니다. 첫 번째 챕터에서는 하나의 개별 분석을 위한 기획과 방법론을 살펴보고, 두 번째 챕터에서는 조직과 거시적 관점에서 마스터 플랜을 수립하기 위한 절차와 체계를 배웁니다.

CHAPTER

01

데이터 분석 기획의 이해

학습 방향

자주 출제되는 주제를 중심으로 내용을 구성했습니다. 첫 번째 섹션에서는 매년 출제되는 분석 주제 유형과 분석 기획 시 고려 사항을 학습하고, 두 번째 섹션에서는 방법론 모델과 분석 방법론의 절차를 꼭 암기해야 합니다. 표로 정리한 분석 프로젝트 관리 방안에서도 매년 1개 문제가 출제됩니다.

출제빈도

SECTION 01	중	35%
SECTION 02	상	65%

SECTION 01 분석 기획

빈출 태그 ▶ 분석 주제 유형 분류, 단기적 과제 중심 접근 방식, 중장기적 마스터 플랜 방식

01 분석 기획의 정의와 특징

1) 정의
- 데이터 분석에 앞서 주제 및 문제의 정의와 결과 도출을 위한 방안을 사전에 계획하는 작업이다.
- 이론적 지식과 데이터 기술을 바탕으로 해당 문제 영역과 비즈니스에 대한 이해를 더한 균형 잡힌 역량과 시각으로 방향성 및 계획을 수립해야 한다.

2) 분석 주제 유형 분류
분석 주제는 분석 대상의 인식 여부 혹은 분석 목표 설정 여부(what)와 분석 방법의 설정 여부(how)에 따라서 아래의 4가지 유형으로 분류할 수 있다.

① **최적화(Optimization)**
분석 대상과 방법이 결정된 경우 기존의 방법론은 개선하고 효율 및 성능을 높이는 데 초점을 맞춘다.

② **솔루션(Solution)**
문제 상황과 대상이 고정되어 있으나 그 방법과 절차를 모르는 경우, 유사 사례(reference) 및 논문·서비스 탐색 등을 통해 적합한 분석 방법론을 탐색한다.

③ **통찰(Insight)**
분석 대상이 불분명한 경우에는 문제 및 주제 설정도 쉽지 않으므로, 기존 분석 방법을 다양한 상황과 데이터에 적용하여 문제를 도출하는 시도를 할 수 있다.

④ **발견(Discovery)**
- 일반적으로 분석 대상과 분석 주제가 설정된 이후에 분석 방법을 설정하게 되므로, 분석 대상이 불분명할 때는 분석 방법도 불분명한 경우가 많다.
- 분석 경험과 외부 분석 사례 등을 참고하여 분석 대상을 새롭게 탐색하고 문제를 도출한 다음, 적합한 분석 방법을 선택할 수 있다.

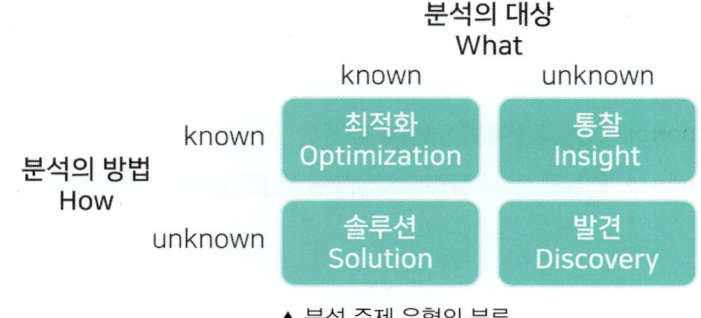

▲ 분석 주제 유형의 분류

3) 목표 시점에 따른 분류

▶ 목표 시점에 따른 분석 기획 방안 분류

구분	단기적 과제 중심 접근 방식	중·장기적 마스터 플랜 방식
특징	소규모 과제 단위의 문제 해결에 집중하며 짧은 시간과 자원으로 초기 성과를 빠르게 얻을 수 있고, 이를 바탕으로 장기적인 목표 달성을 위한 기반 마련 가능	전사적이고 중·장기적인 관점에서 분석 과제를 도출하기 때문에 복잡한 단계와 계획으로 구성되고 지속적인 노력과 자원이 필요
목표 설정 및 과제 유형	• 속도(speed)와 실험 및 가능성 탐색(test) 중심 목표 설정 • 단기에 가시적인 성과 달성(quick-win)이 가능한 과제 유형 선택	• 정확도(accuracy) 배포(deploy) 및 실무 적용을 염두에 둔 목표 설정 • 장기적 관점(long-term view)의 과제 유형 선택
접근 방식	문제 해결(problem solving) 중심 접근	문제 정의(problem definition) 중심 접근

4) 분석 기획 시 고려사항

① 데이터 확보
- 분석 주제에 적합한 데이터가 데이터베이스 등에서 확보 가능한지를 확인한다.
- 분석 대상 데이터의 규모와 유형, 구조를 파악하여 분석 방법론 및 활용 솔루션을 결정할 때 고려해야 한다.

② 활용 방안 설정 및 사례 탐색
- 분석을 위한 분석이 아니라 분석의 결과로 얻을 수 있는 정보와 인사이트를 비즈니스에 적용하고 활용할 수 있는 방안을 사전에 탐색하고 설정하여야 한다.
- 동종 업계 등의 유사 사례를 탐색하고 기대 효과 등을 포함한 시나리오를 설정할 수 있다.

③ 장애 요소 파악
데이터의 적재, 처리, 전송, 분석, 공유, 배포 등 분석 전반에 걸친 기술적인 요소와 비용, 시간, 리소스, 인력 등의 비즈니스 요인을 종합적으로 고려하여 발생 가능한 장애 요소를 사전에 파악하고 대응 계획 수립이 필요하다.

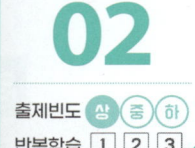

SECTION 02 분석 방법론

빈출 태그 ▶ KDD 방법론, CRISP-DM 방법론, 폭포수 모델, 하향식(Top Down) 접근 방식, 관리 방안

01 분석 방법론 개요

1) 분석 방법론의 정의와 목적

① 분석 방법론 활용 목적

고정관념(stereotype), 편향된 생각(bias), 프레이밍 효과(framing effect) 등의 장애요소를 배제하고 합리적인 의사결정을 위해 데이터 분석을 활용하고, 효과적인 적용을 위해 적절한 분석 방법론을 채택할 필요가 있다.

② 분석 방법론 정의와 구성
- 효과적인 데이터 분석을 위해 절차와 방법을 체계적으로 정리한 것을 의미한다.
- 절차(procedures), 방법(methods), 도구와 기법(tools & techniques), 템플릿과 산출물(template & outputs)로 구성된다.

2) 대표적인 방법론 모델

① 폭포수 모델(Waterfall Model)
- 순차적으로 각 단계를 진행하여 이전 단계가 완료된 이후에 다음 단계가 진행되는 하향식(top-down) 방법론이다.
- 문제가 발생하거나 개선 사항이 발견되는 전 단계로 돌아가는 피드백(feedback) 과정이 수행될 수 있으나 요구사항 및 주제 변경 등에 유연하게 대응하기 어렵다.

② 나선형 모델(Spiral Model)

반복을 통해 점증적으로 개발하는 방법으로 폭포수 모형에 비해 과정과 세부 절차가 복잡하고 불분명할 수 있으나 사전에 절차 등을 명확히 설정하기 어려운 처음 시도하는 프로젝트 등에 적합하다.

③ 프로토타입 모델(Prototype Model)

초기 단계에서 간단한 프로토타입(시제품)을 만들고 사용자의 요구 사항 등을 피드백하여 수정 사항이 없을 때까지 개선된 프로토타입을 다시 개발하는 것을 반복한다.

▲ 대표적인 방법론 모델 3가지

④ 애자일 방법론(Agile Methodology)
- 프로토타입을 만들고 반복을 통해 점진적으로 개선을 하는 방식으로 나선형 모델과 프로토타입 모델이 혼합된 형태로 이해할 수 있으며 직선적인 폭포수 모델과 대비된다.
- 위의 세 가지 모델이 최종 산출물 생성이라는 결과를 위한 절차를 설명하는 것에 반해, 애자일 방법론은 그러한 개발 과정에서 소통과 협업을 중심으로 문제에 유연하고 신속하게 대응하는 과정 자체에 대한 방법론이라는 차이가 있다.

> **기적의 TIP**
> 위에서 제시된 방법론은 소프트웨어 개발과 관련된 내용으로, 데이터 분석과 꼭 맞아 떨어지는 것은 아닙니다. 알고리즘을 활용한 모델링의 경우에는 일반적인 개발과정과 절차와 흐름이 비슷하기 때문에 위의 방법론의 잘 맞아 떨어지지만, 데이터 분석을 통해 정보와 인사이트를 얻기 위해 다양한 분석 방법과 시도를 하는 경우와는 잘 맞지 않습니다.
> 바로 이러한 배경에서 일반적인 분석 절차에 적용할 수 있는 KDD, CRISP-DM과 같은 방법론이 등장하게 됩니다.

02 KDD 분석 방법론 VS CRISP-DM 분석 방법론

1) 분석 방법론의 등장 배경
① 운영 목적의 데이터 증가
- 20세기는 과학적 연구가 이뤄지던 시기로 집계, 통계 검정 등의 분석 방법을 활용했으며, 분석을 위한 데이터 수집 절차 등의 방법론이 확립되어 있고 연구와 실험에서 분석을 위해 데이터를 수집했다.
- 20세기 말 IT 기술의 발달과 금융, 유통 등 비즈니스가 성장했으며 금융서비스 제공, 상품 재고 관리 등을 위해서 데이터베이스를 활용하는 등 데이터를 수집하고 적재했는데, 이는 비즈니스 운영과 서비스 제공을 위한 목적의 데이터 수집이다.

② 데이터 활용 전략의 확대
- 운영 목적으로 적재된 데이터를 활용하고 가치를 생성하려는 시도가 점차 많아졌으며, 쌓인 데이터 속에서 정보와 인사이트를 캐낸다는 의미로 데이터 마이닝(Data Mining)이라는 표현이 등장했다.
- 1990년대 데이터 솔루션 및 컨설팅 업체 등을 중심으로 분석 솔루션 개발과 함께 KDD, CRISP-DM과 같은 다양한 분석 방법론이 제시되었다.
- 복잡한 구조를 갖는 비즈니스 데이터를 분석하기 위해 계수, 합계 등 단순 집계가 아닌 알고리즘을 활용하는 방법이 모델링(Modeling)이라는 이름으로 일반화되었다.
- 빅데이터의 시대가 도래하면서 빅데이터의 특성과 비즈니스 환경 변화에 맞는 새로운 분석 방법론이 등장하고 있다.

2) KDD 분석 방법론
KDD(Knowledge Discovery in Database)는 5개 단계로 구분해 체계적으로 정리한 데이터 마이닝 프로세스이며, 폭포수 모델과 같이 단계의 흐름이 직선적인 것이 특징이다.

① 데이터 선택(Selection)
분석에 필요한 데이터를 선택하고 목표 데이터를 구성한다.

② 데이터 전처리(Preprocessing)
잡음(noise), 이상치(outlier), 결측치를 식별하고 제거하거나 처리한다.

③ 데이터 변환(Transformation)
분석 목적과 알고리즘에 맞게 데이터를 변환하고 필요에 따라 차원축소 기법 등을 활용한다.

④ 데이터 마이닝(Data Mining)
적절한 분석 기법과 알고리즘을 선택하여 데이터를 분석하고 결과를 생성한다.

⑤ 결과 평가(Interpretation/Evaluation)
분석 결과를 해석하고 분석 목적에 맞는지 확인하며 비즈니스 적용 가능성을 평가한다.

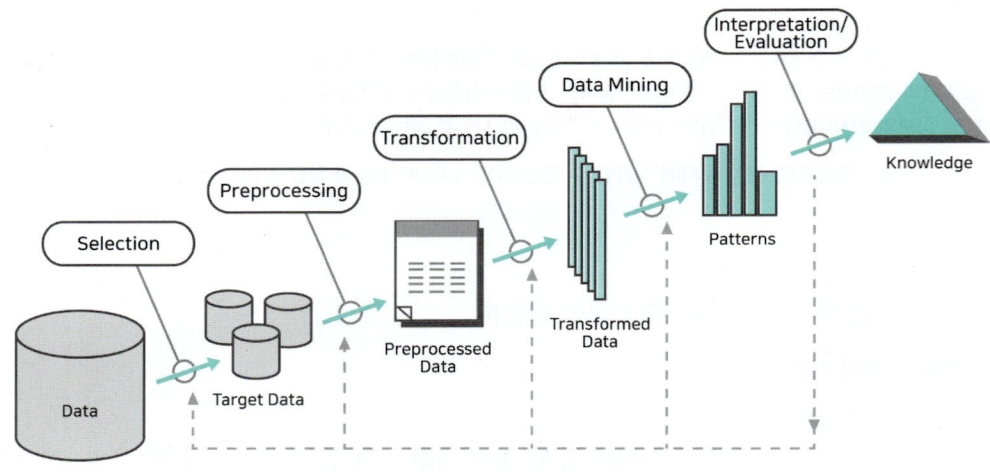

▲ KDD 분석 방법론 프로세스

3) CRISP-DM 분석 방법론

- CRISP-DM(Cross Industry Standard Process for Data Mining)은 다양한 산업 분야에 적용 가능한 표준화된 데이터 마이닝 프로세스로, 총 6단계(phases)로 구성된다.
- 계층적 프로세스 모델(hierarchical process model) 구조를 가지며, 각 단계는 일반화 태스크(generic tasks)로 구성되고, 이는 다시 세분화 태스크(specialized tasks)와 구체적인 실행을 정의한 프로세스 실행(process instances)으로 세분화되는 4개 단계 수준의 구조를 갖는다.

> **기적의 TIP**
>
> 예를 들어 "집 청소"라는 프로젝트에서 "물건 정리", "바닥 청소", "빨래", "설거지"와 같은 단계가 있을 수 있습니다. "빨래" 단계에는 "옷 수거", "옷 분류", "세탁", "건조", "정리"와 같은 일반 태스크가 있고, "세탁"이라는 일반 태스크는 다시 "옷을 세탁기에 넣기", "세탁기 작동하기", "세탁물 꺼내기" 등의 세분화 태스크로 나눌 수 있습니다. 이 중 "세탁기 작동하기"에는 "세제를 세제투입구에 넣는다", "적절한 세탁 코스를 설정한다", "작동 버튼을 누른다"와 같은 구체적인 프로세스 실행 체계가 수립되어 있습니다.
>
> 각 방법론의 프로세스 모델 세부 내용을 모두 파악하기도 어렵고 이해하기도 어려울뿐더러 현실의 분석 프로세스에 꼭 맞아 떨어지지도 않습니다. 자격시험에서도 가장 상위에 있는 단계의 구성을 묻거나 방법론을 비교하는 문제들을 중심으로 출제되고 있습니다.

- CRISP-DM은 다음의 6단계로 구성되며, 각 단계와 전체 과정에 걸쳐 피드백이 반복적으로 발생하는 순환형 프로세스를 특징으로 한다.

① 비즈니스 이해(Business Understanding, 업무 이해)
프로젝트의 목적과 상황, 요구사항을 비즈니스 관점에서 이해하고 목표를 설정하고 프로젝트 계획을 수립한다.

② 데이터 이해(Data Understanding)
데이터를 수집하고 데이터 탐색을 통해 속성을 이해하고 데이터 품질 문제를 확인한다.

③ 데이터 준비(Data Preparation)
데이터 선택과 전처리 등을 통해 분석 방법에 적합한 데이터를 준비한다.

④ 모델링(Modeling)
다양한 모델링 기법과 알고리즘을 선택하고 모델의 성능을 테스트하고 평가하며, 파라미터를 최적화하고 과적합(overfitting) 등의 문제를 발견하고 대응한다.

⑤ 평가(Evaluation)
이전 단계에서 완성된 모델이 프로젝트 목적에 부합하는지 평가하고, 데이터 마이닝의 결과를 수용할지 최종적으로 판단한다.

⑥ 전개(Deployment, 배포)
완성된 모델을 실제 업무나 서비스에 적용하고, 모니터링과 유지보수 계획을 수립하고 결과보고서를 작성한다.

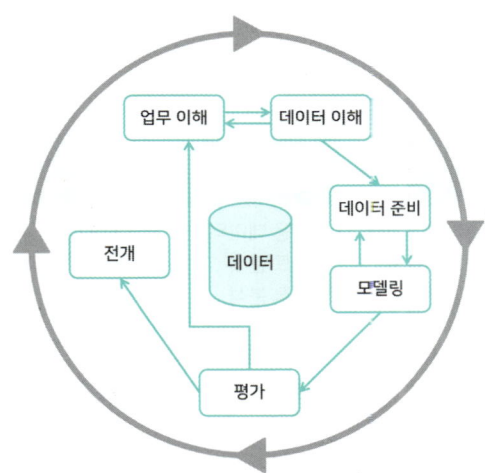

▲ CRISP-DM 분석 방법론 프로세스

4) 빅데이터 분석 방법론

- 데이터 마이닝 초기의 데이터와 비교했을 때 빅데이터는 데이터의 크기가 커지고 종류가 다양하며, 활용 가능한 알고리즘과 업무나 서비스의 적용 절차 등이 다르므로 이에 적합한 새로운 분석 방법론이 필요하다.
- 다양한 분석 방법론이 제시되고 있으며, 단계(phase)-태스크(task)-스텝(step)의 3 수준으로 구성된 계층적 프로세스 모델 등을 도입하고 있다.
- 예를 들어 모델링을 실제 서비스에 배포하는 것을 고려한 다음의 5단계 분석 방법론을 참고할 수 있다.

① **분석 기획(Planning)**
- 비즈니스를 이해하고 문제를 파악하여 분석 프로젝트의 범위를 설정하는 단계이다.
- 프로젝트의 정의 및 수행 계획, 위험 관리 계획을 구체적이고 상세하게 수립한다.

② **데이터 준비(Preparing)**
- 분석 기획에 근거하여 비즈니스 요구사항을 데이터 차원에서 파악하고 데이터 마트를 설계한다.
- 분석 대상 데이터를 수집하고 정합성 점검 등 데이터 품질 관리 프로세스도 수행한다.

③ **데이터 분석(Analyzing)**
- 프로젝트 목표와 수행 계획, 확보된 데이터를 활용하여 실제 데이터 분석 프로세스를 진행한다.
- 탐색적 분석 및 알고리즘을 적용하는 모델링, 모델 평가 및 검증을 수행하며 비즈니스 적용 및 운영 방안을 수립한다.

④ **시스템 구현(Developing, 개발)**
모델 등 분석의 결과를 운영중심 시스템에 적용하거나 프로토타입을 생성하고자 하는 경우 시스템 구현(개발) 단계를 수행할 수 있고 설계 및 구현, 테스트를 거친다.

⑤ **평가 및 배포(Deploying)**
- 데이터 분석의 결과물 혹은 구현된 시스템 및 프로토타입을 대상으로 분석 기획 단계에서 수립된 프로젝트의 목적에 적합하고 기대한 성능 및 성과를 달성했는지 평가하고 적용한다.
- 수행된 프로젝트를 객관적·정량적으로 평가하고 중간 산출물을 정리하며 발전 계획을 포함한 종료 보고서를 작성하여 보고하고 프로젝트를 종료한다.

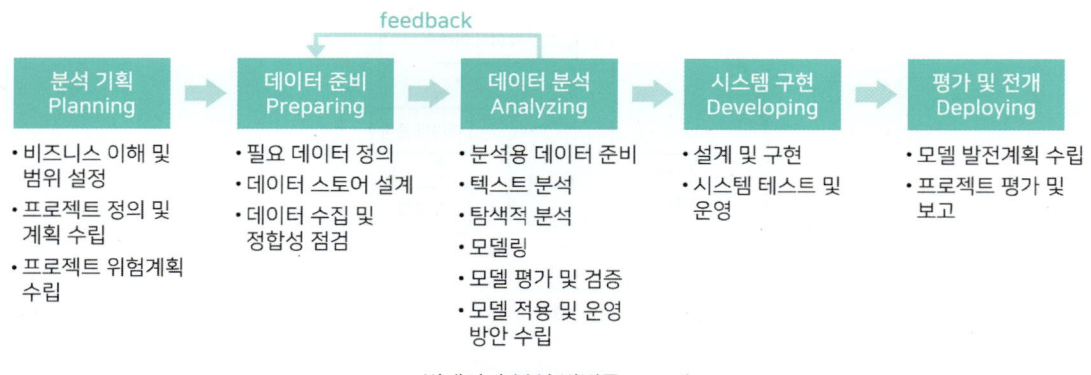

▲ 빅데이터 분석 방법론 프로세스

03 분석 과제 발굴

1) 분석 과제 설정 방식
- 해결해야 할 비즈니스 문제의 설정 시점에 따라 하향식 접근 방식과 상향식 접근 방식으로 구분할 수 있다.
- 산업 디자인 프로세스로 유명한 더블 다이아몬드 프로세스(Double Diamond Process)와 같이 탐색과 확장 중심의 상향식 접근과 정의와 해결 중심의 하향식 접근은 상호보완적으로 활용된다.

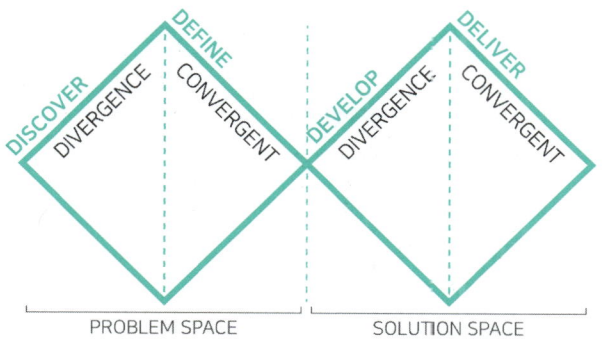

▲ 더블 다이아몬드 프로세스

> **기적의 TIP**
>
> 이 내용은 분석 과제 발굴 및 주제 설정과 관련된 것으로, 실제 분석 수행 과정과 구분하여 이해해야 합니다. 앞서 살펴본 분석 방법론이 분석 과정 중심으로 설정되어 있다면, 분석 과제 발굴은 분석 수행 이전에 과제 발굴과 주제 설정 자체에 초점을 두고 있습니다.

2) 하향식 접근 방식(Top Down Approach)
- 먼저 문제 및 과제가 주어지고 이에 대한 해결 방법과 절차를 설정하여 각 과정을 체계적, 단계적으로 수행하는 방식이다.
- 아래와 같은 4단계로 나눠 이해할 수 있다.

① 문제 탐색(Problem Discovery)
- 업무, 제품 고객 등 기업 내·외부 환경을 포괄하는 사업 수익 구조(비즈니스 모델)를 중심으로 문제를 탐색한다.
- 동종 업계 및 유사 환경에서 실행된 기존 수행 분석 사례를 벤치마킹하여 아이디어를 얻고 분석 주제 및 과제 정의를 빠르게 도출할 수 있다.

② 문제 정의(Problem Definition)
탐색 과정에서 확인한 비즈니스 문제를 데이터의 문제로 변환하여 정의하는 단계로, 필요한 데이터 및 분석 기법을 정의하는 과정을 포함한다.

③ 해결방안 탐색(Solution Search)
- 위의 과정에서 정의된 데이터 분석 문제를 해결하기 위해 필요한 데이터와 절차, 인프라 등을 고려한 방안을 탐색한다.
- 기존 시스템 활용, 인프라 고도화, 교육 및 채용을 통한 인적 역량 확보, 외주(outsourcing) 등의 방법을 설정할 수 있다.

④ 타당성 검토(Feasibility Study)
도출된 분석 문제가 가설에 대해 경제적, 기술적 타당성을 검토하고, 복수의 대안 중에서 평가를 거쳐 가장 현실적이고 합리적인 것을 선택한다.

▶ 하향식 접근 방식 요약

단계	설명
문제 탐색	비즈니스 모델 내 문제 탐색
문제 정의	문제를 데이터 요구 사항으로 변환
해결책 탐색	데이터 문제 해결을 위한 전략 개발
타당성 검토	가장 실현 가능한 솔루션 선택

3) 상향식 접근 방식(Bottom Up Approach)

- 문제가 구체적으로 정의되지 않은 상태에서 데이터 탐색 및 인터뷰 등을 통해 문제를 정의하고 주제를 설정하여 해결방안을 탐색하며, 이 과정을 반복하면서 지속적으로 개선하는 방식이다.
- 앞서 살펴본 나선형·프로토타입 모델 등과 비슷한 방법으로, 프로토타입이나 가설을 생성하고 실험과 테스트를 통해 다양한 가능성을 확인하고 시행착오를 통해 점진적인 개선을 이루고 통찰을 얻을 수 있다.

04 분석 프로젝트 관리

1) 분석 프로젝트 관리

- 탐색과 기획을 거쳐 과제 형태로 설정된 프로젝트를 통해 목표를 달성할 수 있으며, 범위, 일정, 품질, 리스크, 의사소통 등 영역별로 관리가 수행되어야 한다.
- 데이터 분석 프로젝트의 경우 데이터와 분석 기법의 다양성을 고려하여 아래의 5가지 속성을 추가적으로 고려해야 한다.

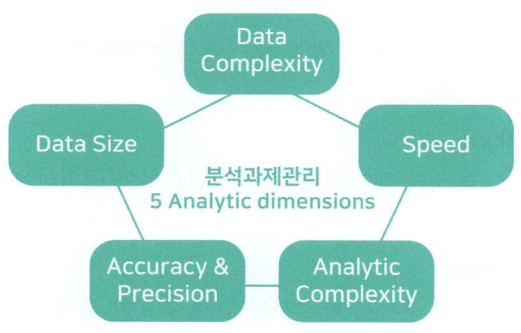

▲ 분석 프로젝트 관리를 위한 5가지 영역

① **데이터의 양(Data Size)**
분석 대상 데이터의 양이 클수록 처리 및 분석에 소요되는 시간과 리소스가 늘어날 수밖에 없다.

② **데이터 복잡도(Data Complexity)**
다양한 유형 데이터를 활용하거나 다양한 시스템에 흩어져 있는 데이터를 융합하여 활용할 경우, 데이터의 복잡도가 증가할 수 있으며 인터페이스 및 알고리즘 선택 과정에 대한 세심한 관리가 필요하다.

③ 속도(Speed)

모델 등 분석의 결과를 시스템에 반영하고 운영할 때, 모델의 규모와 활용 데이터의 특성에 따라 속도에 차이가 날 수 있으며, 일·월 단위 배치(Batch) 작업과 달리 실시간 운영의 경우 모델의 성능과 속도 간 균형을 고려해야 한다.

④ 분석 복잡도(Analytic Complexity)

일반적으로 알고리즘 및 모형의 복잡도는 성능을 높일 수 있으나 해석이 어려워지는 상충(trade Off) 관계가 있으므로, 분석 결과 및 모델에 대한 이해와 설명이 필요한 구성원을 고려하여 알고리즘을 선택하고 해석가능한 모델 개발에 관심을 가질 필요가 있다.

⑤ 정확도와 정밀도(Accuracy and Precision)

- 분석 결과로 생성된 모델은 예측에 활용될 수 있으며, 그 예측이 얼마나 정확하고 정밀한지 평가가 가능하다.
- 정확도, 정밀도와 같이 다양한 평가 지표 중에서 목표와 상황에 적절한 지표를 선택하고 모델의 해석과 적용에 활용할 수 있다.

> **기적의 TIP**
>
> 가이드에서는 "정확도와 정밀도가 상충 관계가 있다"라고 하지만 이것은 틀린 말입니다. 정확도와 정밀도를 이야기할 때 아래와 같은 그림을 활용하는데, 정확도와 정밀도는 각각 높을 수도 있고 낮을 수도 있습니다.
>
>
> 낮은 정확도 / 낮은 정밀도
>
>
> 낮은 정확도 / 높은 정밀도
>
>
> 높은 정확도 / 낮은 정밀도
>
>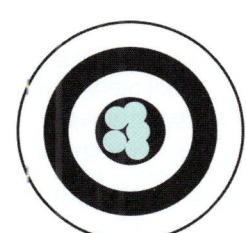
> 높은 정확도 / 높은 정밀도
>
> ▲ 정확도와 정밀도
>
> 설명을 덧붙이면 여기서의 정확도는 평균, 정밀도는 분산 혹은 표준편차라고 이해할 수 있습니다. 정확도는 예측된 값이 평균적으로 얼마나 실제 값에 가까운 지를 의미하고 정밀도는 정확도와 상관없이 얼마나 일관성 있는 예측값이 생성되는가를 의미합니다.
>
> 참고로 다음 과목의 분류 모형에서 다양한 모형 평가 지표가 소개되는데, 이 때 정확도와 정밀도라는 표현이 다시 등장합니다. 지금 나온 용어와는 서로 관계가 없고 이름만 같은 것이라서 구분할 필요가 있습니다.

2) 분석 프로젝트 관리 방안

분석 프로젝트는 그 특성을 고려한 관리가 필요하며, 아래에 정리한 표와 같이 관리 영역별 주요 관리 항목을 중심으로 프로젝트 중 발생할 수 있는 이슈를 사전에 파악하고 리스크를 최소화할 수 있다.

▶ 관리 영역별 분석 프로젝트 관리 항목

관리 영역	분석 프로젝트 특성 및 주요 관리 항목
범위 (Scope)	• 프로젝트가 진행되면서 데이터의 형태와 양, 활용 알고리즘이 자주 수정되고, 기획 단계의 수행 범위를 벗어나거나 변경됨 • 분석 최종 결과물의 형태가 보고서·모델·시스템 등으로 다양할 수 있고, 이에 따라 투입되는 자원의 규모가 달라지므로 사전에 충분한 고려가 필요함
시간 (Time)	• 데이터 처리 및 준비가 지연되거나 분석 결과가 기대 수준에 못 미치는 경우 예상보다 더 많은 시간이 소요될 수 있음 • 사전에 설정된 프로세스와 일정을 중심으로 Time Boxing 기법 등을 활용한 일정관리 및 시간 준수 필요
비용 (Cost)	• 프로젝트 수행 인력의 인건비 이외에 데이터 및 인프라 비용 등을 충분히 고려 • 외부 데이터 및 상용 도구 활용에 따른 추가 비용 발생 가능성을 고려
품질 (Quality)	• 프로젝트 수행 결과물에 대한 품질 목표와 관리 지표를 사전에 확정해야 함 • 품질 통제(quality control)와 품질 보증(quality assurance)으로 구분하여 품질을 관리
통합 (Integration)	프로젝트와 관련된 다양한 활동과 프로세스들이 통합적으로 운영 될 수 있도록 관리
조달 (Procurement)	일회성 대규모 모형 적합을 위한 클라우드 서비스 활용 등 프로젝트 목적과 상황에 알맞은 인프라 외부 소싱을 적절하게 활용
자원 (Resource)	프로젝트 수행 전 고도화된 분석 및 개발 역량을 갖춘 고급 인력 및 전문가 확보 검토 필요
리스크 (Risk)	• 분석에 필요한 데이터 및 인프라, 인력 미확보로 인한 프로젝트 수행 지연 가능성을 사전에 검토해야 함 • 데이터 및 알고리즘의 한계로 인해 품질 목표 달성이 어려울 수 있으며 대응 전략을 수립할 필요가 있음
의사소통 (Communication)	• 데이터 분석 프로세스와 알고리즘이 고도화되면서 결과물에 대한 설명이 어렵고 비전문가가 이해하기 어려운 상황이 발생 • 프로젝트의 원활한 진행을 위해 모든 프로젝트 이해관계자가 정보를 공유할 수 있는 다양한 의사소통체계와 방법 마련 필요
이해관계자 (Stakeholder)	분석 프로젝트에서는 데이터, 비즈니스, 알고리즘, 시스템 등 다양한 영역의 전문가가 협업을 하므로, 각 이해관계자의 식별과 관리가 필요하고 원활한 협업을 위한 의사소통이 중요함

CHAPTER 02

분석 마스터 플랜

학습 방향

분석 우선순위 평가, 수준 진단에서 분석 준비도·성숙도의 세부 내용 등이 주로 출제되어 꼼꼼한 암기가 필요합니다. 내용이 많기 때문에 기출문제를 통해서 출제 유형을 파악하는 것이 중요합니다.

출제빈도

SECTION 01 마스터 플랜 수립

빈출 태그 ▶ 우선순위 평가, 시급성과 난이도, 우선순위 선정 매트릭스

01 분석 마스터 플랜 수립 프레임워크

1) 개요
- 단기적 과제 해결 중심의 분석 프로젝트와 달리 중·장기적 관점의 마스터 플랜을 수립하기 위해서는 복수의 분석 과제를 대상으로 아래의 대표적인 우선순위 요소 등을 고려해 우선순위를 설정할 필요가 있다.
- 이후 분석의 적용 범위 및 방식에 대해서도 종합적으로 고려하여 데이터 분석 실행 로드맵을 수립한다.

2) 우선순위 고려 요소
① 전략적 중요도
② 비즈니스 성과 및 ROI(Return On Investment)
③ 실행 용이성

3) 적용 범위 및 방식 고려 요소
① 업무 내재화 적용 수준
분석 결과 등을 기존 시스템에 적용할 것인지 기존 시스템과 별개로 별도의 시스템으로 개발할지 판단한다.
② 분석 데이터 적용 수준
내부 데이터 혹은 현재 활용 데이터로 한정할 것인지 외부 및 추가 데이터를 활용할 것인지 판단한다.
③ 기술 적용 수준
인프라 및 알고리즘 등 어떤 제반 데이터 기술을 어느 수준까지 적용할지 판단한다.

▲ 분석 마스터 플랜 수립 프레임워크

02 수행 과제 도출 및 우선순위 평가

1) 우선순위 평가 방안 예시

앞서 살펴본 고려 요소에 따라 우선순위 평가 방안은 다양하며, 아래의 예시와 같이 일반적인 IT 프로젝트는 전략적 중요도와 실행 용이성을 중심으로 우선순위를 설정할 수 있다.

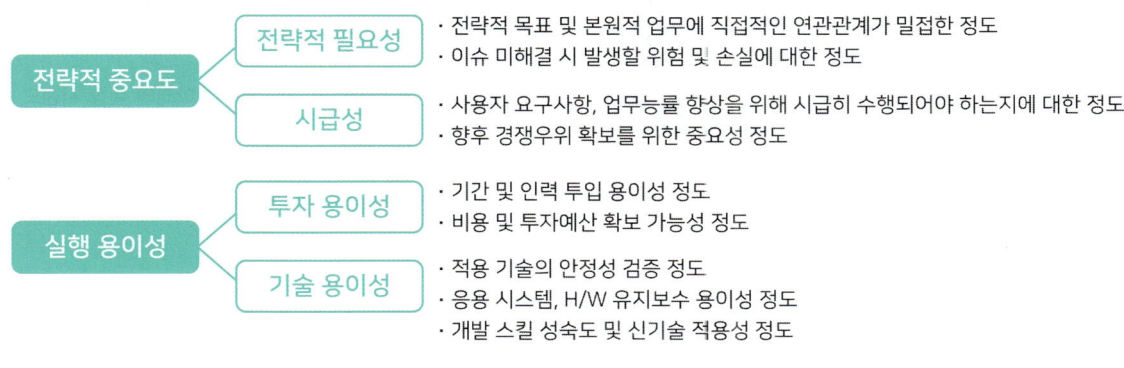

▲ 우선순위 평가 방안

2) 빅데이터의 특징을 고려한 분석 ROI 요소

데이터 분석 프로젝트의 경우 개발 중심의 일반적인 IT 프로젝트에 비해 다양한 분석 주제 설정이 가능하며, 데이터 분석을 통해 정보와 인사이트를 얻고 가치를 창출하는 것에 목적을 두고 있으므로 ROI를 기준으로 우선순위 설정이 가능하다.

① 투자 비용(Investment)

빅데이터의 3V(Volume, Variety, Velocity)는 분석대상 데이터의 특성을 정의하며, 데이터 처리 및 알고리즘 적용과 배포를 위한 인프라 비용과 인력의 규모 및 고급 인력 구성에 따른 인건비에 영향을 미친다.

② 비즈니스 효과(Return)

- 3V에 Value를 더해 4V로 빅데이터의 특성을 정의하기도 하며, 이 때 Value는 빅데이터 활용을 통해 생성되는 비즈니스 가치를 의미한다.
- 즉, 3V로 인한 투자 비용을 고려한 상대적 Value의 크기를 활용하여 각 프로젝트의 ROI 요소를 고려할 수 있다.

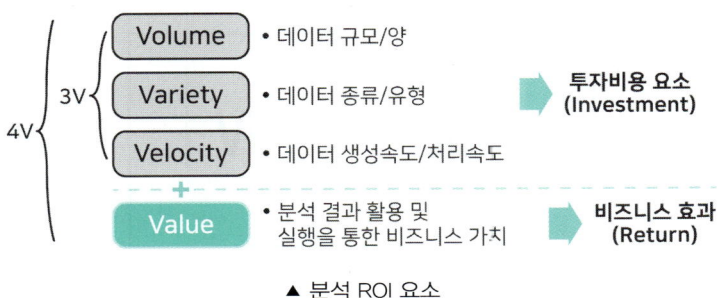

▲ 분석 ROI 요소

3) 시급성과 난이도를 고려한 우선순위 평가 기준

가장 먼저 소개된 일반적인 IT 프로젝트 우선순위 평가와 마찬가지로 데이터 분석 프로젝트 역시 시급성과 난이도를 중심으로 과제 우선순위를 설정하는 것이 가능하다.

▶ 분석 과제 우선순위 평가 기준

평가 기준	내용
시급성	• 각 분석 주제의 적정 수행 시기에 따라 전략적 중요도가 달라질 수 있거나 전략적 필요성에 따라 특정 주제의 선행 여부가 결정될 수 있음 • 분석 주제별 이러한 시급성을 고려하여 각 주제별 실행 시점을 현재부터 중·장기적 미래의 특정 시점으로 설정하고 우선순위 평가에 활용할 수 있음
난이도	현재 시점에서 각 분석 주제의 내용과 범위에 따라 난이도를 측정하고 우선순위 평가에 활용할 수 있으며, 이 때 난이도는 분석 절차의 복잡성과 활용 알고리즘의 수준, 인프라 관련 비용 등을 모두 반영함

🅵 기적의 TIP

1)과 3)의 첫 번째 우선순위 기준을 비교했을 때 모두 전략적 중요성과 시급성을 포함하고 있습니다. 1)에서는 전략적 중요성 하위에 시급성 항목이 있어서 시급성에 따라서 전략적 중요성이 달라질 수 있다는 것을 의미합니다. 3)의 구성을 보면 시급성을 판단할 때 전략적 중요도를 고려할 수 있다고 말하는데, 전략적으로 중요하기 때문에 더 시급하다는 논리는 결국 "그럼 어떤 주제가 더 전략적으로 중요한 것인가?"라는 질문으로 이어지기 때문에 평가 기준으로는 부적합합니다.

그러나 이 주제에서 자주 문제가 출제되고, 가이드에 등장하는 아래의 우선순위 매트릭스와 그 설명이 문항에 그대로 활용되므로 시급성이 현재에 가까운 주제가 상대적으로 전략적 중요도가 높다고 암기하는 것이 좋습니다.

4) 시급성과 난이도 기준 우선순위 선정 매트릭스

현재-미래의 시급성과 쉬움(easy)-어려움(difficult)의 난이도를 기준으로 아래와 같이 4가지 유형으로 구분하고 분석 과제 우선순위 선정에 활용할 수 있다.

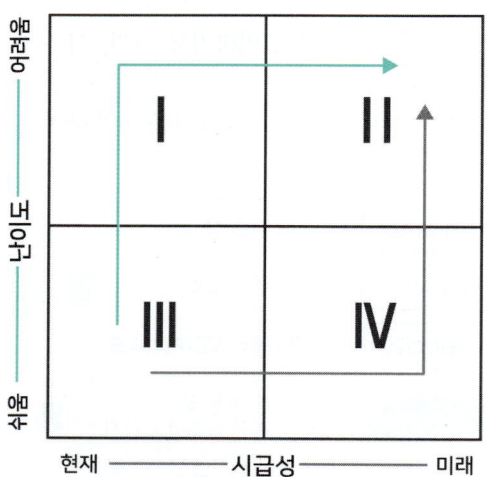

▲ 시급성과 난이도 기준 우선순위 선정 매트릭스

▶ 우선순위 선정 매트릭스 특징

구분	I	II	III	IV
위치	I사분면 강조	II사분면 강조	III사분면 강조	IV사분면 강조
시급성	전략적 중요도가 높아 경영에 미치는 영향이 크므로 현재 시급하게 추진이 필요함	현재 시점에서는 전략적 중요도가 높지 않지만 중장기적 관점에서는 반드시 추진되어야 함	전략적 중요도가 높아 현재 시점에 전략적 가치를 두고 있음	전략적 중요도가 높지 않아 중장기적 관점에서 과제 추진이 바람직함
난이도	난이도가 높아 현재 수준에서 과제를 바로 적용하기에 어려움	분석과제를 바로 적용하기에는 난이도가 높음	과제 추진의 난이도가 어렵지 않아 우선적으로 바로 적용 가능	과제를 바로 적용하는 것은 어렵지 않음

① **최우선순위 유형 : Ⅲ**
- 왼쪽 아래의 제3사분면에 위치한 유형 Ⅲ은 시급성이 현재에 가까워 급하고 난이도가 낮아 쉬우므로 가장 우선순위가 높다.
- 반면 오른쪽 위의 제1사분면에 위치한 유형 Ⅱ는 급하지 않고 난이도도 높으므로 가장 우선순위가 낮다.

② **시급성 중심 우선순위 설정 : Ⅲ→Ⅰ→Ⅳ→Ⅱ**
- 위의 4개 영역을 활용해 전체 과제에 대한 우선순위를 설정해야 할 때, 시급성과 난이도 중 어떤 요소를 더 중요하게 생각하는가에 따라 과제의 순위가 달라질 수 있다.
- 시급성이 중요하다면 현재에 가까운 왼쪽 영역(Ⅲ→Ⅰ)의 과제가 먼저 수행되고, 그 이후 오른쪽 영역(Ⅳ→Ⅱ)의 과제를 수행하는 것이 합리적이다.

③ **난이도 중심 우선순위 설정 : Ⅲ→Ⅳ→Ⅰ→Ⅱ**
- 난이도가 더 중요하다면 쉬운 난이도를 갖는 아래쪽 영역(Ⅲ→Ⅳ)의 과제가 우선순위가 높고, 어려운 위쪽 영역(Ⅰ→Ⅱ)의 과제는 우선순위가 낮게 설정되어야 한다.

④ **난이도 및 시급성 조정**
- 각 과제의 난이도와 시급성은 상황에 따라 유동적으로 조정될 수 있고, 그에 따라 우선순위도 조정될 수 있다.
- 예를 들어 특정 과제의 분석에 활용하는 데이터의 종류와 양, 알고리즘을 수정하여 과제의 난이도를 조율할 수 있으며, 해당 과제의 난이도나 타 과제의 시급성과 우선순위에 따라 특정 과제의 시급성을 조정할 수도 있다.

> 🎯 **기적의 TIP**
>
> 시급성과 난이도 기준 우선순위 설정과 관련해서 가이드에서는 "우선순위 기준을 시급성에 둘 때는 Ⅲ→Ⅳ→Ⅱ, 기준을 난이도에 둘 때는 Ⅲ→Ⅰ→Ⅱ 영역 순"이라고 말하고 있습니다. 3개 영역만으로 순위를 설정한 것이라 의도가 모호하지만 시험에 출제된다면 가이드에 따라 정답을 선택하는 것이 좋습니다.

03 이행 계획 수립

1) 로드맵 수립
- 결정된 과제의 우선순위를 토대로 각 분석 과제별 적용 범위 및 방식을 고려한 최적 실행 우선순위를 결정하고 단계적 구현 로드맵을 수립할 수 있다.
- 로드맵에는 단계별로 추진하고자 하는 목표와 추진 과제별 선·후행 관계를 고려한 단계별 추진 내용이 포함된다.

2) 세부 이행계획 수립
- CRISP-DM 방법론 등에서 정의된 것과 같이 각 과제별로 데이터 수집부터 모델링, 평가, 배포에 이르는 세부 절차를 정의하고 이행 계획을 수립한다.
- 마스터 플랜의 운영과 관리를 위해 시기별로 수행할 과제와 절차를 명시한 세부적인 일정계획도 수립해야 한다.

SECTION 02 분석 거버넌스 체계 수립

빈출 태그 ▶ 거버넌스 구성 요소, 분석 준비도, 분석 성숙도 수준 진단, 분석 조직 구조 유형

01 거버넌스 체계

1) 개요
- 거버넌스(Governance)는 조직의 의사결정과 관리체계를 의미하며, 누가 무엇을 결정하고, 어떻게 실행하며, 어떤 기준으로 평가할지에 대한 규칙과 절차를 설정하는 것을 의미한다.
- 분석 과정에서 발생할 수 있는 혼란을 최소화하고 분석 목표를 효과적으로 달성하기 위해 마스터 플랜 수립 시점에서 분석 거버넌스 체계 설정이 필요하다.

2) 구성 요소
분석 거버넌스 체계는 아래와 같이 5가지 요소로 구성된다.
① 분석 기획·관리 및 추진 조직(Organization)
② 과제 기획 및 운영 프로세스(Process)
③ 분석 관련 인프라 및 IT 시스템(System)
④ 데이터 거버넌스(Data)
⑤ 분석 관련 교육 및 마인드 육성 체계(Human Resource)

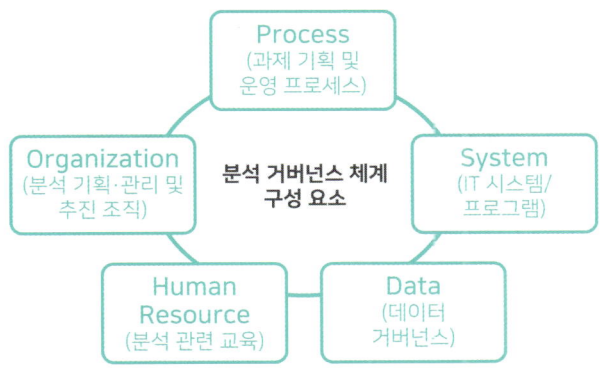

▲ 분석 거버넌스 체계 구성 요소

02 데이터 분석 수준진단

분석 마스터 플랜 및 거버넌스 체계 수립을 위해 분석 준비도, 분석 성숙도에 대한 진단을 통해 현황을 파악하고 분석의 유형 및 방향성을 결정하여 미래의 목표 수준을 정의할 수 있다.

1) 분석 준비도(Readiness)

- 분석 준비도는 기업의 데이터 분석 도입의 수준을 파악하기 위한 진단방법으로 아래와 같이 6가지 영역을 대상으로 현 수준을 파악한다.
- 각 영역이 일정 수준을 충족하지 못하는 경우 분석 업무 도입 이전에 분석 환경 조성이 선행되어야 한다.

▶ 분석 준비도 평가

분석 업무 파악	분석 인력 및 조직	분석 기법
• 발생한 사실 분석 업무 • 예측 분석 업무 • 시뮬레이션 분석 업무 • 최적화 분석 업무 • 분석 업무 정기적 개선	• 분석 전문가 직무 존재 • 분석 전문가 교육 훈련 프로그램 • 관리자 기본 분석 능력 • 전사총괄조직 • 경영진 분석 업무 이해	• 업무별 적합한 분석 기법 사용 • 분석 업무 도입 방법론 • 분석 기법 라이브러리 • 분석 기법 효과성 평가 • 분석 기법 정기적 개선
분석 데이터	분석 문화	IT 인프라
• 분석 업무를 위한 데이터 • 충분성/신뢰성/적시성 • 비구조적 데이터 관리 • 외부데이터 활용 체계 • 기준 데이터 관리(MDM)	• 사실에 근거한 의사결정 • 관리자의 데이터 중시 • 회의 등에서 데이터 활용 • 경영진 직관보다 데이터 활용 • 데이터 공유 및 협업 문화	• 운영 시스템 데이터 통합 • EAI, ETL 등 데이터 유통체계 • 분석 전용 서버 및 스토리지 • 빅데이터/통계/비주얼 분석 환경

2) 분석 성숙도(Maturity)

- 소프트웨어 공학에서 CMMI(Capability Maturity Model Integration) 모델을 활용하여 시스템 개발 업무능력과 조직의 성숙도를 평가하는 것처럼 빅데이터 분석에 적합한 분석 성숙도 평가 방안이 필요하다.
- 분석 능력 및 분석 결과 활용에 대한 조직의 성숙도 수준을 비즈니스, 조직·역량, IT의 3개 부문을 대상으로 평가하고, 성숙도 수준에 따라 도입, 활용, 확산, 최적화의 4단계로 구분할 수 있다.

▶ 분석 성숙도 평가

단계	내용	부문		
		비즈니스 부문	조직·역량 부문	IT 부문
[1단계] 도입	분석 시작, 환경과 시스템 구축	• 실적 분석 및 통계 • 정기 보고 수행 • 운영 데이터 기반	• 일부 부서에서 수행 • 담당자 역량에 의존	• 데이터 웨어하우스 • 데이터 마트 • ETL/EAI • OLAP
[2단계] 활용	분석 결과를 업무에 적용	• 미래결과 예측 • 시뮬레이션 • 운영 데이터 기반	• 전문담당부서 수행 • 분석 기법 도입 • 관리자가 분석 수행	• 실시간 대시보드 • 통계분석 환경
[3단계] 확산	전사 차원에서 분석 관리, 공유	• 전사성과 실시간 분석 • 프로세스 혁신 3.0 • 분석 규칙 관리 • 이벤트 관리	• 전사 모든 부서 수행 • 분석 COE 운영 • 데이터 사이언티스트 확보	• 빅데이터 관리 환경 • 시뮬레이션·최적화 • 비주얼 분석 • 분석 전용 서버
[4단계] 최적화	분석을 진화시켜 혁신 및 성과 향상에 기여	• 외부 환경 분석 활용 • 최적화 업무 적용 • 실시간 분석 • 비즈니스 모델 진화	• 데이터 사이언스 그룹 • 경영진 분석 활용 • 전략 연계	• 분석 협업 환경 • 분석 SandBox • 프로세스 내재화 • 빅데이터 분석

3) 분석 수준 진단 결과

- 해당 기업의 분석 준비도와 성숙도 진단 결과를 바탕으로 현재 분석 수준을 객관적으로 파악 가능하며, 유관 업종 및 경쟁사와 비교하여 분석 경쟁력 확보를 위한 목표 수준을 설정할 수 있다.
- 분석 준비도와 분석 성숙도의 높고 낮음에 따라 4가지 유형으로 구분할 수 있으며 각 유형별 특성에 따라 기업의 분석 역량을 파악하고 전략 수립이 가능하다.

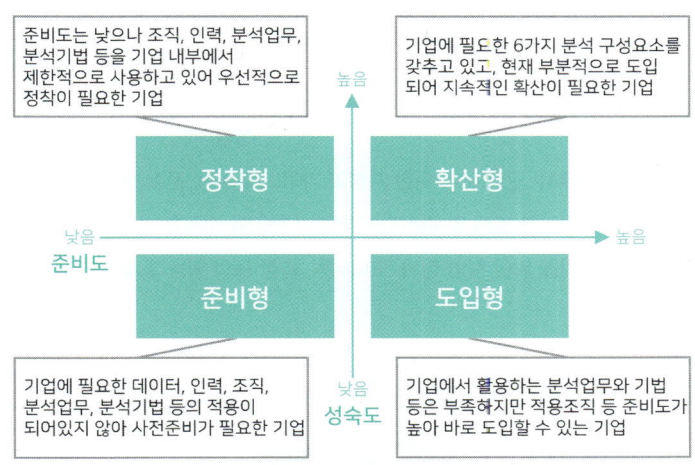

▲ 분석 준비도 및 성숙도 진단 결과 구분

03 분석지원 인프라 방안 수립

분석 과제 단위별 분석 시스템을 구축하는 경우 관리의 복잡도 및 비용이 증가할 수 있으므로, 분석 마스터 플랜 수립 단계에서부터 장기적 관점에서 안정성과 확장성을 고려한 분석 플랫폼 및 통합 인프라 구축이 필요하다.

▶ 개별 시스템과 플랫폼 구조의 차이

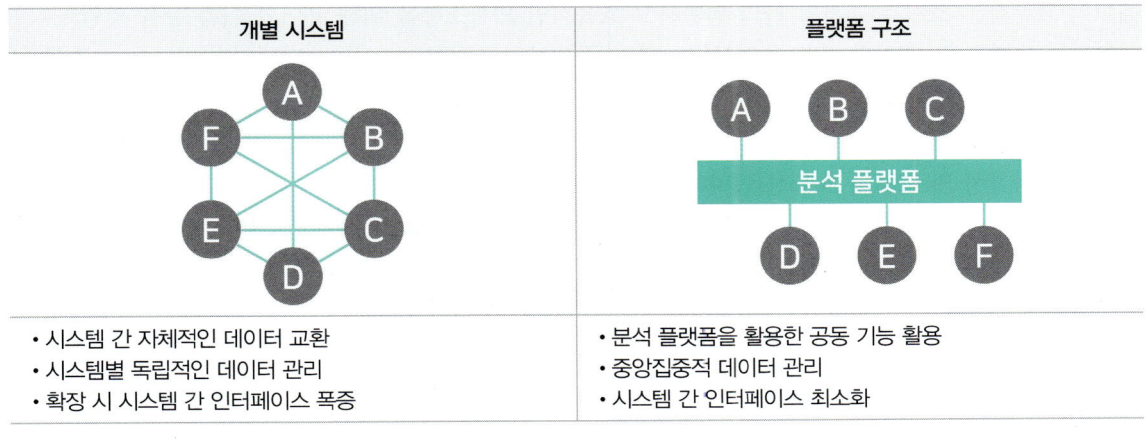

04 데이터 거버넌스 체계 수립

1) 개요
- 데이터 거버넌스는 전사 차원의 모든 데이터에 대해 정책 및 지침, 표준화, 운영 조직 및 책임 등의 표준화된 관리 체계를 수립하고 운영을 위한 프레임워크 및 저장소를 구축하는 것을 말하며 마스터 데이터, 메타데이터, 데이터 사전 등은 데이터 거버넌스의 중요한 관리 대상이다.
- 데이터 거버넌스 체계 구축을 통해 데이터의 가용성, 유용성, 통합성, 보안성, 안전성을 확보할 수 있다.

2) 데이터 거버넌스 구성 3요소

구성 요소	설명
원칙(Principle)	데이터를 유지·관리하기 위한 지침과 가이드로 보안, 품질기준, 변경관리 기준 등을 설정한다.
조직(Organization)	데이터를 관리할 조직 및 관리자의 역할과 책임을 정의한다.
프로세스(Process)	데이터 관리를 위한 작업 절차, 모니터링, 측정 등의 활동과 체계를 설정한다.

3) 데이터 거버넌스 체계
데이터 거버넌스는 아래의 대표적인 4가지 세부 체계(Process)로 구성된다.

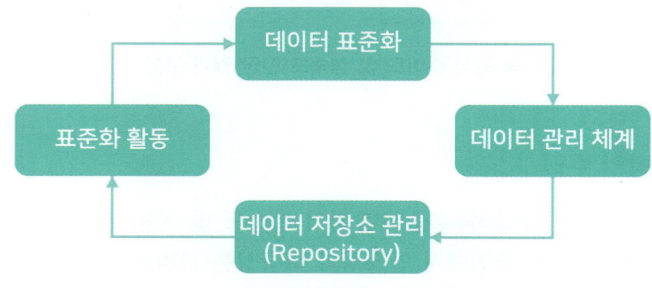

▲ 데이터 거버넌스의 체계

① 데이터 표준화
데이터 표준화는 조직과 구성원 간의 원활하고 효율적인 의사소통을 위해 용어와 이름 등을 일원화·표준화하는 과정으로, 데이터 표준 용어 설정, 명명 규칙(Name Rule) 수립, 메타데이터(Metadata) 구축, 데이터 사전(Data Dictionary) 구축 등의 업무로 구성된다.

② 데이터 관리 체계
- 데이터 정합성 및 활용의 효율성을 위하여 표준 데이터를 포함한 메타데이터와 데이터 사전의 관리 원칙을 수립하고 데이터의 생명 주기 관리 방안(Data Life Cycle Management Plan)을 수립하여 데이터 가용성 및 비용을 관리한다.
- 수립된 원칙에 근거하여 항목별 상세 프로세스를 만들고 관리와 운영을 위한 담당자 및 조직별 역할과 책임을 상세하게 준비한다.

③ 데이터 저장소(Repository) 관리
메타데이터 및 표준 데이터를 관리하기 위한 전사 차원의 저장소를 구성하고 관리 대상 시스템과의 인터페이스를 통한 통제가 이루어져야 한다.

④ **모니터링 및 개선 활동**

데이터 거버넌스 체계를 구축한 후 표준 준수 여부를 주기적으로 점검하고 모니터링을 실시하며, 지속적인 데이터 표준화 개선 활동과 변화 관리 및 주기적인 교육을 실시한다.

05 데이터 조직 및 인력 방안 수립

1) 데이터 분석 조직

- 데이터 분석 조직의 목표는 기업의 경쟁력 확보를 위해 데이터 분석의 가치를 발견하고, 이를 활용하여 비즈니스를 최적화하는 것이다.
- 기업 업무 전반에 걸쳐 다양한 분석 과제를 발굴해 정의하고, 데이터 분석을 통해 의미 있는 인사이트를 찾아 실행하는 역할을 수행한다.
- 통계학, 컴퓨터 공학 등 다양한 분야의 지식과 경험을 가진 인력과 업무 담당자로 구성되며, 전체 조직 내 분석 조직의 위치는 다양할 수 있다.

▶ 데이터 분석 조직 구성 시 주요 고려사항

구분	주요 고려사항
조직 구조	• 비즈니스 질문을 선제적으로 찾아낼 수 있는 구조인가? • 분석 전담 조직과 타 부서 간 유기적인 협조와 지원이 원활한 구조인가? • 효율적인 분석 업무를 수행하기 위한 분석 조직의 내부 조직 구조는? • 전사 및 단위 부서가 필요한 경우 접촉하며 지원할 수 있는 구조인가? • 어떤 형태의 조직으로 구성하는 것이 효율적인가?
인력 구성	• 비즈니스 및 IT 전문가의 조합으로 구성되어야 하는가? • 어떤 경험과 스킬을 갖춘 사람으로 구성해야 하는가? • 통계적 기법 및 분석 모델링 전문 인력을 별도로 구성해야 하는가? • 전사 비즈니스를 커버하는 인력이 없다. 그렇다면? • 전사 분석 업무에 대한 적합한 인력 규모는 어느 정도인가?

2) 데이터 분석 조직 구조 유형

조직의 규모, 분석 성숙도, 목표에 따라 적절한 구조를 선택하거나 전환하는 것이 중요하다.

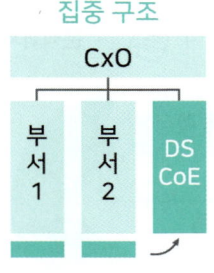
집중 구조

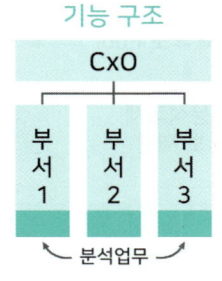
기능 구조

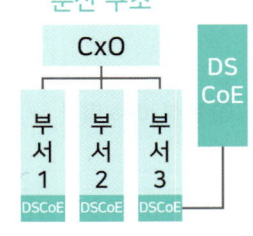
분산 구조

▲ 분석 조직의 유형

▶ 데이터 분석 조직 구조 유형

구조 유형	특징
집중적 조직 구조	• 독립적인 분석 전담 조직을 구성하고, 회사의 모든 분석 업무를 전담 조직에서 담당 • 분석 전담 조직 내부에서 전사 분석 과제의 전략적 중요도에 따라 우선순위를 정해 추진 가능 • 일부 현업 부서와 분석 업무가 중복되거나 이원화될 수 있고 분석 결과를 실제 비즈니스에 적용하는 과정에서 현업 부서와의 협의가 필요할 수 있음
기능 중심 조직 구조	• 별도로 분석 조직을 구성하지 않고 각 현업 부서에서 직접 분석 업무를 수행하거나 분석 인력을 활용하는 형태 • 전사적 차원에서 전략적 중요도가 높은 핵심 주제에 대한 분석이 어렵고, 특정 부서에 국한된 업무 단위의 분석을 수행할 가능성이 높고, 소통의 부재로 복수의 유관 부서가 중복된 분석을 수행할 수 있음
분산 조직 구조	• 별도의 분석 조직을 운영하되, 분석 조직의 인력을 현업 부서에 배치해 분석 업무를 수행하는 형태 • 전사적 차원의 분석 과제 관리가 가능하고 중복 과제를 최소화하고 우선순위를 선정할 수 있으며, 비교적 분석 결과를 신속하게 실무에 적용 가능

06 분석 과제 관리 프로세스 수립

- 분석 조직은 분석을 수행할 뿐만 아니라 마스터 플랜에 따라 분석 과제의 기획 및 운영을 담당하며 이를 체계적으로 관리하기 위한 프로세스 수립이 필요하다.
- 분석 과제 관리 프로세스는 과제 발굴과 과제 수행 단계로 나뉜다.

1) 과제 발굴 단계
개별 조직 혹은 개인이 비즈니스 문제를 파악하고 발굴한 과제를 분석 과제 풀(Pool)로 관리하면서 우선순위를 설정하고 수행 과제를 선정한다.

2) 과제 수행 단계
분석 및 데이터 거버넌스 체계에 따라 분석 과제를 실행하고 모니터링을 포함한 진행 관리를 병행하며 분석 결과를 공유 및 개선하는 절차를 수행한다.

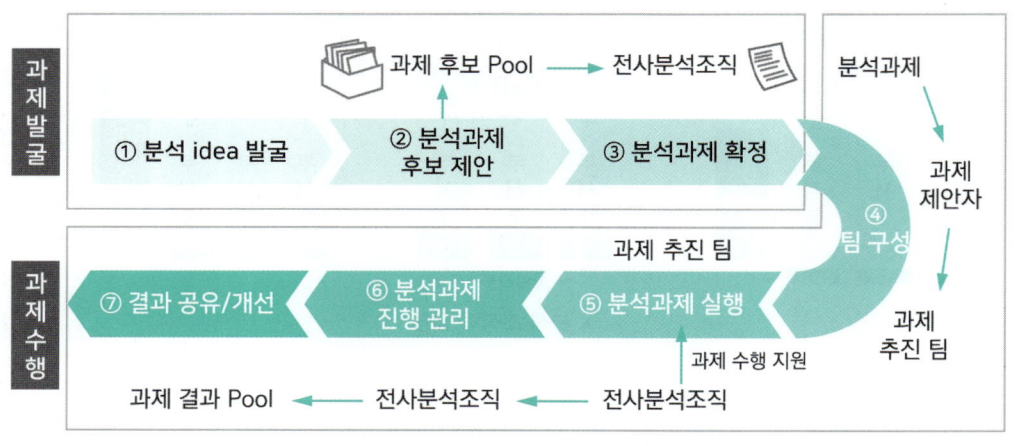

▲ 분석 과제 관리 프로세스

07 분석 교육 및 변화관리

- 빅데이터, AI 등 시장 환경 변화에 대응하기 위해 기업 내 모든 구성원의 데이터 분석 및 활용 역량 강화를 위한 전사적 교육 및 조직 문화 개선이 중요시되고 있다.
- 분석 도구 및 알고리즘 등 분석 관련 교육뿐만 아니라 세미나 등을 통한 사례 및 아이디어 탐색, 마인드셋 구축 등을 통해 전사적 분석 역량을 확보하고 조직 문화로 확장할 수 있다.

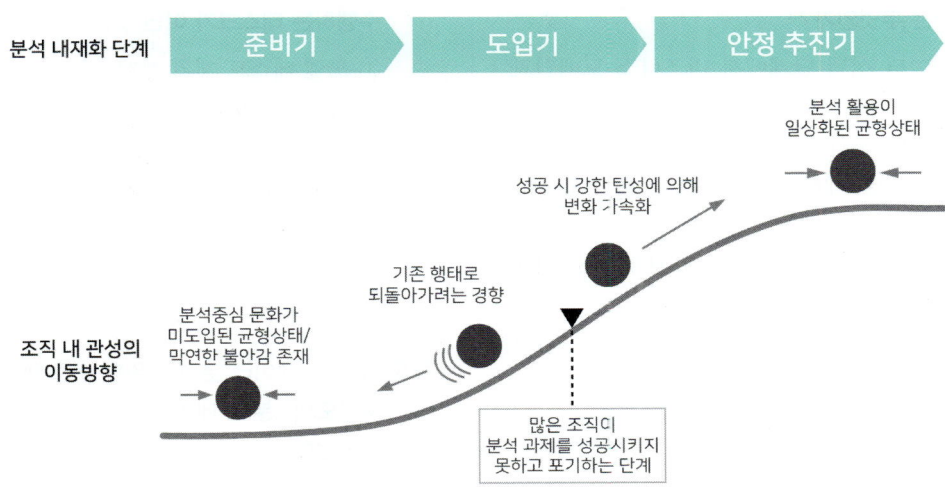

▲ 분석 도입에 대한 문화적 대응

합격을 다지는 예상문제

01 다음 중 KDD 분석 방법론에 대하여 잘못 설명한 것은 무엇인가?
① 데이터 선택 단계에서 비즈니스 도메인과 주제에 대한 이해는 필수적이다.
② 데이터 전처리 단계에서 분석 방법에 적합한 형태로 데이터를 변환하며, 필요에 따라 데이터 선택 작업을 재수행할 수 있다.
③ 데이터 마이닝 단계에서 분석 기법을 선택하고 분석을 수행한다.
④ 결과 평가 단계에서 분석 결과를 해석하고 비즈니스 적용 가능성을 따진다.

02 데이터 표준화에 대한 설명으로 틀린 것은?
① 데이터 정합성 및 활용의 효율성을 위하여 메타 데이터와 데이터 사전의 관리 원칙과 데이터의 생명 주기 관리 방안(data life cycle management plan)을 수립한다.
② 조직과 구성원 간의 원활하고 효율적인 의사소통을 위해 필요하다.
③ 데이터 관련 용어와 이름 등을 일원화·표준화하는 과정이다.
④ 데이터 표준 용어 설정, 명명 규칙(Name Rule) 수립, 메타데이터(Metadata) 구축, 데이터 사전(Data Dictionary) 구축 등의 업무로 구성된다.

03 다음 중 CRISP-DM 방법론의 모델링 단계에서 수행하는 태스크가 아닌 것은?
① 모델 테스트 계획 설계
② 모델링 기법 선택
③ 모델 평가
④ 모델 적용성 평가

04 다음 중 데이터 분석을 위한 수준진단에서 분석 준비도의 "분석 데이터"의 진단 항목으로 가장 부적절한 것은?
① 분석 업무를 위한 데이터 충분성, 신뢰성, 적시성 평가
② 외부 데이터 활용 체계 평가
③ 기준데이터 관리 평가
④ 빅데이터 분석 환경

05 다음 중 확산 단계의 분석 성숙도를 갖는 기업에 대한 설명으로 옳지 않은 것은?
① 전사 차원에서 분석 관리 및 공유
② 데이터 사이언티스트 확보
③ 분석을 위한 환경과 시스템 구축
④ IT 부문에서 빅데이터 관리 환경 구축

06 다음 중 KDD 분석방법론의 절차 중 이상치, 결측치를 식별하고 정제하는 단계는?

① 데이터 마이닝
② 데이터 준비
③ 데이터 전처리
④ 데이터 변환

07 분석 준비도(Readiness)는 기업의 데이터 분석 도입의 수준을 파악하기 위한 진단방법으로 6가지 영역을 대상으로 실시한다. 다음의 내용에 해당하는 영역은 무엇인가?

> • 업무별 적합한 분석기법 사용 여부
> • 분석기법 효과성 평가
> • 분석기법 정기적 개선 체계

① 분석 기법
② IT 인프라
③ 분석 데이터
④ 분석 인력 및 조직

08 분석 준비도 및 성숙도 진단 결과를 각각 낮음과 높음으로 구분할 때, "도입형"에 대한 설명으로 옳은 것은?

① 낮은 준비도와 낮은 성숙도에 해당하며, 선부른 실행보다 철저한 계획 수립과 사전 준비가 필요하다.
② 높은 준비도와 낮은 성숙도에 해당하며, 분석을 바로 도입하고 사례 발굴 등에 힘쓴다.
③ 낮은 준비도와 높은 성숙도에 해당하며, 제한적인 인력과 업무에 분석이 활용되고 있다.
④ 높은 준비도와 높은 성숙도에 해당하며, 분석의 지속적인 확산이 가능하다.

09 분석 과제 설정의 하향식 접근 방식에서 타당성 평가 단계에 대한 설명으로 가장 적절하지 않은 것은?

① 정의된 데이터 분석 문제를 해결하기 위해 필요한 데이터와 절차, 인프라 등을 고려한 방안을 탐색한다.
② 다양한 요소에 대한 다각적 타당성 검토가 필요하다.
③ 동종 업계 및 유사 환경에서 실행된 기존 수행 분석 사례를 벤치마킹하여 아이디어를 얻고 분석 주제 및 과제 정의를 빠르게 도출한다.
④ 기존 시스템 활용, 인프라 고도화, 외주 등의 방법을 설정할 수 있다.

10 분석 마스터 플랜 수립에서 과제 설정과 관련한 내용으로 옳지 않은 것은?

① 과제 우선순위는 시급성을 최우선적으로 고려해야 하며, 난이도는 추가 인력 및 비용 투입을 통해 해결한다.
② 전략적 중요도, ROI, 실행 용이성을 고려한 우선순위 결정이 필요하다.
③ 인프라 및 알고리즘 등 데이터 기술의 적용 수준을 판단해야 한다.
④ 중·장기적 관점의 마스터 플랜을 수립을 위해서는 복수의 분석 과제를 대상으로 우선순위를 설정할 필요가 있다.

11 분석 과제 발굴에 대한 설명으로 가장 옳지 않은 것은?

① 분석 과제 발굴을 위해 전사적인 관심과 비즈니스 문제를 탐색하기 위한 시간과 비용 투자가 필요하다.
② 분석 과제 발굴을 통해 문제를 탐색하고 주제를 설정하며, 도출된 과제는 미루지 않고 즉시 해결해야 한다.
③ 문제 정의와 과제 설정을 위한 방법론은 상향식 접근법과 하향식 접근법으로 나눌 수 있다.
④ 하향식 접근법과 상향식 접근법을 적절히 융합하고 지속적이고 반복적인 과제 발굴 수행이 필요하다.

12 다음 중 빅데이터로 인한 비즈니스 환경 변화에 적응하기 위한 기업의 중장기적 대응 방안으로 가장 거리가 먼 것은?

① 분석 조직 및 인력에 대한 교육과 훈련
② 데이터 기반의 의사결정문화 정착
③ 코딩 등 전임직원 대상 데이터 분석 도구 중심 교육
④ 분석역량 강화를 위한 체계적인 계획 및 시행

13 다음 데이터 분석 조직의 유형 중 별도의 분석 조직이 없고 해당 업무 부서에서 직접 분석을 수행하거나 분석 인력을 활용하는 방식에 해당하는 것은?

① 기능형 조직 구조
② 분산형 조직 구조
③ 복합형 조직 구조
④ 집중형 조직 구조

14 빅데이터 분석의 계층적 프로세스에 관한 설명으로 옳지 않은 것은?

① 단계(phase)-태스크(task)-스텝(step)의 3수준으로 구성할 수 있다.
② 빅데이터와 분석 알고리즘 중심으로 프로세스를 구축하되 시스템 구현과 배포는 분석 방법론에 포함하지 않는다.
③ 데이터 마이닝 초기의 데이터와 다른 빅데이터의 특성을 반영할 수 있어야 한다.
④ 초기 단계에서 비즈니스 이해 및 분석 프로젝트 계획 수립이 필요하다.

15 분석 프로젝트 관리 방안에 대한 설명으로 옳지 않은 것은?

① 사전에 설정된 프로세스와 일정을 중심으로 일정관리 및 시간 준수가 필요하다.
② 프로젝트 수행 인력의 인건비 이외에 데이터 및 인프라 비용 등을 충분히 고려해야 한다.
③ 분석에 필요한 데이터 및 인프라, 인력 미확보로 인한 프로젝트 수행 지연 가능성을 사전에 검토해야 한다.
④ 프로세스와 알고리즘의 고도화로 상호 이해가 어려우므로, 철저한 분업 체계를 유지한다.

16 분석 성숙도 평가 모델의 전사적 확산 단계에서 수행할 항목으로 가장 적절한 것은?

① 데이터 활용 가능성을 실험적으로 검토하는 파일럿 분석 진행
② 일부 부서 수준에서 제한적인 분석 적용
③ 경영진 주도로 전략적 분석 프레임워크 구축
④ 성과 분석을 통한 조직 전반의 데이터 활용 확대

17 다음 중 상향식 접근법(bottom-up)에 대한 설명으로 옳은 것을 모두 고르시오.

> 가. 데이터에서 정보를 탐색하고 확장한다.
> 나. 분석 과정에서 최초의 목표 및 가설 설정이 반드시 필요하다.
> 다. 문제 정의가 불명확할 때 사용하기 적절하다.
> 라. 분석 기법으로 항상 강화학습을 사용한다.

① 가, 라
② 가, 다
③ 가, 나, 다
④ 가, 나, 라

18 다음 중 아래의 설명에 대응하는 분석 프로젝트 관리 영역은?

> 프로젝트와 관련된 다양한 활동과 프로세스들이 통합적으로 운영될 수 있도록 관리한다.

① 품질(Quality)
② 통합(Integration)
③ 조달(Procurement)
④ 의사소통(Communication)

19 CRISP-DM 방법론에서 분석 프로젝트 진행 순서가 올바르게 나열된 것은?

① 모델링 → 평가 → 데이터 준비 → 데이터 이해 → 전개 → 비즈니스 이해
② 데이터 준비 → 비즈니스 이해 → 모델링 → 평가 → 데이터 이해 → 전개
③ 비즈니스 이해 → 데이터 이해 → 데이터 준비 → 모델링 → 평가 → 전개
④ 비즈니스 이해 → 데이터 준비 → 데이터 이해 → 모델링 → 평가 → 전개

20 다음 중 데이터 분석 프로젝트에서 고려해야 할 주요 속성으로 가장 적절하지 않은 것은?

① 데이터의 양(Data Size)
② 분석 복잡도(Analytic Complexity)
③ 모델의 시각적 표현 방식(Visualization)
④ 정확도와 정밀도(Accuracy and Precision)

합격을 다지는 예상문제 정답 & 해설

01 ②	02 ①	03 ④	04 ④	05 ③
06 ③	07 ①	08 ②	09 ③	10 ①
11 ②	12 ③	13 ①	14 ②	15 ④
16 ④	17 ②	18 ②	19 ③	20 ③

01 ②

②의 "분석 방법에 적합한 형태로 데이터를 변환"하는 것은 데이터 변환 단계에 해당하며, 데이터 전처리 단계에서는 이상값 및 결측값을 식별하고 처리한다.

02 ①

①은 데이터 거버넌스 세부 체계 중 데이터 표준화 이후의 데이터 관리 체계에 대한 설명이다.

03 ④

④의 모델 적용성 평가는 완성된 모델이 프로젝트 목적에 부합하는지 평가하고, 데이터 마이닝의 결과를 수용할지 최종적으로 판단하는 과정으로 모델링 이후의 평가 단계에서 이뤄진다.

04 ④

④의 빅데이터 분석 환경은 IT 인프라에 대한 진단 항목이다.

05 ③

분석 성숙도 평가에서 도입, 활용, 확산, 최적화의 4단계를 활용한다.
③은 도입 단계에 대한 설명이다.

06 ③

KDD 분석 방법론은 데이터 선택, 전처리, 변환, 마이닝, 결과 평가의 5단계로 구성된다. 이상치와 결측치 등을 처리하는 것은 전처리 단계에 속하고 분석 방법에 맞게 데이터 형태를 바꾸는 것은 변환 단계에 속한다.

오답 피하기

① 전처리된 데이터를 기반으로 알고리즘을 적용하고 패턴이나 모델을 도출하는 단계
② 데이터를 수집하고 통합하는 초기 단계이며 전처리의 전 단계
④ 데이터를 분석에 적합한 형식으로 변형하는 단계

07 ①

분석 준비도 중 분석 기법에 대한 내용이며, 분석 기법 라이브러리 구축 여부, 분석 업무 도입 방법론 등도 함께 포함된다.

오답 피하기

② IT 인프라 : 운영 시스템 데이터 통합, 분석 전용 서버 및 스토리지 등
③ 분석 데이터 : 분석 업무를 위한 데이터, 비구조적 데이터 관리, 외부데이터 활용 체계 등
④ 분석 인력 및 조직 : 분석 전문가 교육 훈련 프로그램, 관리자 기본 분석 능력 등

08 ②

준비도가 높고 성숙도는 낮은 도입형 조직에 대한 설명으로 ②가 옳은 답이다.

오답 피하기

① 준비도와 성숙도가 모두 낮아 사전준비가 필요한 준비형 조직에 대한 설명이다.
③ 준비도는 낮으나 성숙도가 높아 우선적인 정착이 필요한 정착형 조직에 대한 설명이다.
④ 기업에 필요한 6가지 분석 구성요소를 갖춘 확산형 조직에 대한 설명이다.

09 ③

하향식 접근 방식은 문제 탐색, 문제 정의, 해결방안 탐색, 타당성 검토의 4단계로 구성되며 ①, ②, ④는 세 번째 타당성 검토 단계에 해당한다.
③은 문제 탐색 단계에 대한 설명이다.

10 ①

마스터 플랜 수립 과정에서 과제에 대한 우선순위 설정이 필요하며 분석의 적용 범위 및 방식을 다각적으로 고려한 데이터 분석 실행 로드맵을 수립한다.
과제 우선순위 설정 과정에서 시급성과 난이도를 함께 고려해야 하며, 이때 난이도는 분석 절차의 복잡성과 활용 알고리즘의 수준, 인프라 관련 비용 등을 모두 반영한 것이다. 즉, 매우 시급한 과제라 하더라도 난이도가 높으면 후순위로 설정될 수 있다.

11 ②

분석 과제 발굴을 통해 복수의 과제가 발굴될 수 있으며 문제 해결을 위한 절차, 인력과 인프라, 비용 및 기대 효과 등을 고려하여 과제를 설정하고 관리해야 한다. 비즈니스 환경과 상황에 따라 도출된 과제가 즉시 해결하기 어려울 수 있으며, 중장기적인 관점에서 전략적인 접근이 필요할 수 있다.

12 ③

빅데이터, AI 등 시장 환경 변화에 대응하기 위해 기업 내 모든 구성원의 데이터 분석 및 활용 역량 강화를 위한 전사적 교육 및 조직 문화 개선이 중요시되고 있다.
기업의 환경과 구성원 특성에 따라 분석 도구 및 알고리즘 등 분석 관련 교육뿐만 아니라 세미나 등을 통한 사례 및 아이디어 탐색, 마인드셋 구축 등을 통해 전사적 분석 역량을 확보하고 조직 문화로 확장할 수 있다.

13 ①

분석 조직의 구성은 독립적인 분석 조직의 구성 유무, 분석 인력의 현업 부서 배치 여부에 따라 구분한다.
주어진 문제에 해당하는 것은 별도의 조직이 없는 기능형 조직 구조에 해당한다.

오답 피하기

② 분석 조직은 존재하되, 인력을 현업 부서에 배치하는 형태이다.
④ 분석 전담 조직이 모든 분석을 총괄하는 형태이다.

14 ②

계층적 프로세스는 ①에서 설명하는 것과 같이 단계별로 태스크와 세부 스텝을 정의한 것을 의미하며, 분석뿐만 아니라 시스템 구현과 평가, 배포 등 실제 운영까지의 전반적인 과정을 정의한다.

15 ④

분석 프로젝트에서는 데이터, 비즈니스, 알고리즘, 시스템 등 다양한 영역의 전문가가 협업을 하므로, 각 이해관계자의 식별과 관리가 필요하고 원활한 협업을 위한 의사소통이 중요하다.
고도화된 지식의 이해가 어렵더라도 프로젝트의 원활한 진행을 위해 모든 프로젝트 이해관계자가 정보를 공유할 수 있는 다양한 의사소통체계와 방법을 마련해야 한다.

16 ④

CMMI 모델의 분석 성숙도 평가에서 전사적 확산(확산 단계)은 기업 전체가 분석을 적극적으로 활용하는 단계로, 데이터 기반의 의사결정이 조직 전반에 걸쳐 확산이 된다. 따라서 성과 분석을 활용한 조직 전체의 데이터 활용 확대가 이 단계에서 수행할 항목으로 가장 적절하다.

> **오답 피하기**
> ① 분석의 가능성을 실험해보는 수준으로 도입 단계에 해당한다.
> ② 분석이 조직 전체로 확산이 되지 않은 상태로 역시 도입 단계에 해당한다고 볼 수 있다.
> ③ 최적화 단계에서 조직의 전략적 분석 프레임 워크를 구축하는 과정과 더 관련이 있다.

17 ②

상향식 접근법(bottom-up)은 주어진 데이터에서 패턴을 탐색하며 점진적으로 분석의 범위를 확장하는 기법으로, 문제 정의가 불명확할 때 사용하기 적절하다. 상향식 접근법에서는 가설 설정 없이 데이터에서 직접 유의미한 패턴과 방향을 도출하는 경우도 많다.

> **오답 피하기**
> 나. 하향식(top-down) 접근에 해당하며, 상향식 접근법과 달리 명확한 문제 정의와 가설이 선행되어야 한다.
> 라. 특정 분석 기법을 반드시 활용하는 것은 아니며, 지도학습, 비지도학습, 통계적 탐색 등도 활용될 수 있다.

18 ②

프로젝트 관리에서 통합(Integration)은 개별 프로세스가 분리되지 않고 유기적으로 결합되어 프로젝트 전반에서 일관성을 유지하는 것이다.

> **오답 피하기**
> ① 품질 : 프로젝트 결과물의 수준과 성과를 관리하는 영역이다.
> ③ 조달 : 프로젝트에서 필요한 자원을 확보하고 공급망을 운영하는 과정과 관련이 있다.
> ④ 의사소통 : 프로젝트 내 다양한 이해관계자 간의 정보 흐름을 조정하는 역할을 한다.

19 ③

CRISP-DM 방법론은 데이터 분석 프로젝트를 진행하는 표준 절차이며, 다음과 같은 순서로 진행된다.
- 비즈니스 이해(Business Understanding) → 프로젝트 목표 설정
- 데이터 이해(Data Understanding) → 데이터 탐색 및 품질 검토
- 준비(Data Preparation) → 데이터 선택 및 전처리
- 모델링(Modeling) → 모델 구축 및 성능 테스트
- 평가(Evaluation) → 모델이 목표에 부합하는지 검토
- 전개(Deployment) → 실제 업무 적용 및 유지보수 계획 수립

20 ③

데이터 분석 프로젝트에서는 데이터의 양, 분석 복잡도, 정확도와 정밀도 등의 요소가 중요한 고려 대상이다. 그러나 모델의 시각적 표현 방식(Visualization)은 데이터 분석 결과를 전달하는 방법 중 하나일 뿐, 분석 프로젝트를 운영하는 핵심 속성에는 포함되지 않는다.

PART 03

데이터 분석

파트 소개

데이터 분석의 개념으로 시작해서 기술통계, 통계 검정, 머신러닝 알고리즘에 이르기까지 다양하고 넓은 내용을 배웁니다. 가장 많은 30개 문제가 출제되는 과목이며, 특히 이론에 대한 개념 이해가 필요합니다.

첫 번째 챕터는 데이터 분석의 이해로 기출문제를 중심으로 주요 내용을 암기하면 되고, 두 번째 챕터에서는 기초통계에 해당하는 기술통계량과 통계 검정을 다루며 개념 이해가 중요합니다. 세 번째 챕터에서는 머신러닝의 개념과 지도학습, 비지도학습 알고리즘을 살펴봅니다.

CHAPTER

01

데이터 분석 이해

학습 방향

이상값 처리, 결측값 처리 등 데이터 처리 방법과 절차를 묻는 문제가 자주 출제됩니다. 그리고 지도학습과 비지도학습, 탐색적 데이터 분석과 같은 용어의 정의와 관련된 문제도 출제됩니다. 기출문제를 중심으로 주요 용어에 대한 암기가 필요합니다.

출제빈도

SECTION 01 하 5%
SECTION 02 중 95%

SECTION 01 데이터의 수집과 알고리즘 활용

빈출 태그 ▶ 머신러닝, 인공지능, 알고리즘

01 데이터 수집 목적의 차이

1) 기업 활동과 서비스 운영 목적
- 비즈니스 영역을 중심으로 기업 활동과 서비스 운영을 위해 데이터를 수집하고 처리하는 경우가 많으며, 일반적으로 데이터의 규모가 크고 복잡한 관계를 가진다.
- 적재된 데이터를 활용하여 정보와 인사이트를 얻기 위한 부가적인 절차로 데이터 분석을 수행할 수 있으며, 문제를 파악하고 대상과 절차를 정의하고 과제를 설정하는 분석 기획 절차가 필요하다.

2) 데이터 분석 목적
- 연구와 실험에서는 관측(observation) 및 실험을 통한 측정(measure)을 통해 데이터를 수집하고, 분석 결과를 주장의 근거로 활용할 수 있다.
- 심리학 등 사회 과학에서는 데이터 수집을 위해 설문·면담을 통한 조사(survey)를 수행하며, 시간과 비용의 문제로 전수조사는 불가능하고 관심 대상 중 일부인 표본(sample) 데이터를 수집하고 활용한다.
- 과학 실험 등에서 목표·가설 설정 → 관측·실험 계획 → 데이터 수집 → 데이터 분석 순으로 진행되며, 과제 및 주제를 먼저 설정하고 다양한 통제(control) 기법을 통해 필요한 데이터를 최소한으로 수집하므로 데이터가 간결하다.

3) 수집 목적 차이에 따른 분석 영향
- 연구와 실험 과정에서 설계에 따라 수집된 데이터는 모든 분석 절차가 사전에 설정되는 경우가 많고, 분석 방법론도 단순 집계, 시각화, 통계 검정 등으로 비교적 단순하다.
- 서비스 운영 목적의 데이터는 분석 기획 이전에 수집되므로 비즈니스 상황과 데이터 특성을 고려한 주제 선정이 중요하고, 분석 과정에서 집계·시각화를 기본적으로 활용하고 데이터의 크기와 복잡도의 문제를 해결하기 위한 다양한 알고리즘 활용이 필수적이다.
- 연구를 위한 대규모 통합 데이터베이스 구축, 운영 데이터와 실험 데이터의 융합 등 오늘날 빅데이터 환경에서는 두가지 목적의 데이터와 그 특성이 혼합되어 있는 경우가 많아서 명확한 구분이 어렵지만, 여전히 데이터 수집 목적의 차이에 따른 데이터 특성과 활용 분석 방법론의 차이가 존재한다.

02 머신러닝과 데이터 마이닝

1) 알고리즘(Algorithm)
문제 해결 방법을 정의한 일련의 단계적 절차이자 어떠한 문제를 해결하기 위한 동작들의 모임을 의미하며, 문제 풀이에 필요한 계산 절차 또는 처리 과정의 순서를 뜻한다.

2) 머신러닝(Machine Learning, 기계학습)

- 인공지능의 한 분야로 데이터를 통해 학습하고 일반화할 수 있는 알고리즘을 개발하고 연구하는 것을 목적으로 하는 학문이다.
- 목적과 상황에 따라 적절한 알고리즘 선택이 필요하며 크게 지도학습, 비지도학습, 강화학습 등으로 구분한다.

3) 인공지능(Artificial Intelligence, AI)

- 인공지능은 넓은 의미에서 기계, 특히 컴퓨터 시스템이 발휘하는 지능을 의미한다.
- 학문적으로는 컴퓨터 과학의 연구 분야로, 기계가 환경을 인식하고 학습과 지능을 사용해 정의된 목표를 최대한 달성할 수 있도록 하는 방법과 소프트웨어를 개발하고 연구한다.
- 정의에 따라 AI의 범위는 다양할 수 있으며, 넓게는 인간의 직접 판단을 제외하고 단순 집계를 포함한 모든 데이터 기반 의사결정을 의미하고, 일반적인 비즈니스에서는 데이터에 알고리즘을 적합한 모델 등의 결과물 혹은 그 결과물을 포함한 제품을 의미한다.

4) 데이터 마이닝(Data Mining)

- 적재된 대규모 데이터(광산)에서 가치 있는 정보와 인사이트(광물)를 추출하고 탐색하기 위한 과정이나 절차, 방법론을 의미하며, 집계와 시각화 등 기초통계와 알고리즘 중심의 머신러닝 등 다양한 방법론과 데이터베이스와 솔루션 등 인프라와 시스템을 포함한다.
- 1990년대 후반 운영 목적의 비즈니스 데이터에 대한 분석 및 활용 가능성이 강조되고 KDD, CRISP-DM과 같은 체계적인 분석 방법론이 등 하면서 함께 활용한 표현이다.
- 데이터베이스와 알고리즘 활용이 보편화된 오늘날에는 대부분의 상황에서 "데이터 마이닝" 대신 "데이터 분석"으로 표현해도 무방하다.

> **기적의 TIP**
>
> 머신러닝과 AI를 소개할 때 "스스로 학습"이라는 표현이 자주 등장합니다. 영화에 등장하는 "스카이넷"과 같은 AI의 이미지과 결합되면서 "스스로"의 범위에 대한 오해가 많습니다. 머신러닝을 적용하고 인공지능을 개발하기 위해서는 주제 설정, 알고리즘 선정, 데이터 활용 적합 등 대부분의 절차에서 사람이 직접 개입합니다. 아무리 알고리즘이 발전하더라도 전력을 포함한 인프라 비용 문제, 서비스 도입 및 적용 과정에서의 의사결정 문제는 사람이 주도권을 쥐고 있고 활용자의 의지에 따라 학습할 수밖에 없습니다.
>
> 이러한 상황에서 "스스로 학습"이라는 표현이 등장한 배경을 이해할 필요가 있습니다. 기존의 비즈니스 의사결정 과정에서는 사람이 경험을 통해 학습한 지식과 집계와 시각화 같은 간단한 데이터 분석을 통해 얻은 정보를 활용했고, 시스템 개발에서는 개발자가 "IF-ELSE"와 같은 조건문을 활용하여 조건과 상황을 설정했습니다.
>
> 데이터가 점점 커지고 복잡해짐에 따라 기존의 사람 중심의 간단한 분석으로 파악할 수 있는 정보의 제약이 커지면서 알고리즘을 활용한 데이터 분석이 보편화되었습니다. 즉, 학습이라고 부르는 데이터에서 정보를 추출하는 주체가 사람에서 알고리즘으로 이동한 것이고, 분석하는 사람이 역할이 직접 데이터를 들여다보는 것에서 알고리즘을 활용하는 것으로 바뀐 것이죠. 데이터를 활용한 정보 학습 과정은 알고리즘의 정의에 따라 자동으로 이뤄지는 것은 맞지만, 그것을 제외한 이전과 이후의 모든 작업은 여전히 사람의 몫입니다.

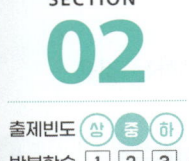

SECTION 02 데이터 분석 기법의 이해

빈출 태그 ▶ 데이터 처리, 표준화 및 정규화, 결측값 처리, 이상값 처리

01 데이터 처리

1) 개요
- 데이터 처리는 분석 기획에 따라 분석 방법론을 적용하기 이전에 데이터를 해당 방법론에 적합한 형태로 바꾸거나 분석 결과물을 보고 및 시스템 적용에 필요한 형태로 변환하는 것을 의미한다.
- 데이터의 활용성을 높이고 일관성과 품질 유지를 통해 효율적인 분석 수행과 더 정확한 결과를 도출하고 효율적인 정보 전달과 신뢰성을 높일 수 있다.
- 주요 작업 내용과 상황에 따라 데이터 처리(processing) 이외에도 데이터 전처리(pre-processing), 데이터 조작(manipulation), 데이터 정제(cleaning) 등으로 표현하기도 한다.
- 데이터베이스에서 해당 과제에 필요한 데이터를 선택하고 데이터 처리를 거쳐 분석에 필요한 데이터로 구성된 데이터 마트를 생성할 수 있다.

2) 주요 처리 프로세스

① **필터링(Filtering)**
분석에 필요한 데이터를 선택한다.

② **정렬(Sorting)**
특정 기준에 따라 순서를 지정하고 정렬한다.

③ **집계(Aggregation)**
분석 방법론 및 활용에 적합한 단위로 데이터를 요약한다.

> 🌟 기적의 TIP
> 예를 들어 표 형태로 집계 값을 계산하는 피벗테이블은 분석의 결과물이라고 할 수 있지만, 알고리즘 적합과 같은 분석 방법론을 적용하거나 데이터 결합 과정에서도 활용할 수 있고 이 때는 처리 프로세스에 속합니다.

④ **데이터 변형(Transformation)**
데이터의 형식(format, type)을 바꾸거나 피벗, 언피벗 등 형태를 바꾼다.

⑤ **데이터 표준화 및 정규화(Standardization and Normalization)**
데이터를 일정한 범위로 변환하거나, 동일한 척도로 변환한다.

⑥ **파생변수(Derived Variable) 생성**
연령에서 연령대를 추출하는 등 데이터의 기존 변수를 활용하여 새로운 변수를 생성한다.

⑦ **데이터 결합(Merge, Join, Concatenation)**
분석에 필요한 복수 데이터를 결합하고 하나의 통합 데이터를 생성한다.

⑧ 데이터 정제(Cleaning)
데이터에서 오류나 불필요한 값을 제거한다.

⑨ 결측값 처리(Handling Missing Values, Null Values)
데이터에서 누락된 결측값을 처리하며, 결측값을 포함한 일부 데이터를 제거하거나 결측값을 적당한 값으로 대체(replacement) 혹은 대치(imputation) 한다.

▶ 결측값 처리 방법

구분	설명
데이터 제거	• 결측값을 포함한 관측치 등 데이터 일부를 제거하는 방법 • 완전사례분석(complete case analysis)이라고도 함
평균 대치법	• 데이터에서 계산한 평균으로 결측값을 대치하고, 중앙값 등의 다른 집계값 활용으로 응용 가능 • 비조건부 평균 대치법 : 전체 데이터에서 계산된 평균으로 대치 • 조건부 평균 대치법 : 그룹별 평균 및 회귀 모형을 활용한 대치 등 데이터의 다른 변수 값(조건)을 활용해 대치값을 계산
확률론적 대치법	• 회귀 모형 대치법에 랜덤 변수를 추가하거나(stochastic regression), 결측 포함 데이터의 다른 변수 값이 비슷한 유사한 관측치 중 하나를 랜덤으로 선택하는 방법(hot-deck) • 비슷한 K개 값의 평균이나 최빈값을 활용하는 K-근접 이웃(k-nearest neighbor, KNN)과 같은 방법 활용 가능
단순 대치법	평균 대치법 등을 활용해 결측값을 대치하고 예정된 분석을 수행
다중 대치법	• 결측값을 여러 번 대치하여 각 대치된 데이터로 여러 번 분석을 수행하고 그 결과를 결합하는 방법 • 대치의 불확실성을 반영하고 분석의 신뢰도를 높일 수 있으나 계산이 복잡하고 시간 및 자원 소모가 큼

⑩ 이상값 처리(Handling Outliers)
- 분석 결과를 왜곡할 수 있는 비정상적으로 크거나 작은 값을 확인하고 처리한다.
- 이상값은 데이터의 다른 값과 비교했을 때 극단적으로 크거나 작은 값을 의미하며, 데이터를 활용해 정상 범위를 설정하고 해당 범위를 벗어난(out-) 위치에 있는(lier) 관측치를 이상치로 판단한다.

▶ 대표적인 이상값 처리 방법 2가지

구분	설명
ESD 테스트 (Extreme Studentized Deviate Test)	• 근사적으로 정규 분포를 따르는 데이터(변수)에서 평균에서 양쪽으로 3 표준편차를 정상 범위로 설정하고, 해당 범위를 벗어난 값은 이상치로 판단하고 제거 • 이후 평균 및 표준편차 계산 및 범위 설정, 이상치 제거작업을 더 이상 이상치가 존재하지 않을 때까지 반복
사분위수 활용	• 정렬된 데이터에서 25% 지점의 사분위수(Q1)과 75% 지점의 사분위수(Q3)를 활용하여 정상 범위를 설정하고 이상치를 판별 가능 • Q3-Q1을 계산한 IQR(Inter Quartile Range)에 1.5를 곱하여 마진을 설정하고, Q1-1.5IQR(25% 지점에서 아래로 마진을 벌림), Q3+1.5IQR(75% 지점에서 위로 마진을 벌림)을 정상범위로 설정 가능

> 🔑 **기적의 TIP**
>
> 연구와 실험을 통한 데이터 수집 시기에는 데이터의 하나 하나의 값이 소중하고 크기가 작아서 하나의 이상한 값이 분석 결과에 큰 영향을 줄 수 있었기 때문에 결측값과 이상값 처리가 중요했습니다. 그러나 오늘날 일반적인 분석에서는 데이터의 크기가 커짐에 따라 하나의 결측값과 이상값이 미치는 영향이 적을뿐더러 결측과 이상값 자체가 정보이므로 알고리즘에서 결측 자체를 정보로 활용하거나 이상값의 영향이 적은 알고리즘을 설정하기도 합니다.

02 분석 방법

1) 개요

- 데이터 분석 과정에서 다양한 분석 방법과 기법을 활용하며, 과학적 연구와 데이터 기반 의사결정을 수행해온 다양한 학계와 업계의 경험적 산물이다.
- 데이터의 특성과 분석 상황, 해당 업계와 학계에 따라서 다양한 분석 방법을 활용하며, 분류 기준과 체계도 다양할 수 있다.

2) 기술통계와 추론통계

- 통계학에서는 분석 방법을 크게 기술통계와 추론통계로 구분하며, 기술통계는 과거의 정보 자체에 관심을 갖고 추론통계는 과거의 정보를 일반화하거나 미래를 추측한다.
- 통계학에서는 데이터에서 계산된 모든 숫자를 통계량(statistics)이라고 한다.

> ➕ **더 알기 TIP**
>
> **기술통계와 추론통계 예시**
>
> - 기술통계
>   - 예) 한국 성인 남성 100명의 키 데이터로 계산한 평균 키와 히스토그램
> - 추론통계
>   - 예) 한국 성인 남성의 키가 175cm보다 큰지를 확인(통계 검정)
>   - 예) 가구소득, 연령, 지역에 따른 키 차이의 유의성 확인(회귀 모형)

① 기술통계(Descriptive Statistics)

- 데이터를 직접 활용하여 데이터의 변수 혹은 변수의 특성을 설명하기 위해 통계량을 계산하거나 그래프 등을 활용해서 정보를 확인하는 과정이다.
- 합계, 평균, 표준편차 등 단순 집계와 기술통계량(descriptive statistics)을 활용해 데이터의 정보를 수치로 변환하고 히스토그램, 막대그래프 등 시각화를 활용해 정보를 효과적으로 표현한다.
- 일반적으로 기술통계에 속하는 집계와 시각화를 묶어 기초통계라고 부르며, 아래의 추론통계에 속하는 통계 검정도 기초통계에 포함시키기도 한다.

② 추론통계(Inferential Statistics, 추리 통계)

- 데이터의 통계량 및 알고리즘의 결과물을 바탕으로 사실을 일반화하고 전체나 미래를 추측하는 과정이다.
- 추정, 통계 검정, 확률 모형 등과 같이 불확실성이 존재하고 확률을 계산해 활용하는 과정이 추론통계에 해당하며, 머신러닝 알고리즘 역시 확률 모형을 기반으로 하므로 추론통계에 속한다.

▶ 기술통계와 추론통계의 구분

기술통계(Descriptive Statistics)		추론통계(Inferential Statistics)	
집계 (Aggregation)	시각화 (Visualization)	추정/통계검정 (Estimation/ Statistical Test)	통계모형 (Statistical Model)

3) 탐색적 데이터 분석(Exploratory Data Analysis, EDA)

- 수집된 데이터를 분석 과제 기획 및 실험 계획 등 따라 약속된 분석 방법으로 분석하는 것을 확증적 데이터 분석(Confirmatory Data Analysis, CDA)이라고 한다.
- 이에 반해 EDA는 데이터에 대한 이해도를 높이고 데이터에 숨어 있는 정보를 탐색하기 위한 절차로, 분석 주제나 절차에 상관없이 분석 초기 단계에서 실행하는 경우가 많으며 주로 단순 집계와 시각화를 활용하고 필요에 따라 알고리즘 등 더 다양한 방법을 활용할 수 있다.

4) 지도학습과 비지도학습

머신러닝에 속하는 알고리즘은 크게 지도학습, 비지도학습, 강화학습 등으로 구분할 수 있다.

① 지도학습(Supervised Learning)

종속변수(dependent variable), 정답 레이블(label), 타겟(target) 등으로 부르는 관심변수가 존재하고, 나머지 변수를 활용해 관심변수의 차이와 패턴을 설명하는 모델을 생성하고 학습시키며, 새로운 데이터의 값을 예측할 수 있다.

② 비지도학습(Unsupervised Learning)

관심변수가 따로 없는 상황에서 데이터의 변수나 관측치 간 관계나 패턴을 탐색하는 방법으로 거리 등 유사도를 활용한다.

5) 정형 데이터 분석과 비정형 데이터 분석

데이터의 형식과 구조에 따라 분석 방법이 다를 수 있다.

① 정형(Structured) 데이터 분석

정형 데이터는 관측치와 변수(행과 열)로 구성된 테이블 형태의 정형화된 형식으로 저장된 데이터를 의미하며, 고전적이고 일반적이며 기본적인 데이터 형태로 기술통계와 추론통계 등 분석 방법을 활용한다.

② 비정형(Unstructured) 데이터 분석

- 미리 정의된 구조 없이 자유로운 형태를 갖고, 텍스트, 이미지, 동영상 등 다양한 형식으로 저장된다.
- 기존 정형 데이터와의 대비로 비정형이라는 표현을 사용하며, 각 형식에 적합한 데이터 처리와 분석 방법을 적용한다.
- 열린 구조에 대한 설명력이 높은 딥러닝 알고리즘을 주로 활용하며, 비정형 데이터는 그 과정에서 임베딩(embedding)을 통해 정형화할 수 있다.

6) 다양한 분석 방법

- 일반적으로 분석에 활용하는 데이터의 특성에 따라 분석 방법을 정의하고 분류할 수도 있다.
- 지리와 공간 정보를 주로 활용하는 공간 분석, 데이터에서 객체 간 관계 중심의 분석을 수행하는 네트워크 분석 등이 있으며, 이러한 분석에서도 집계와 알고리즘을 활용할 수 있고 그 데이터가 정형 혹은 비정형일 수 있으므로 위에서 살펴본 분류 방법과 명확한 구분은 어렵다.

> **기적의 TIP**
>
> 가이드나 일부 문제에서는 분석 방법 중 하나로 데이터 마이닝을 포함하기도 하고, 이때는 머신러닝과 동일한 뜻으로 사용되기도 합니다. 그러나 엄밀하게 따졌을 때 데이터 마이닝은 절차(Process)적 성격이 강하고, 데이터 마이닝 과정에서 머신러닝 알고리즘을 활용할 수 있습니다. 따라서 데이터 마이닝을 분석 방법 그 자체로 설명하는 것은 적절하지 않습니다.
>
> 일반적인 데이터 마이닝 과정에서 시각화나 집계, 추정과 검정, 알고리즘을 활용한 군집화, 예측, 패턴 분석 등 다양한 분석 방법을 활용하며, 비교적 크고 복잡한 데이터를 활용하기 때문에 알고리즘을 활용하는 비중이 높은 상황을 고려할 수 있습니다.

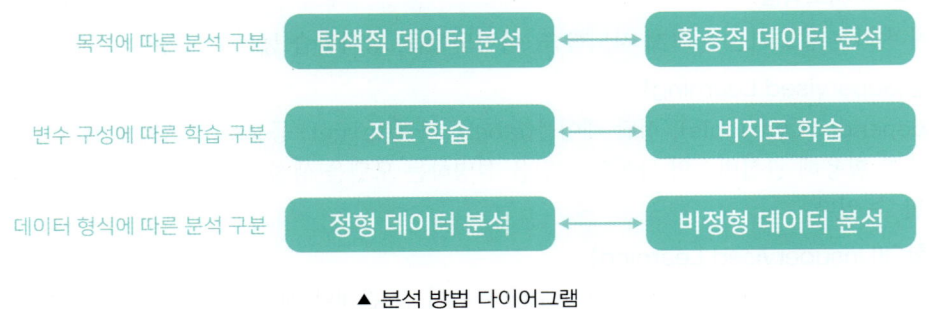

▲ 분석 방법 다이어그램

CHAPTER

02

기초통계와 통계 검정

학습 방향

확률변수, 모집단과 표본, 확률분포 같은 통계 개념과 평균, 표준편차, 상관계수와 같은 기술통계량, 귀무가설과 대립가설, p값으로 설명하는 통계 검정 등 기초통계에 대한 개념을 묻는 문제가 고르게 출제됩니다. 단순한 암기로 해결할 수 없는 문제들이 많기 때문에 내용을 차분히 살펴보고 개념을 이해하는 것이 중요합니다.

출제빈도

SECTION 01	중	20%
SECTION 02	중	20%
SECTION 03	중	25%
SECTION 04	중	35%

SECTION 01 통계 개념 이해

출제빈도 상 중 하
반복학습 1 2 3

빈출 태그 ▶ 조사 방법론, 표본 추출 방법, 질적 데이터와 양적 데이터, 4가지 척도 종류

01 데이터와 확률변수

1) 데이터(Data, 자료)
- 관심 대상의 상태와 현황에 대해 관찰이나 측정을 통해 기록·수집한 값들의 집합으로, 현재 시점에서 파일이나 데이터베이스 등에 실제 저장된 값이다.
- 다양한 형식의 데이터가 존재하며, 일반적인 통계에서는 관측치(행)와 변수(열)로 구성된 격자형태의 정형 데이터를 활용한다.
- 데이터 분석을 통해 관측치와 변수의 특성과 관계를 파악하고 정보를 추출할 수 있다.
- 다양한 상황에 따라 하나의 관측치나 하나의 변수를 데이터라고 부를 수도 있으며, 관측치의 집합(set)이라는 의미로 데이터셋(dataset)이라고 표현하기도 한다.

2) 확률변수(Random Variable)
- 엄밀한 수학적 정의에 따르면 확률변수는 확률 실험의 결과를 수치로 나타내는 변수로, 확률 실험의 모든 가능한 결과들의 집합인 표본 공간(sample space)에서 실수 값을 갖는 가측 공간(measurable space)으로 가는 함수이다.
- 확률변수는 관심 대상의 이론적인 상태나 불확실성을 포함한 미래·가상 상황을 다룰 때 활용하며, 실제로 존재하는 데이터와 달리 값이 고정적이지 않고 결정되어 있지 않다.

> **기적의 TIP**
>
> 예를 들어 "한국 성인 남성의 키"라는 확률변수는 개념적이고 이론적으로 존재할 뿐 실존하지 않습니다. 고정된 상수(scalar)가 아니라 불확실성이 있는 변수(cariable)입니다. 반면 "한국 성인 남성 100명의 측정된 키"는 데이터이며, 실존하는 100개의 관측치로 구성되어 있습니다.
>
> "Random"을 "확률"로 번역해서 헷갈리기 쉬운데, 확률변수는 정해지지 않아 불확실성이 있다는 의미를 갖습니다. 관심 대상의 확률이나 기댓값 등을 실제로 계산하기 위해서 확률변수의 개념은 확률분포나 표본 추출과 같은 개념과 이어집니다. 미리 설명하자면, 설정한 확률변수에 특정한 확률분포를 가정할 수 있습니다. 확률분포는 직접 설정할 수도 있고 정규 분포와 같이 누군가가 미리 만들어 둔 기성 분포를 활용할 수 있습니다. 데이터가 없는 상황에서 확률변수를 정의하고 확률분포를 가정하면 임의(random)로 표본(sample)을 추출하고 데이터를 생성할 수도 있습니다. 통계 검정 등 특정한 상황에 따라서 이미 실체가 있는 데이터와 변수가 특정한 기성 확률분포를 따르는지를 확인할 때도 있습니다.
>
> 이렇듯 다양한 통계 개념들이 서로 얽혀 있어서 모든 것을 한꺼번에 엮어 이해하기란 쉽지 않습니다. ADsP 시험에서는 각 주제별로 단편적인 지식을 묻고 있기 때문에 각 주제별로 따로 이해해도 충분합니다.

02 모집단과 표본

1) 모집단(Population)

분석 및 연구하고자 하는 전체 집단을 의미하며, 수치로 표현 가능한 모집단의 특성을 모수(Parameter)라고 한다.

> **기적의 TIP**
>
> 회사에서 데이터를 다루다 보면 데이터의 크기나 전체 대상의 개수를 "모수"라고 말할 때가 있습니다. 예를 들면 "이번 달 마케팅 모수가 100만이다"라고 말하는 경우가 꽤 많습니다. 이미 굳어져서 관용적으로 많이 활용되지만 잘못된 표현입니다. 전체를 의미하는 모집단의 의미와 "수"를 포함한 모수의 언어적인 뉘앙스가 합쳐져서 전체 대상자 수의 의미로 변질되어 활용되고 있습니다. "전체 규모" 등으로 고쳐서 사용하는 것이 좋고, 시험 등 공식적인 과정에서 모수는 데이터의 크기나 개수와 상관이 없다는 것을 알고 있어야 합니다.

2) 표본(Sample)

- 모집단에서 특정 방법을 통해 추출된 일부 집단을 의미한다.
- 통계적 추정에서는 표본(데이터)으로 계산한 통계량으로 모집단의 모수를 유추하고 이를 바탕으로 모집단의 특성을 파악한다.
- 통계학의 관점에서 대부분의 데이터는 표본이며, 분석 과정에서 데이터에서 표본을 추출하는 작업은 표본에서 다시 표본을 추출하는 것으로 재표본 추출(Resampling)이라고 한다.

> **기적의 TIP**
>
> 통계 검정과 머신러닝 등 추론통계에서 개념적인 관점에서의 표본(sample)과 조사 방법론에서 실제 데이터를 수집하기 위해 이뤄지는 표본 추출(sampling, 표집)은 구분이 필요합니다.
>
> 실험을 통해 데이터를 수집한 경우, 모든 실험을 기록했다 하더라도 그 데이터는 통계학의 개념적으로는 표본이라고 부릅니다. 이 개념은 빅데이터에도 그대로 적용되는데, 아무리 큰 데이터라 하더라도 전체 시장이나 미래의 정보를 담을 수는 없으므로 표본이라고 볼 수 있습니다. 데이터 분석을 통해 일부 대상의 정보를 파악하고, 이 정보를 모집단이라고하는 전체 관심 대상으로 확장해서 일반화하는 것이 추론통계입니다.
>
> 표본 추출은 개념적 의미의 표본과 달리 실제로 데이터를 생성하기 위해 조사 대상을 선택하기 위한 기술적인 방법을 의미합니다. 예를 들면 선거 출구조사에서 시간과 비용 문제로 모집단인 모든 투표자를 조사할 수 없습니다. 표본조사가 필요하고 표본 추출을 통해 일부 투표자를 선택하게 됩니다.
>
> 즉, 현재 상태에서 데이터가 이미 적재되어 활용 가능한 상태라면 아래의 표본 추출 방법은 활용할 필요가 없습니다. 데이터 분석 세 번째 과목의 주제와 큰 흐름을 고려했을 때 표본 추출 방법은 어색하지만, 시험에는 자주 출제되고 있으니 꼼꼼히 살펴보시기 바랍니다.

3) 조사 방법론과 표본 추출 방법

- 국가 통계 작성 및 사회과학 연구, 품질검사 등의 과정에서 조사(survey)는 일반적인 절차이며 전수조사와 표본조사로 구분할 수 있다.

▶ 조사 방법 구분

구분	설명
전수조사(census, 총조사)	관심 모집단 전체 개체에 대한 조사 및 데이터 수집
표본조사(sample survey)	총조사 대신 일부 개체를 활용하여 데이터 수집

- 표본조사에서는 모집단을 대표할 수 있고 편향되지 않은 표본을 효율적으로 선택하기 위해 적절한 표본 추출(sampling) 방법을 사용하는 것이 중요하며, 아래의 방법들이 활용된다.

① 단순 랜덤 추출(Simple Random Sampling)
모집단의 모든 객체가 동일한 확률로 선택될 수 있도록 무작위로 표본을 추출하는 기초적이고 일반적인 방법이다.

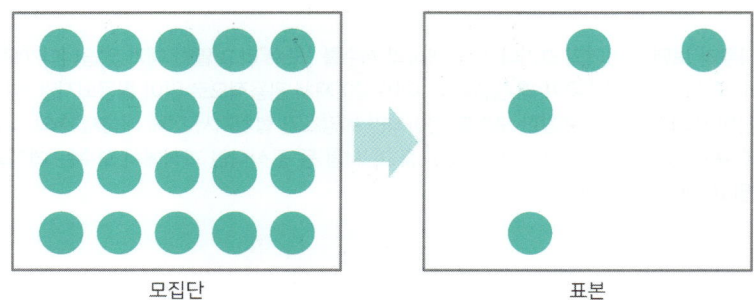

▲ 단순 랜덤 추출법

② 계통 추출법(Systematic Sampling)
모집단을 일정한 간격으로 나누고, 첫 번째 객체를 무작위로 선택한 후 일정 간격마다 표본을 추출하는 방법이다.

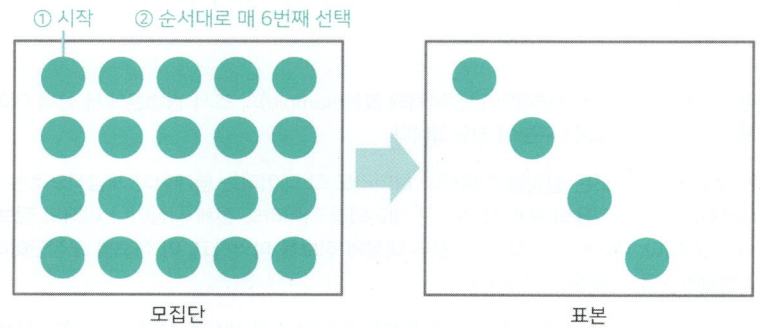

▲ 계통 추출법

③ 집락/군집 추출법(Cluster Sampling)
모집단을 여러 집락으로 나누고 무작위로 일부 집락을 선택한 다음, 선정된 각 집락에서 다시 한번 무작위로 객체를 추출하는 다단계 방법이다.

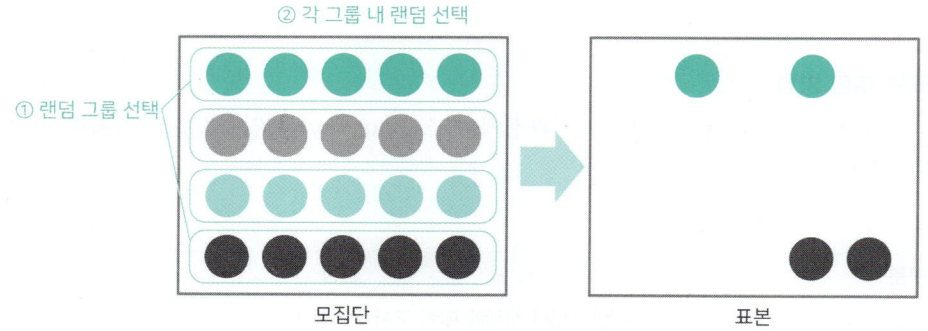

▲ 집락군집 추출법

④ 층화 추출법(Stratified Sampling)

- 모집단을 서로 겹치지 않는 층(집단, stratum, group)으로 나누고, 각 층에서 무작위로 표본을 추출하는 방법이다.
- 단순 랜덤 추출을 활용할 경우 규모가 작고 비율이 낮은 특정 그룹의 객체들이 표본에 포함되지 않는 문제가 발생할 수 있는데, 그 대안으로 층화 추출법으로 활용할 경우 모든 층의 특성을 고르고 정확하게 추정할 수 있다.

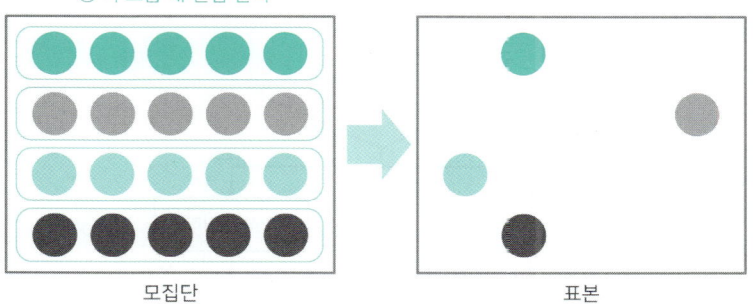

▲ 층화 추출법

> 🅱 기적의 TIP
>
> 실제 조사에서는 상황을 고려해서 다양한 표본 추출 전략을 활용합니다.
>
> 예를 들어, 선거 투표일 당일 이뤄지는 출구조사에서는 집락추출과 계통추출을 다단계로 구성할 수 있습니다. 모든 투표소에 인력을 배치하는 것은 현실적으로 어렵기 때문에, 각 선거구별로 대표성이 높은 집락을 추출 혹은 선택할 수 있습니다. 그리고 조사원의 수가 한정적이므로 해당 투표소의 모든 투표자에 대한 조사는 어렵고, 매 10번째 투표자를 대상으로 계통 추출 방법을 적용할 수 있습니다.

03 측정과 척도

1) 개요

① 측정(Measurement)
표본조사 및 실험 등에서 특정한 현상이나 이론적 개념을 수치화하는 과정으로, 관찰된 데이터를 일정한 규칙에 따라 숫자나 기호로 표현하는 것을 의미한다.

② 척도(Scale)
관심 대상의 속성을 측정한 값을 숫자로 표현하기 위해 일정한 규칙을 정의한 도구와 방법이며, 표준화된 양을 정의한 단위(unit)와 함께 활용한다.

③ 척도의 종류
- 고전적인 분석용 데이터는 숫자로 채워진 행렬 형태로 표현하며 성별과 같은 항목도 실제 값 대신 코드화하여 숫자로 저장하는 경우가 일반적이었다.
    예 성별의 코드화 : 남자=1, 여자=2
- 숫자로 구성된 데이터에서 각 수치의 혼동을 피하기 위해 척도의 분류 기준을 활용하고 척도의 종류를 다음과 같이 정의하고 활용할 수 있다.

▶ 질적 데이터와 양적 데이터

구분	척도	예시
질적 데이터(qualitative data)	명목척도(nominal scale)	성별(1=남, 2=여)
	순서척도(ordinal scale)	등수(1=1등, 2=2등)
양적 데이터(quantitative data)	구간척도(interval scale)	수능점수(200=200점, 300=300점)
	비율척도(ratio scale)	수익률(1=1%, 10=10%)

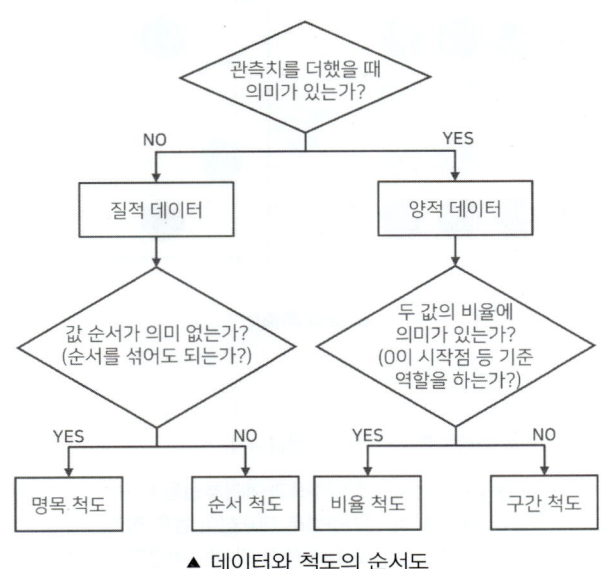

▲ 데이터와 척도의 순서도

기적의 TIP

위의 척도의 종류와 분류는 1940년대에 한 심리학자가 제안한 측정 수준 이론(Level of Measurement)의 개념을 그대로 활용하고 있으나, 사실 현실의 데이터에 적용하기에는 무리가 있습니다.

예를 들어, 질적 데이터의 순서척도에 해당하는 등수는 분류상 더하기가 의미가 없어야 하지만, 실생활이나 분석에서 "평균 등수"를 계산하는 경우가 있습니다. 설문조사에 주로 활용하는 5점 척도의 만족도(5=매우 만족, 1=매우 불만)의 경우에도 분석가나 분석 방향에 따라 구간척도로 설정할 수도 있고 순서척도로 설정할 수도 있습니다.

구간척도와 비율척도의 경우도 마찬가지입니다. 100점 만점의 시험에서 10점과 100점을 받은 두 학생이 있을 때, 비율을 계산할 수 있기 때문에 비율척도라고 볼 수 있지만 "두 학생 점수 차이가 10배나 난다"고 말하는 사람은 드뭅니다. 오히려 구간척도의 관점에서 "두 학생의 점수 차이가 90점이나 난다"고 말하는 것이 적절합니다.

오늘날의 일반적인 데이터 분석에서는 변수의 형식을 크게 숫자(numeric)와 글자/범주(category)로 구분합니다. 위의 측정 수준 이론과 비교하면, 명목척도는 범주형 변수이고 구간척도와 비율척도, 양적 데이터는 숫자 변수입니다. 척도는 상황에 따라 숫자 변수일 수도 있고, 범주형 변수일 수도 있습니다. 숫자는 다시 정수(integer)와 실수(real number)로 구분할 수도 있습니다. 특히 이어서 나올 "확률분포"에서는 확률변수의 숫자 값을 다루게 되는데, 0부터 시작하는 정수를 의미하는 이산형(discrete) 분포와 소수점이 의미가 있는 실수를 의미하는 연속형(continuous) 분포로 구분합니다.

비즈니스 데이터에서는 영어 알파벳과 숫자로 구성된 코드와 ID를 활용하여 개인이나 상품, 그룹 등을 식별할 때 활용하는데, 이렇게 문자 그대로 표현한 코드 체계는 숫자가 아니기 때문에 위의 척도 중 어느 것에도 해당하지 않습니다.

이처럼 ADsP의 다양한 범위에서 척도나 형식의 의미가 다를 수 있습니다. 그러나 각 범위마다 개념이 달라서 용어의 연결이 쉽지 않으므로 주제마다 구분 지어서 암기하는 것이 좋습니다.

04 용어와 표기법

1) 변수의 개수 관련 표현
- 단순 집계 중심의 간단한 분석이 이뤄지는 기초통계에서는 데이터가 하나의 변수를 의미할 때가 있다.
- 데이터는 1개 이상의 변수로 구성되며 분석에 활용하는 변수의 개수에 따른 다양한 표현이 존재한다.

① 단변량 데이터(Univariate Data)와 다변량 데이터(Multivariate Data)
- 관심있는 분석 대상 데이터가 1개의 변수로 구성되어 있을 때 단변량이라는 표현을 활용하고, 2개 이상일 때는 다변량이라는 표현을 활용한다.
- 변수가 두 개일때는 이변량(bivariate)라는 표현을 쓸 수도 있다.
- 일반적으로 y로 표현하는 종속변수의 개수에 따라 데이터를 구분할 때 활용한다.

② 단순(Simple)과 다중(Multiple)
- 위의 단변량-다변량과 마찬가지로 변수의 개수가 1개일 때를 단순, 2개 이상일 때를 다중이라고 표현하며, 다중 대신 다차원(multi-dimensional)이라는 표현을 활용하기도 한다.
- 일반적으로 x로 표현하는 독립변수의 개수에 따라 데이터를 구분할 때 활용하는 경우가 많다.

③ -sample과 -way
- 통계 검정 등에서 활용하는 변수의 개수 뒤에 sample이나 way를 붙이기도 한다.
- 일표본(one Sample), 이표본(two Sample), 일원(one-way, 일원분류), 이원(two-way, 이원분류) 등의 표현이 대표적이며 활용하는 변수의 개수가 각각 한 개 혹은 두 개라는 것을 의미한다.

2) 데이터 표기법(Notation)
- 이론 및 개념과 계산 방법을 수식 등으로 일반화하여 설명하는 과정에서 데이터와 모수, 계수(coefficient), 항(term) 등을 사전에 정의된 표기법으로 표현할 수 있다.
- 이 책에서는 다음과 같은 표기법을 활용한다.

① 확률변수와 모수, 데이터와 통계량 구분
- 확률변수는 이론적이며 가상의 대상으로 대문자(X, Y 등)로 표현하고, 확률변수와 함께 활용하는 특정한 값은 소문자(x, k 등)와 그리스어 소문자(β, μ, σ, ρ 등)로 표현할 수 있다.
- 데이터는 실제로 존재하는 값으로서 확률변수와 구분하기 위해 굵게 표현한 대문자(X, Y 등)로, 각 변수는 굵게 표현한 소문자(x, y 등)로 표현하며, 계산된 통계량은 소문자(a, b, m, s, r 등)나 그리스어 소문자에 ^(hat)을 씌워 $\hat{\beta}$과 같이 표현한다.

② 데이터의 변수와 관측치
- 데이터는 n개의 관측치와 p개의 변수로 구성된다고 가정한다.
- 어떤 한 변수 x의 i번째 관측치는 x_i로 표기한다. x_1은 x의 첫 번째 관측치, x_n은 x의 마지막 관측치를 의미하며, 아래와 같이 x가 x_1부터 x_n까지 n개의 관측치로 구성되어 있다고 이해할 수 있다.

$$x = \begin{bmatrix} x_1 \\ x_2 \\ x_3 \\ \vdots \\ x_{n-1} \\ x_n \end{bmatrix}$$

- 두 변수 x와 y로 구성된 데이터는 아래와 같이 표현할 수 있다.

$$[x\ y] = \begin{bmatrix} x_1 & y_1 \\ x_2 & y_2 \\ x_3 & y_3 \\ \vdots & \vdots \\ x_{n-1} & y_{n-1} \\ x_n & y_n \end{bmatrix}$$

③ 합계 기호
- 기술통계량 등 계산 과정에서 데이터의 모든 관측치를 더하는 합계(summation)를 자주 활용하며, 수식에서 합계는 첫 글자 S에 대응하는 그리스어 대문자 $\sum$(sigma, 시그마)를 활용하여 표현한다.
- 예를 들어 변수 x의 합계는 $\sum$를 활용하여 아래처럼 표현 가능하다.

$$\sum_{i=1}^{n} x_i = x_1 + x_2 + x_3 + \cdots + x_{n-1} + x_n$$

> **기적의 TIP**
>
> 분야나 해당 학계의 관행, 작성자의 성향에 따라 표기법에 차이가 있을 수 있습니다. 특히 ADsP의 시험과 가이드는 다양한 분야의 전문가가 파트를 나눠 작성하고 출제하기 때문에 표기법이 통일되어 있지 않고 때로는 오해의 소지가 많습니다. 특히 데이터로 실제로 계산하는 과정과 이론적으로 확률변수로 설명하는 과정이 뒤섞여 헷갈릴 수 있습니다.
>
> 이런 배경에서 이 책에서는 확률변수 등 이론적인 것은 대문자로, 실제 데이터와 관련된 것은 소문자로 표기하고 두 가지를 구분하기 쉽도록 했습니다. 그러나 이 표기법도 이 책의 저자가 설정한 것이지 절대적인 것은 아닙니다. 다른 과정이나 책에서 배운 것과 표기법이 다르더라도 양해를 부탁드립니다.

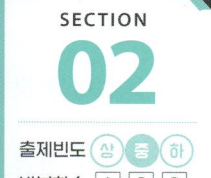

SECTION 02 통계분석의 이해

빈출 태그 ▶ 조건부 확률, 독립사건과 배반사건, 평균과 분산, 상관계수

01 확률과 확률분포

1) 확률과 조건부 확률

① 확률(Probability)
- 어떤 사건(event)이 발생할 가능성을 0에서 1 사이의 값으로 나타낸 것으로 0은 사건이 절대 발생하지 않음을, 1은 사건이 반드시 발생함을 의미한다.
- 이론적으로는 발생 가능한 모든 사건들의 집합인 표본 공간(Ω)에서 특정 사건 A에 해당하는 부분 집합의 비율을 계산한 값이며, 사건 A의 확률 P(A)는 다음과 같이 집합의 원소의 개수를 활용해 계산할 수 있다. 이 때 $n(\Omega)$, $n(A)$는 각각 표본 공간의 원소의 개수와 부분 집합 A의 원소의 개수를 의미한다.

$$P(A) = \frac{n(A)}{n(\Omega)}$$

- 만약 모든 결과가 발생할 경우가 동일하고 그 개수가 유한하다면, 경우의 수를 활용하여 아래와 같이 확률을 계산하고 설명할 수도 있다.

$$P(A) = \frac{(\text{사건 A에 해당하는 경우의 수})}{(\text{모든 가능한 경우의 수})}$$

- 두 사건 A와 B가 동시에 발생할 사건은 $A \cap B$로 표현할 수 있고 그 확률은 $P(A \cap B)$로 표현하며, 두 사건 중 하나라도 발생할 사건은 $A \cup B$로 표현할 수 있고 그 확률은 $P(A \cup B)$로 표현한다.

② 조건부 확률(Conditional Probability)
- 특정 사건 및 제약 조건 하에 또 다른 사건의 발생 가능성을 계산한 확률이다.
- 사건 A가 발생했다는 조건 하에 사건 B가 발생할 확률 $P(B|A)$는 다음과 같이 계산할 수 있다.

$$P(B|A) = \frac{n(A \cap B)}{n(A)} = \frac{P(A \cap B)}{P(A)}$$

2) 독립사건과 배반사건

① 독립사건(Independent Events)
- 한 사건의 발생이 다른 사건의 발생에 영향을 미치지 않는 경우를 말한다.
- 예를 들어 사건 B가 발생할 확률과, 사건 A가 발생했다는 조건 하에 사건 B가 발생할 조건부 확률이 동일하면 아래의 수식이 성립한다.

$$P(B|A) = \frac{n(A \cap B)}{n(A)} = P(B)$$

- 만약 두 사건 A와 B가 서로 독립이라는 사실을 알고 있거나 독립을 가정하면, 위의 수식을 활용하여 두 사건이 동시에 발생할 확률 $P(A \cap B)$는 두 확률의 단순 곱으로 계산할 수 있다.

$$P(A \cap B) = P(A)P(B)$$

② **배반사건(Mutually Exclusive Events)**
- 집합으로서 두 사건 A, B의 교집합이 공집합인 것을 의미하며, 두 사건이 동시에 일어날 수 없다는 것을 의미한다.
- 두 사건이 동시에 발생할 확률은 0이며, 두 사건이 하나라도 발생할 확률은 각각 두 사건 확률의 합과 같다.

$$A \cap B = \phi \Rightarrow P(A \cap B) = 0, \ P(A \cup B) = P(A) + P(B)$$

- 배반은 한 사건이 발생하면 다른 사건이 절대 발생할 수 없으므로 서로의 발생 확률에 영향을 미치며, 조건부 확률은 0이며 독립이 아니다.

3) 확률변수와 확률분포

① **확률분포(Probability Distribution)**
- 고정되지 않은 임의의 실수 값을 갖는 확률변수(random variable)가 특정 값을 가질 확률을 나타내는 함수이다.
- 확률분포는 크게 이산형 확률분포와 연속형 확률분포로 나눌 수 있다.

② **이산형 확률분포((Discrete Random Variable)**
- 확률변수가 횟수, 개수와 같이 유한하거나 셀 수 있는 값을 가질 때의 확률분포를 의미한다.
- 이산형 확률변수 X가 특정한 값 x일 사건은 $X=x$이고 그 확률은 $P(X=x)$로 표현할 수 있으며, 확률분포는 모든 가능한 x값에 대한 확률 $P(X=x)$를 표현한 것이다.
- 이산형 확률변수 X가 가질 수 있는 각 x값에 대한 확률의 크기를 표현한 함수를 확률 질량 함수(probability mass function)라고 한다.

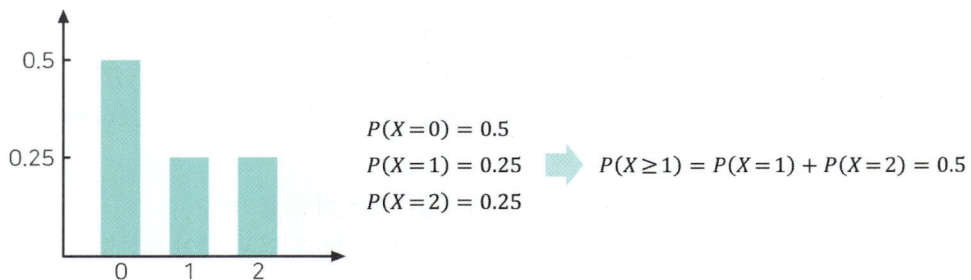

▲ 이산형 확률분포 예제

③ **연속형 확률분포(Continuous Random Variable)**
- 확률변수가 키나 소요시간과 같이 연속적이고 어떤 범위 내의 모든 실수 값을 가질 때의 확률분포를 의미한다.
- 연속형 확률변수 X가 특정 지점의 값을 가질 확률은 0이며 $P(a \leq X \leq b)$와 같이 특정 구간에 들어갈 확률을 계산하며, 이때 각 범위의 확률은 정의된 확률 밀도 함수(Probability Density Function)의 면적으로 계산할 수 있다.

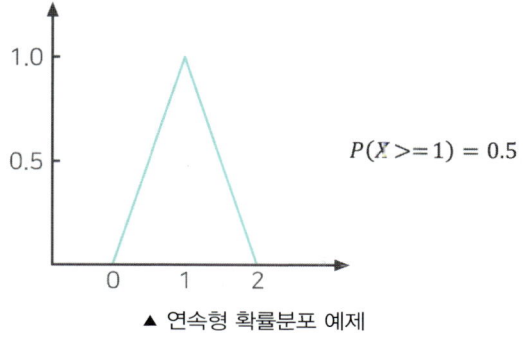

▲ 연속형 확률분포 예제

④ **결합 확률분포(Joint Probability Distribution)**
- 두 확률변수 X와 Y가 각각 특정한 값을 갖는 확률을 계산한 것이다.
- 두 확률변수가 독립이라고 가정하면, 각각의 확률분포에서 계산된 확률의 곱으로 확률을 계산할 수 있다.

4) 경험적 분포와 이론적 분포
확률분포는 관심있는 대상의 상태와 조건의 확률을 계산하기 위해 활용하며, 경험적 분포와 이론적 분포로 구분한다.

① **경험적 분포(Empirical Distribution)**
데이터를 활용한 분포로 전체 관측치에서 관심있는 조건 및 영역에 해당하는 관측치의 비율을 계산하고 확률분포를 확인할 수 있다.
예 ADsP 시험 점수가 60점 이상일 확률 = ○○회차 전체 응시자 중 시험 점수가 60점 이상인 사람의 비율

② **이론적 분포(Theoretical Distribution)**
- 어떤 확률변수를 정의할 때 설정된 가상 또는 이론적인 분포를 의미한다.
- 이론적인 지식과 경험을 바탕으로 직접 확률분포를 정의할 수 있고, 편의와 신뢰성을 위해 미리 설계된 기성 분포를 가정하고 활용할 수 있다.
- 정규 분포, 지수 분포, 포아송 분포 등 이름 있는 분포는 모두 이론적 분포이며, 특정한 상황에서 활용할 수 있도록 확률 질량 함수 및 확률 밀도 함수가 정의되어 있으며, 각 함수마다 모수(parameter)가 설정되어 모수가 달라지면 함수 값이 달라지고 관심 사건의 확률도 달라진다.

➕ **더 알기 TIP**

한국 성인 남성의 키 데이터로 보는 확률분포
- 경험적 분포 : 한국 성인 남성 100명의 키 데이터로 그린 히스토그램
- 이론적 분포 : 한국 성인 남성의 키는 정규 분포를 따른다고 가정하고 평균과 표준편차를 추정

③ 경험적 확률과 이론적 확률
- 주어진 데이터를 활용해 경험적 분포를 기반으로 계산된 확률을 경험적 확률이라고 할 수 있다.
- 이론적 분포를 활용해 계산된 확률을 이론적 확률이라고 할 수 있으며, 이론적 확률이라 하더라도 데이터의 통계량을 활용해 분포의 모수를 추정해서 활용하는 경우가 많다.

> **더 알기 TIP**
>
> **키가 180cm보다 클 확률 계산**
> - 경험적 확률 : 100명 중 키가 180cm보다 큰 사람의 수로 비율 계산 → 100명 중 5명 → 5%
> - 이론적 확률 : 정규 분포를 가정하고 정규 분포에서 180cm보다 큰 영역의 면적 계산 → 평균 174cm, 표준편차 6cm 가정 → 16%

5) 대표적인 이산형 확률분포

① 베르누이 분포(Bernoulli Distribution)

단일 시행에서 성공(1) 또는 실패(0) 두 가지 결과만을 가지는 분포로 각 사건의 확률은 성공 확률 p에 따라 결정된다.

$$f(x)=P(X=x)=p^x(1-p)^{1-x},\ x=0,\ 1$$

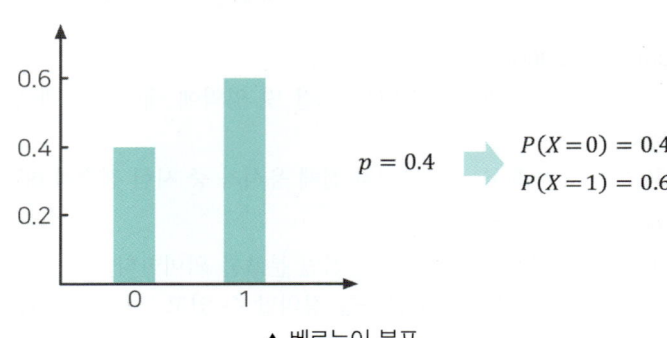

▲ 베르누이 분포

② 이항 분포(Binomial Distribution)

베르누이 시행을 n번 반복했을 때 k번 성공할 확률을 계산하는 분포이다.

$$f(k)=P(X=k)=\binom{n}{k}p^k(1-p)^{n-k},\ k=0,\ 1,\ 2,\ \cdots,\ n$$

▲ 이항 분포

③ 포아송 분포(Poisson Distribution)

- 단위 시간 또는 단위 공간에서 특정 상황이 발생하는 횟수를 나타내는 분포이다.
- λ는 해당 횟수의 기댓값으로, 사전 지식으로 설정하거나 데이터에서 계산된 평균 횟수 등을 지정할 수 있다.

$$f(k) = P(X=k) = \frac{e^{-\lambda}\lambda^k}{k!},\ k=0,\ 1,\ 2,\ \cdots$$

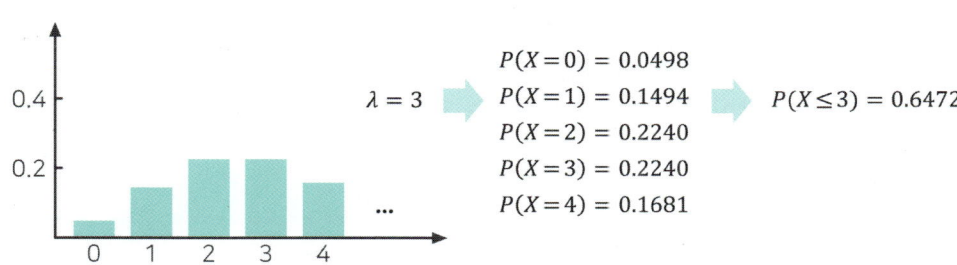

▲ 포아송 분포

6) 대표적인 연속형 확률분포

① 균일 분포(Uniform Distribution)

- 모든 값이 동일한 확률을 가지는 분포이다.
- 연속형 확률변수 X가 a부터 b 사이의 값을 가질 때 확률 밀도 함수 $f(x)$는 다음과 같이 정의된다.

$$f(x) = \begin{cases} \dfrac{1}{b-a}, & a \leq x \leq b \\ 0, & otherwise \end{cases}$$

- 예를 들어 연속형 확률변수 X가 c부터 d 사이의 값을 가질 확률은 적분을 활용하여 아래와 같이 계산할 수 있다(단, 편의상 c와 d는 둘 다 a부터 b 사이의 값이라고 가정한다).

$$P(c \leq x \leq d) = \int_c^d f(x)dx = \frac{d-c}{b-a}$$

② 정규 분포(Normal Distribution)

- 정규 분포의 확률 밀도 함수 $f(x)$는 위치 모수 μ와 척도 모수 σ로 결정된다.

$$f(x) = \frac{1}{\sigma\sqrt{2\pi}} e^{-\frac{(x-\mu)^2}{2\sigma^2}},\ -\infty < x < \infty$$

- 정규 분포를 따르는 확률변수의 평균은 μ이고 표준편차는 σ이며, 확률 밀도 함수는 μ를 중심으로 좌우 대칭의 종 형태의 모습을 보인다.

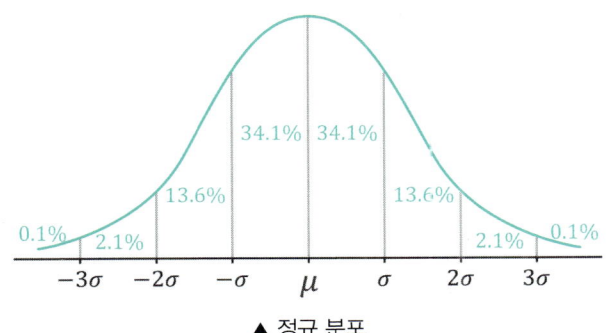

▲ 정규 분포

③ 표준 정규 분포(Standard Normal Distribution, Z 분포)
- 위치 모수 μ가 0이고 척도 모수 σ가 1인 특수한 상황의 정규 분포를 의미한다.
- 정규 분포를 따르는 어떤 확률변수 X에서 위치 모수 μ를 빼고 척도 모수 σ로 나누면 표준 정규 분포를 따른다.

$$f(x) = \frac{1}{\sqrt{2\pi}} e^{-\frac{x^2}{2}}, \ -\infty < x < \infty$$

④ 지수 분포(Exponential Distribution)
- 고객 방문 등 특정한 사건이 반복될 때 사건이 발생하는 시간 간격을 나타내는 분포이다.
- λ는 해당 사건의 단위 시간 내 발생 빈도를 나타내는 모수이다.

$$f(x) = \begin{cases} \lambda e^{-\lambda x}, & x \geq 0 \\ 0, & x < 0 \end{cases}$$

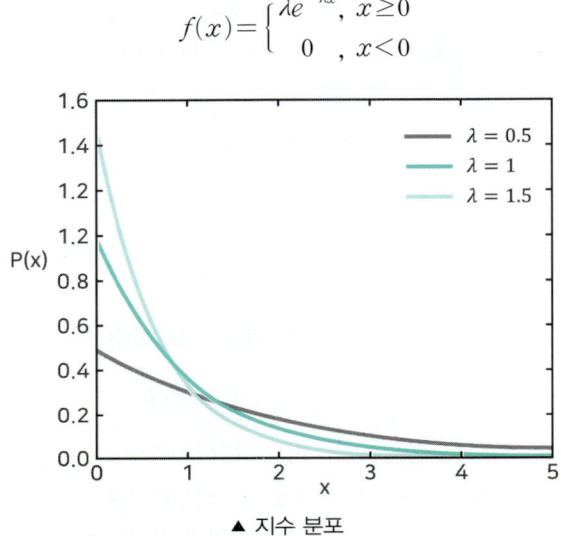

▲ 지수 분포

⑤ t-분포(t Distribution), 카이제곱 분포(χ^2 Distribution), F 분포(F Distribution)
- 표준 정규 분포에서 파생된 확률분포로 추정 및 검정에서 주로 활용한다.
- t-분포는 표준 정규 분포와 마찬가지로 0을 중심으로 좌우 대칭 종모양의 형태를 보이며, "0인지 아닌지"를 따지는 검정에 주로 활용한다.
- 카이제곱 분포는 표준 정규 분포를 따르는 확률변수의 제곱합과 관련된 분포로 분산과 밀접한 관계가 있다.
- F 분포는 카이제곱 분포를 따르는 두 확률변수의 비율과 관련이 있고, "그룹 간 평균 차이가 유의미한지"를 따지는 검정에서 활용한다.

7) 기댓값과 분산, 표준편차
- 확률변수 X의 특성을 파악하기 위해 기댓값, 분산과 같은 특정한 수치들을 계산한다.
- 확률 함수의 값이나 변환된 값과 확률분포에 따른 확률을 활용한 가중 평균으로 이해할 수 있다.

① **기댓값(Expectation, Expected Value)**
- 확률변수에서 확률적으로 기대할 수 있는 값을 의미로 평균이라고 부르기도 하며, 확률변수의 중심 경향(위치)을 파악할 수 있다.
- 일반적으로 기댓값은 μ(Mu, 뮤)라고 표기하며, 확률변수 X의 기댓값은 μ_X라고 표기한다.
- 이산형 확률변수는 확률 질량 함수 $f(x)$를 활용하여 아래와 같이 기댓값을 계산한다.

$$E(X) = \mu_X = \sum x f(x)$$

- 연속형 확률변수는 확률 밀도 함수 $f(x)$를 활용하여 아래와 같이 기댓값을 계산한다.

$$E(X) = \mu_X = \int x f(x) dx$$

② **분산(Variance)**
- 확률변수가 기댓값(평균) μ에서 얼마나 넓게 퍼져 흩어져 있는지 산포의 정도를 수치로 계산한다.
- 편차(deviation)는 $X - \mu_X$로 계산하며 확률변수 X가 기댓값으로부터 떨어져 있는 정도를 의미하며, 분산은 편차의 제곱인 $(X - \mu_X)^2$의 평균으로 계산한 값이다.
- 확률변수 X의 분산은 σ_X^2으로 표기하며, 아래와 같이 수식으로 표현할 수 있다.

$$Var(X) = \sigma_X^2 = E((X - E(X))^2) = E((X - \mu_X)^2)$$

- 위의 수식에 따라 연속형 확률변수의 분산은 다음과 같이 계산한다.

$$Var(X) = \sigma_X^2 = \int (x - \mu_X)^2 f(x) dx$$

③ **표준편차(Standard Deviation)**
- 분산은 계산 과정에서 제곱을 활용하므로 척도(scale)가 커지고 단위(unit)가 변해서 수치의 정보를 인식하고 활용하는 데 어려움이 있다.
- 분산의 양의 제곱근인 표준편차는 분산의 척도와 단위의 문제를 해결하고, 분산과 마찬가지로 산포와 변동성의 정도를 의미한다.
- 표준편차는 일반적으로 σ(Sigma, 시그마)로 표현하며 아래의 수식으로 계산할 수 있다.

$$SD(X) = \sigma_X = \sqrt{Var(X)} = \sqrt{\sigma_X^2}$$

④ **왜도(Skewness)**
- 확률변수의 비대칭 정도를 측정하며, 부호에 상관없이 숫자가 클수록 비대칭 정도가 크다고 해석한다.
- 왜도가 0이면 확률변수의 분포가 μ_X를 기준으로 대칭인 것을 의미하고 왜도가 0보다 크면 오른쪽으로 꼬리가 긴(right-skewed), 왼쪽으로 치우쳐 있는 것을 의미한다.

$$Skewness = \frac{E((X - \mu_X)^3)}{\sigma_X^3} = E\left(\left(\frac{X - \mu_X}{\sigma_X}\right)^3\right)$$

⑤ **첨도(Kurtosis)**
- 확률변수의 양쪽 꼬리 두께와 피크(Peak, 중심부)의 높이를 측정한다.
- 정규 분포의 첨도는 0이며, 첨도가 0보다 크면 정규 분포보다 확률분포의 꼬리 부분이 두껍고 극단적인 값이 더 많은 것을 의미한다.

$$Kurtosis = \frac{E((X - \mu_X)^4)}{(\sigma_X^2)^2} - 3 = E\left(\left(\frac{X - \mu_X}{\sigma_X}\right)^4\right) - 3$$

⑥ 분위수(Quantile)

- 확률분포의 범위를 나눠 동일한 비율·확률을 갖는 구간으로 나누는 경계값을 의미한다.
- 분할하는 구간의 개수에 따라 구분하며 4개 구간으로 나누는 5개 숫자인 사분위수(quartile), 10개 구간의 십분위수(decile), 100개 구간의 백분위수(percentile) 등을 주로 활용한다.
- 일반적으로 다음의 식을 만족하는 x를 확률변수 X의 k번째 q분위수라고 하며, x까지의 누적 확률이 $k/q\%$임을 의미한다.

$$P(X<x) \leq \frac{k}{q}$$

⑦ 공분산(Covariance)

- 두 확률변수 X, Y의 공분산은 두 확률변수가 각각의 평균 μ_X, μ_Y를 기준으로 같은 방향으로 변하는 정도를 나타낸 값으로 $(X-\mu_X)(Y-\mu_Y)$의 기댓값으로 계산한다.

$$Cov(X, Y) = E((X-\mu_X)(Y-\mu_Y)) = E(XY) - \mu_X \mu_Y$$

- 두 연속형 확률변수의 공분산은 결합 확률 밀도 함수 $f(x, y)$를 활용하여 다음과 같이 계산할 수 있다.

$$Cov(X, Y) = \iint (x-\mu_X)(y-\mu_Y) f(x, y) dx dy$$

⑧ 상관계수(Correlation Coefficient)

- 공분산은 분산과 마찬가지로 척도와 단위의 문제가 발생하며, 이것을 해결하기 위해 상관계수는 각 확률 변수를 각각의 표준편차로 나눈 $\frac{(X-\mu_X)}{\sigma_X} \frac{(Y-\mu_Y)}{\sigma_Y}$의 기댓값을 계산한다.
- 상관계수는 −1부터 1 사이의 값을 가지며 0이면 두 변수가 관계가 없고, −1과 1에 가까울수록 강한 상관관계가 있다고 말한다.
- 상관계수가 양수일 때는 평균을 중심으로 같은 방향으로 변하는 양의 상관을 갖는다고 말하고, 반대로 음수 일 때는 서로 다른 방향으로 변하는 음의 상관을 갖는다고 말한다.
- 상관계수는 ρ로 표기하며, 두 확률변수 X, Y의 상관계수 ρ_{XY}는 다음과 같이 정의한다.

$$Corr(X, Y) = \rho_{XY} = E\left(\frac{(X-\mu_X)}{\sigma_X} \frac{(Y-\mu_Y)}{\sigma_Y}\right) = \frac{Cov(X, Y)}{\sigma_X \sigma_Y}$$

- 수식에 따라 공분산을 두 변수의 표준편차의 곱으로 나눠서 상관계수를 구할 수 있다.

> **기적의 TIP**
>
> 확률변수의 기댓값, 분산, 공분산과 같은 개념은 다음 과정에서 그대로 기술통계량의 평균과 분산으로 이어집니다. 그래서 더더욱 헷갈리기 쉽습니다. 앞서 살펴본 것처럼 확률변수는 특정한 확률분포를 가정하고 이론적인 확률을 중심으로 개념을 설명합니다. 반면 기술통계량에서는 실제로 존재하는 데이터를 활용하여 변수나 변수 관계의 특징을 숫자로 계산하고 정보를 추출합니다. 모든 관측치가 동일한 확률을 갖는 경험적인 확률을 활용해 기댓값을 계산한다고 이해할 수 있습니다.
>
> 확률변수와 실제 데이터는 표기법의 차이가 있고, 보통 자격시험에서는 지문에서 X가 확률변수인지 데이터의 변수인지를 명시하고 있습니다. 그리고 두 개념이 헷갈려도 정답을 찾는 데는 큰 지장은 없으므로 걱정하지 않아도 됩니다.

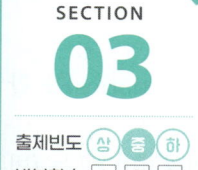

SECTION 03 기술통계량

빈출 태그 ▶ 순서 통계량, 사분위수, 산포 측도, 정규화

01 데이터의 구조와 표현

1) 데이터와 공간

- 아래의 1개 변수를 갖는 데이터는 수직선(1차원 공간)으로 표현 가능하며, n개 관측치가 n개 점으로 표시된다.

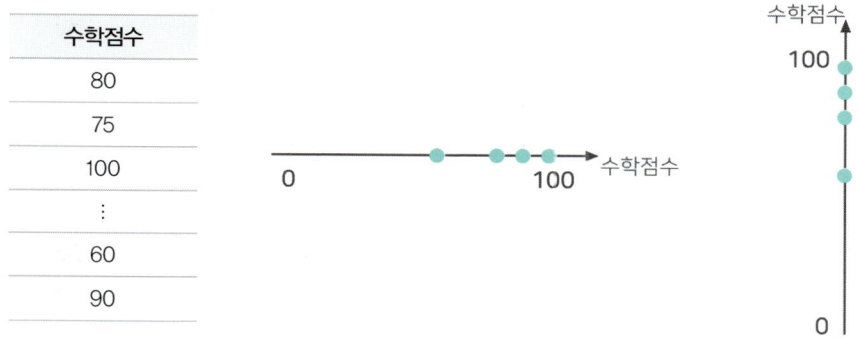

▲ '수학점수' 데이터의 수직선 표현

- 관측치가 어떻게 구성되느냐에 따라 수직선 상의 점의 패턴은 다양하게 나타날 수 있으며, 기술통계량을 계산하여 1차원 공간의 특징을 숫자로 표현할 수 있다.
- 별도로 정의하지 않는 경우 기술통계량에서 데이터는 1개의 변수를 의미할 때가 많다.

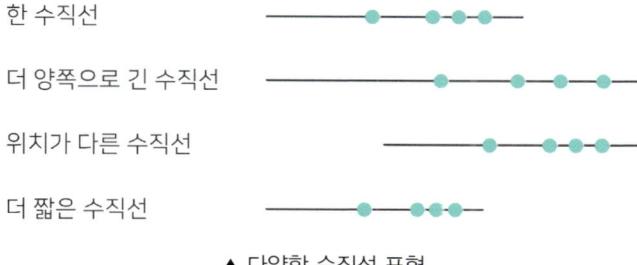

▲ 다양한 수직선 표현

2) 데이터의 정렬과 순서 통계량

- 1개 변수로 구성된 데이터에서 관측치를 오름차순으로 정렬하고 순서 통계량(Order Statistics)을 활용하여 변수의 특성을 확인할 수 있다.
- 아래의 표현에서 $x_{(1)}$은 n개 관측치 중 가장 작은 값을 의미하고 $x_{(n)}$은 가장 큰 값을 의미하며 $x_{(i)}$는 i번째로 작은 값을 의미한다.

$$x = \begin{bmatrix} x_1 \\ x_2 \\ x_3 \\ \vdots \\ x_{n-1} \\ x_n \end{bmatrix} \Rightarrow \begin{bmatrix} x_{(1)} \\ x_{(2)} \\ x_{(3)} \\ \vdots \\ x_{(n-1)} \\ x_{(n)} \end{bmatrix}$$

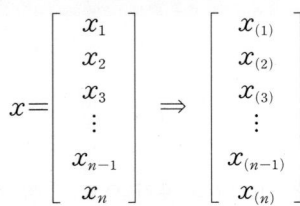

수학점수
80
75
100
⋮
60
90

수학점수
60
75
80
⋮
90
100

▲ '수학점수' 데이터의 정렬과 순서 통계량

- 순서 통계량도 기술통계량에 속하며 아래와 같이 다양한 통계량을 활용한다.

① 최솟값(Minimum)과 최댓값(Maximum), 중앙값(Median, 중위수)

- 최솟값 : 정렬된 데이터에서 가장 먼저 등장하는 값으로 $x_{(1)}$과 같다.
- 최댓값 : 정렬된 데이터에서 가장 나중에 등장하는 값으로 $x_{(n)}$과 같다.
- 중앙값 : 정렬된 데이터에서 중간에 등장하는 값으로, n이 홀수일 때는 $x_{\left(\frac{n+1}{2}\right)}$과 같고 n이 짝수일 때는 $x_{\left(\frac{n}{2}\right)}$과 $x_{\left(\frac{n}{2}+1\right)}$의 평균으로 계산한다.

② 사분위수(Quartiles)

- 관측치 비율이 25%인 4개 구간으로 변수의 범위를 분할하는 5개 분위수를 의미한다.
- 계산된 사분위수는 상자그림(Boxplot)으로 시각화할 수 있으며 이상치 탐지에 활용할 수 있다.

▶ 사분위수의 표현

사분위수	표현
0번째 사분위수(0% 지점)	최솟값(minimum)
1번째 사분위수(25% 지점)	Q1(1st quartile)
2번째 사분위수(50% 지점)	중앙값(median)
3번째 사분위수(75% 지점)	Q3(3rd quartile)
4번째 사분위수(100% 지점)	최댓값(maximum)

최솟값 : 60
Q1 : 70
중앙값 : 75
Q3 : 85
최댓값 : 100

▲ 수직선 상에서 사분위수의 위치

③ 십분위수(Deciles)와 백분위수(Percentiles)
- 각각 데이터를 10% 비율의 10개 구간, 1% 비율의 100개 구간으로 분할하는 순서 통계량이다.
- 십분위수는 정부 정책에서 소득 등을 기준으로 10개 그룹·구간을 나누는 사례를 참고할 수 있다.
- 백분위수는 0번째 백분위수부터 100번째 백분위수까지 101거의 순서 통계량을 의미하며, 어떤 수를 100과의 비로 나타내고 % 단위를 활용하는 백분율(percentage, percent)과는 구분이 필요하다.

02 데이터의 특성

1) 중심 측도(Measure of Central Tendency, Measure of Location, 위치 측도)
- 데이터의 전반적인 위치 혹은 데이터의 중심부의 위치에 대한 수치 계산을 의미하며 대푯값이라고 부르기도 한다.
- 평균, 중앙값, 최빈값 등을 활용한다.

① 평균(Mean)
- 데이터의 모든 값을 더한 다음 관측치 개수로 나눈 산술 평균(Arithmetic Mean)을 계산하고 중심 측도로 활용한다.
- 일반적으로 $\bar{x}$(x bar)로 표현한다.

$$\bar{x} = \frac{1}{n} \sum_{i=1}^{n} x_i$$

- 확률분포의 기댓값 μ와는 구분이 필요하며, 모집단과 표본의 개념에서 데이터에서 계산된 평균을 표본평균(Sample Mean)이라고 부른다.

② 중앙값(Median) 혹은 중위수
변수의 값들을 크기의 순서대로 정렬했을 때 가장 중앙에 위치하는 값이다.

③ 최빈값(Mode)
해당 변수에서 가장 자주 등장하는 값이다.

> 🟢 더 알기 TIP

점수 데이터의 평균, 중앙값, 최빈값 예시

11명 점수 데이터	10 60 60 60 60 75 80 80 90 95 100
평균	70 ← (10+60+60+60+60+75+80+80+90+95+100)/11로 계산
중앙값	75 ← 11개 관측치의 중간 위치인 6번째 관측치의 값
최빈값	60 ← 동일한 값이 4번으로 가장 자주 등장하는 값

> **기적의 TIP**

"평균"을 영어로 표현할 때 mean이 아닌 average를 활용할 수도 있습니다. Excel이나 SQL의 평균 계산 함수도 AVG( )입니다.

그런데 average는 평균보다는 대푯값이라는 의미가 좀 더 강합니다. 물론 평균이 아주 무난하고 대중적인 대푯값이기는 하지만, 중앙값이 대푯값이 될 수도 있습니다.

예를 들어 5번의 게임에서 점수가 60, 90, 90, 90, 100라고 합시다. 누군가가 "보통 몇 점이나 나와?"라고 물었을 때 평균을 계산해서 "86"이라고 할 수도 있지만, 가장 많이 등장한, 혹은 중간에 위치한 "90"을 보통의 점수로 말하는 경우도 많습니다. "average가 90이다"라고 했을 때 average가 평균이 아닐 수도 있는 것이죠.

물론 일반적인 상황에서는 별다른 언급이 없다면 average, mean이 대부분 평균을 의미한다고 이해해도 문제없습니다.

2) 산포 측도(Measure of Dispersion)
- 데이터의 전반적인 흩어짐의 정도 혹은 서로 다름의 정도를 측정한 통계량을 말한다.
- 계산된 통계량이 클수록 관측치가 차이가 크거나 넓게 흩어져 있다는 것을 의미한다.

① 범위(Range)
최댓값−최솟값으로 계산하며, 수직선 상에서 관측치가 흩어진 영역의 전체 길이를 의미한다.

② 사분위 범위(Inter Quartile Range, IQR)
Q3−Q1으로 계산하며, 전체 중 가운데 50%의 관측치가 흩어져 있는 길이를 말한다.

③ 분산(Variance)
- 평균 $\bar{x}$를 중심으로 관측치가 전반적으로 얼마나 넓게 흩어져 있는지를 아래의 수식으로 계산한다.

$$s_x^2 = \frac{1}{n-1} \sum_{i=1}^{n} (x_i - \bar{x})^2$$

- 관측치마다 편차 $x_i - \bar{x}$를 계산하고 제곱하여 방향에 상관없이 평균에서 떨어진 정도를 측정하고 평균을 구한 것이라고 이해할 수 있다.
- 만약 모든 관측치가 동일한 값을 갖는다면 모든 편차가 0이므로 분산도 0이 된다.

> **더 알기 TIP**

키 데이터의 평균, 분산, 표준편차 예시

- 단위 cm일 때

6명 키 데이터	160 170 175 175 180 190
평균	175
분산	100
표준편차	10

- 단위 m일 때

6명 키 데이터	1.60 1.70 1.75 1.75 1.80 1.90
평균	1.75
분산	0.01
표준편차	0.1

- 동일한 정보를 갖는 데이터라 하더라도 단위와 척도에 따라서 평균과 분산, 표준편차의 단위가 달라진다. 위의 키 데이터에서 단위가 cm에서 m로 바뀌면 데이터가 1/100로 줄어들고 평균과 표준편차도 1/100로 줄어든다.

기적의 TIP

데이터로 계산한 분산은 표본 분산이라고 부르기도 하며, 확률변수의 분산 σ^2과 구분이 필요합니다.

분산을 계산할 때 추정의 관점에서 표본 분산 s_x^2의 기댓값이 σ^2이 될 수 있도록 n이 아닌 $n-1$로 나눕니다. 이 내용은 수식으로 증명된 것이고, 자유도(Degree of Freedom)라고 개념으로 설명할 수도 있습니다.

오늘날 보통의 데이터에서 관측치의 개수 n이 충분히 크기 때문에 $n-1$로 나누나 n으로 나누나 분산 값의 차이가 크지는 않습니다. 더 중요한 것은 분산도 일종의 평균이라는 것입니다. 수식에서 $\frac{1}{n-1}\sum_{i=1}^{n}$는 평균을 구하는 부분이고, 평균으로부터 얼마나 떨어져 있는지를 계산한 편차의 제곱 $(x_i-\overline{x})^2$이 우리가 관심을 갖는 핵심 값입니다. 즉, 분산은 "관측치들이 평균으로부터 평균적으로 얼마나 떨어져 있는지를 측정한 값이다"고 해석할 수 있습니다.

④ 표준편차(Standard Deviation)

분산의 제곱근으로 분산 계산 과정에서 제곱을 활용하면서 발생하는 척도(scale)와 단위(unit) 문제를 해결한다.

$$s_x = \sqrt{\frac{1}{n-1}\sum_{i=1}^{n}(x_i-\overline{x})^2}$$

기적의 TIP

조금 특별한 산포 측도가 있습니다.

이는 표준편차를 평균으로 나눈 값으로, 변동계수(Coefficient of Variation, CV) 또는 상대 표준편차(Relative Standard Deviation, RSD)라고 부릅니다.

$$CV = \frac{s_x}{\overline{x}}$$

서로 다른 두 데이터(변수)의 산포를 비교할 때, 일반적으로 평균이 크면 표준편차도 큰 경향이 있기 때문에 변동계수로 상대적인 표준편차의 크기를 비교합니다.

예를 들어 100점 만점의 A 시험의 표준편차와 400점 만점의 B 시험의 표준편차를 비교할 때 값의 범위가 더 넓은 B 시험의 표준편차가 클 가능성이 높습니다. 따라서 "어느 시험이 더 수강생 점수차이가 큰가", "어느 시험이 더 변별력이 높은가"를 따질 때 표준편차 대신 변동계수를 기준으로 비교할 수 있습니다.

▶ A, B 시험의 평균, 표준편차, 변동계수(CV) 예시

	평균	표준편차	변동계수(CV)
A 시험	80점	10점	10/80=0.125
B 시험	300점	30점	30/300=0.1

- A 시험 CV = 10/80=0.125 〉 B 시험 CV = 30/300 = 0.1
- A 시험이 **상대적으로** 더 점수의 **편차가 크다. 변별력이 높다.**

03 데이터의 변환과 관계 분석

1) 정규화(Normalization)
- 변수들은 서로 다른 위치 특성과 산포 특성을 가지며, 기술통계량으로 확인 가능하다.
- 2개 이상의 변수를 활용하는 분석 과정에서 각 변수의 척도와 단위 등의 특성을 배제하고 상대적인 수치 비교를 위해 정규화(normalization)를 활용할 수 있다.
- 다양한 정규화 방법이 사용되며, 순서 통계량이나 평균과 같은 기술통계량을 활용한다.

① 최소-최대 정규화(Min-Max Normalization)
- 관측치에서 최솟값을 빼고, 범위(최댓값-최솟값)로 나눠서 계산한다.

$$x_i^{new} = \frac{x_i - x_{(1)}}{x_{(n)} - x_{(1)}}$$

- 정규화된 변수의 최솟값은 0, 최댓값은 1로 변환되어 변수간 상대 비교에 활용할 수 있다.

② 중심화(Centering)
각 관측치에서 평균을 빼는 것을 말하며, 변환된 데이터의 평균은 0이 된다.

$$x_i^{new} = x_i - \bar{x}$$

③ 척도화(Scaling)
각 관측치를 표준편차로 나누며 변환된 데이터의 표준편차는 1이다.

$$x_i^{new} = \frac{x_i}{s_x}$$

④ 표준화(Standardization)
- 각 관측치에서 평균을 빼고(중심화) 표준편차로 나눈다(척도화).
- 변환된 데이터의 평균은 0, 표준편차는 1이 된다.

$$x_i^{new} = \frac{x_i - \bar{x}}{s_x}$$

> **기적의 TIP**
>
> 통계학에서 정규(Normal)라는 표현이 자주 등장하는데, 정규라는 단어를 들으면 많은 사람들이 뒤에 나올 정규 분포(Normal Distribution)를 떠올립니다. 그런데, 정규화(Normalization)의 normal은 정규 분포와는 전혀 상관이 없습니다.
>
> 영어 단어 normal은 "보통", "일반적인"이라는 의미를 갖는데, 수학의 공간에서는 직각(90도)를 의미하기도 합니다. 즉, 정해진 틀과 규격에 맞춘다는 의미를 갖는다고 해석할 수 있고, 정규화는 어떤 데이터든 고정된 틀에 맞추겠다는 뜻입니다.
>
> 최소-최대 정규화를 하면 어떤 숫자 변수든 0부터 1 사이의 상대적인 값으로 바뀌게 되고, 표준화를 하면 평균이 0, 표준편차가 1이 되는 틀에 맞추는 것이죠. 그런 다음 틀에 맞는 두 데이터를 상호 비교하면 상호 비교가 가능해집니다.

2) 공분산과 상관계수

- 데이터의 두 변수의 관계 탐색을 위해 산점도(Scatterplot)를 생성하고, 공분산과 상관계수를 계산한다.

> **기적의 TIP**
>
> 이 책에서는 "두 변수"라는 표현 대신 "두 데이터"라는 표현을 쓰기도 합니다. 대부분의 기술통계량이 한 변수를 활용하기 때문에 데이터라는 표현 자체가 1개 변수를 의미할 때가 많기 때문입니다.

- 예를 들어 2개 변수를 가진 아래의 데이터는 2차원 공간에서 산점도를 활용해 표현할 수 있다.

수학점수	국어점수
80	90
75	80
100	100
⋮	⋮
60	55
90	85

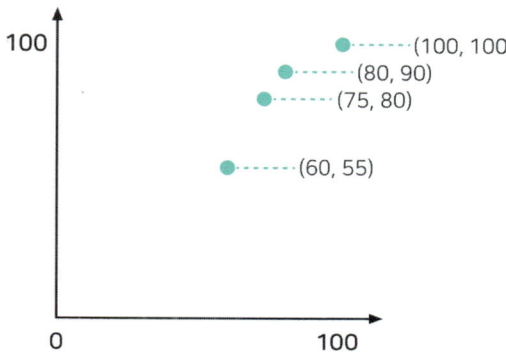

▲ '수학점수', '국어점수' 데이터의 2차원 산점도 표현

① 공분산(Covariance)

- 분산의 계산식을 응용하여 두 변수 x와 y의 관계를 숫자로 표현하는 방법이다.

$$q_{xy} = \frac{1}{n-1} \sum_{i=1}^{n} (x_i - \bar{x})(y_i - \bar{y})$$

- 두 변수의 편차를 곱한 것의 평균을 계산한 것으로 해석할 수 있고, 해석은 확률변수의 공분산과 동일하다.
- 공분산이 0보다 크면 x가 클수록 y도 크고, x가 작을수록 y도 작아지는 등 두 변수는 같은 방향으로 움직이는 경향이 있다는 것을 의미하고, 반대로 공분산이 0보다 작으면 x와 y는 서로 반대 방향으로 움직이는 경향이 있다는 것을 의미한다.
- 분산과 마찬가지로 척도(scale)와 단위(unit) 문제가 발생하며 공분산의 절대적인 크기로 두 변수의 관계의 정도를 일반화하기 어렵다.

> **기적의 TIP**
>
> 이과생이라면 내적(inner product, dot product)의 개념을 배운 적이 있을 겁니다. 공분산이 바로 표준화된 두 개의 벡터 x와 y의 내적입니다. 즉, x와 y가 얼마나 같은 방향을 향하고 있는지를 측정한 것으로 생각해볼 수 있습니다.

② 상관계수(Correlation Coefficient)

- 상관계수는 표준화된 변수를 활용해 계산한 공분산으로 이해할 수 있으며, 특히 각 변수의 표준편차로 나누는 척도화를 통해 공분산이 갖는 척도와 단위 문제를 해결한다.

$$r_{xy} = \frac{1}{n-1} \sum_{i=1}^{n} \frac{(x_i - \bar{x})}{s_x} \frac{(y_i - \bar{y})}{s_y} = \frac{q_{xy}}{s_x s_y}, \ 1 \leq r_{xy} \leq -1$$

- 어떤 두 변수를 활용하든 상관계수는 −1부터 1 사이의 값을 갖게 되며 이를 바탕으로 여러 상관계수의 상대적인 비교가 가능하다.
- 1에 가까울수록 강한 양의 관계가 있다고 하며 −1에 가까울수록 강한 음의 관계를 갖는다고 설명할 수 있다.
- 상관계수가 0이면 두 변수가 관계없다고 말하는데, 공분산과 상관계수는 두 변수의 직선 관계를 설명하며 상관계수가 0이라도 곡선 관계나 계단형 관계를 비롯한 비선형적 관계를 가질 수도 있다.

기적의 TIP

상관계수를 이야기할 때 "공분산을 두 변수의 표준편차로 나눈 값"이라고 표현하는 경우가 많습니다. 실제 상관계수를 계산할 때 위와 같은 방법으로 구할 수도 있지만, 이는 수식을 분해했을 때 나타나는 결과적인 관계일 뿐, 상관계수의 본질적인 정의는 아닙니다.

상관계수는 공분산의 단점을 보완하기 위해 "표준화된 두 변수를 활용해 계산한 공분산"이라고 개념을 정리하는 것이 좋습니다.

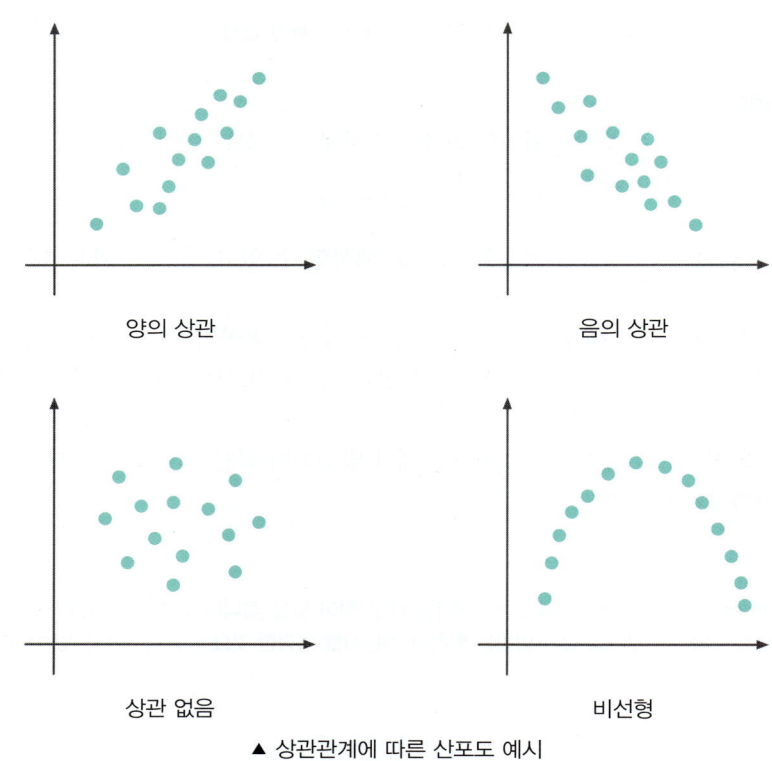

▲ 상관관계에 따른 산포도 예시

SECTION 04 추정과 통계 검정

빈출 태그 ▶ 통계적 가설 검정, 귀무가설과 대립가설, 유의확률(p-value), 비모수검정

01 추정(Estimation)

1) 통계량을 활용한 모수 추정

- 모수(parameter)는 모집단의 특성을 정의 나타내는 수치로, 모수를 알고 있으면 모집단은 고정되므로 핵심적인 정보이다.
- 그러나 모집단은 관심을 가지는 전체 집단으로 개념적으로 존재하는 경우가 많고, 선거를 포함한 국가 통계를 제외하고 전수조사는 현실적으로 불가능 하므로 모수 역시 현실에 존재하지 않는 이론적인 값이라고 볼 수 있다.
- 이런 상황에서 모집단에서 추출된 표본인 데이터에서 통계량을 계산하고 모수의 실제 값을 유추하는 것은 매우 자연스러운 흐름이며, 이러한 과정을 추정이라고 말한다.

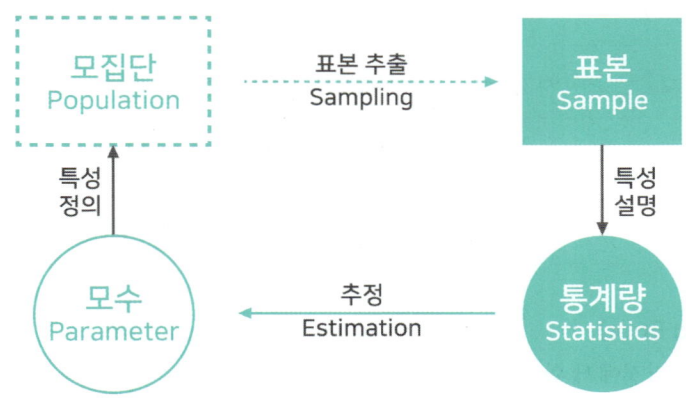

▲ 모수 추정의 과정

① 점 추정(Point Estimation)

- 모수의 정확한 값을 하나의 통계량으로 추정하는 방법이다.
- 예를 들어 어떤 변수의 모집단의 모평균(Population Mean) μ는 이론적으로 존재하는 값이며, 데이터에서 계산한 표본 평균(Sample Mean) $\bar{x}$로 μ의 값을 점 추정할 수 있다.
- 다양한 상황에서 모수를 추정할 때 어떤 통계량을 계산해야 할지 이론적으로 증명된 사실을 활용하며, 예를 들어 $\bar{x}$로 μ를 추정하는 것은 $\bar{x}$의 기댓값이 μ이고 다른 어떤 통계량보다 분산이 작기 때문이며, 표본 분산(Sample Variance) s_x^2을 계산할 때 $n-1$로 나누는 것은 추정의 관점에서 s_x^2의 기댓값이 모분산(Population Variance) σ^2으로 나오게 하기 위함이다.

② 구간 추정(Interval Estimation)

- 모수가 포함될 것으로 예상되는 값의 범위를 추정하는 방법으로 확률분포를 활용하며, 추정된 구간을 신뢰 구간(confidence interval)이라고 부른다.
- 신뢰 구간은 특정 신뢰 수준에서 모수가 해당 구간에 포함될 것이라고 추정한다.
    - 신뢰 수준은 $(1-\alpha) \times 100\%$와 같이 표현하는데, α는 통계 검정에서 다룰 유의 수준에 해당함
    - 신뢰 수준을 높이면 모수가 해당 구간에 포함될 확률은 높아지지만 그만큼 신뢰 구간의 범위도 증가하고, 신뢰 구간의 범위를 좁히면 신뢰 수준도 줄어들게 되므로 적절한 신뢰 수준 설정 필요
- 예를 들어 관측치 수 n이 충분히 크고 모표준편차 σ를 알고 있다고 가정하고, 모평균 μ에 대한 95% 신뢰 구간은 다음과 같이 설정할 수 있다.

▶ 구간 추정 계산식

계산식	설명
$\bar{x} \sim N(\mu, \frac{\sigma^2}{n})$	표본 평균 $\bar{x}$는 중심 극한 정리에 따라 평균이 μ이고 분산이 $\frac{\sigma^2}{n}$인 정규 분포를 따른다.
$Z = \frac{\bar{x}-\mu}{\sigma^2/n} \sim N(0, 1)$	$\bar{x}$에서 μ를 빼고 $\frac{\sigma^2}{n}$로 나눈 값 Z는 표준 정규 분포를 따른다.
$P\left(-z_{0.025} \leq \frac{\bar{x}-\mu}{\sigma^2/n} \leq z_{0.025}\right) = 0.95$	좌우대칭인 표준 정규 분포를 활용하여 Z가 $\pm z_{0.025}$ 사이에 들어올 확률이 95%인 경계값 $z_{0.025}$를 설정할 수 있다.
$P\left(-z_{0.025}\frac{\sigma^2}{n} \leq \bar{x}-\mu \leq z_{0.025}\frac{\sigma^2}{n}\right) = 0.95$	모든 항에 $\frac{\sigma^2}{n}$를 곱한다.
$P\left(-\bar{x}-z_{0.025}\frac{\sigma^2}{n} \leq -\mu \leq -\bar{x}+z_{0.025}\frac{\sigma^2}{n}\right) = 0.95$	모든 항에서 $\bar{x}$를 뺀다.
$P\left(\bar{x}-z_{0.025}\frac{\sigma^2}{n} \leq \mu \leq \bar{x}+z_{0.025}\frac{\sigma^2}{n}\right) = 0.95$	모든 항에 $-$를 곱하면 μ에 대한 95% 신뢰구간을 설정할 수 있다.

2) 표준오차(Standard Error)

- 표준오차는 추정 및 검정에서 활용하며, 통계량의 표준편차를 의미한다.
- 모집단과 표본의 관점에서 데이터는 특정한 확률분포를 따른다고 가정할 수 있고, 관측치를 집계하여 계산한 통계량 역시 확률분포를 따르므로 그 표준편차를 계산할 수 있다.
- 예를 들어 기댓값이 μ이고 표준편차가 σ인 모집단에서 추출된 서로 독립인 표본 n개의 표본 $x_1, \cdots x_n$으로 계산한 표본 평균 $\bar{x}$의 기댓값과 분산, 표준편차(표준오차)는 다음과 같다.

$$E(\bar{x}) = \mu_{\bar{x}} = E\left(\frac{1}{n}\sum_{i=1}^{n} x_i\right) = \frac{1}{n}\sum_{i=1}^{n} E(x_i) = \frac{n\mu}{n} = \mu$$

$$Var(\bar{x}) = \sigma_{\bar{x}}^2 = E((\bar{x}-\mu_{\bar{x}})^2) = E\left(\left(\frac{1}{n}\sum_{i=1}^{n} x_i - \mu_{\bar{x}}\right)^2\right) = \frac{1}{n^2}\sum_{i=1}^{n} E((x_i-\mu_{\bar{x}})^2) = \frac{n\sigma_X^2}{n^2} = \frac{\sigma_X^2}{n}$$

$$SD(\bar{x}) = \sigma_{\bar{x}} = \sqrt{Var(\bar{x})} = \sqrt{\sigma_{\bar{x}}^2} = \frac{\sigma_X}{\sqrt{n}}$$

02 통계적 가설 검정(Statistical Hypothesis Test)

1) 통계적 가설 검정의 개념

- 통계적 가설 검정 혹은 가설 검정(hypothesis test)은 모집단의 특성에 대한 주장이나 가설에 대해 표본에서 확인한 정보를 기준으로 판단하는 과정이다.
- 통계 검정은 서로 반대되는 귀무가설과 대립가설 중 하나를 선택하는 확률적인 판단 절차이다.

① 귀무가설(Null Hypothesis, H_0)

- 일반적으로 "차이·관계·패턴이 없다", "동일하다(=)", "안정적이고 이상적인 상태"라는 의미와 가정을 담고 있는 가설로, 가설의 H와 없다는 의미의 0을 활용한 H_0로 표현한다.
- 예를 들어 두 변수에 대해 "두 변수는 상관이 없다", "두 변수의 상관계수는 0이다"라고 귀무가설을 설정할 수 있다.

② 대립가설(Alternative Hypothesis, H_1 혹은 H_a)

- 귀무가설과 반대로 "차이·관계·패턴이 있다", "다르다(≠)", "불안정한 상태"라는 의미와 가정을 담고 있으며, 귀무가설의 H_0와 대비하여 H_1 혹은 H_a로 표현한다.
- 예를 들어 두 변수에 대해 "두 변수는 상관이 있다", "두 변수의 상관계수는 0이 아니다"라고 대립가설을 설정할 수 있다.

> **기적의 TIP**
>
> 대립가설을 설명할 때 "실험이나 연구에서 입증하고 싶은 주장, 가설"이라는 표현을 쓰기도 하는데, 틀린 말입니다. 귀무가설과 대립가설은 분석의 주제나 목적, 의도와 상관없이 고정적입니다. 예를 들어 제약회사가 신약을 개발하고 그 효과를 입증하는 통계 검정을 수행할 때 귀무가설은 "신약이 가짜약(플라시보)과 차이가 없다(효과가 없다)", 대립가설은 "신약이 가짜약과 차이가 있다(효과가 있다)"가 됩니다. 그런데 이 회사가 특허가 만료된 유명약의 복제약을 만들고 효과를 입증할 때도 귀무가설은 "복제약이 기존약과 차이가 없다", 대립가설은 "복제약이 기존약과 차이가 있다"로 설정합니다.
>
> 검정과 분석의 목적과 귀무가설, 대립가설의 방향 설정은 상관이 없다는 것을 명심해야 합니다.

③ 유의확률(Significance Probability), p-value(p-값)

- 유의확률 혹은 p-value는 H_0가 참인 것을 가정하고 표본에서 계산한 통계량과 더 극단적인 수치가 나올 가능성을 계산한 조건부 확률이다.
- 예를 들어 데이터에서 계산한 두 변수의 상관계수 r_{xy}가 0.5일 때, 유의확률은 귀무가설($H_0 : \rho_{XY}=0$)이 참이라고 가정하고 임의의 표본에서 계산된 상관계수가 0.5 이상일 확률로 계산되며, 이 과정에서 주로 검정 통계량을 활용한다.
- 유의확률이 1에 가깝게 높으면 귀무가설이 맞다는 가정하에서도 실제 데이터의 통계량이나 정보가 충분히 발생할 수 있다는 의미로 H_0를 지지한다.
- 유의확률이 0에 가깝게 낮을수록 귀무가설이 맞다는 가정하에서는 실제 데이터에서 확인한 차이나 관계가 나올 가능성이 낮다는 뜻이므로, 귀무가설이 참이라는 가정 자체가 잘못된 것을 의미하며 H_1을 지지하게 된다.

④ 검정 통계량(Test Statistics)

- 검정을 계산하기 위해 데이터에서 계산하는 통계량으로, 각 검정 통계량에 대응하는 확률분포를 함께 활용한다.
- 계산된 검정 통계량과 더 극단적인 수치가 나올 가능성(유의확률)을 확률분포에서 계산할 수 있다.
- 연구와 논문으로 증명된 사실을 바탕으로 특정한 상황에서 어떤 검정 통계량을 계산하고 어떤 확률분포를 활용해야 할지 결정한다. 즉, 특정한 상황에 적합한 검정 통계량과 확률분포는 결정되어 있다.
- 예를 들어 두 변수의 상관계수에 대한 검정은 다음과 같이 t값을 계산하고 자유도가 $n-2$인 t-분포를 활용해 유의확률을 계산할 수 있다.

$$t = \frac{r\sqrt{n-2}}{\sqrt{1-r^2}} \sim t(n-2)$$

> **➕ 더 알기 TIP**
>
> **두 변수의 상관에 대한 검정 예시**
>
> **가설 설정**
> - H_0 : 두 변수는 상관이 없다($\rho_{XY}=0$)
> - H_1 : 두 변수는 상관이 있다($\rho_{XY}\neq 0$)
>
> **검정 통계량 계산**
>
> $r_{xy}=0.5$, $n=11$이라고 가정하고 t값을 계산
>
> $$t = \frac{0.5\sqrt{11-2}}{\sqrt{1-0.5^2}} = 1.732$$
>
> **유의확률 계산**
> - 자유도가 9인 t-분포에서 양쪽 방향을 모두 고려하여 t값이 ±1.732보다 더 극단적일 확률을 계산 가능
> - 유의확률 : $P(t>1.732 \ or \ t<-1.732)=0.118$
>
>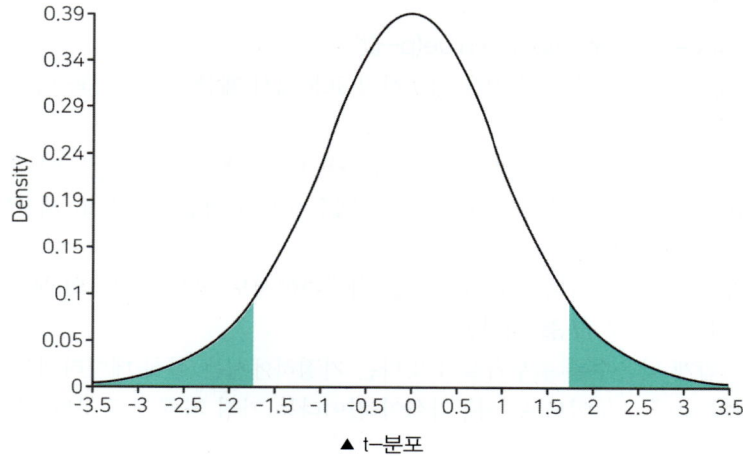
>
> ▲ t-분포
>
> **해석**
>
> H_0 : $\rho_{XY}=0$가 참이라는 가정하에 관측치가 11인 데이터의 두 변수의 상관계수가 0.5 이상일 확률은 0.118, 11.8%이다.

⑤ 유의수준(Significance Level, α)

- 계산된 유의확률이 1에 가까울수록 H_0가 참이라는 가정이 틀리지 않았음을 의미하며, 유의확률이 0에 가까울수록 H_0가 참이라는 가정이 옳지 않으므로 H_0를 기각하고 H_1을 채택하는 근거가 된다.
- 귀무가설과 대립가설 중 단 하나의 가설을 선택해야 하므로 선택의 기준이 되는 유의확률의 경계가 필요한데, 그 경계값을 유의수준이라고 하며 α라고도 한다.
- 유의확률이 유의수준보다 작으면 H_0를 기각하고 H_1을 채택한다.
- 일반적으로 유의수준은 0.05로 지정하는 경우가 많은데, 유의수준의 적정 값 설정은 수학적 증명이 아닌 합의의 문제이며 그 값이 업계와 학계, 상황에 따라 다양할 수 있다.
- 예를 들어 유의수준 0.05에서 계산된 유의확률 0.118은 유의수준보다 크므로 H_0를 기각하지 못하고, H_0를 선택하는 근거가 된다.

> **기적의 TIP**
>
> 통계적 가설 검정은 H_0와 H_1 중 하나를 선택하는 과정이라고 설명했습니다. 그래서 검정의 결과를 해석하면서 "H_0를 선택, 채택한다", "H_1을 선택, 채택한다"라는 표현을 썼고, 다른 책이나 논문 등에서도 같은 표현을 자주 접하게 됩니다. 물론 이 말이 틀렸다고 보긴 어렵지만 학술적인 표현은 따로 있습니다.
>
> 유의확률을 계산하는 과정에서 H_0가 참이라는 가정을 할 뿐 H_1의 정보를 직접적으로 활용하지 않습니다. 그래서 유의확률과 유의수준을 바탕으로 검정의 결과를 설명할 때 "H_0가 참이라는 가정"에 대한 평가를 하게 되며 "H_0를 기각하지 못한다", "H_0를 기각한다"라는 표현을 주로 활용합니다.

⑥ 1종 오류(Type 1 Error, α Error)와 2종 오류(Type 2 Error, β Error)

- 통계적 가설 검정은 확률적 의사결정 과정으로 잘못된 판단을 하는 오류가 발생할 수 있다.
- H_0가 참, 거짓일 수 있고 검정 결과에 따라 H_0를 기각하지 않거나 기각할 수 있으므로 아래와 같이 4가지 상황을 고려하고 2가지 오류를 정의할 수 있다.
    - 1종 오류(α) : H_0가 참인데 H_0를 기각하는 오류
    - 2종 오류(β) : H_0가 거짓인데 H_0를 기각하지 않는 오류

▶ 1종 오류와 2종 오류

	H_0가 참일 때	H_0가 거짓일 때
H_0를 기각하지 않음	올바른 결정	2종 오류(β)
H_0를 기각	1종 오류(α)	올바른 결정

- 일반적으로 가설 검정을 수행한 이후에도 H_0가 참인지 아닌지를 확인할 수 없으며, 발생 가능한 오류의 상황을 이론적으로 정의하고 두 오류를 최소화하기 위한 방법 탐색에 활용한다.
- 두 오류는 절충(trade-off) 관계에 있으므로 동시에 최소화할 수 없으므로, 1종 오류를 고정하고 2종 오류를 최소화하는 전략 등을 활용했으며 유의수준(α)이 바로 고정된 1종 오류 허용 수준이다.

> **기적의 TIP**
>
> 만약 유의수준을 0.05로 설정했다면, 해당 검정에서 1종 오류가 발생할 확률이 5%라는 것을 의미합니다. 확률적인 의사결정 과정에서 최소 5%의 오류 발생 리스크를 감당하게 됩니다. 만약 유의수준을 더 낮춰 0.01로 설정하면 1종 오류의 가능성이 1%로 줄어들지만, 그만큼 H_0가 기각될 가능성도 줄어 들어, 결과적으로 2종 오류 발생 확률이 높아지게 됩니다.
>
> 1종 오류와 2종 오류는 그 영향이 다를 수 있습니다. 예를 들어 암이 없는데 암 선고를 받았을 때와 실제로 암이 있는데 정상 판정을 받았을 때 두 오류가 미칠 파급력이 다를 수 있습니다. 이런 상황들을 고려해서 유의수준을 설정하게 되며, 보통 각 업계와 학계에서 암묵적으로 합의된 값을 활용하면 됩니다.

⑦ **양측 검정과 단측 검정**
- H_0의 수식에는 주로 =이 활용되고, H_1의 수식에는 ≠뿐만 아니라 한쪽 방향을 지정하는 부등호(>, <)를 활용할 수도 있다.
- 예를 들어 H_0: $\rho_{XY}=0$에 대해 아래와 같이 세가지 H_1을 설정할 수 있다.

▶ 양측 검정과 단측 검정

H_1의 수식	변수의 상관관계
$H_1:\rho_{XY}\neq 0$	두 변수가 상관이 있다.
$H_1:\rho_{XY}>0$	두 변수가 양의 상관이 있다.
$H_1:\rho_{XY}<0$	두 변수가 음의 상관이 있다.

- H_1에서 ≠을 활용한 경우를 양측 검정이라고 하며, '>' 혹은 '<'를 활용하여 특정한 방향을 지정한 경우를 단측 검정이라고 한다.
- 분석 기획 및 가설 설정 단계에서 상황에 맞게 양측 검정과 단측 검정 중 하나를 선택하며, 유의확률 계산 과정에서 양측 검정은 분포의 양쪽 끝 영역을 활용하고 단측 검정은 한쪽 끝만 활용하므로 단측 검정이 유의확률이 더 낮고 H_0를 기각하는 데 유리하다.
- 이후의 예제에서는 편의상 양측 검정만을 다루기로 한다.

2) t-분포를 활용한 검정

▲ 통계 검정 절차

- t-분포는 기댓값이 0이고 0을 중심으로 좌우 대칭이며 자유도(degree of freedom)라고 부르는 모수 v에 따라 그 형태가 결정된다.
- t-분포는 표본의 개수 n이 적은 상황에서 표준 정규 분포를 대체하기 위해 고안됐으며, v가 커짐에 따라 표준 정규 분포에 가깝게 된다.
- t-분포를 활용한 검정은 "0인지 아닌지"를 따질 때 주로 활용하며, 검정 통계량의 계산식에서 분자에 평균 차이나 상관계수와 같이 0을 중심으로 하는 통계량을 확인할 수 있다.
- 검정 통계량의 계산식에서 분모에는 표준편차를 n 혹은 자유도의 제곱근으로 나눈 값, 즉 표준오차를 확인할 수 있다.
- 대표적인 t-분포를 활용한 검정은 다음과 같다.

① 일표본 t-검정(One-sample t-test)

- 어떤 데이터(1개 변수)의 평균이 특정한 값인지 아닌지를 따진다.

▶ 가설 설정

$H_0: \mu_X = \mu_0 \Leftrightarrow \mu_X - \mu_0 = 0$	X의 평균은 μ_0다.
$H_1: \mu_X \neq \mu_0 \Leftrightarrow \mu_X - \mu_0 \neq 0$	X의 평균은 μ_0가 아니다.

- 검정 통계량 계산 및 활용 분포

$$t = \frac{\bar{x} - \mu_0}{s_X/\sqrt{n}} \sim t(n-1)$$

② 독립표본 t-검정(Independent Samples t-test)

- 두 데이터(각각 1개 변이수)의 평균이 동일한지 아닌지를 따지며, 독립 이표본 t-검정(Independent Two-sample t-test)라고 부를 수도 있다.
- "독립"은 두 데이터가 서로 별개의 것으로 관련이 없다는 것을 의미하며, 두 데이터의 관측치 개수가 달라도 상관없이 검정을 수행할 수 있다.

▶ 가설 설정

$H_0: \mu_X = \mu_Y \Leftrightarrow H_0: \mu_X - \mu_Y = 0$	X와 Y의 평균이 같다.
$H_1: \mu_X \neq \mu_Y \Leftrightarrow \mu_1: \mu_X - \mu_0 \neq 0$	X와 Y의 평균이 다르다.

- 검정 통계량 계산 및 활용 분포
  - 두 데이터의 평균을 $\bar{x}, \bar{y}$, 분산을 s_X^2, s_Y^2, 관측치 개수를 n_1, n_2라고 할 때 검정 통계량 t값을 다음과 같이 계산한다.

$$t = \frac{\bar{x} - \bar{y}}{\sqrt{\frac{s_X^2}{n_1} + \frac{s_Y^2}{n_2}}} \sim t(n_1 + n_2 - 2)$$

③ 대응표본 t-검정(Paired Samples t-test)
- 두 데이터(각각 1개 변수) 혹은 한 데이터의 두 변수의 차이가 0인지 아닌지를 따지는 검정이다.
- 실제로는 두 변수 X와 Y의 차이($X-Y$)를 계산한 변수 D의 평균 μ_D에 대한 검정을 수행하며, "환자별 약물 투약 전후 수치 변화", "각 수강생의 학습 전후 성적 변화" 등 한 객체를 대상으로 두 번 측정한 데이터를 활용하여 특정 요인의 유효성을 따질 때 주로 활용한다.

▶ 가설 설정

$H_0 : \mu_D = 0$	X(전)와 Y(후)의 차이의 평균이 0이다. 전후 차이가 없다.
$H_1 : \mu_D \neq 0$	X와 Y의 차이의 평균이 0이 아니다. 전후 차이가 있다.

- 검정 통계량 계산 및 활용 분포
    - 가설 설정에서의 개념과 마찬가지로 데이터의 두 변수 x, y의 차이를 계산한 변수 d를 활용해 검정 통계량을 계산할 수 있다(d의 i번째 관측치 d_i는 $d_i = x_i - y_i$로 계산).
    - 평균을 먼저 계산하고 차이를 계산하는 독립표본 t-검정과 달리 차이를 먼저 계산하고 평균을 구해 활용하며, 차이 변수 d에 대한 일표본 t-검정이라고 이해할 수 있다.

$$t = \frac{\overline{d}}{s_d / \sqrt{n}} \sim t(n-1)$$

④ 상관분석(Correlation Analysis)
- 상관분석은 두 변수의 상관계수를 계산하고 유의성 검정을 수행하는 것을 의미하며, 상관계수의 계산과 검정을 따로 분리해서 "상관계수에 대한 유의성 검정"이라고 표현할 수도 있다.

▶ 가설 설정

$H_0 : \rho_{XY} = 0$	두 변수는 상관이 없다.
$H_1 : \rho_{XY} \neq 0$	두 변수는 상관이 있다.

- 검정 통계량 계산 및 활용 분포
    - 데이터에서 계산한 두 변수 X와 Y의 상관계수 r_{xy}의 표준오차 σ_r은 $\sqrt{\dfrac{1-r_{XY}^2}{n-2}}$이고 상관계수를 표준오차로 나누면 t-분포를 따르는 것을 활용한다.

$$t = \frac{r_{xy}}{\sigma_r} = r_{xy} \sqrt{\frac{n-2}{1-r_{XY}^2}} \sim t(n-2)$$

3) χ^2(Chi-squared, 카이제곱) 분포를 활용한 검정

- χ^2 분포는 표준 정규 분포를 따르는 확률변수들의 제곱합(sum of squares)이 따르는 분포로 제곱해서 더한 확률변수의 개수 k에 따라 형태가 결정된다.
- 표본 분산 s_x^2을 계산하는 과정에서 표본 평균 $\bar{x}$를 중심으로 얼마나 떨어져 있는지를 제곱합으로 계산하는데, 이와 같이 실제 데이터의 값과 기준값을 비교해서 그 차이가 충분히 큰지를 따질 때 χ^2 분포를 주로 활용한다.
- 범주형 변수 혹은 변수 조합의 빈도(도수)를 정리한 분할표(contingency table)를 대상으로 실제 빈도와 기대 빈도(이론적 빈도, 예상 빈도)를 비교하는 피어슨 χ^2 검정(Pearson's χ^2 test)이 대표적이며, 아래의 세 가지 상황에서 주로 활용한다.

① 적합도 검정(Goodness-of-Fit Test)
일반적으로 1개의 범주형 변수의 1차원 분할표 혹은 빈도표(frequency table)을 활용하며, 실제 빈도 및 분포가 이론적 분포에 부합하는지를 따진다.

② 독립성 검정(Test of Independence)
- 두 범주형 변수의 관계를 탐색할 때 2차원 표 형태의 분할표(contingency table) 혹은 교차표(cross table)을 활용하며, χ^2 분포를 활용해 두 변수가 독립인지 아닌지를 따지는 검정이다.
- χ^2 분포를 활용하는 검정은 다양하지만, 일반적으로 χ^2 검정은 2차원 분할표에 대한 검정을 의미하며 독립성 검정(test of independence)이라고 부르기도 한다.

▶ 가설 설정

H_0	두 범주형 변수가 독립이다.
H_1	두 범주형 변수가 독립이 아니다.

- 검정 통계량 계산 및 활용 분포
  - r개 행과 c개 열이 있는 분할표에서 i번째 행 j번째 열의 실제 빈도를 x_{ij}라고 하고, 두 변수의 독립을 가정했을 때 해당 조합의 기대빈도를 m_{ij}라고 하여 다음과 같이 검정 통계량을 계산한다.

$$\chi^2 = \sum_{j=1}^{c}\sum_{i=1}^{r}\frac{(X_{ij}-m_{ij})^2}{m_{ij}} \sim \chi^2((r-1)(c-1))$$

③ 동질성 검정(Homogeneity Test)
- 2개 이상의 그룹이 하나의 범주형 변수에 대해 동일한 분포를 갖는지를 따진다.
- 위의 독립성 검정과 마찬가지로 2차원 분할표를 활용하며 검정 통계량 계산 방법 등이 동일하다.
- 독립성 검정은 일반적으로 관측치 개수가 동일한 두 범주형 변수를 사용하고 독립 여부를 따지는 것이 목적인데 반해, 동질성 검정은 그룹별로 관측치 수가 다를 수 있고 각 그룹별 범주형 변수의 분포(각 수준의 비율)이 같은지를 확인하는 것으로 목적도 다르다.

4) F 분포를 활용한 검정

- F 분포는 두 χ^2 분포 혹은 제곱합의 비율과 관련이 있는 분포이며, 두 χ^2 분포의 자유도에 따라 형태가 결정된다.
- 전체 변동 대비 그룹 간 변동 등 집단에 따른 차이나 모형을 활용한 설명력이 충분한지를 따질 때 활용한다.

① 분산분석(Analysis of Variance, ANOVA)

- 두 개 이상의 그룹 간의 평균 차이를 검증하는 기법으로 실험 및 연구에서 집단이나 처리(treatment) 간 차이를 평가할 때 주로 활용한다.
- 그룹 변수의 개수에 따라 일원분산분석(One-way ANOVA), 이원분산분석(Two-way ANOVA) 등으로 구분하며, 아래에서는 간단한 일원분산분석에 대해 살펴본다.
- 평균 차이를 수치화 하기 위해 통계량 계산 과정에서 분산과 동일한 평균 기준 편차의 제곱합을 활용하고, 분산 혹은 제곱합이 관측치 간 차이(변동)의 정도라는 의미를 갖고 있어서 분산 분석이라고 한다.

▶ 가설 설정

$H_0: \mu_1 = \mu_2 = \cdots = \mu_k$	그룹 간 평균 차이가 없다.
$H_1:$ not H_0	적어도 두 그룹은 평균차이가 있다.

- 표기법 정의 및 제곱합 계산
  - k개 그룹에 각각 n_i개 관측치가 있고, 전체 관측치 개수는 n이라고 하자.
  - y_{ij}는 i번째 그룹의 j번째 관측치이고 $\overline{y}$는 전체 평균, $\overline{y_i}$는 i번째 그룹의 평균이라고 하자.
  $\sum\sum(y_{ij}-\overline{y})^2$: 전체 제곱합(TSS, Total Sum of Squares)으로 관측치 간의 전반적인 차이를 의미한다.
  $\sum\sum(\overline{y_i}-\overline{y})^2$: 처리 간 제곱합(SST, Sum of Squares of Treatment)으로 그룹 간 평균 차이를 의미한다.
  $\sum\sum(y_{ij}-\overline{y_i})^2$: 오차 제곱합(SSE, Sum of Squares of Error)으로 그룹 내 관측치 간 차이를 의미하며 오차 대신 잔차(residual)라고 표현할 수도 있다.

- 제곱합의 분해
  - 위의 세 제곱합은 아래와 같은 관계를 갖는다.
  - "TSS = SST + SSE"라고 표현할 수 있으며, 전체 관측치의 차이가 정확히 그룹 간 차이와 그룹 내 차이로 분해되는 것을 의미한다.

$$\sum_{i=1}^{k}\sum_{j=1}^{n_i}(y_{ij}-\overline{y})^2 = \sum_{i=1}^{k}\sum_{j=1}^{n_i}(\overline{y_i}-\overline{y})^2 + \sum_{i=1}^{k}\sum_{j=1}^{n_i}(y_{ij}-\overline{y_i})^2$$

- 검정 통계량 및 활용 분포
  - 위의 제곱합과 관측치 수와 그룹 수를 활용하여 아래의 표를 활용하여 검정 통계량 F 값을 계산하고 F 분포를 활용해 유의 확률을 계산한다.
  $$F \sim F(k-1, n-k)$$
  - 제곱합은 0 이상의 값을 계속 더하므로 개수에 영향을 받을 수밖에 없으므로 제곱합을 자유도로 나눠 활용한다고 이해할 수 있다.

▶ 분산분석표

	제곱합	자유도	평균 제곱합	검정 통계량
그룹	SST	$k-1$	$MST = \dfrac{SST}{k-1}$	$F = \dfrac{MST}{MSE}$
잔차(오차)	SSE	$n-k$	$MSE = \dfrac{SSE}{n-k}$	
합계	TSS	$n-1$		

- 분산분석은 F 분포를 활용하기 위해 데이터에 대해 아래의 성질을 가정하며, 그 가정이 충족되었는지를 따지기 위한 별도의 검정을 사전에 수행할 수 있다.
  - 독립성(independence) : 각 그룹 내 관측치는 서로 독립이다.
  - 등분산성(homogeneity of variance) : 각 그룹의 분산이 동일해야 한다.
  - 정규성(normality) : 각 관측치에서 그룹 평균을 뺀 잔차($y_{ij} - \overline{y_i}$)가 정규 분포를 따라야 한다.

5) 비모수적 검정(Non-parametric Test, 비모수 검정)

- Z 분포(표준 정규 분포), t-분포, χ^2 분포, F 분포 등은 기성분포를 활용한 검정을 모수적 검정(Para-metric Test)이라고 하며, 데이터가 특정 분포를 따른다는 모수적 가정하에 비교적 손쉽게 유의 확률을 계산할 수 있다.
- 위의 네 분포는 모두 정규 분포에서 파생된 것으로 검정 과정에서 데이터의 정규성을 가정하며, 충분한 관측치 수를 필요로 하거나 등분산성, 독립성 등을 추가로 가정하고 이 가정을 충족하지 못할 경우 해당 검정을 활용하지 못하거나 검정 결과의 신뢰성이 저하될 수 있다.
- 비모수적 검정은 모수적 검정을 활용할 수 없는 상황에서 데이터에 대한 분포 가정 없이 부호(sign, + 혹은 -)나 순위(rank)와 그 합계 등으로 검정 통계량을 계산하고 활용하는 검정이다.
- 비모수 검정 통계량의 모든 가능한 경우의 수와 해당 데이터에서 계산한 통계량을 바탕으로 유의확률을 계산할 수 있다.
- 예를 들어 어떤 모수적 검정이 평균을 활용할 때 대응하는 비모수적 검정은 순위의 합계나 순위의 평균을 활용해 유의 확률을 계산하며, 따라서 두 방법의 H_0와 H_-가 완벽히 일치할 수는 없음을 유의해야 한다.

① 윌콕슨 부호순위 검정(Wilcoxon Signed-Rank Test)

- 하나의 변수로 0인지 아닌지를 따지는 일표본 t-검정이나 대응표본 t-검정 대신 활용할 수 있는 비모수적 검정 방법이다.
- $\overline{x} - \mu_0$이나 $d_i = x_i - y_i$와 같이 0이 기준이 되는 변수를 활용하여 그 절댓값의 순위를 계산하고 0보다 큰 관측치의 순위합과 0보다 작은 관측치의 순위합을 비교해서 어느 쪽이 더 우세한지 따져 유의 확률을 계산한다.

② 윌콕슨 순위합 검정(Wilcoxon Rank-Sum Test) 혹은 맨-휘트니 U 검정(Mann-Whitney U Test)
- 서로 다른 두 그룹의 분포(위치) 차이를 검정하고 어느 한쪽 그룹이 전반적으로 큰 지를 따질 때 활용한다.
- 모수적 검정 중 독립표본 t-검정에 대응하고 두 그룹의 관측치 개수가 n_1, n_2로 서로 달라도 활용 가능하다.
- 전체 n개 관측치에서 1부터 n까지 순위를 매기고, 각 그룹에 속하는 관측치들의 순위 합계를 계산하고 검정 통계량을 계산한다.
- 첫 번째 그룹의 순위합을 R_1이라고 하면 모든 첫 번째 그룹 관측치들이 두 번째 그룹 보다 작을 때 R_1의 값은 $\frac{n_1(n_1+1)}{2}$인 것을 활용하여 검정 통계량 U_1을 아래와 같이 정의하고 활용한다.

$$U_1 = R_1 - \frac{n_1(n_1+1)}{2}$$

③ 크루스칼-왈리스 검정(Kruskal-Wallis Test)
- 그룹 변수가 하나인 일원분산분석에 대응하는 검정으로 실제 값이 아닌 순위를 활용해 두 개 이상의 그룹에 대해 그룹별 분포(위치) 차이를 따진다.
- H_0는 "그룹 간 순위 차이가 없다"이며 검정 통계량은 아래와 같이 계산한다.
- r_{ij}는 i번째 그룹의 j번째 관측치의 순위이고 $\overline{r}$은 전체 평균 순위로 $(n-1)/2$이며, $\overline{r_i}$는 i번째 그룹의 평균 순위라고 하자.

$$H = (n-1)\frac{\sum_{i=1}^{k}\sum_{j=1}^{n_i}(\overline{r_i}-\overline{r})^2}{\sum_{i=1}^{k}\sum_{j=1}^{n_i}(r_{ij}-\overline{r})^2}$$

- 위의 검정 통계량은 전체 순위의 차이에서 그룹별 차이의 비율을 계산한 것으로 그룹 간 순위 차이가 없을 때 0이고 차이가 클수록 통계량도 커지며, 분산분석의 검정 통계량 F 값과 구성이 비슷하다.

④ 프리드먼 검정(Friedman Test)
- 동일 개체에 대해서 두 번 이상 측정한 데이터를 활용한 반복 측정 분산분석(Repeated Measures ANOVA)에 대응하는 비모수적 검정이다.
- 두 그룹의 데이터를 활용하는 독립표본 t-검정과 대응표본 t-검정의 대조를 그룹의 개수를 두 개 이상으로 일반화하면 분산분석과 반복 측정 분산분석으로 대조로 확장할 수 있으며 대응표본 t-검정의 비모수 검정인 윌콕슨 순위합 검정을 두 그룹 이상의 데이터로 일반화했다고 이해할 수 있다.

⑤ Fisher 정확 검정(Fisher's Exact Test)과 이항 검정(Binomial Test)
- χ^2 검정은 주로 분할표를 대상으로 활용하며, 데이터가 정규 분포를 따르는 것을 가정하거나 빈도가 충분히 많은 상황 등을 가정하고 검정 통계량이 근사적으로 χ^2 분포를 따른다고 가정한다.
- 크기가 작은 분할표에서 정규 분포 등을 가정하지 않고 모든 가능한 조합을 고려하여 해당 분할표의 조합이나 비율이 얼마나 특이한지 유의 확률을 계산하고 검정에 활용할 수 있다.
- Fisher 정확 검정은 2×2 분할표에 대한 비모수적 검정으로 두 그룹의 두 범주의 비율이나 확률 비교에 활용하며 이항 검정은 2×1 분할표에 대해 두 범주 혹은 그룹의 비율에 대한 적합도 검정에 활용한다.

CHAPTER 03

머신러닝

학습 방향

가장 많은 문제가 출제되는 챕터이며 선형회귀 모형, 의사결정나무 모형, 앙상블 기법의 특징과 장단점 등을 묻는 어려운 문항이 많습니다. 기본적으로 이론에 대한 이해가 필요하지만, 지도학습과 비지도학습의 구분, 앙상블 기법의 종류 등을 묻는 단순한 유형의 문제도 매번 출제되기 때문에 기출문제를 중심으로 효율적인 학습이 필요합니다.

출제빈도

SECTION 01	중	10%
SECTION 02	상	60%
SECTION 03	상	30%

SECTION 01 머신러닝 개요

출제빈도 상 중 하
반복학습 1 2 3

빈출 태그 ▶ 평가지표(MAE, RMSE, 오분류율 등), ROC 곡선, 홀드아웃 교차검증, K-폴드 교차검증

01 알고리즘 분류

1) 지도학습과 비지도학습
- 종속변수, 정답 레이블, 타겟 등으로 부르는 관심변수 y의 존재 유무에 따라 크게 지도학습과 비지도학습으로 구분할 수 있다.
- 지도학습은 관심변수 y의 차이나 패턴을 설명하기 위해 독립변수(independent variable, 설명 변수) x를 활용하며, x가 y에 미치는 영향과 관계를 포착화하고 수량화 하거나 규칙을 설정한다.
- 지도학습에서 y는 학습 과정에서 정답지의 역할을 하며, 모형은 x를 활용한 예측값이나 설명력을 기준으로 y를 얼마나 잘 설명할 수 있는지 평가 · 지도(supervised)를 받는다.
- 비지도학습은 특정한 관심변수를 정하지 않고 전체 변수의 관계를 탐색하거나 관측치를 묶어 군집을 만들 때 활용하며, 데이터로부터 변수 및 관측치 간 유사도를 계산하고 활용한다.
- 정형 · 비정형 등 데이터의 형식 혹은 구조와 지도학습 · 비지도학습의 구분은 별개의 것으로 구분이 필요하다.

2) 회귀(Regression)와 분류(Classification, 판별)
- 회귀는 지도학습에서 관심변수 y가 수치형인 경우를 의미하며, 고전적인 모형인 선형회귀(Linear Regression)에서 이름을 땄다.
- 분류 · 판별은 지도학습에서 관심변수 y가 정해진 몇 개의 값을 갖는 범주형인 경우를 말하며, y의 값들을 묶어 범주(category), 라벨 · 레이블(label), 클래스(class) 등으로 부른다.
- 분류 · 판별은 주어진 데이터가 특정한 범주에 속할 확률을 계산하거나 특정한 범주로 분류하며, 일반적으로 Y/N, 1/0과 같이 두개 범주를 갖는 이진(binary) 변수를 y로 설정하고 주어진 데이터를 두 범주 중 하나로 분류하는 방법을 활용한다.
- 로지스틱회귀는 이름에 회귀를 포함하고 있지만 분류 모형이고, 의사결정나무나 CNN 등 딥러닝 모형은 회귀에 분류 모두에 활용할 수 있다.

02 평가 지표(Metrics)

1) 모형 평가 지표의 활용

- 모델링 혹은 모형 적합 과정에서 적합한 평가 지표를 활용하여 해당 모형의 성능 수준을 파악하고 다양한 모형과 하이퍼파라미터(hyperparameter) 중에서 더 나은 것을 선택할 수 있다.
- 기업 내부에서는 계산된 평가 지표가 해당 모형의 실제 시스템 반영 여부를 판단하는 기준이 될 수 있으며, 모형 배포 이후에도 모니터링 과정에서 동일한 평가 지표를 활용하는 경우가 많다.
- 지도학습에서는 그 이름과 같이 관심변수 y가 정답(label)이므로 모형을 활용한 예측값이 정답과 얼마나 가까운 지를 숫자로 계산하기 편하고, 비지도학습은 정답이 없어서 성능 평가가 어렵고 군집화 등에서 군집 간 거리 등의 지표를 보조적으로 활용한다.
- 상황에 따라 적절한 평가 지표를 선택하며, 복수의 평가 지표를 활용하여 종합적으로 판단할 수 있다.

2) 회귀 문제의 평가 지표

회귀는 관심변수 y가 연속적인 값이고 모형의 예측값도 연속적인 값이므로 주로 각 관측치의 예측값 $\hat{y}_i$와 실제 값 y_i의 차이, 오차(error) 혹은 잔차(residual) $y_i - \hat{y}_i$를 바탕으로 한 평가 지표를 활용한다.

① **MAE(Mean Absolute Error, 평균 절대 오차)**
오차의 절댓값의 평균으로 직관적으로 해석할 수 있다.

$$\frac{1}{n}\sum_{i=1}^{n}|y_i - \hat{y}_i|$$

② **MAPE(Mean Absolute Percentage Error, 평균 절대 백분율 오차)**
오차의 절댓값을 실제 값으로 나눈 후 평균으로, 실제값 대비 오차 비율을 계산한다.

$$\frac{1}{n}\sum_{i=1}^{n}\left|\frac{y_i - \hat{y}_i}{y_i}\right|$$

③ **MSE(Mean Squared Error, 평균 제곱 오차)**
오차를 제곱한 후 평균을 구한 값이다.

$$\frac{1}{n}\sum_{i=1}^{n}(y_i - \hat{y}_i)^2$$

④ **RMSE(Root Mean Squared Error, 평균 제곱근 오차)**
MSE의 제곱근이며 MSE의 단위와 척도 문제를 해결하여 상대적으로 현실적인 수치 비교가 가능하다.

$$\sqrt{\frac{1}{n}\sum_{i=1}^{n}(y_i - \hat{y}_i)^2}$$

⑤ R^2**(R-squared, R2) 혹은 결정계수(Coefficient of Determination)**
다른 평가 지표와 달리 오차가 아닌 분산을 활용하며, 평균을 중심으로 한 전체 관측치의 전체 다름의 양 $\sum_{i=1}^{n}(y_i - \bar{y})^2$ 중에서 모형의 예측값이 설명하는 양의 비율을 계산한 것으로 1에 가까울수록 모형의 설명양이 많음을 의미한다.

$$\frac{\sum_{i=1}^{n}(\hat{y}_i - \bar{y})^2}{\sum_{i=1}^{n}(y_i - \bar{y})^2}$$

3) 분류 문제의 평가 지표

- 분류 모형은 주어진 데이터가 특정한 범주에 속할 확률을 계산하며, 가장 높은 확률을 갖는 범주로 각 관측치를 분류한다.
- 2개의 범주로 분류하는 모형에서 간단하게는 예측 확률이 0.5 이상인 범주로 분류할 수 있는데, 특별한 목적이나 특정 평가 지표의 최대화를 위해서 확률의 분류 경계 값을 0.5가 아닌 다른 숫자로 지정할 수도 있다.
- 예측된 확률을 활용하는 logloss 같은 지표도 있으나, 예측 범주와 실제 범주를 비교하는 평가 지표를 활용하는 경우가 많다.
- 아래의 오차 행렬(Confusion Matrix, 혼동 행렬)은 범주가 2개인 상황에서 실제 범주와 예측 범주에 따른 4가지 상황을 정의하고 한다.

▶ 오차 행렬(혼동 행렬)

		예측 범주	
		Positive	Negative
실제 범주	Positive	True Positive(TP)	False Negative(FN)
	Negative	False Positive(FP)	True Negative(TN)

- 두 범주 중 상대적으로 더 관심이 있는 범주를 Positive, 나머지 한 범주를 Negative라고 한다.
- 실제 범주와 예측 범주가 일치하는 것을 True, 어긋난 것은 False라고 하고 그 뒤에 예측 범주를 붙여 네 경우의 이름을 정의한다. 네 경우에 속하는 관측치를 각각 TP, FP, FN, TN라 하고 평가 지표 계산에 활용한다.

① **정확도(Accuracy)**

전체 관측치 중 실제 범주와 예측 범주가 일치하는 관측치의 비율을 계산한다.

$$\frac{TP+TN}{TP+FP+FN+TN}$$

② **오분류율(Error Rate)**

전체 관측치 중 실제 범주와 예측 범주가 일치하지 않고 잘못 분류된 관측치의 비율을 계산한다.

$$\frac{FP+FN}{TP+FP+FN+TN}$$

③ **민감도(Sensitivity), 재현율(Recall), TPR(True Positive Rate)**

- 실제 Positive인 관측치 중 Positive로 잘 예측된 관측치의 비율이다.
- 예측 확률의 분류 경계 값을 0으로 조정하고 모든 관측치를 Positive로 예측하면 민감도는 1이 된다.

$$\frac{TP}{TP+FN}$$

④ **정밀도(Precision)**

- Positive로 예측한 관측치 중 실제 Positive인 관측치의 비율이다.
- 예측 확률의 분류 경계 값을 1에 가깝게 조정하고, 예측 확률이 매우 높은 관측치만 Positive로 분류하면 정밀도를 최대화할 수 있다.

$$\frac{TP}{TP+FP}$$

⑤ F1 Score
민감도(재현율)와 정밀도의 조화 평균으로, 두 지표 간의 균형을 갖춘다.

$$\frac{2TP}{2TP+FP+FN}$$

⑥ FPR(False Positive Rate)
실제 Negative인 관측치 중 Positive로 잘못 예측된 관측치의 비율이다.

$$\frac{FP}{FP+TN}$$

⑦ ROC 곡선(Receiver Operating Characteristic Curce)
- 지도학습의 예측값은 확률이며 예측 확률과 0부터 1사이에서 적절한 임계 값을 활용해 예측 범주를 계산할 수 있다.
- 확률 임계값에 따라 오차 행렬의 구성과 위의 지표는 모두 달라지는데, 이중 FPR과 TPR(민감도)이 확률 임계값에 따라 어떻게 변하는지를 2차원 공간(x축 FPR, y축 TPR)에 표현한 것이 ROC 곡선이다.
- 예를 들어 0과 1의 두 범주에 대한 모형의 예측값에 대해 아래와 같이 ROC 곡선이 생성된다.
  - 확률 임계 값이 0이면 예측 확률이 0 이상일 때 범주 1로 예측하는 것이므로 모든 관측치를 1로 예측하게 되며, 이 경우 FPR과 TPR 모두 1로 계산된다.
  - 확률 임계 값이 1이면 예측 확률이 1 이상일 때 범주 1로 예측하는 것을 의미하고 사실상 모든 관측치를 0으로 예측하게 되며, 이경우 FPR과 TPR 모두 0으로 계산된다.
  - 확률의 임계 값을 0부터 1 사이로 옮기면 TPR과 FPR로 변하며 (1, 1)에서 (0,0)로 궤적을 남기며 이동한다.
- TPR은 높을수록, FPR은 낮을수록 좋은 모형을 의미하므로 이상적인 점 위치는 (0, 1)이며 ROC 곡선이 왼쪽 위로 붙어있을수록 좋은 모형임을 의미한다.
- AUROC(Area Under ROC)는 ROC 곡선의 아래 면적을 계산한 것으로 1에 가까울수록 좋은 모형을 의미한다.

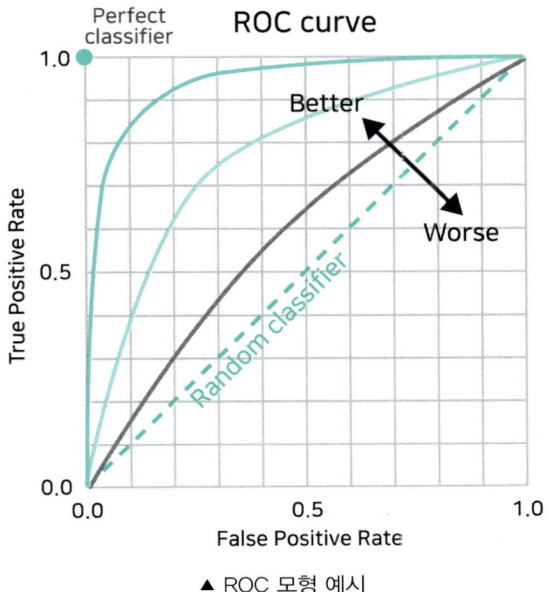

▲ ROC 모형 예시

4) 비지도학습 중 군집화 관련 지표

① 실루엣 계수(Silhouette Coefficient)
- 군집화 결과에서 각 관측치가 같은 그룹 내 관측치와의 평균 거리와 가장 가까운 다른 그룹 내 관측치와의 평균 거리의 차이를 활용한다.
- 실루엣 계수는 관측치별로 계산되며, 실루엣 계수의 평균 등을 활용하여 군집화 방법이나 군집의 개수에 따른 결과 차이를 비교할 수 있다.

② 군집 간 거리 및 군집 내 거리
- 군집화는 서로 비슷하거나 유사한 관측치를 묶어 군집을 만드는 과정에서 거리를 활용하며, 동일한 군집에 포함된 관측치는 서로 가깝고 다른 군집끼리 서로 멀리 떨어져 있어야 한다.
- 군집화에 활용한 거리와 유사도의 개념을 군집화 결과에 적용하여 군집 간 거리나 군집 내 평균 거리 등을 계산하고 군집화 방법을 비교하거나 군집 개수 등을 설정할 때 활용할 수 있다.

03 교차 검증(Cross-Validation)

1) 교차 검증 활용
- 모델링 및 머신러닝 알고리즘 활용 과정에서 적합과 학습에 활용하지 않은 독립적인 데이터를 활용하여 객관적인 평가 지표를 계산할 수 있고, 이를 바탕으로 모형의 하이퍼파라미터를 최적화하거나 지도학습을 통한 예측의 실제 성능을 추측하고 새로운 데이터에 대해 얼마나 일반화될 수 있는지를 판단할 수 있다.
- 적절한 모형 검증 방법을 활용하지 않고 모형을 적합하면, 학습 데이터의 정보를 최대한으로 활용하면서 학습 데이터 대상 모형 성능은 매우 좋지만 새로운 데이터나 실제 환경에서 성능이 떨어지는 과적합(overfitting)이 발생할 수 있다.
- 분석 대상 데이터를 적절한 비율로 분할(splitting)하거나 재표본 추출(resampling)을 통해 데이터의 일부를 무작위(random)로 선택하는 방법을 활용하며, 분할 및 표본 추출 과정에서 데이터의 특성을 고려하고 층화 추출(Stratified Sampling) 등 표본 추출 방법론 등을 적절히 활용한다.

> **기적의 TIP**
>
> 모집단과 표본의 관점에서 데이터는 표본입니다. 그런 데이터에서 다시 표본을 선택하기 때문에 재표본 추출이라는 표현을 씁니다. 재표본 추출은 교차 검증말고도 다양한 상황에서 활용 가능하며, 여러 개의 모형을 함께 활용하는 앙상블 기법에서 다시 등장합니다.

- 분할이나 추출된 데이터는 크게 학습 데이터(training data)와 평가 데이터(testing data)로 구분하며 두 데이터는 서로 겹치지 않고 배반(exclusive)이어야 하며, 모형의 적합 및 학습 과정에서는 학습 데이터를 활용하고 평가 지표 계산 등 평가 과정에서는 평가 데이터를 활용한다.
- 교차 검증은 분할이나 추출 과정을 반복하면서 복수의 모형을 적합하며 교차(cross)는 특정 관측치가 어떤 순서에는 학습 데이터에 포함되고, 또 다른 순서에서는 평가 데이터에 포함될 수 있다는 것을 의미한다.
- 다음과 같이 홀드아웃 검증, k-폴드 교차 검증 등을 활용한다.

2) 홀드아웃 검증(Holdout Validation)

- 모형 학습에서 전체 데이터를 활용하지 않고, 평가에 활용할 데이터를 따로 떼어내어 가지고 있다가 (holdout) 검증에 활용하는 방식을 의미한다.
- 전체 데이터를 무작위로 학습 데이터와 평가 데이터로 7:3, 2:1등의 비율로 분할하고 모형의 성능 등을 검증한다.
- 데이터를 한번만 분할하기 때문에 엄밀하게 따져서 교차 검증이 아닌 단순 검증이며, 빠르고 간단하지만 분할된 데이터의 관측치 조합에 따라 모형의 특성과 성능, 평가 지표가 크게 달라질 수 있다.
- 학습-평가의 2분할 대신 학습-검증(validation)-평가로 구성된 3분할을 활용하기도 하며 4:3:3, 6:2:2와 같이 다양한 비율을 설정할 수 있다.
  - 학습 데이터 : 모형의 적합 및 학습에 활용
  - 검증 데이터 : 복수 알고리즘의 성능 비교 및 모형의 하이퍼파라미터에 따른 성능 비교를 통한 최종 모형 선택에 활용
  - 평가 데이터 : 최종 모형의 성능 평가에 활용
- 단, 검증 데이터를 활용한 성능 평가는 평가 데이터 활용으로 대체할 수 있고, 데이터 3분할로 인한 학습 데이터의 축소로 충분한 학습이 어려울 수 있기 때문에 주로 학습-평가 2분할 방법을 활용한다.

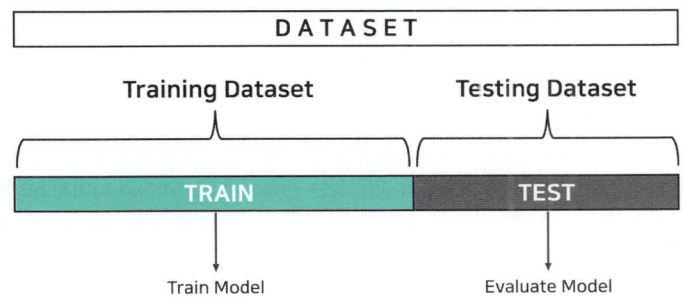

▲ 홀드아웃 검증

3) K-폴드 교차 검증(K-fold Cross-Validation, k겹 교차 검증)

- 데이터를 K개의 폴드(그룹)로 나눈 후, 1개 폴드를 검증 데이터로 활용하고 나머지 (K-1)개 폴드를 학습에 활용해 모형을 적합하고 평가하는 과정을 K번 반복한다.
- 각 반복에서 모형의 평가 지표를 계산하고, 최종적으로 K개 지표의 평균을 계산하여 모형의 성능을 평가한다.
- 모든 관측치가 (K-1)번 학습에 활용되고 1번 평가에 활용되므로, 전체 데이터를 충분히 활용할 수 있고 홀드아웃 검증에서 발생하는 관측치 조합에 따른 모형의 성능 변동 문제를 해결할 수 있다.
- 단, K가 클수록 모형 적합 횟수가 늘고 계산 비용이 증가할 수 있다.

	Fold 1	Fold 2	Fold 3	Fold 4	Fold 5
Split 1	Fold 1	Fold 2	Fold 3	Fold 4	Fold 5
Split 2	Fold 1	Fold 2	Fold 3	Fold 4	Fold 5
Split 3	Fold 1	Fold 2	Fold 3	Fold 4	Fold 5
Split 4	Fold 1	Fold 2	Fold 3	Fold 4	Fold 5
Split 5	Fold 1	Fold 2	Fold 3	Fold 4	Fold 5

▲ K-폴드 교차 검증

4) 층화 K-폴드 교차 검증(Stratified K-Fold Cross-Validation)

- K-폴드 교차 검증의 데이터 분할 과정에서 범주형 변수의 특정 수준이 하나의 폴드에 밀집하는 상황이 발생할 수 있으며, 이 경우 모형 성능 저하 등의 문제가 발생할 수 있다.
- 층화 K-폴드 교차 검증은 층(stratum)별로 K개 폴드로 관측치를 나누는 방법으로 각 폴드에서 층의 비율이 일정하게 유지되며, K개 모형이 층 정보를 고르게 학습하고 평가할 수 있다.
- 특히 분류 모형을 활용할 때 각 폴드별로 관심변수 y의 범주(category) 혹은 클래스(class)의 비율을 일정하게 맞춰 클래스 불균형 문제에 대응하기 위해 자주 활용한다.

> 🎯 **기적의 TIP**
>
> 클래스 불균형(class imbalance)은 주로 관심변수의 수준별 관측치 개수가 고르지 않고 한쪽으로 치우친 경우를 의미합니다. 예를 들어 0과 1의 값을 갖는 이진 관심변수에서 0의 값을 갖는 관측치가 950개이고 나머지 50개가 1의 값을 갖는 경우를 생각할 수 있습니다. 분류 모형은 관심변수가 0인 그룹과 1인 그룹을 대조해서 분류 기준을 설정하는데 1인 그룹의 관측치 개수가 적으면 대조가 어렵고 일부 관측치가 과도하게 큰 영향을 미칠 수도 있습니다.
>
> 특히 K-폴드 교차 검증 과정에서 무작위로 10개 폴드 등으로 분할하다 보면 특정 폴드에는 관심변수가 1인 관측치가 하나도 없거나 매우 적은 상황이 발생할 수 있습니다. 이런 상황에 대응하기 위해 층화 K-폴드 교차 검증을 활용하여 각 폴드에 관측치를 고르게 분배할 수 있습니다.
>
> 클래스 불균형 문제를 해결하고 클래스 비율을 맞추기 위해 개수가 많은 클래스에서 일부 관측치만 선택해서 활용하는 언더샘플링(under-sampling)이나 개수가 적은 클래스에서 중복해서 더 많은 관측치를 활용하는 오버샘플링(over-sampling) 등의 방법을 활용할 수 있는데, 교차 검증과는 상관이 없는 별도의 방법입니다.

5) LpOCV(Leave-p-out Cross-Validation)

- 관측치 중에서 p개를 평가 데이터로 활용하는 방법이며, 전체 관측치에서 p 관측치를 선택하는 가짓수만큼 모형을 적합한다.
- 즉, $\binom{n}{p} = {}_nC_p$개의 모형적합과 평가를 반복하며, 관측치 수가 많지 않을 때 활용했으나 오늘날 일반적인 데이터 분석에는 적합하지 않다.
- $p=1$일 때를 LOOCV(Leave-One-Out Cross-validation)라고 하며, $n-1$개 관측치를 모형 적합에 활용하고 나머지 하나의 관측치로 평가하며, 관측치 개수만큼인 n개 모형과 지표를 활용한다.

SECTION 02 지도학습(Supervised Learning)

빈출 태그 ▶ 선형회귀의 가정, 오즈와 로짓, 지니 불순도와 엔트로피, 앙상블 기법, 시계열 분해

> **기적의 TIP**
>
> 지도학습은 보통 하나의 관심변수 y를 하나 이상의 설명 변수 x로 설명하는 알고리즘들을 말하고 관심변수가 연속적인 숫자일 때 회귀(regression), 범주형일 때 분류 혹은 판별(classification)이라고 부릅니다.
>
> 아래에서 살펴볼 알고리즘 중에서 선형회귀는 회귀 모형에 속하고 로지스틱회귀는 이름과 달리 분류 모형에 속합니다. 나이브 베이즈 분류는 이름과 같이 분류 모형에 속하지만 서포트 벡터 머신, KNN, 의사결정나무와 그 앙상블 모형은 회귀와 분류에 모두 사용할 수 있습니다.

01 선형회귀(Linear Regression)

1) 단순 선형회귀와 다중 선형회귀

선형회귀는 설명 변수 x로 수치형 관심변수 y의 차이를 설명하는 모형으로 x의 개수와 특성에 따라 다음과 같이 분류할 수 있다.

① 단순 선형회귀(Simple Linear Regression)

$$y = \beta_0 + \beta_1 x + \varepsilon$$

- 하나의 설명 변수 x로 y를 설명하는 모형이다.
- 2차원 공간의 직선 방정식($y = \beta_0 + \beta_1 x$)의 형태로 x가 1 증가할 때 마다 y가 β_1만큼 정비례해서 변화하는 관계 가정한다.
- 오차항(ε)이 모형식에 포함되어 있으며, y에는 x로 온전히 설명할 수 없는 오차, 변동 혹은 불확실성이 존재한다고 가정한다.

② 다중 선형회귀(Multiple Linear Regression)

$$y = \beta_0 + \beta_1 x_1 + \beta_2 x_2 + \cdots + \beta_p x_p + \varepsilon$$

- 여러 개의 설명 변수로 관심변수 y를 설명하는 모형이며 p개의 설명 변수를 활용해 위와 같이 표현할 수 있다.
- $p+1$차원에서의 평면 방정식($y = \beta_0 + \beta_1 x_1 + \beta_2 x_2 + \cdots + \beta_p x_p$)으로 관계를 설정하며, j번째 설명 변수 x_j가 1 증가할 때 y가 β_j만큼 정비례해서 변화하는 관계를 가정한다.
- 일반적으로 "선형회귀"는 다중 선형회귀를 의미한다.
- y, x_j, ε는 각각 n개 값을 나열한 것으로 아래와 같이 i번째 관측치에 대한 식으로 표현할 수도 있다.

$$y_i = \beta_0 + \beta_1 x_{i1} + \beta_2 x_{i2} + \cdots + \beta_p x_{ip} + \varepsilon_i$$

2) 선형회귀의 주요 가정

- 선형회귀는 변수 관계의 선형성을 가정하며, 오차항에 대해서도 "$\varepsilon \sim N(0,\ \sigma^2)$"와 같이 표현하여 독립성, 정규성, 등분산성을 가정한다.
- 모든 데이터에 대해 선형회귀 모형을 적합할 수 있지만, 해당 데이터가 가정을 충족하지 않을 경우 예측 성능이나 해석에 부정적인 영향을 미칠 수 있다.

① 선형성(Linearity)

- 단순 선형회귀에서 살펴본 것과 같이 x와 y의 직선 관계를 설정하고, x의 변화에 따라 y가 일정한 크기로 변화하는 것을 가정한다.
- p개의 설명 변수로 표현한 $\beta_1 x_1 + \beta_2 x_2 + \cdots + \beta_p x_p$와 같은 형태를 선형 결합(Linear Combination)이라고 하며, y는 독립적으로 변하는 p개의 설명 변수의 효과의 단순한 합계로 설명할 수 있다고 가정한다.
- p개의 설명 변수가 서로 독립적이지 않은 상황을 다중공선성(Multicollinearity)이라고 하며, 회귀 모형의 해석이 어려워지거나 복잡해질 수 있다.

② 독립성(Independence)

- n개 관측치의 오차항이 서로 독립인 것을 가정하며, i번째 관측치의 ε_i가 다른 $n-1$개 오차에 영향을 받지 않는다는 것을 의미한다.
- 시계열 데이터에서 서로 가까운 관측치와 그 오차항이 상관성을 가질 수 있고, 이런 경우 독립성 가정을 위배했다고 할 수 있다.

③ 정규성(Normality)

- 오차항이 정규 분포를 따른다고 가정한다.
- 오차항의 정규성을 가정하고 예측값의 신뢰구간 설정, 회귀 계수에 대한 검정 등 추론을 수행하며 오차항이 정규 분포를 따르지 않을 경우 해당 추론의 정확성과 신뢰도가 떨어질 수 있다.

④ 등분산성(Homoscedasticity)

- 오차의 분산 σ^2이 일정하다고 가정한다.
- 시계열 데이터에서 시점에 따라 분산이 달라지는 이분산(Heteroscedasticity) 문제가 빈번히 발생하며, 이런 경우 정규성과 마찬가지로 추론의 정확성과 신뢰도에 문제가 발생할 수 있다.

> **기적의 TIP**
>
> 오차항에 대한 가정을 잘못 이해하고 관심변수 y가 정규 분포를 따르고, 설명 변수가 서로 독립이어야 하는 것으로 오해할 수 있습니다. 위의 독립성, 정규성, 등분산성은 모두 관심변수를 설명 변수로 설명하고 남은 오차, 설명하지 못하는 영역에 대한 가정으로 관심변수나 설명 변수로 따질 수는 없습니다. 다시 말해 관심변수 y가 정규 분포를 따르지 않고 설명 변수 x_1, $\cdots$, x_p가 서로 독립이 아니어도 선형회귀 모형을 적합할 수 있습니다.

3) 비선형 관계를 반영한 회귀 모형

설명 변수 x와 관심변수 y의 비선형 관계를 알고 있거나 설명하고 싶을 때 비선형을 설명할 수 있는 변수를 추가하거나 전체 모형식에 비선형 함수를 적용할 수 있다.

① 다항 회귀(Polynomial Regression)

- 설명 변수의 d차 다항식을 활용해 d차 곡선 및 곡면의 형태로 관심변수를 설명한다.
- 설명 변수가 x 하나인 경우 d차 다항식을 활용한 다항 회귀 모형식은 아래와 같다.

$$y = \beta_0 + \beta_1 x + \beta_2 x^2 + \cdots + \beta_d x^d + \varepsilon$$

- 2개 이상의 설명 변수를 활용할 수 있으며, 두 설명 변수를 곱한 변수도 포함한다.
- 예를 들어 두 설명 변수 x_1, x_2의 2차 다항 회귀 모형식은 다음과 같이 표현할 수 있다.

$$y = \beta_0 + \beta_1 x_1 + \beta_2 x_2 + \beta_{11} x_1^2 + \beta_{12} x_1 x_2 + \beta_{22} x_2^2 + \varepsilon$$

- 다중공선성 문제가 발생할 가능성이 높고, 차수 d가 증가할수록 모형이 복잡해지고 과적합이 발생할 가능성이 높으며, 특히 설명 변수의 범위 밖에서 예측 성능이 크게 떨어질 수 있다.

② 비선형회귀(Nonlinear Regression)
- 설명 변수의 선형 결합에 지수, 로그와 같은 비선형 변환 함수를 적용하여 변환된 변수 간 선형 관계를 설명하는 모형이다.
- 일반적으로 선형과 비선형의 구분은 모형식에서 각 설명 변수의 항이 "+"로 연결되어 분리가 가능한지를 기준으로 판단한다.
- 예를 들어 다항 회귀는 d차 다항식으로 비선형 관계를 설명하지만 모형식에서 각 차수의 항이 +로 연결되어 분리 가능하고 각 차수의 효과의 단순 합으로 관심변수를 설명할 수 있으므로 선형회귀로 구분된다.
- 비선형회귀의 대표적인 예시와 모형식은 아래와 같다.
  - 지수 회귀(exponential regression) : $y = \alpha e^{\beta x} + \varepsilon$
  - 멱함수 회귀(power regression) : $y = \alpha x^{\beta} + \varepsilon$
  - 포아송 회귀(Poisson regression) : $y = e^{\alpha + \beta x} + \varepsilon$

4) 모형 적합 방법

① 최적 회귀 방정식 계산
- 실제 값과 모형식을 활용한 예측 값의 차이(오차)를 최소화하는 회귀 계수 β_j의 값을 계산하고 데이터에 적합한 최적 회귀 방정식을 계산할 수 있다.
- 최소제곱법(Ordinary Least Squares, OLS)은 오차의 제곱합을 최소화하는 방향으로 회귀 계수를 계산하며, 이렇게 계산된 회귀 계수를 최소제곱추정량(Least Squares Estimator, LSE)이라고 한다.
- 예를 들어 단순 선형회귀의 경우 아래와 같이 오차 제곱합을 표현할 수 있고, 미분이나 행렬 연산을 통해 오차 제곱합을 최소화하는 회귀 계수의 추정 값 $\hat{\beta}_j$을 계산한다.

$$\sum_{i=1}^{n} (y_i - (\beta_0 + \beta_1 x_1))^2$$

② 변수 선택(Variable Selection) 혹은 특성 선택(Feature Selection)
- 만약 계산된 회귀 계수 β_j가 충분히 0에 가까운 경우 $\beta_j x_j$도 0에 가까운 값으로 계산되며 x_j가 y에 영향을 미치지 않는다고 해석할 수 있다.
- 즉, 아래의 가설로 회귀 계수 β_j에 대한 유의성 검정을 수행할 수 있고, 해당 변수 x가 y를 설명할 때 필요한지 아닌지를 판단하고 변수 선택에 활용할 수 있다.

▶ 가설 설정

$H_0 : \beta_i = 0$	변수 X_i는 필요 없다.
$H_1 : \beta_i \neq 0$	변수 X_i는 필요하다(y에 유의미한 영향을 미친다).

- 선형회귀 모형에서는 추정된 회귀 계수를 회귀 계수의 표준 오차로 나눠 계산한 t값과 t-분포를 활용하여 유의확률을 계산하고 검정을 수행한다.

③ 변수 선택 방법

회귀 모형에서 각 변수의 회귀 계수에 대한 검정과 모형의 성능 지표를 활용하여 모형에 필요한 변수를 순차적으로 선택 혹은 제거할 수 있고, 아래와 같은 방법들을 활용한다.

- 최고 성능 부분집합 선택 : 모든 가능한 변수집합에 대해 회귀 모형을 적합하고, R^2 등 모형 평가 지표를 기준으로 가장 뛰어난 모형을 선택
- 전진 선택법(Forward Selection) : 상수항 모형부터 시작하여 모형의 성능을 가장 향상하는 변수를 순차적으로 하나씩 추가하는 방법
- 후진 제거법(Backward Elimination) : 모든 변수를 포함한 모형부터 시작하여 유의하지 않은 변수를 순차적으로 하나씩 제외하는 방법
- 단계적 선택법(Stepwise Selection) : 전진 선택법과 후진 제거법을 결합하여 상수항 모형부터 시작하여 변수를 순차적으로 추가하고 유의하지 않은 변수는 제거하는 방법으로 전진 선택법과 달리 추가된 변수가 특정 시점에서 유의하지 않으면 제거될 수 있음

④ 모형식을 활용한 예측(Prediction)

- 추정된 회귀 계수와 x값을 활용하여 아래와 같이 예측값 $\hat{y}_i$을 계산할 수 있다.

$$\hat{y}_i = \hat{\beta}_0 + \hat{\beta}_1 x_{i1} + \hat{\beta}_2 x_{i2} + \cdots + \hat{\beta}_p x_{ip}$$

- 모형 평가 지표 등을 계산할 때 실제 값 y_i와 예측 값 $\hat{y}_i$의 차이 $y_i - \hat{y}_i$를 활용하며, 이론적으로 설정한 오차와 구분하여 잔차(residual)라고 한다.

⑤ 회귀 모형 평가

- 수치형 관심변수를 활용하는 선형회귀는 모형 평가, 변수 선택 과정에서 RMSE, MSE, R^2 등의 평가 지표를 활용한다.
- 이 중 R^2는 변수의 유의성 여부와 상관없이 더 많은 변수를 활용한 모형이 더 높은 값을 갖고 좋은 모형으로 평가되므로, 모형의 성능과 효율을 함께 고려해 변수의 개수를 고려한 평가 지표를 활용할 수 있다.
- 아래의 평가 지표를 활용할 수 있으며, 모형 평가 지표에 변수의 개수에 따라 페널티가 추가되는 형식으로 구성되어 있다.
  - k는 모형에 활용된 설명변수 개수, $\hat{y}_i$는 k개 변수를 활용한 모형의 i번째 관측치에 대한 예측값
  - Adjusted R^2(수정된 결정 계수) : 결정 계수를 변수의 개수에 따라 영향을 받도록 보정

  $$1 - \frac{(1-R^2)(n-1)}{n-k-1}$$

  - AIC(Akaike Information Criterion) : 우도(likelihood)에 따른 성능과 변수 개수에 따른 페널티로 구성

  $$AIC = -2\log(L) + 2k = n\log\left(\frac{\sum_{i=1}^{n}(y_i - \hat{y}_i)^2}{n}\right) + 2k$$

  - BIC(Bayesian Information Criterion) : 페널티 항을 변수와 관측치 개수의 로그변환 곱으로 구성

  $$BIC = -2\log(L) + k\log(n) = n\log\left(\frac{\sum_{i=1}^{n}(y_i - \hat{y}_i)^2}{n}\right) + k\log(n)$$

  - Mallow's C_p : p개 변수를 활용한 모형의 성능 평가 지표로 다른 지표와의 비교를 위해 C_k를 계산 (S^2는 모든 설명 변수를 활용한 모형의 오차 제곱합을 $(n-p)$로 나눠 계산)

  $$C_k = \frac{\sum_{i=1}^{n}(y_i - \hat{y}_i)^2}{s^2} - n + 2(k+1)$$

> **기적의 TIP**
>
> 상황에 따라 다양한 모형 평가 지표를 활용하고 수식이 복잡해서 모두 외우기가 쉽지 않습니다. 앞서 살펴보면 MSE, RMSE, MAE와 R^2 같은 평가지표는 잔차를 활용해 모형의 성능을 계산한다면, 지금 등장한 AIC, BIC 등은 그 과정에 모형의 복잡도도 포함시켜 모형에 활용한 변수의 개수가 많으면 페널티를 받도록 구성했습니다.
>
> 이름에 "E", error가 들어가는 지표는 작을수록 좋고 R^2만 클수록 좋습니다. AIC와 BIC, C_p도 수식에 잔차와 관련된 양수의 항이 들어가 있기 때문에 작을수록 좋습니다.
>
> 새롭게 소개된 평가 지표에 우도(Likelihood)가 등장하는데 어렵고 범위를 벗어나니 무시해도 괜찮습니다.

5) 정규화 선형회귀(Regularized Linear Regression)

- 선형회귀 모형에 정규화(규제, Regularization) 기법을 추가하여 과적합(Overfitting)을 방지하고 모형의 일반화 성능을 향상시키는 방법이다.
- 선형회귀 모형은 최소제곱법을 활용하여 예측값과 실제값의 차이를 최소화하는 회귀 계수 β를 찾는데, 이때 오차 제곱합을 비용 함수(Cost Function), 목적 함수(Objective Function) 또는 손실 함수(Loss Function)라고 한다.
- 즉, 선형회귀 모형은 아래의 목적 함수를 최소화하는 회귀 계수 β를 찾는다.

$$J(\beta) = \sum_{i=1}^{n}(y_i - \hat{y}_i)^2$$

- 정규화 선형회귀는 위의 목적 함수에 L1 정규화 혹은 L2 정규화를 활용한 β의 크기에 대한 벌점(penalty, 페널티) 항목을 추가하고 회귀 계수를 추정하는 방법이다.

① 릿지 회귀(Ridge Regression)

- 릿지 회귀는 회귀 계수의 제곱합을 벌점항으로 추가하는 L2 정규화를 활용한다.
- λ는 정규화 강도를 설정하는 하이퍼파라미터이며, λ값이 클수록 정규화 항의 영향이 커지고 회귀 계수 β가 0에 가깝도록 유도되어 모형의 복잡도가 줄어든다.

$$J(\beta) = \sum_{i=1}^{n}(y_i - \hat{y}_i)^2 + \lambda \sum_{j=1}^{p}\beta_j^2$$

② 라쏘 회귀(Lasso Regression)

- 라쏘 회귀는 회귀 계수의 절댓값 합을 벌점항으로 추가하는 L1 정규화를 활용한다.
- λ는 정규화 강도를 설정하는 하이퍼파라미터이며, λ값이 클수록 정규화 항의 영향이 커지고 회귀 계수 β가 0이 되도록 유도해 불필요한 변수를 제거하고 변수 선택의 효과를 준다.

$$J(\beta) = \sum_{i=1}^{n}(y_i - \hat{y}_i)^2 + \lambda \sum_{j=1}^{p}|\beta_j|$$

③ 엘라스틱넷(Elastic Net)

엘라스틱넷은 L1 정규화와 L2 정규화를 결합한 기법으로, 교차검증 등을 통해 최적의 λ_1과 λ_2를 설정할 수 있다.

$$J(\beta) = \sum_{i=1}^{n}(y_i - \hat{y}_i)^2 + \lambda_1 \sum_{j=1}^{p}|\beta_j| + \lambda_2 \sum_{j=1}^{p}\beta_j^2$$

02 로지스틱회귀(Logistic Regression)

1) 로지스틱회귀 개요

- 관심변수 y가 범주형인 경우에 사용되는 모형으로, 주로 0/1 혹은 Yes/No와 같이 이진(binary) 분류 문제에서 널리 활용된다.
- 설명 변수를 활용하여 관심변수 y가 특정 범주에 속할 확률을 계산하고 예측에 활용할 수 있다.
- 시그모이드 함수(Sigmoid Function) 혹은 로지스틱 함수(Logistic Function)라고 불리는 아래와 같은 변환을 활용하는 비선형회귀 모형이다.

$$\sigma(z)=\frac{1}{1+e^{-z}}=\frac{e^z}{1+e^z}$$

- 시그모이드 함수에 입력된 z의 값에 따라 확률이 계산되며, z가 $-\infty$에 가깝게 매우 작은 값을 가질 때 $\sigma(z)$는 0, z가 0일 때는 0.5, z가 ∞에 가깝게 매우 큰 값을 가질 때는 1이 계산된다.
- 설명 변수로 확률을 계산하기 위해 z는 $z=\beta_0+\beta_1 x_1+\beta_2 x_2+\cdots+\beta_p x_p$와 같이 설명 변수의 선형결합 형태를 활용한다.

> **기적의 TIP**
>
> 로지스틱회귀는 이름에는 회귀가 들어가 있지만 머신러닝의 알고리즘 분류에서 회귀(regression)가 아닌 분류/판별(classification)에 속합니다.

2) 로지스틱회귀 개념 이해

- 개념을 이해하기 위해 관심변수 y가 0 또는 1의 값을 갖는 이진 변수이고 하나의 설명 변수 x에 따라 y가 1일 확률 π를 계산하는 상황을 가정할 수 있다.
- 로지스틱회귀는 설명 변수를 조건으로 하고 관심 확률 π를 조건부 확률로 계산하는 문제이고 그 과정에서 시그모이드 함수를 활용하는 것으로 이해할 수 있다.

$$\pi=P(y=1|x=x)=\sigma(x)=\frac{1}{1+e^{-(\beta_0+\beta_1 x)}}$$

- 그 세부 과정으로 다음과 같은 내용을 고려할 수 있다.

① 오즈(Odds)

오즈는 관심 사건($y=1$)이 발생할 확률 π의 관심 사건이 발생하지 않을 확률 $1-\pi$에 대한 비를 의미한다.

$$odds=\frac{\pi}{1-\pi}=e^{\beta_0+\beta_1 x}$$

② 로짓(logit)

- 로짓은 오즈에 로그 함수를 취한 것으로 로그오즈(log-odds)라고도 부른다.
- 즉, 로지스틱회귀는 관심 확률 π의 로짓에 대해 선형회귀를 적합한 것으로 이해할 수 있다.

$$\text{logit}(\pi)=\log\frac{\pi}{1-\pi}=\beta_0+\beta_1 x$$

3) 모형 적합 방법

① Log loss의 정의

- 관심변수 y가 0 또는 1의 값을 갖는 이진 변수의 문제에서 i번째 관측치의 실제 값 y_i와 예측 확률 p_i에 대해 아래와 같이 log loss(혹은 logistic loss) l_i를 정의할 수 있다.

$$l_i = \begin{cases} -\log p_i & if \ y_i = 1 \\ -\log(1-p_i) & if \ y_i = 0 \end{cases}$$

- l_i는 다음과 같이 하나의 수식으로 표현할 수 있으며 l_i는 음수의 로그 가능도(negative log-likelihood)와 같다.

$$l_i = -y_i \log p_i - (1-y_i)\log(1-p_i)$$

- l_i는 손실 함수(loss function)라고도 하며, 예측이 실제 값과 가까울수록 손실값이 작아지도록 정의된다.
- 예를 들어, 실제 값이 $y_i = 1$일 때 예측 확률이 1에 가까우면 손실이 작고, 0에 가까우면 손실이 커진다. 반대로 $y_i = 0$일 경우, 예측 확률이 0에 가까우면 손실이 작고, 1에 가까우면 손실이 커진다.

② 회귀 계수의 추정

- 선형회귀 모형과 마찬가지로 모든 관측치의 l_i의 합 l을 최소화하는 회귀 계수 β_j를 추정한다.

$$l = \sum_{i=1}^{n} l_i$$

- 실제 회귀 계수의 계산 과정에서는 경사 하강법(gradient decent)을 활용해 점진적으로 더 나은 값을 찾아가는 수치해석(numerical method) 등의 방법을 활용한다.

> **기적의 TIP**
>
> 선형회귀에서 오차 제곱합이라는 손실 함수를 설정하고 간단한 미분만으로도 회귀 계수의 계산이 가능하지만, 로지스틱회귀의 손실 함수는 미분이 어렵기 때문에 위에서 언급한 경사 하강법과 같은 방법으로 답을 찾습니다. 이러한 수치해석 방법은 다양한 알고리즘에서 활용되지만 이 과정에서 소개하기에는 내용이 복잡하고 많아서 자세한 설명은 생략합니다.
>
> 로지스틱회귀의 추정 혹은 계산과 관련해서 MLE(Maximum Likelihood Estimator)라는 표현을 쓰기도 합니다. MLE는 "β_j에 어떤 값을 대입해야 이런 데이터가 나올 가능성이 가장 높은가?"라는 의미로 해석할 수 있으며, 이때 가능도(likelihood)라는 개념이 활용됩니다. 앞서 l_i는 음수의 로그 가능도라고 설명했는데, l_i에서 마이너스를 떼면 바로 로그 가능도가 됩니다. 로그는 지수적인 증감을 산술적인 증감으로 변환하기 때문에 가능도를 최대화하는 것은 로그 가능도를 최대화하는 것과 같고, 이는 곧 로그 손실 함수를 최소화하는 것과 같습니다.

03 나이브 베이즈 분류(Naïve Bayes Classification)

1) 개념
- 베이즈 정리와 설명 변수들이 서로 독립이라는 "나이브한(naïve)" 가정을 바탕으로 범주형 관심변수 y가 k번째 범주 c_k일 확률을 계산한다.
- 관심변수 y가 c_k일 확률은 아래와 같이 설명 변수를 활용한 조건부 확률로 표현할 수 있다.

$$P(y=c_k|x_1, x_2, \cdots, x_p)$$

- 위의 조건부 확률은 베이즈 정리에 따라 아래와 같이 표현된다.

$$P(y=c_k|x_1, x_2, \cdots, x_p) = \frac{P(y=c_k)P(x_1, x_2, \cdots, x_p|y=c_k)}{P(x_1, x_2, \cdots, x_p)} = \frac{P(y=c_k, x_1, x_2, \cdots, x_p)}{P(x_1, x_2, \cdots, x_p)}$$

- 또한 분모의 $P(y=c_k, x_1, x_2, \cdots, x_p)$은 조건부 확률의 연쇄 법칙에 따라 아래와 같이 표현할 수 있다.

$$P(y=c_k, x_1, x_2, \cdots, x_p) = P(x_1|x_2, \cdots, x_p, y=c_k)P(x_2|x_3, \cdots, x_p, y=c_k)\cdots P(x_p|y=c_k)P(y=c_k)$$

- 설명 변수가 서로 독립이라는 가정하에 조건부 확률의 조건에 포함된 설명 변수는 모두 소거 가능하다.

$$P(y=c_k, x_1, x_2, \cdots, x_p) = P(x_1|y=c_k)P(x_2|y=c_k)\cdots P(x_p|y=c_k)P(y=c_k)$$

- 설명 변수도 범주형일 때 상대적으로 효과가 더 좋으며, 설명 변수가 독립이 아닐 때는 설명력이 떨어질 수 있다.

2) 확률 계산 및 분류
- 관심변수 y가 c_k일 확률은 범주가 c_k라는 조건하에 계산한 각 설명 변수의 조건부 확률의 곱에 비례한다.

$$P(y=c_k|x_1, x_2, \cdots, x_p) \propto P(x_1|y=c_k)P(x_2|y=c_k)\cdots P(x_p|y=c_k)P(y=c_k)$$

- 별도의 추정 과정 없이 위의 수식을 활용하여 각 관측치가 y의 특정 k번째 범주일 확률을 모두 계산하고, 그중 가장 확률이 높은 범주로 분류한다.

04 서포트 벡터 머신(SVM, Support Vector Machine)

- 회귀와 분류에 모두 활용 가능하나 일반적으로 이진 분류에 활용하여 이 경우 서포트 벡터 분류기(Support Vector Classifier)라고 표현하기도 한다.
- 범주 혹은 클래스가 가장 큰 마진(margin)을 두고 나뉠 수 있도록 결정 경계(decision boundary)를 최적화하며, 해당 경계는 $w_1x_1+w_2x_2+\cdots+w_px_p-b=0$와 같이 평면 형태로 표현한다.
- 모든 관측치가 아니라 경계 평면 근처에 있는 관측치만 최적의 결정 경계를 설정하고 w_j를 계산할 때 활용되며, 이 관측치들을 서포트 벡터라고 부른다.
- 비선형회귀와 마찬가지로 커널 함수(Kernel Function)라고 부르는 변환 함수를 활용하여 선형 결정 경계로 비선형 분류를 수행할 수 있다.

05 K-NN(KNN, K-Nearest Neighbors, K-근접 이웃)

- KNN은 회귀와 분류에 모두 활용 가능한 모형으로, 거리를 기준으로 예측하며, 모형식이나 분포 가정을 활용하지 않아 별도의 학습이 필요 없는 비모수적 알고리즘이다.
- 새로운 관측치에 대해 기존 데이터에서 가장 가까운 k개 관측치를 선택하고 k개 y값의 평균(회귀)이나 다수결(분류)로 예측값을 계산한다.
- 직관적이고 구현이 간단하지만, 거리 계산 과정에 시간 소모가 클 수 있고 k값의 설정이나 거리 계산 방법에 따라 예측 결과가 크게 차이날 수 있으며 설명 변수가 범주형일 경우 거리 계산이 어려울 수 있다.

06 의사결정나무(Decision Tree)

1) 개요

- 의사결정나무 모형은 줄여서 나무 모형이라고 부르며, 회귀와 분류에 모두 활용 가능하고 회귀 나무(Regression Tree)와 분류 나무(Classification Tree)로 구분해서 부르기도 한다.
- 노드(node)라 부르는 관측치의 묶음을 쪼개 더 작은 하위 노드(subnode)로 분할하며, 분할된 노드 간 차이는 크고 같은 노드 내 관측치 간 차이는 작게 하는 분리 기준을 설명 변수에서 탐색한다.
- 모든 관측치를 포함한 가장 상위 노드를 뿌리 노드(root node)라고 하며 상위 노드 혹은 부모 노드(parent node)는 하위 노드 혹은 자식 노드(child node)로 분할(split)되며, 분할된 자식 노드를 다시 분할하는 재귀 분할(recursive splitting)이 이뤄진다.
- 하나의 상위 노드가 분할될 때 자식 노드의 개수에 따라 이지 분할(binary split)과 다지 분할(multi-way split)로 구분하며, 일반적으로 이지 분할을 주로 활용한다.
- 나무 모형에서 분할은 각 자식 노드에 관측치가 1개씩 존재할 때까지 반복할 수 있으나, 나무의 깊이(depth)나 노드 내 최소 관측치 개수 등을 지정하고 가지치기(pruning) 작업을 통해 불필요한 분할을 제거하고 모형을 단순화할 수 있다.

2) 회귀 나무

회귀 나무는 수치형 관심변수 y를 설명하는 모형으로 분산을 최소화하는 설명 변수와 기준값 조건을 탐색하고 노드를 분할한다.

① 분산을 활용한 최적 분할

- 특정 노드에 속한 관측치의 y값이 얼마나 다른지를 노드 평균 값 기준 오차 제곱합으로 계산할 수 있다.
- S는 특정 노드 N에 속한 관측치의 인덱스 집합이며, $\bar{y}_N$은 해당 노드에 포함된 관측치들의 평균과 같다. 이를 수식으로 표현하면 다음과 같다.

$$SS_N = \sum_{i \in S_N} (y_i - \bar{y}_N)^2$$

- 해당 노드 N이 특정 조건과 일치하는 하위 노드 T와 조건과 일치하지 않는 F로 분할된다고 할 때, 두 하위 노드의 오차 제곱합을 각각 계산할 수 있다.

$$SS_T = \sum_{i \in S_T} (y_i - \bar{y}_T)^2, \quad SS_F = \sum_{i \in S_F} (y_i - \bar{y}_F)^2$$

- 이 때 분산 감소량(variance reduction)은 아래와 같이 계산되며, 상위 노드 평균 기준 제곱합에 비해 각 하위 노드 평균 기준 제곱합이 얼마나 작은 지를 의미한다.

$$SS_N - (SS_T + SS_F)$$

- 모든 설명 변수와 각 설명 변수의 값을 활용한 조건 중에서 위의 분산 감소량이 가장 큰 조건을 해당 노드의 최적 분할 조건으로 설정한다.
  - SS_N과 $(SS_T + SS_F)$의 제곱합에 활용된 관측치 개수는 동일함
  - 적절한 조건에 의해 y값이 비슷한 관측치가 같은 노드로 모이면 하위 노드의 제곱합은 줄어듦
  - 분산 감소량이 클수록 더 많은 차이를 설명하는 조건이라고 해석 가능

② 가지치기(Pruning)

- 이론적으로 관측치 개수만큼의 노드를 가질 수 있는 나무 모형에서 성능과 모형의 복잡도(터미널 노드의 개수) 사이에 균형을 이루기 위해 가지치기(pruning) 과정을 활용한다.
  - 터미널 노드는 뿌리 노드에서 시작한 후 여러 번의 분할을 거쳐 만들어진 종착점으로 더 이상 분할되지 않은 노드를 의미
- 아래와 같이 비용복잡도 함수(cost complexity function)을 설정하고 비용복잡도 모수 α를 조정하여 가지치기의 정도를 조정할 수 있다.
- S_m은 m번째 터미널 노드에 속한 관측치의 인덱스 집합이며, $|T|$는 최종 모형의 터미널 노드의 개수를 나타낸다.

$$\sum_{m=1}^{|T|} \sum_{i \in S_m} (y_i - \bar{y}_{S_m})^2 + \alpha |T|$$

3) 분류 나무(Classification Tree)

- 분류 나무는 범주형 관심변수 y를 설명하는 모형으로 불순도를 최소화하고 특정 범주의 비율을 1에 가깝게 하고 나머지 범주의 비율을 0에 가깝게 하는 설명 변수 조건을 탐색하고 노드를 분할한다.
- 전반적인 절차는 회귀 나무와 유사하고, 분할 과정에서 분산 감소량 대신 지니 불순도나 엔트로피 등을 활용한다.
- 관심변수 y에 K개의 범주 혹은 클래스가 있고, 특정 노드에서 k번째 범주의 비율이 p_k라고 할 때, 아래와 같이 지표를 계산한다.

① 지니 불순도(Gini Impurity) 혹은 지니 지수(Gini Index)

$$\sum_{k=1}^{K} p_k(1-p_k) = 1 - \sum_{k=1}^{K} p_k^2$$

- 모든 범주가 동일한 비율을 갖고 있을 때 $\dfrac{K-1}{K}$로 최댓값이 계산되고, 특정 범주의 비율이 1일 때는 0으로 최솟값이 계산된다.
- 노드 분할 과정에서 분할된 두 하위 노드의 지니 불순도가 낮을수록 더 유의미한 분할이라고 판단할 수 있으며, 관측치 수를 고려한 지니 불순도의 가중 평균이 가장 낮은 분할 기준을 최적 분할 기준으로 설정할 수 있다.

② 엔트로피(Entropy)

$$-\sum_{k=1}^{K} p_k \log_2(p_k)$$

- 엔트로피는 정보 이론에 기반한 불확실성 지표로, 0부터 $\log_2(K)$ 사이의 값을 갖는다.
- 지니 불순도와 마찬가지로 특정 범주의 비율이 1에 가까워 불순도가 낮으면 0에 가까운 값이 계산된다.

4) 주요 알고리즘

- 의사결정나무는 CART(Classification and Regression Tree), CHAID, C4.5 등 다양한 알고리즘이 있으며, 각 알고리즘은 분할에 활용하는 기준 함수와 분리 노드 개수 등의 차이가 있다.

▶ 분리 기준 함수 비교

알고리즘	회귀 나무	분류 나무	특징
CART	분산 감소량	지니 지수	이진 분할(binary split, 이지 분리)
CHAID	F 통계량	카이제곱 통계량	다분할(multi-way split, 다지 분리)
C4.5	활용 불가	엔트로피 지수	범주형 설명 변수는 다분할, 수치형 설명 변수는 이진 분할

07 앙상블 기법(Ensemble Method)

1) 개요

- 여러 개의 모형을 결합해 개별 모형이 가진 단점을 상호 보완하고 성능을 향상시키기 위해 활용한다.
- 특히 예측과정에서 각 모형의 예측값을 종합하여 최종 예측값을 계산하므로, 모형의 정확도와 안정성을 높이는 데 효과적이다.
- 단, 복수 모형을 활용하기 위해 더 많은 연산 자원이 필요하고 앙상블 모형을 설명하기 위해 개별 모형을 모두 설명해야 하는 어려움이 따른다.
- 앙상블 기법에는 배깅(Bagging), 부스팅(Boosting), 스태킹(Stacking) 등의 방법이 포함되며 데이터에서 표본을 뽑는가, 각 모형이 서로 독립적인가, 동일한 종류의 알고리즘을 활용하는가에 따라 다양한 앙상블 전략을 수립할 수 있다.

2) 배깅(Bagging, Bootstrap Aggregating)

- 붓스트랩(Bootstrap)은 재표본 추출(resampling)을 통해 데이터를 여러 번 재구성하고 추정이나 모형 적합을 반복하면서 표준 오차 계산, 신뢰 구간 추정 등에 활용된다.
- 배깅은 붓스트랩 방법으로 모형 적합을 반복하고, 예측값 등을 계산할 때 복수 모형의 결과를 요약, 집계(aggregating)하여 평균이나 다수결 등의 방법으로 최종 예측값을 계산하는 앙상블 기법이다.
- 모형 적합 과정에서 추출된 표본(관측치 조합)에 따라 모형 적합 결과와 예측값이 달라지며, 다양한 관측치 조합으로 학습된 모형을 종합함으로써 모형의 변동성을 줄이고 과적합을 방지하며 성능향상을 기대할 수 있다.

※ 랜덤 포레스트(Random Forest)

- 의사결정나무에 배깅을 적용한 앙상블 모형이다.
- "랜덤"으로 선택한 관측치와 변수를 활용하여 나무 모형을 적합하고, 반복을 통해 복수 나무("포레스트")로 예측 등에 활용한다.
  - 관측치 랜덤 : 배깅을 활용한 학습용 데이터 선택 및 반복
  - 변수 랜덤 : 매 노드 분할 과정에서 모든 변수를 활용하는 나무 모형과 달리 $p/3$(회귀), $\sqrt{p}$(분류)개의 변수만 활용
- 회귀 문제에서는 복수 나무 모형 예측값의 평균을 최종 예측값으로 활용하고 분류 문제에서는 예측 확률의 평균이나 예측 범주 다수결 등을 최종 예측값으로 활용할 수 있다.

- 랜덤 포레스트는 나무 모형 개수, 관측치 표본 추출 비율, 분할 후보 변수 개수 혹은 비율 등의 하이퍼 파라미터를 활용하며, 교차 검증 등을 통해 최적 조합 등을 탐색한다.

> **기적의 TIP**
>
> 재표본 추출의 개념은 모형의 성능 평가를 위한 교차 검증에서 한번 이야기한 적이 있습니다. 교차 검증 과정에서 재표본 추출을 통해 학습 데이터와 평가 데이터를 분할할 수 있고, 배깅은 학습 데이터에서 다시 재표본 추출을 통해 일부 관측치 조합을 만들고 모형을 생성하는 작업을 반복합니다. 재재표본 추출(re-resampling)이라고 생각할 수 있습니다.
>
> 그런데 두 가지 재표본 추출은 조금 다릅니다. 예를 들어 배깅 중에 잭나이프(Jackknife) 방법이 있습니다. n개 관측치 중에서 하나를 제외하고 $n-1$개의 관측치로 모형 적합하는 과정을 n번 반복하고 n개 모형을 활용해서 표준 오차나 신뢰구간을 설정할 때 활용합니다. 비슷한 방법이 교차 검증에도 있는데요, LOOCV입니다.
>
> 두 방법론의 차이는 나머지 1개 관측치의 역할입니다. 교차 검증에서는 $n-1$개 관측치로 모형을 만들고 나머지 1개 관측치로 성능을 평가하기 위해 재표본 추출 방법으로 데이터를 학습용과 평가용으로 "분할"하는 반면, 잭나이프 모형에서는 모형 적합을 반복하기 위해 재표본 추출 방법으로 학습용 관측치를 "선택"하고 선택되지 않은 나머지 1개는 별도의 역할이 없습니다.

3) 부스팅(Boosting)

- 부스팅은 배깅과 달리 앙상블에 활용되는 모형이 서로 독립적이지 않고, 이전 모형의 오차나 오류를 보완하기 위한 모형을 순차적으로 학습하고 성능을 향상시키는 앙상블 기법이다.
- 대표적인 알고리즘에는 AdaBoost, GBM(Gradient Boosting Machine), XGBoost, LightGBM, CatBoost 등이 있다.
- 부스팅 모형은 비교적 간단한 모형(weak learner)의 조합으로 구성되며, 알고리즘에 따라 세부적인 앙상블 절차에 차이가 있다.
- AdaBoost는 직전 모형에서 잘 분류된 관측치의 가중치는 줄이고 잘못 분류된 관측치의 가중치는 높이는 방향으로 각 관측치의 가중치를 조정하고 새로운 모형을 적합하는 방식이다. 반면, GBM 등은 경사하강법 등을 활용하여 이전 모형에서 계산된 손실 함수(loss function)나 평가 지표를 최소화하는 방향으로 추가 모형을 적합한다.
- 나무 모형 개수, 각 노드의 분할이나 개별 모형에서 학습된 정보를 축소(shrinkage) 반영하는 비율인 학습률(learning rate)과 같은 하이퍼파라미터를 활용하며, 과적합 등을 방지하기 위해 배깅 기법을 접목할 수도 있다.

> **기적의 TIP**
>
> 배깅이나 부스팅을 보면 의사결정나무 모형을 기본 모형으로 활용하는 경우가 많습니다. 선형회귀나 로지스틱회귀에 비해 나무 모형은 비선형적 관계나 교호작용(interaction)을 잘 설명하는 장점이 있지만 모형 자체가 변동성이 크다는 결정적인 단점이 있습니다. 나무 모형은 첫 분할에 활용된 변수와 조건에 따라 하위 분할이 크게 영향을 받을 수 밖에 없고 새로운 관측치 조합에서 기존 모형에서의 분할이 재현되지 않고 분할 조건이나 결과가 기존 모형과 크게 다를 수 있습니다. 이런 나무 모형에 앙상블 기법을 적용했을 때 개별 모형의 불안정성이 해소되어 단점이 보완됩니다.
>
> 반면 선형회귀나 로지스틱회귀는 나무 모형에 비해 안정적인 모형입니다. 관측치 조합이나 변수 구성에 일부 변동이 있어도 모형을 구성하는 회귀 계수 등이 크게 바뀌지 않을 때가 많습니다. 대신 선형회귀나 로지스틱회귀는 선형 관계는 잘 설명하지만 비선형적 관계를 설명하기 위해서 변수 변환이나 파생변수 생성이 필요합니다. 앙상블 기법을 적용한다고 해도 단점을 극복하기 어려워 큰 변화가 없을 수 있는 것이죠.

4) 스태킹(Stacking)

- 스태킹은 독립적이고 서로 다른 모형의 예측 결과를 바탕으로 최종 예측값을 생성하는 규칙이나 모형을 개발하고 활용하는 앙상블 기법이다.
- 개별 모형의 제약은 없으며, 일반적으로 서로 다른 종류나 서로 다른 하이퍼파라미터로 적합된 모형을 앙상블하여 다양한 예측 패턴을 반영하고 성능을 높이는 데 초점을 둔다.
- 단순한 방법으로는 복수 모형의 예측값의 평균이나 예측 범주에 대한 다수결(voting) 등을 활용할 수 있고, 각 모형의 예측값을 설명변수로 하는 별도의 모형(메타 모형)을 적합하고 예측값을 계산할 수도 있다.

08 인공신경망(Artificial Neural Network, ANN) 모형

1) 개요

- 뉴런이 시냅스를 통해 신호를 전달하는 생물의 신경망을 모방하여 생성한 알고리즘이다.
- 인공신경망은 입력층, 은닉층, 출력층으로 구성되어 입력층은 데이터를 받아들이고, 은닉층은 데이터의 패턴을 학습하며, 출력층은 예측값을 계산한다.
- 각 층(layer)은 복수의 뉴런(노드)로 구성되며, 뉴런은 이전 층의 p개 입력값 x_j를 가중치(weight, w)와 편향(bias, b), 활성화 함수(activation function, f)로 처리해 출력값 y를 생성한다.

$$y = f(w_1 x_1 + w_2 x_2 + \cdots + w_p x_p + b) = f\left(\sum_{i=1}^{p} w_i x_i + b\right)$$

- 입력 데이터의 선형 결합에 활성화 함수를 적용하여, 비선형성을 추가하고 신경망이 복잡한 패턴을 학습할 수 있도록 한다.
- 기존 알고리즘에 비해 이미지와 텍스트 등 비정형 데이터의 복잡한 구조나 비선형 패턴을 잘 설명하여 이미지와 텍스트의 분류, 패턴 인식 등에 주로 활용한다.
- 모형의 구조 설계가 까다롭고 시행착오(trial and error)를 통해 최적의 구조를 탐색해야 하며, 상대적으로 복잡한 구조로 입력값의 처리, 초기 가중치 값 설정, 모형 구조에 민감하다.
- 모형이 복잡할수록 성능 개선에 도움이 될 수 있으나, 노드의 개수에 비례해 더 많은 연산과 학습 시간이 소요되고 결과 해석이 어렵다.

> **기적의 TIP**
>
> 위에서 등장한 뉴런의 연산에서 활성화 함수 안의 수식을 보면 선형회귀 모형과 많이 닮아 있습니다. 둘 다 입력된 값의 선형 결합을 활용합니다. 단, 선형회귀는 설명 변수의 선형 결합으로 곧바로 관심변수를 설명하지만 인공신경망은 모형의 구조에 따라 위와 같은 뉴런이 수개에서 수십 개, 수만 개, 수억 개, 수조 개가 연결된 형태입니다.
>
> 모형의 적합과정에서 적절한 선형 결합의 가중치를 계산하는 것은 동일하지만, 그 방법과 절차가 차이가 있습니다. 특히 선형회귀 모형에서는 설명 변수의 선형 결합으로 설명하지 못하는 부분을 오차항 ε으로 뒀는데, 뉴런의 계산에서는 y 절편 β_0에 해당하는 편향 b를 더할 뿐 각 뉴런에서 오차항을 다루지는 않습니다.
>
> 그리고 인공신경망은 계산된 선형 결합에 활성화함수를 적용해서 값을 정제해 최종 출력값을 계산하고, 이 출력값은 다음 레이어의 입력값으로 활용합니다.

2) 층 구성

인공신경망은 데이터를 입력하는 입력층, 내부에서 정보를 처리하고 특징을 추출하는 은닉층, 예측 결과를 출력하는 출력층으로 구성된다.

① 입력층(Input layer)

- 입력층은 신경망의 첫 번째 층으로, 모형이 외부로부터 입력 받는 데이터를 처리하며 입력층의 노드(뉴런) 개수는 데이터의 설명 변수 개수와 동일하다.
- 데이터를 정규화하는 등 전처리가 이뤄지며, 이를 신경망의 다음 층으로 전달한다.

② 은닉층(Hidden layer)

- 은닉층은 입력층과 출력층 사이에 위치하며, 신경망의 학습과 추론을 담당하는 핵심적인 부분이다.
- 하나의 은닉층은 여러 개의 뉴런으로 구성되며, 각 뉴런은 앞서 살펴본 수식과 같이 입력 데이터와 가중치를 바탕으로 계산된 값을 활성화 함수를 활용해 적절히 변환한다.
- 은닉층과 은닉 노드가 많을수록 더 복잡한 패턴을 설명할 수 있고 복수의 은닉층을 활용해 더 추상적인 패턴을 추출할 수 있으나, 그만큼 계산해야 할 가중치가 많아지며 과대적합 문제가 발생할 수 있다.

③ 출력층(Output layer)

- 출력층은 신경망의 마지막 층으로, 모형의 예측 결과를 제공한다.
- 출력층의 뉴런 개수는 모형 유형에 따라 달라지며, 회귀에서는 출력층에 하나의 뉴런이 존재하여 연속적인 실수 값을 예측하고, 이진 분류에서는 출력층에 하나의 뉴런이 존재하여 로지스틱 활성화 함수를 통해 0부터 1사이의 확률값을 출력하며, 다중 분류 문제에서는 출력층에 범주 개수만큼 뉴런이 존재하며 Softmax 활성화 함수를 통해 각 범주에 속할 확률을 출력한다.

3) 활성 함수(Activation Function)

층의 위치와 역할에 따라 각 노드에서 적절한 활성 함수를 설정하고 활용한다.

① 계단(Step) 함수와 부호(Sign) 함수

- 하나의 입력된 값을 0을 기준으로 0 또는 1, 혹은 −1 또는 1의 두개의 값을 갖도록 변환한다.
- 출력값이 단 2개로 정보의 손실이 많기 때문에 자주 활용하지 않는다.

$$y^{step} = \begin{cases} 0, & x < 0 \\ 1, & x \geq 0 \end{cases}$$

$$y^{sign} = \begin{cases} -1, & x < 0 \\ 1, & x \geq 0 \end{cases}$$

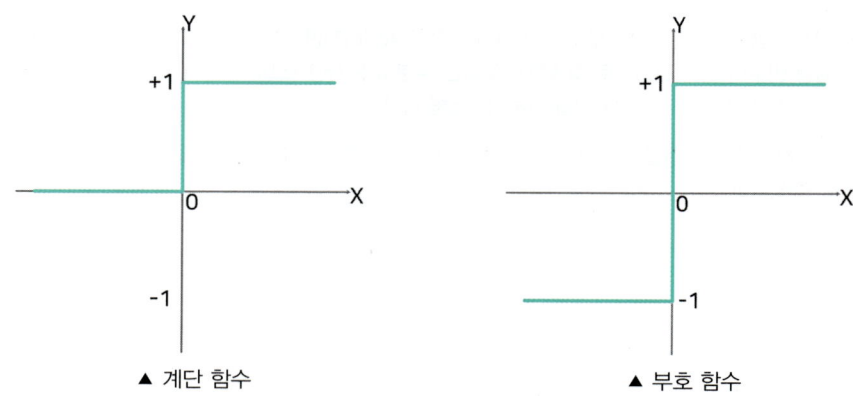

▲ 계단 함수　　　　　　　　　　▲ 부호 함수

② 시그모이드(Sigmoid) 함수

- S자 곡선의 형태를 갖는 함수를 말하며, 로지스틱 함수와 tanh 함수 등을 주로 활용한다.
- 하나의 입력된 값이 매우 크거나 매우 작을 경우, 그 값은 계단 함수나 부호 함수와 같이 0, 1 혹은 −1, 1의 값으로 한정되지만, 0 근처에서는 단절되지 않고 매끄럽게 곡선으로 두 값을 이어 붙인 형태이다.
- 로지스틱(logistic) 함수는 출력값이 0부터 1 사이의 값을 갖고, 이진 분류의 확률 계산 등에 활용한다.

$$y^{logistic} = \frac{1}{1+e^{-x}}$$

- tanh(하이퍼볼릭탄젠트) 함수는 출력 값이 −1부터 1 사이의 값을 갖는다.

$$y^{tanh} = \frac{e^x - e^{-x}}{e^x + e^{-x}}$$

③ ReLU(Rectified Linear Unit) 함수

- 하나의 입력된 값이 음수일 때 그 정보를 버리고, 나머지 양수 방향의 정보는 그대로 살려서 출력한다.

$$y^{ReLU} = \max(0, x) = \begin{cases} 0, & x < 0 \\ x, & x \geq 0 \end{cases}$$

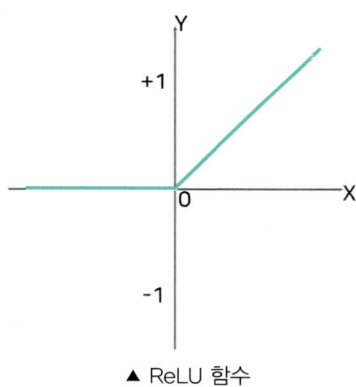

▲ ReLU 함수

- 시그모이드 함수 활용으로 인한 기울기 소실 문제를 피하기 위해 은닉층에서 ReLU 함수를 자주 활용한다.
- ReLU 함수에서 입력값이 음수일 경우 0이 출력되며 해당 뉴런(노드)이 활성화되지 못하고 0의 고정된 값을 갖는 "dying ReLU" 문제가 발생할 수 있으며, 이 문제에 대응하기 위해 Leaky ReLU나 ELU와 같은 파생 함수를 활용할 수도 있다.
- Leaky ReLU는 입력값이 음수일 때 0이 아닌 $0.01x$와 같이 아주 작은 값을 출력한다.

$$y^{Leaky\ ReLU} = \begin{cases} 0.01x, & x < 0 \\ x, & x \geq 0 \end{cases}$$

- ELU는 입력값이 음수일 때 $-a$로 지수적으로 수렴하는 값을 출력한다.

$$y^{ELU} = \begin{cases} a(e^x - 1), & x < 0 \\ x, & x \geq 0 \end{cases}$$

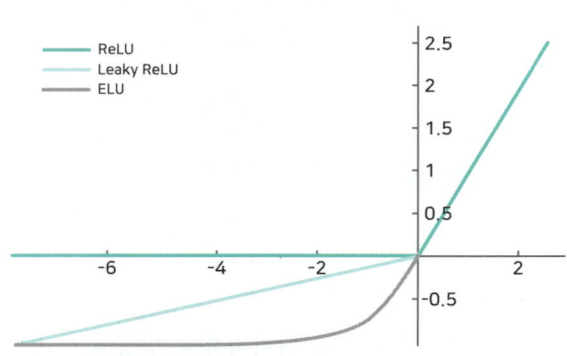

▲ 활성 함수 비교(ELU, Leaky ReLU, ReLU)

④ **Softmax 함수**
- Softmax 함수는 K개 입력값을 활용하여 비율을 계산하고 0과 1 사이의 값으로 변환하고 합이 1인 K개 확률을 출력한다.
- 일반적인 분류 문제에서 이 함수를 통해 각 범주(class)에 속할 확률을 계산할 수 있으며, 가장 높은 확률 값을 가진 범주를 예측 결과로 선택한다.

$$y_i = \frac{e^{x_i}}{\sum_{i=1}^{K} e^{x_i}}$$

4) 층 구성에 따른 모형 구분
인공신경망에서 입력층과 출력층은 항상 존재하며 은닉층의 개수에 따라 아래와 같이 구분할 수 있다.

① **퍼셉트론(Perceptron)**
은닉층 없이 입력층과 출력층이 직접 연결되는 아주 기본적인 형태의 단층 신경망 구조이다.

② **다층 퍼셉트론(Multi-Layer Perceptron, MLP)**
- 은닉층이 하나 이상 존재하는 신경망을 의미하며, 입력 데이터가 은닉층을 거치면서 점진적으로 더 복잡한 패턴 등을 설명하는 노드로 변환되며, 최종 은닉층의 노드값으로 출력층을 설명한다.
- 다층 퍼셉트론은 심층 신경망(Deep Neural Networks)의 기초를 이루며, 현대적인 딥러닝 모델(CNN, RNN 등)의 근간이 된다.

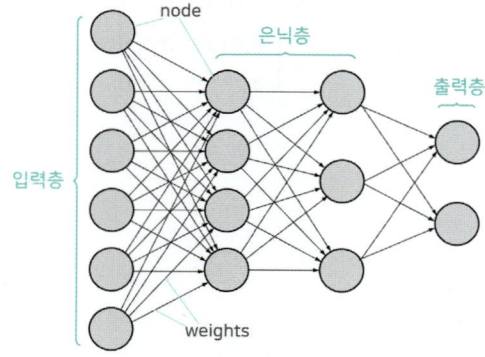

▲ 인공신경망의 계층 구조

5) 모형 학습 과정

다층 퍼셉트론 등은 아래의 단계를 반복하며 점진적으로 가중치를 업데이트한다.

① 순전파(Forward Propagation)
- 입력 데이터를 신경망에 통과시키면서 각 층의 노드의 활성화 값을 계산하고 최종 출력층의 출력값(예측값)을 얻는다.

② 손실 계산(Loss Computation)
- 출력값과 실제값의 차이를 활용해 사전에 설정한 손실 함수값을 계산한다.
- 손실 함수는 예측값과 실제값의 차이를 정량화한 것으로 회귀에서는 MSE, 분류에서는 Cross-Entropy 등을 활용한다.

③ 역전파(Backpropagation)
- 출력층에서부터 시작하여 입력층까지 가중치와 편향에 대한 손실 함수의 기울기 혹은 그래디언트(gradient, 미분값)를 계산한다.
- 즉, 손실 함수로 계산된 손실값을 줄이기 위해 각 노드의 가중치와 편향값을 증가시킬지 감소시킬지를 판단하는 과정이다.

④ 가중치 업데이트(Weight Update)
- 최적화 함수를 활용하여 가중치와 편향 등 모형의 파라미터를 업데이트 한다.
- 최적화 함수는 손실 함수의 값을 최소화하기 위해 손실 함수의 그래디언트를 사용하는 경사 하강법을 기반으로 하며 Stochastic Gradient Descent(SGD), Adam, RMSprop 등이 대표적이다.
- 대부분의 최적화 함수에서 적절한 학습률(learning rate)를 지정하여 손실 함수의 기울기의 전부가 아닌 일부만 반영해 값을 업데이트하고 안정적인 학습과 성능 향상을 기대할 수 있다.

⑤ 반복과 수렴
- 업데이트된 가중치를 활용해 순전파, 손실 계산, 역전파가 이뤄지고 가중치가 다시 업데이트되며 이 과정을 모형이 수렴할 때까지 반복한다.
- 학습률 설정 등과 별개로 모형의 과적합이 발생할 수 있으므로 별도의 평가 데이터를 활용하여 손실 함수 및 모형 평가 지표를 계산하고 적절한 지점에서 모형 학습을 중단할 수 있다.

09 시계열 데이터 분석

1) 개요
- 시계열 데이터는 한 대상에 대해 연속된 시점에 따라 관측된 값으로, 관측치들이 서로 독립적이지 않은 특수한 데이터이다.
- 일반적인 머신러닝에 활용한 데이터는 y_i, x_i 등으로 표기하며 i번째 관측치와 $i+1$번째 관측치가 특별한 관계가 없고 순서를 바꿔도 모형에 영향을 미치지 않는 반면, 시계열 데이터는 y_t, x_t와 같이 시점 t에 따라 변하는 값이며 t시점의 관측치와 $t+1$시점의 관측치는 밀접한 관련이 있을 가능성이 크고 시간 순서를 지켜 분석해야 한다.
- 시계열 분석에서는 시계열 데이터에 대해서 정상성을 가정하며, AR, ARMA, ARIMA 등의 모형을 활용할 수 있다.

2) 정상성(Stationarity)

- 정상성은 시간에 따라 분포, 평균, 분산, 공분산과 같은 데이터의 특성이 변하지 않는 것을 말한다.
- 강한 정상성은 모든 시점에서 데이터의 분포함수가 완전히 동일한 것을 가정하는데, 현실적으로 가정을 충족하기 어렵기 때문에 아래의 세가지를 가정하는 약한 정상성 가정을 주로 활용한다.
  - 시점에 상관없이 평균이 일정(모든 t, τ에 대해 t 시점과 $t+\tau$ 시점의 기댓값이 동일)
  - 두 시점의 자기공분산(autocovariance)은 시간에 의존하지 않고 시차에 의해 결정(t 시점과 $t+\tau$ 시점의 데이터의 공분산이 시차 τ에만 영향을 받고 시점 t와는 무관)
  - 분산이 유한함(어느 t 시점에서 든 분산은 계산 가능한 유한한 값을 가짐)
- 위의 정상성 가정을 충족하는 시계열 데이터를 정상성 갖는(stationary) 데이터라고 하고 반대의 경우에는 비정상성(nonstationary)이라고 표현한다.
- 정상성 여부는 선 그래프와 같은 시각화나 ADF(augmented Dickey-Fuller) 검정, ACF(auto-correlation function)이나 PACF(partial ACF)의 패턴으로 판단한다.
- 비정상성 데이터를 정상성을 갖는 데이터로 변환을 시도해볼 수 있으며, 시점간 차이를 계산하는 차분(differencing)이나 분산이 시간에 따라 증가하는 경우 로그, 제곱근 변환 등을 활용한다.

> **기적의 TIP**
>
> 주가 데이터는 대표적인 비정상성 데이터입니다. 시간에 따라 평균 가격이 일정하지 않고 등락을 반복하고 특정 시점에서 가격이 높으면 분산과 자기공분산도 큰 경향이 있습니다. 그래서 시계열 모형을 활용할 때는 주가 대신 등락률, 수익률을 활용합니다. 일반적인 시기의 수익률은 평균이 0 근처에 고정되어 있고 공분산도 비교적 안정적으로 변합니다.
>
> 수익률은 $\frac{x_t - x_{t-1}}{x_{t-1}}$과 같이 계산할 수 있는데, 시계열 모형에서는 로그 수익률 $\log \frac{x_t}{x_{t-1}}$를 더 자주 활용합니다(두 수익률이 거의 동일한 것은 "테일러 전개"를 활용해 보일 수 있습니다). 로그 수익률을 풀어보면 $\log x_t - \log x_{t-1}$이 되고 이것은 x_t에 로그 변환을 적용하고 차분한 형태입니다. 이런 식으로 시계열 데이터의 비정상성 문제를 해결하기 다양한 변환과 조합을 활용하고 있습니다.

3) 자기회귀 모형(AutoRegressive Model, AR)

- 시계열의 과거 값을 설명 변수로 사용해서 현재 시점의 값을 설명하는 모형으로 자기 상관성이 높은 시계열 데이터에 유리하며, 특정 시점의 값이 과거의 여러 값에 의존할 때 효과적이다.
- 자기회귀 모형은 $AR(p)$와 같이 표현하며 p는 현재 시점 t를 기준으로 활용할 최대 시차를 의미한다.
- $AR(p)$는 아래와 같이 표현할 수 있고, ϕ_i는 i 시차 과거 값의 자기회귀 계수이고 ε_t는 평균이 0이고 분산이 일정한 백색잡음(white noise)이다.

$$x_t = \phi_1 x_{t-1} + \phi_2 x_{t-2} + \cdots + \phi_p x_{t-p} + \varepsilon_t = \sum_{i=1}^{p} \phi_i x_{t-i} + \varepsilon_t$$

- 시계열 x_t에 대해 정상성을 가정하며, 정상성을 만족하지 않는 경우 예측 성능이 떨어지거나 왜곡된 결과가 도출될 수 있다.

4) 이동평균 모형(Moving Average Model, MA)

- 시계열의 과거 시점의 오차항을 이용해 현재 시점의 값을 설명하는 모형으로, $MA(q)$와 같이 표현하며 최대 q 시차의 정보를 활용한다는 것을 말한다.
- $MA(q)$는 아래와 같이 수식으로 표현하며 μ는 시계열의 평균, θ_i는 회귀 계수, ε_t는 t시점의 오차 혹은 백색잡음이다.

$$x_t = \mu + \theta_1 \varepsilon_{t-1} + \theta_2 \varepsilon_{t-2} + \cdots + \theta_q \varepsilon_{t-q} + \varepsilon_t = \mu + \sum_{i=1}^{q} \theta_i \varepsilon_{t-i} + \varepsilon_t$$

- 일반적인 시계열 데이터의 이동평균은 $\frac{x_{t-2}+x_{t-1}+x_t}{3}$와 같이 동일한 간격으로 시점을 이동하며 계산하는 평균을 의미한다. 그러나 $MA(q)$ 모형에서의 이동평균은 용어가 동일할 뿐 다른 개념으로, 이는 t시점의 시계열 평균이 이전 q개 시점의 오차에 영향을 받아 μ에서 $\mu+\sum_{i=1}^{q}\theta_i\varepsilon_{t-i}$로 이동했다는 의미를 가진다.
- 모형의 정의상 정상성 가정을 만족한다.

5) 자기회귀이동평균 모형(AutoRegressive Moving Average Model, ARMA)
- $AR(p)$과 $MA(q)$를 결합한 모형으로 $ARMA(p, q)$로 표기한다.

$$x_t=\sum_{i=1}^{p}\phi_i x_{t-i}+\sum_{i=1}^{q}\theta_i\varepsilon_{t-i}+\varepsilon_t$$

- 자기회귀 차수(degree, 시차) p와 이동평균 차수 q에 따라 모형이 결정되어 교차검증 등을 통해 최적화할 수 있고, $AR(p)$과 $MA(q)$에 비해 더 복잡한 시계열 패턴을 설명할 수 있다.
- AR과 마찬가지로 시계열에 대해 정상성을 가정한다.

6) 자기회귀누적이동평균 모형(AutoRegressive Integrated Moving Average Model, ARIMA)
- 비정상(non-stationary) 시계열 데이터를 차분을 통해 정상화하고 ARMA 모형을 적합하는 방법이다.
- $ARIMA(p, d, q)$라고 표기하며, d는 차분 횟수를 뜻한다.

7) 시계열 분해(Time Series Decomposition)
시계열의 구조적인 패턴과 변동성을 파악하고 이해하기 위해 시계열 데이터를 추세, 계절성, 불규칙성으로 분해하고 예측에 활용할 수 있다.

① 추세(Trend)
- 시간의 지남에 따라 데이터가 증가하거나 감소하는 장기적인 방향성을 의미한다.
- 시계열이 장기적으로 어느 방향으로 움직이는지 알 수 있으며, 시계열의 미래 값의 큰 방향과 경향을 설명하고 예측하는 데 유용하다.

② 계절성(Seasonality)
- 일정 기간을 두고 주기적인 패턴을 보이며 반복되는 변화를 말한다.
- 시간, 일, 주, 월, 분기, 연 등 다양한 단위로 나타날 수 있고, 미래에도 동일한 패턴이 반복될 것을 기대할 수 있다.

③ 불규칙성(Random) 혹은 잔차(Residual)
- 예측할 수 없는 비정상적이고 불규칙한 변동으로 시계열 데이터에서 추세와 계절성을 제거하고 남은 부분이다.
- 불규칙성 요소는 예측 불가능하며 불규칙성의 정도에 따라 특정 시기의 변동성을 수량화하거나 모형의 설명력을 표현할 때 활용할 수 있다.

④ 가법 모형(Additive Model)과 승법 모형(Multiplicative Model)
- t시점의 추세를 T_t, 계절성을 S_t, 불규칙성을 R_t라고 할 때, 가법 모형은 아래와 같이 표현한다.

$$x_t=T_t+S_t+R_t$$

- 승법 모형은 다음과 같다.

$$x_t=T_t\times S_t\times R_t$$

- 일반적으로 가법 모형을 활용하며, 계절성과 추세가 비례하는 등 변동의 크기가 증가하거나 감소하면서 변화하는 경우에는 승법 모형을 사용할 수 있다.

8) 이동평균(Moving Average)
- 시계열 데이터에서 연속적인 값들의 평균을 계산하고 불규칙성 요소나 백색 잡음을 줄이는 과정을 평활(smoothing)이라고 한다.
- 일정 기간의 평균을 계산해 시계열의 불규칙성을 제거하고 변동성을 줄이며, 전체적인 추세를 부드럽게 나타내고 전체적인 경향성과 패턴을 파악할 수 있다.

① 단순 이동평균(Simple Moving Average, SMA)
t 시점을 포함해 최근 L 기간의 시계열 데이터로 산술 평균을 계산하며, 평활값 s_t는 다음과 같이 표현된다.

$$s_t = \frac{x_t + x_{t-1} + \cdots + x_{t-(L-1)}}{L} = \frac{1}{L}\sum_{l=0}^{L-1} x_{t-l}$$

② 가중 이동평균(Weighted Moving Average, WMA)
- 최근 관측치에 더 높은 가중치를 부여한 가중 평균으로 최근의 변화와 정보를 더 많이 반영할 수 있다.
- 일반적으로 L 기간 동안 가장 최근 값이 L, 가장 과거 값이 1의 가중치를 갖는 평활값 s_t를 계산한다.

$$s_t = \frac{Lx_t + (L-1)x_{t-1} + \cdots + x_{t-(L-1)}}{L + (L-1) + \cdots + 1}$$

③ 지수 이동평균(Exponential Moving Average, EMA)
- 지수가중 이동평균(Exponentially Weighted Moving Average, EWMA) 혹은 지수 평활법(Exponential Smoothing)이라고도 한다.
- 이동평균 계산 과정에서 각 시점의 가중치가 현재 시점에서 멀어질수록 지수적으로 감소하도록 하여 평활한다.
- 0부터 1 사이의 값을 갖는 a를 활용하여 t 시점의 평활값 s_t는 다음과 같이 재귀적인(recursive) 표현식으로 설명할 수 있다.

$$s_0 = x_0$$
$$s_t = ax_t + (1-a)s_{t-1}$$

- 위의 식에서 s_{t-1}는 $ax_{t-1} + (1-a)s_{t-2}$와 같으므로 아래와 같이 풀어 쓸 수 있고, s_{t-2}도 x_{t-2}와 s_{t-3}으로 나눠 풀어 쓸 수 있으며 각 시점의 가중치가 지수적으로 감소하는 것을 확인할 수 있다.

$$s_t = ax_t + (1-a)(ax_{t-1} + (1-a)s_{t-2})$$
$$= ax_t + (1-a)ax_{t-1} + (1-a)^2 s_{t-2}$$
$$= ax_t + (1-a)ax_{t-1} + (1-a)^2 ax_{t-2} + (1-a)^2 s_{t-3}$$
$$= a\sum_{i=1}^{t}(1-a)^i x_{t-i}$$

- 지수 이동평균은 최초 시점의 값 x_0부터 현재 시점의 값 x_t까지를 모두 활용하는데, t 시점에서 멀수록 가중치가 지수적으로 감소하기 때문에 먼 과거의 값의 영향이 제한적이고, 계산의 편의를 위해 기간 L을 설정한 지수 이동평균을 활용할 수도 있다.

$$s_t = \frac{x_t + ax_{t-1} + \cdots + a^{L-1}x_{t-(L-1)}}{1 + a + \cdots + a^{L-1}} = \frac{\sum_{l=0}^{L-1} a^l x_{t-l}}{\sum_{l=0}^{L-1} a^l}$$

SECTION 03 비지도학습 (Unsupervised Learning)

빈출 태그 ▶ 거리의 종류, 주성분 분석(PCA), 다차원 척도법(MDS), 군집화 알고리즘 비교, 연관 규칙 분석

> **기적의 TIP**
>
> 특정한 변수를 중심으로 설정된 지도학습과 달리 비지도학습은 여러 변수나 관측치의 전반적인 관계를 파악하고 비슷한 것 끼리 묶는 등 다양한 방법을 활용합니다. 비지도학습은 지도학습과 대비하여 관심변수 y 없이 설명 변수 x만 존재하는 것으로 생각할 수 있는데, 가끔 다변량(multivariate) 분석과 혼동할 때가 있습니다.
>
> 통계에서 변량은 y의 개수와 연관이 있습니다. y가 하나인 경우는 일변량(univariate), 두 개인 경우는 이변량(bivariate), 여러 개인 경우는 다변량(multivariate)라고 합니다. 다변량 분석에서는 설명 변수 x가 존재할 수도 있으며, 복수의 y를 설명 변수로 설명하는 다변량 회귀 모형을 활용합니다. 반면, 앞서 살펴본 선형회귀는 단변량(univariate) 선형회귀로 구분해서 부르기도 합니다. 출력층의 크기가 1보다 큰 인공신경망 모형도 다변량 분석에 속한다고 볼 수 있습니다.
>
> 아래에서 다룰 주성분 분석(PCA) 등은 비지도학습이면서 동시에 다변량 분석으로 분류할 수도 있습니다. y 없이 설명 변수 x로만 구성되어 있다고 생각하면 비지도학습이고, 반대로 x 없이 복수의 y로 구성되어 있다고 생각하면 다변량 분석이 되는 것입니다. 요약하면 y가 여러 개인 상황을 다루는 다변량 분석에는 지도학습과 비지도학습이 모두 포함될 수 있습니다.

01 주요 개념

1) 거리(Distance)

- 공간에서 두 관측치의 거리를 측정하고 얼마나 서로 가까운지를 수치로 표현할 수 있고, 관측치 간 유사성 혹은 차이를 판단하는 데 사용한다.
- 데이터의 특성과 목적 혹은 모형의 성능을 기준으로 다양한 거리 측도를 활용할 수 있다.
- 관측치 간 거리뿐만 아니라 변수 간 거리도 동일하게 측정할 수 있으며 편의상 두 관측치 혹은 두 변수를 두 점 x, y로, 두 점 사이의 거리는 $d(x, y)$로 표기한다.
- x, y이 관측치 일 때 $x=[x_1 \cdots x_p], y=[y_1 \cdots y_p]$와 같이 변수 값의 개수 혹은 길이가 p인 벡터라고 생각할 수 있고, x, y이 변수일 때는 아래와 같이 관측치의 개수 혹은 길이가 n인 벡터라고 생각할 수 있다.

$$x = \begin{bmatrix} x_1 \\ \vdots \\ x_n \end{bmatrix}, \quad y = \begin{bmatrix} y_1 \\ \vdots \\ y_n \end{bmatrix}$$

- 두 벡터 사이의 거리는 $d(x, y)$, d_{xy}, $\|x-y\|$ 등으로 표기한다.

① 유클리드 거리(Euclidean Distance)

- 일반적인 평면 공간에서 두 점 사이의 직선 거리를 의미하며, 가장 무난하고 일반적인 거리 측도이다.

$$d(x, y) = \sqrt{\sum_i (x_i - y_i)^2}$$

- 예를 들어 2차원 공간에서 유클리드는 다음과 같이 계산된다.

$$d(x, y) = \sqrt{(x_1 - y_1)^2 + (x_2 - y_2)^2}$$

② 맨해튼 거리(Manhattan Distance)
계획 도시의 블록을 따라 이동하듯이 대각선이 아닌 각 축을 따라 이동한 거리의 합이다.

$$d(x, y) = \sum_i |x_i - y_i|$$

③ 민코프스키 거리(Minkowski Distance)
유클리드 거리와 맨해튼 거리 등을 일반화한 것으로 p에 따라 다양한 거리 측도를 생성할 수 있다.

$$d(x, y) = \left(\sum_i |x_i - y_i|^p \right)^{\frac{1}{p}}$$

④ 체비쇼프 거리(Chebyshev Distance)
동일 위치 두 값의 최대 절대 차이로 정의되는 거리다.

$$d(x, y) = \max_i |x_i - y_i|$$

2) 유사도(Similarity)
두 관측치나 변수, 집합의 유사성을 수치로 표현한 것으로, 위에서 살펴본 거리도 유사도에 포함한다.

① 피어슨 상관계수(Pearson's Correlation Coefficient)
두 수치형 변수의 관계를 -1부터 1 사이의 값으로 표현한 것으로 변수 간 유사도의 척도로 자주 활용한다.

② 코사인 유사도(Cosine Similarity)
- 거리와 달리 두 벡터 사이의 각도를 활용한 유사도로 같은 방향을 향하면 1에 가깝고 반대 방향을 향할 때는 -1, 90도로 직각을 이룰 때는 0으로 계산된다.
- 두 벡터의 내적(dot product) $x \cdot y$은 아래와 같이 계산하고, $x \cdot y = \|x\|\|y\|\cos\theta$를 만족하는 것을 활용해 계산한다.

$$x \cdot y = x_1 y_1 + x_2 y_2 + \cdots + x_n y_n = \|x\|\|y\|\cos\theta$$

$$\Rightarrow \cos\theta = \frac{x \cdot y}{\|x\|\|y\|} = \frac{\sum x_i y_i}{\sqrt{\sum x_i^2}\sqrt{\sum y_i^2}}$$

③ 자카드 지수(Jaccard Index)와 자카드 거리(Jaccard Distance)
- 자카드 지수는 두 집합 A, B의 유사도 지표로 전체 원소 개수 중 교집합의 원소 개수의 비율로 계산한다.

$$J(A, B) = \frac{|A \cap B|}{|A \cup B|}$$

- 자카드 거리는 두 집합 간의 차이를 측정한 비율로 1에서 자카드 유사도를 빼 계산한다.

$$d(x, y) = 1 - \frac{|A \cap B|}{|A \cup B|}$$

3) 데이터 공간

- 데이터 분석은 데이터 공간의 특성을 파악하는 과정으로 이해할 수 있으며, 특히 비지도학습은 분석 대상 데이터의 p차원 공간의 특성을 파악하고 회전(roration) 등 공간의 변형을 활용하는 경우가 많다.
- 비지도학습에서 데이터는 수치형 변수로만 구성되어 있다고 가정할 때가 많고, 이 경우 데이터는 행렬로 표현 가능하며 행렬로 데이터 공간을 설명하고 다루는 선형 대수(linear algebra)가 알고리즘의 근간을 이룬다.
- 예를 들어 공분산 행렬에 대해 고유값 분해(Eigendecomposition)를 적용하거나 데이터에 대해 특이값 분해(Singular Value Decomposition, SVD) 등을 활용해 변수 간 관계를 파악하거나 새로운 변수 조합을 만들 수 있다.
- 예를 들어 선형 결합은 각 변수에 가중치를 두고 더한 것을 말하며, 아래와 같은 형태를 보이고 선형회귀 모형식에서도 활용한다.

$$w_1 x_1 + w_2 x_2 + \cdots + w_p x_p$$

- 선형 대수에서 데이터는 행렬(matrix), 1개 변수는 벡터(vector)로 표현되고, 위의 식은 아래와 같이 행렬의 곱으로 표현할 수 있다.

$$Xw = [x_1 \ x_2 \ \cdots \ x_p] \begin{bmatrix} w_1 \\ w_2 \\ \vdots \\ w_t \end{bmatrix}$$

- 상황에 따라서 가중치 벡터 w의 길이(norm) $\sum_j w_j^2$를 1로 제한할 수도 있다.

> **기적의 TIP**
>
> 고유값 분해와 특이값 분해는 말 그대로 행렬(데이터)를 분해해 세 행렬의 곱으로 표현합니다. 이때, 중간 행렬이 회전을 의미합니다. 간단한 예시를 살펴보겠습니다.

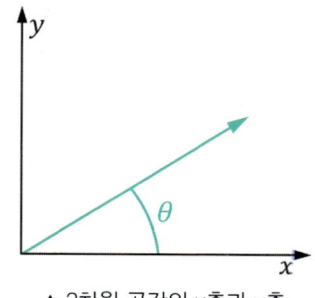

▲ 2차원 공간의 x축과 y축

2차원 공간에서 x축과 y축은 점 마다 좌표를 설정하는 기준이 됩니다. 예를 들어 (1, 1)은 원점에서 x축으로 1만큼 y축으로 1만큼 이동한 위치에 있다는 것을 의미합니다. x축 위에 있는 길이가 1인 점 (1, 0), y축 위에 있는 길이가 1인 점 (0, 1)을 두 축의 대표로 보고 좌표의 근간을 이루는 기저(basis)라고 부릅니다. 두 점 각각 a, b라고 하면 아래와 같이 행렬로 표현할 수 있습니다.

$$\begin{bmatrix} a \\ b \end{bmatrix} = \begin{bmatrix} 1 & 0 \\ 0 & 1 \end{bmatrix}$$

여기서 두 점을 시계 반대 방향으로 θ만큼 회전시키면 a, b의 좌표는 각각 $[\cos\theta \ \sin\theta]$, $[-\sin\theta \ \cos\theta]$로 바뀌며, 행렬로는 다음과 같이 표현됩니다.

$$\begin{bmatrix} a' \\ b' \end{bmatrix} = \begin{bmatrix} \cos\theta & \sin\theta \\ -\sin\theta & \cos\theta \end{bmatrix} = \begin{bmatrix} 1 & 0 \\ 0 & 1 \end{bmatrix} \begin{bmatrix} \cos\theta & \sin\theta \\ -\sin\theta & \cos\theta \end{bmatrix}$$

여기서 $\begin{bmatrix} 1 & 0 \\ 0 & 1 \end{bmatrix}$는 데이터 행렬이고 $\begin{bmatrix} \cos\theta & \sin\theta \\ -\sin\theta & \cos\theta \end{bmatrix}$는 R이라고 표현하는 회전 행렬입니다. 즉, XR이라는 행렬 곱을 통해 θ만큼 회전한 좌표를 계산할 수 있다는 뜻이 됩니다. (1, 1)을 반시계 방향으로 45도($\pi/4$) 회전했을 때 좌표는 아래처럼 계산됩니다.

$$[1 \quad 1]\begin{bmatrix} 1/\sqrt{2} & 1/\sqrt{2} \\ -1/\sqrt{2} & 1/\sqrt{2} \end{bmatrix} = [0 \quad \sqrt{2}]$$

이 과정을 일반화해서 어떤 점, 벡터 혹은 관측치 (x, y)를 θ만큼 회전하면 $(x\cos\theta - y\sin\theta,\ x\cos\theta + y\sin\theta)$가 됩니다. 여기서 첫 번째 좌표 $x\cos\theta - y\sin\theta$를 보면 w_1이 $\cos\theta$, w_2가 $-\sin\theta$인 선형 결합의 형태인 것을 볼 수 있습니다. 두 번째 좌표도 마찬가지입니다.

주성분 분석, 요인 분석, 다차원 척도법 등이 목적에 맞게 행렬을 분해하고 최적의 선형 결합을 찾는 작업을 합니다.

02 차원 축소 및 행렬 분해 관련 방법론

1) 주성분 분석(Principal Component Analysis, PCA)

- 변수가 많은 고차원 데이터를 원래 데이터의 분산을 최대한 보존하면서 저차원으로 축소하여 주요 정보만을 유지하는 차원 축소 기법이다.
- p개 변수를 조합한 p개 선형 결합으로 p개 성분을 생성하되, 성분 간 공분산은 0으로 서로 독립이고 첫 번째 성분이 가장 분산이 크고 순서대로 분산이 작아지도록 설계한다.
- 이론적으로는 $p \times p$ 크기의 공분산 행렬에 고유값 분해를 적용해 생성되는 고유 벡터(eigenvector)를 선형 결합의 가중치로 활용하여, 각 성분의 설명력은 고유값(eigenvalue)과 같다.
- 고유값 분해 대신 특이값 분해를 활용할 수도 있다.
- i번째 성분을 c_i라고 하면 다음과 같이 표현할 수 있다.

$$c_1 = w_{11}x_1 + w_{12}x_2 + \cdots + w_{1p}x_p$$
$$c_2 = w_{21}x_1 + w_{22}x_2 + \cdots + w_{2p}x_p$$
$$\vdots$$
$$c_i = w_{i1}x_1 + w_{i2}x_2 + \cdots + w_{ip}x_p$$
$$\vdots$$
$$c_p = w_{p1}x_1 + w_{p2}x_2 + \cdots + w_{pp}x_p$$

- i번째 성분인 c_i의 분산 $Var(c_i)$는 다음과 같이 계산된다.

$$Var(c_i) = Var(w_{i1}x_1 + w_{i2}x_2 + \cdots + w_{ip}x_p) = \sum_{j=1}^{p} w_{ij}^2 Var(x_j) + \sum_{j_1 \neq j_2} w_{ij_1} w_{ij_2} Cov(x_{j_1}, x_{j_2})$$

- 각 성분은 다음과 같은 성질을 만족한다.
  $\sum_j w_{ij}^2 = 1$: 각 성분의 가중치의 제곱 합은 1
  $Cov(c_{i_1}, c_{i_2}) = 0,\ i_1 \neq i_2$: 서로 다른 성분의 공분산은 0(서로 독립)
  $Var(c_{i_1}) > Var(c_{i_2}),\ i_1 < i_2$: 순서 상 먼저 생성된 성분의 분산이 더 큼
- 주성분 분석은 이렇게 생성된 p개 성분 중에서 분산이 크고 설명력이 높은 첫 k개의 성분을 주성분으로 선택하는 방법으로 데이터의 변수 개수를 p에서 k로 줄이는 선택을 한다.
- 주성분이 전체 데이터의 분산에서 차지하는 비율을 설명 분산 비율이라고 하며, 예를 들어 첫 번째와 두 번째 주성분이 80%의 설명 분산 비율을 가진다면, 두 개의 주성분만으로도 원래 데이터의 80%를 설명할 수 있다는 뜻이다.

- 위의 선형 결합은 p차원 공간에서의 회전에 해당하며, 데이터 공간을 적절히 회전하고 가장 관측치가 넓게 흩어지는 새로운 축을 순차적으로 설정하고 상위 축을 선택하는 과정이다.
- 특정 변수의 분산이 지나치게 큰 경우 주성분 분석이 해당 변수에 의해 크게 영향을 받을 수 있으므로 일반적으로 각 변수를 먼저 표준화하고 주성분 분석을 수행한다.

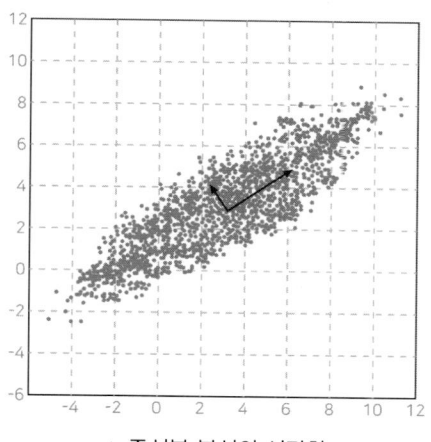

▲ 주성분 분석의 시각화

2) 요인 분석(Factor Analysis, FA)

- 데이터의 변수들이 몇 개의 잠재 요인(lurking factor)들로부터 비롯되었다고 가정하고 각 요인이 변수들에 미치는 영향력을 분석해 데이터의 구조를 이해하고 변수 간의 상관 관계를 설명한다.
- 주성분 분석과 마찬가지로 각 변수를 먼저 표준화하고 고유값 분해나 특이값 분해를 활용한다.
- 만약 변수의 개수만큼 p개 인자가 있을 때 i번째 관측치의 j번째 변수 값 x_{ij}는 아래와 같이 표현 가능하다.
  $f_{i1}, \cdots, f_{ip}$: p개 요인 각각의 i번째 인자 값
  $l_{j1}, \cdots, l_{jp}$: p개 요인에 대한 j번째 변수의 부하(loading)
$$x_{ij} = f_{i1}l_{j1} + f_{i2}l_{j2} + \cdots + f_{ip}l_{jp}$$

- p개 인자 중 설명력이 높은 k개 인자만 활용해 차원을 축소할 수 있으며, 아래와 같이 수식으로 표현할 수 있다(이 때 $\varepsilon_{ij} = f_{i(k+1)}l_{j2} + \cdots + f_{ip}l_{jp}$가 된다).
$$x_{ij} = f_{i1}l_{j1} + f_{i2}l_{j2} + \cdots + f_{ik}l_{jk} + \varepsilon_{ij}$$

- 관측치에 대한 위의 수식을 변수로 확장하면 j번째 변수와 k요인의 관계는 아래와 같이 표현할 수 있다.
  $f_1, \cdots, f_k$: 길이가 관측치 개수 n과 동일한 k개의 요인
$$x_j = f_1 l_{j1} + f_2 l_{j2} + \cdots + f_k l_{jk} + \varepsilon_j$$

- 위의 수식을 전체 데이터로 확장하면 아래와 같이 표현 가능하며, 요인 분석은 고유값 분해 등을 활용해 최적의 행렬 F와 L을 계산하는 과정이다.
$$X = [x_1 \ x_2 \ \cdots \ x_p] = [f_1 \ f_2 \ \cdots \ f_k] \begin{bmatrix} l_{11} & \cdots & l_{p1} \\ \vdots & \ddots & \vdots \\ l_{1k} & \cdots & l_{pk} \end{bmatrix} + [e_1 \ e_2 \ \cdots \ e_p] = FL + \varepsilon$$

- 이중 부하 행렬 L은 변수들이 각 요인에 얼마나 영향을 받는지를 나타내는 행렬로, 변수-요인 간의 관계를 수치로 표현하며 부하 값을 기준으로 변수 간 상관관계를 확인할 수 있다.

- 주성분 분석과 인자 분석은 모두 데이터 공간의 차원 축소 기법이라는 공통점이 있지만, 주성분 분석은 관측치의 서로 다름을 잘 설명하는 주성분을 찾고 활용하는 것이 목적이라면 인자 분석은 변수들의 공통 인자를 찾아 변수 간 상관관계를 설명할 때 주로 활용한다.

3) 다차원 척도법(Multidimensional Scaling, MDS)
- 관측치 사이의 거리나 유사성을 최대한 보존하면서 고차원의 데이터를 저차원으로 축소하며, 일반적으로 관측치의 분포를 시각화하고 패턴을 파악하기 위해 2차원 또는 3차원으로 축소한다.
- 두 관측치 $x_i = [x_{i1} x_{i2} \cdots x_{ip}]$, $x_j = [x_{j1} x_{j2} \cdots x_{jp}]$의 p차원 공간에서의 실제 거리는 표준화가 된 경우 내적 $x_i \cdot x_j$이나 유클리드 거리 $\sqrt{\sum_{k=1}^{p}(x_{ik}-x_{jk})^2}$ 등으로 정의할 수 있고, 목표로 하는 저차원에서의 두 관측치의 거리 d_{ij}와 실제 거리의 차이를 최소화하는 방향으로 모형을 적합한다.
- 고전적인 다차원 척도법과 계량형 다차원 척도법, 비계량형 다차원 척도법 등으로 구분한다.

① 고전적 다차원 척도법(Classical MDS)
- 주성분 분석을 활용하기 때문에 Principal Coordinates Analysis(PCoA)라고도 부르며, 상위 k개 주성분만을 활용해 p차원에서 k차원으로 축소하고 거리의 차이를 확인한다.
- 표준화된 두 변수의 내적으로 계산한 p차원 거리와 두 관측치의 k개 주성분 좌표 $x'_i = [x'_{i1} \ x'_{i2} \ \cdots \ x'_{ik}]$, $x'_j = [x'_{j1} \ x'_{j2} \ \cdots \ x'_{jk}]$의 내적으로 계산한 k차원 거리 주성분 $d_{ij} = x'_i \cdot x'_j$를 활용한 손실 함수 스트레인(strain)을 사용한다.

$$\text{Strain}_D(x_i, x_i, \cdots x_i) = \left(\frac{\sum_{i,j}(d_{ij}-x_i \cdot x_j)^2}{\sum_{i,j} d_{ij}^2}\right)^{1/2}$$

② 계량형 다차원 척도법(Metric MDS)
- 계량형 다차원 척도법은 고전적 다차원 척도법을 포함하고 일반화한 것으로, 스트레스(stress)라고 부르는 두 관측치의 저차원 거리 d_{ij}와 고차원 거리 $\|x_i-x_j\|$의 차이의 제곱합 최소화하는 방향으로 모형을 적합한다.

$$\text{Stress}_D(x_i, x_i, \cdots x_i) = \sqrt{\sum_{i,j}(d_{ij}-\|x_i-x_j\|)^2}$$

- 관측치들을 저차원에 임의 위치로 초기화하고 전체 관측치의 거리 혹은 유사도를 바탕으로 스트레스 값을 최소화하는 방향으로 관측치의 위치를 조정한다.
- 위의 작업을 스트레스 값이 충분히 작아지거나 수렴할 때까지 반복하고, 최종 위치를 시각화에 활용한다.

4) 자기 조직화 지도(Self-Organizing Map, SOM)
- 고차원 데이터를 저차원(보통 2차원)에 시각화하는 모형으로 p차원 공간의 위상학적 구조를 잘 보존하여 군집화나 패턴 인식에 유용하다.
- 주성분 분석이나 요인 분석이 변수의 관계나 선형 결합을 통해 차원을 축소하는 것과 달리, 자기조직화 지도는 데이터 와 직접적인 관계가 없는 격자 형태의 노드를 공간에 설정하고 노드마다 관측치와 동일한 p개 초기값을 할당한다.
- 관측치 중 하나를 무작위로 선택하고 거리를 기준으로 가장 가까운 노드(승자 노드 혹은 best matching unit, BMU)를 선정한다.
- BMU와 인접 노드의 p개 값을 해당 관측치의 값 쪽으로 이동하고 업데이트 하고, 위의 과정을 반복한다.
- 직사각 형태로 배열된 2차원 노드에 각 관측치의 위치를 할당할 수 있으며, 관측치의 군집 구조를 파악하고 노드 간 거리를 활용해 관측치간 유사도를 확인할 수 있다.

03 군집화(Clustering)

- 관측치 간의 거리와 유사도를 기준으로 서로 가깝거나 유사한 관측치를 묶어 그룹화하는 방법이다.
- 차원축소 기법이 각 각 관측치나 변수를 저차원 공간으로 할당하고 새로운 좌표 값 등을 생성하는 반면, 군집화는 각 관측치마다 군집화의 결과로 속할 그룹 인덱스를 생성한다.
- 대표적인 군집화 방법으로는 K-평균 군집화, 계층적 군집화, DBSCAN 등이 있다.

1) 계층적 군집화(Hierarchical Clustering)

- 모든 n개 관측치 간 거리를 계산하고 가장 가까운 두 관측치를 묶어 군집을 생성한다.
- 위의 과정을 반복하며 가장 가까운 관측치 혹은 군집을 계속해서 병합할 수 있고, $n-1$번의 병합 작업을 통해 모든 관측치를 하나의 군집으로 병합할 수 있다.
- 이 과정에서 군집 간 거리를 다양한 방식으로 정의하며, 거리 정의에 따라 군집화의 형태와 결과가 크게 달라진다.

▶ 군집 간 거리 측정 방식

군집 간 거리 측정 방식	정의
단일 연결법(Single Linkage)	두 군집에서 가장 가까운 두 관측치 간의 거리를 군집 간 거리로 정의
완전 연결법(Complete Linkage)	두 군집에서 가장 먼 두 점 간의 거리를 군집 간 거리로 정의
평균 연결법(Average Linkage)	두 군집의 모든 관측치 조합에 대한 거리의 평균을 군집 간 거리로 정의
중심 연결법(Centroid Linkage)	군집의 중심점(평균) 간 거리를 군집 간 거리로 정의

- 계층적 군집화는 두 군집이 병합될 당시의 거리 등으로 표현 가능한 계층적 트리 구조를 갖고 덴드로그램(dendrogram)으로 시각화하거나 특정 거리(높이)를 기준으로 트리를 분리하고 군집을 설정할 수 있다.
- 계층적 군집화는 모든 두 관측치 조합에 대한 $\frac{n(n+1)}{2}$개 거리를 계산하기 때문에 n이 클 경우 비효율적일 수 있다.

2) K-평균 군집화(K-means Clustering)

- 군집의 개수 k를 미리 설정하고 관측치를 k개 군집 중심(centroid)을 기준으로 가까운 군집으로 할당한다.
- 무작위로 k개 관측치를 선택하고 초기 군집 중심으로 설정하고, 관측치별로 k개 군집 중심까지 거리를 계산하고 그 중 거리가 가장 가까운 군집으로 할당한다.
- 각 군집에 할당된 관측치의 평균 값으로 군집 중심을 업데이트하고, 거리를 계산하고 군집을 재할당한다.
- 군집 중심 업데이트와 군집 재할당 작업을 군집 할당결과가 변화가 없거나 군집 중심이 수렴할 때까지 위의 과정을 반복한다.
- 각 관측치의 군집 할당 결과와 군집 중심을 활용해 군집화를 설명할 수 있다.
- 계층적 군집화에 비해 거리 계산이 효율적이지만 초기값에 따라 군집화의 결과가 달라질 수 있으며, 실루엣 계수 등을 기준으로 적절한 k값 설정이 필요하다.

3) DBSCAN(Density-Based Spatial Clustering of Applications with Noise)

- 밀도 기반 군집화 방법으로, 밀집 영역을 정의하고 군집에 속하지 않는 관측치는 노이즈로 판단하여 이상치에 민감하지 않은 군집화 결과를 생성한다.
- 최소 관측치 수(minPts)와 반경을 설정하고 각 관측치를 중심으로 반경 안에 들어오는 관측치가 minPts개 이상이면 해당 관측치는 핵심점(core Point)이라고 하고, 해당 반경에 포함된 관측치를 경계점(Border Point)이라고 한다.
- 특정 핵심점을 선택하고 모든 연결된 핵심점과 경계점을 묶어서 군집을 생성하고, 또 다른 핵심점을 대상으로 이 과정을 반복한다.
- 핵심점이나 경계점이 아니고 어느 군집에도 속하지 않은 관측치는 노이즈(이상치)로 판단한다.

04 유사도 기반 추천 알고리즘

- 추천 알고리즘은 사용자에게 관심 있을 만한 콘텐츠, 상품, 정보 등을 예측하고 제안하는 기법이다.
- 데이터로 기록된 사용자의 과거 행동을 바탕으로 맞춤형 제안을 제공하는 데 활용되며, 이커머스, 소셜 미디어, 스트리밍 서비스 등에서 광범위하게 사용된다.
- 인구통계적 정보를 바탕으로 규칙 기반(rule-based) 추천 전략과 조회, 구매, 청취, 시청, 평점 등의 행동 데이터를 활용하는 알고리즘 기반 추천 전략으로 구분된다.
- 알고리즘 기반 추천 전략에는 행동 데이터에서 최빈값과 같은 단순 집계값을 계산하고 활용하는 콘텐츠 기반 필터링(content-based filtering)이 있고, 행동 데이터를 바탕으로 사용자 및 아이템 간 유사도를 계산하고 추천에 활용하는 연관 규칙 분석, 협업 필터링(collaborative filtering) 등이 있다.
- 차원 축소 및 군집화 방법론들이 원본 데이터에서 관측치와 변수의 관계를 따지는 반면, 추천 알고리즘은 행동 데이터를 처리하여 피벗을 통해 표 형태로 변환하고 분석에 활용하는 경우가 많다.

1) 연관 규칙 분석(Association Rule Analysis)

- 구매 및 조회 데이터에서 상품 및 항목(item) 간 연관 관계를 탐색하는 방법이며, 대표적인 사례로 동시 구매 가능성을 확인하는 장바구니 분석이 있다.
- 상품 조회, 상품 구매 등 특정 이벤트가 발생했을 때 다른 상품 조회 및 구매 등 다른 이벤트가 함께 발생할 가능성을 수치로 계산하고 추천 전략에 활용한다.
- 장바구니 및 접속 세션 단위로 항목집합(itemset)을 만들고 항목집합 간 공통 패턴을 탐색한다.

① 연관 규칙의 정의

- 연관 규칙은 두 항목이나 항목집합 간 관계를 규칙 형태로 표현한 것으로, 선행 항목과 후행 항목을 화살표로 연결하고 $A \rightarrow B$와 같이 표기하며 "A 상품을 구매하면 B 상품도 구매한다"는 것을 의미한다.
- 지지도, 신뢰도, 향상도로 각 연관 규칙의 특성을 수치로 표현할 수 있고, 지지도와 신뢰도는 최소 임계값을 설정하고 향상도를 기준으로 정렬해서 특정 항목과 관련이 깊은 상위 항목을 선택할 수 있다.

② 지지도(Support)

- 전체 데이터에서 특정 항목과 항목집합이 등장하는 빈도를 의미하며, 지지도가 높을수록 해당 항목이나 항목 조합이 자주 등장하는 것을 의미한다.
- A를 "A를 구매할 사건", $A \cap B$를 "A와 B를 구매할 사건", $n(\ )$을 특정 사건의 빈도, n을 전체 사건(모든 거래 및 모든 상품 조회)로 정의하고, 지지도를 아래처럼 표현할 수 있다.

$$\text{Support}(A) = \frac{n(A)}{n}$$

$$\text{Support}(A \rightarrow B) = \text{Support}(B \rightarrow A) = \frac{n(A \cap B)}{n}$$

③ 신뢰도(Confidence)
연관 규칙의 선행 항목이 발생했을 때 후행 항목이 발생할 조건부 확률로, 항목 A를 구매할 때 항목 B도 함께 구매할 확률로 이해할 수 있다.

$$\text{Confidence}(A \rightarrow B) = \frac{n(A \cap B)}{n(A)} \neq \text{Confidence}(B \rightarrow A)$$

④ 향상도(Lift)
- 연관 규칙의 두 항목이 독립을 가정했을 때의 예상 빈도에 대비해 실제 빈도의 비율을 계산한 것이다.
- Lift 값이 1이면 두 변수의 빈도가 독립을 가정했을 때와 동일한 것이므로 관계가 없는 것이고, 값이 클수록 두 항목 간에 동시 구매 등 양의 연관성이 크다고 해석하며, 반대로 0에 가까운 값은 동시 구매 등의 가능성이 낮은 것으로 음의 연관성이 크다고 해석할 수 있다.

$$\text{Lift}(A \rightarrow B) = \frac{\text{Support}(A \rightarrow B)}{\text{Support}(A) \cdot \text{Support}(B)} = \frac{\frac{n(A \cap B)}{n}}{\frac{n(A)}{n} \cdot \frac{n(B)}{n}} = \frac{n(A \cap B) \cdot n}{n(A) \cdot n(B)}$$

2) 연관 분석 알고리즘
- 효율적인 연관 규칙 탐색을 위해서 Apriori 알고리즘은 최소 지지도를 설정하고 최소 지지도보다 낮은 항목을 사전에 제거하여 계산 효율을 높인다.
- FP-Growth 알고리즘은 Apriori의 계산 부담을 줄이기 위해 개발된 방법으로, 빈발 패턴 트리(FP-Tree)를 구축하여 데이터 정보를 압축하고 항목 간의 관계를 빠르게 탐색한다.

> **기적의 TIP**
>
> 연관 분석이 조회와 구매 데이터를 주로 활용하는 반면, 협업 필터링은 콘텐츠의 수치 평가, 평점 데이터를 주로 활용합니다. 피벗을 통해 사용자와 항목을 표 형태로 표현했을 때 연관 분석은 "구매 여부" 등이 0과 1로 표현되지만 협업 필터링에서는 여부가 아닌 점수로 채워집니다. 단순히 콘텐츠를 봤다가 아니라 점수를 통해 콘텐츠의 만족과 불만족을 따질 수 있습니다.
>
> 협업 필터링에서는 사용자별로 평균을 빼거나 표준화한 점수를 활용하며 내적 등을 통해 코사인 유사도 등을 계산하고 추천에 활용합니다. 특정 사용자와 동일한 콘텐츠를 이용한 고객과의 유사도를 바탕으로 성향이 비슷한 사용자가 좋아한 콘텐츠를 추천하는 사용자 기반(user-based) 협업 필터링과 두 콘텐츠(아이템)를 모두 평가한 고객들의 점수가 함께 높은지 혹은 서로 반대로 다른지를 계산하고 아이템 간 유사도를 측정하는 아이템 기반(item-based) 협업 필터링으로 구분할 수 있습니다.
>
> 모든 사람이 모든 상품을 구매하거나 모든 콘텐츠를 평가할 수는 없으므로 추천에 활용하는 데이터는 피벗 등을 통해 표로 표현하면 차 있는 부분보다 비어 있는 부분이 압도적으로 많은 거대한 희소 행렬(sparse matrix, 성긴 행렬)의 형태로 나타납니다. 따라서 메모리 등 리소스를 효율적으로 활용할 수 있는 방법과 알고리즘 선택이 필수적입니다.

합격을 다지는 예상문제

01 나이브 베이즈 분류기에 대한 설명으로 옳은 것은?

① 베이즈 정리를 활용한 회귀 알고리즘이다.
② 설명 변수의 조건에 따라 범주형 관심변수가 특정 범주일 확률을 계산한다.
③ 설명 변수 간 복잡한 관계를 잘 설명하며, 설명 변수가 독립이 아닐 때 성능이 개선된다.
④ 다른 분류 알고리즘에 비해 성능이 떨어져 잘 활용하지 않는다.

02 다음 중 앙상블 기법이 아닌 것은?

① k폴드
② 부스팅
③ 배깅
④ 스태킹

03 시계열 분해는 시계열 자료를 몇 가지 요소로 분해하고 특성을 파악하는 것을 말한다. 다음 중 각 분해 요소에 대한 설명으로 옳지 않은 것은?

① 추세는 시간의 지남에 따라 데이터가 증가하거나 감소하는 장기적인 방향성을 의미한다.
② 계절성은 일정 기간을 두고 주기적인 패턴을 보이며 반복되는 변화를 말한다.
③ 경제 전반이나 특정 산업의 부침을 순환(cycle) 요소로 설명할 수 있다.
④ 불규칙성 요소는 예측 불가능한 부분으로 활용 가치가 없다.

04 다음 중 지도학습의 예시로 적절하지 않은 것은?

① 정답(label)을 포함한 개와 고양이 사진을 활용해 새로운 사진이 개인지 고양이인지 판단하는 모형 개발
② 콘텐츠 이용 데이터를 활용한 콘텐츠 추천
③ 실거래가 데이터를 활용한 아파트 가격 예측
④ 날씨예보를 활용한 태양광 발전량 계산

05 앙상블 기법에 대한 설명으로 가장 적절하지 않은 것은?

① 배깅은 붓스트랩을 활용하여 여러 개의 모형을 만들고 다수결 등 집계를 활용해 최종 예측값을 계산한다.
② 배깅을 활용한 대표적인 알고리즘으로 의사결정나무에 배깅을 접목한 랜덤 포레스트가 있다.
③ 부스팅에서 각 개별 모형은 서로 독립적이지 않고 이전 모형의 영향을 받는다.
④ 스태킹은 서로 독립적인 복수 모형의 결과를 종합하는 것으로, 동일한 유형의 모형을 더 많이 결합할 수록 큰 폭의 성능 개선을 이룰 수 있다.

06 시계열 데이터 분석에 대한 설명 중 옳지 않은 것은?

① 자기회귀(AR) 모형은 시계열의 과거 값을 설명 변수로 활용하여 자기 상관을 설명한다.
② 시계열 분해는 시계열 데이터를 추세, 계절성, 잔차 요인으로 분해하며, 승법모형과 가법 모형을 활용할 수 있다.
③ 이동평균은 평활 기법 중 하나로 연속적인 값들의 평균을 계산하고 불규칙성 요소나 백색 잡음을 최대화하고 변동성을 설명한다.
④ 시계열 데이터는 선형회귀 모형의 등분산성을 만족하기 어려우며, 일부 모형은 정상성을 가정한다.

07 거리와 유사도에 대한 설명으로 가장 옳지 않은 것은?

① 코사인 유사도는 두 벡터의 내적을 이용하고 끼인각의 크기를 활용한다.
② 피어슨 상관계수는 두 수치형 변수의 관계를 −1부터 1 사이의 값으로 표현한 것으로 변수 간 유사도를 측정할 때 활용한다.
③ 자카드 거리는 동일 위치 두 값의 최대 절대 차이로 정의되는 거리다.
④ 유클리드 거리는 평면 공간에서 두 점 사이의 직선 거리를 의미한다.

08 다음 중 두 점 혹은 벡터 (1, 1), (1, −1)의 거리와 유사도 중 값이 가장 작은 것은?

① 코사인 유사도
② 맨해튼 거리
③ 유클리드 거리
④ 체비쇼프 거리

09 다음은 이상값(Outlier)에 대한 설명이다. 잘못 설명한 내용을 고르시오.

① 분석 결과를 왜곡할 수 있는 비정상적으로 크거나 작은 값을 의미하며, 전처리 과정에서 이상값을 확인하고 처리해야 한다.
② 빅데이터의 등장으로 관측치수가 많아짐에 따라 하나의 이상치가 미치는 영향이 점점 커지고 있으므로, 반드시 이상치를 제거한다.
③ ESD 테스트는 근사적으로 정규 분포를 따르는 변수에 대해 평균을 기준으로 3 표준편차를 벗어나는 관측치를 이상값으로 판단한다.
④ 사분위수를 활용해 이상값을 판별할 수 있으며, 이상치 판단의 기준 경계값은 고정적이지 않고 데이터와 변수값에 따라 변할 수 있다.

10 다음 중 모집단에서 표본을 추출하는 방법 중 무작위 선택이 2단계에 걸쳐 이뤄지는 것은?

① 단순 무작위 추출
② 군집 추출
③ 계통 추출
④ 층화 추출

11 선형회귀 모형에서 최적의 회귀 모형을 설정하기 위한 과정에 대한 설명으로 가장 부적절한 것은?

① 회귀 계수를 추정하기 위해 최소제곱법을 활용한다.
② 각 설명 변수의 유의성을 검정하기 위해 회귀 계수가 충분히 0에 가까운지 아닌지를 따지는 t 검정을 활용한다.
③ 서로 값이 비슷한 설명 변수가 많을 수록 모형의 성능이 강화되고 해석이 용이하다.
④ 변수 선택 과정에서 한번에 유의하지 않은 변수를 제거하지 않고 하나씩 순차적으로 제거하거나 모형에 추가하는 방법을 활용한다.

12 다음 중 의사결정나무와 가장 거리가 먼 것은?

① 비용복잡도
② 가지치기
③ 엔트로피
④ 붓스트랩

13 지니 지수의 설명으로 옳지 않은 것은?

① 지니 불순도라고도 부르며 특정 노드에서 얼마나 다양한 값이 섞여있는지를 의미한다.
② 값이 작을수록 순수도(purity)가 높아 특정 범주의 비율이 높은 것을 말한다.
③ 0부터 1사이의 값을 갖는다.
④ 회귀에서 활용하며 관심변수의 범주(수준)가 두 개인 경우에 활용한다.

14 이상값 탐색을 위해 상자그림과 사분위수를 활용하려고 한다. 평균과 사분위수가 아래와 같을 때 이상값의 위쪽 기준 경계 값으로 옳은 것은?

최솟값	Q1	중앙값	평균	Q3	최댓값
0	5	11	13	15	100

① 23
② 25
③ 26
④ 30

15 다음 중 아래 상황과 가장 관련이 깊은 알고리즘은?

> 마트의 육류코너에 고기 양념과 쌈장을 함께 진열한다.

① 연관 규칙 분석
② 감성 분석
③ 로지스틱회귀 모형
④ 협업 필터링

16 다음 중 엔트로피의 수식으로 옳은 것은?

① $\sum_{i=1}^{c} p_i(1-p_i)$
② $\sum_{i=1}^{c} p_i \log_2\left(\frac{1}{p_i}\right)$
③ $\sum_{i \in S_N}(y_i - \overline{y}_N)^2$
④ $\sum_{i=1}^{c} \log_2\left(\frac{1}{p_i}\right)$

17 스피어만 상관계수에 대한 설명으로 옳지 않은 것은?

① 상관계수가 0일 때 두 변수가 상관관계가 없다고 해석한다.
② 두 변수의 실제 값 대신 순위를 활용해 계산한다.
③ -1과 1 사이의 값을 가진다.
④ 비선형적인 상관관계는 나타내지 못한다.

18 k-평균 군집화에 대한 설명으로 옳은 것은?

① k-평균 군집화를 통해 최적의 군집 개수 k를 계산할 수 있다.
② 이상값에 따른 영향이 매우 적고 제한적이다.
③ 각 관측치의 군집 할당 결과와 군집 중심을 활용해 군집화를 설명할 수 있다.
④ 반복을 통해 최적화하며, 매 반복마다 모든 관측치 간 거리를 계산한다.

19 k-평균 군집화와 계층적 군집화의 비교로 잘못된 것은?

① k-평균 군집화는 무작위 요소를 포함하고 있어서 실행할 때마다 군집화 결과가 달라질 수 있고, 계층적 군집화는 동일한 거리 측도를 활용하면 항상 동일한 결과를 얻을 수 있다.
② k-평균 군집화는 사전에 군집의 개수를 설정하는 반면, 계층적 군집화는 덴드로그램 등을 활용하여 적정 거리 경계를 활용하여 원하는 개수의 군집으로 관측치를 나눌 수 있다.
③ 계층적 군집화는 모든 관측치 간 거리를 계산하기 때문에 k-평균 군집화보다 계산량이 많고 비효율적일 수 있다.
④ 두 방법 모두 실루엣과 같은 지표를 활용해 적정 군집수를 설정할 수 있다.

20 다음 중 관심변수(종속변수)가 여러 개인 모형을 일컫는 말은?

① 다변량 회귀
② 다중 회귀
③ 다항 회귀
④ 단순 회귀

21 전체 거래건수가 200건이고 A 상품의 거래 건수가 50건, B 상품의 거래 건수가 30건, 규칙 (B→A)의 지지도가 0.1일 때, 규칙 (A→B)의 신뢰도는? (단, 계산된 값은 소수점 셋째자리에서 반올림한다.)

① 0.1
② 0.4
③ 0.67
④ 2.67

22 다음 중 시계열 분석에서 정상성(Stationary) 가정과 가장 거리가 먼 것은?

① 시점에 상관없이 평균이 일정
② 두 시점의 자기공분산은 시간에 의존하지 않고 시차에 의해 결정
③ 분산이 유한함
④ 과거 시점의 오차항이 현재 시점의 평균을 설명

23 연관 규칙 분석에 관한 설명으로 틀린 것은?

① 주로 고객의 구매 패턴을 분석하여 자주 함께 구매되는 상품을 찾는 데 사용된다.
② 연관규칙 분석은 변수 간 인과 관계를 찾는 데 활용할 수 있다.
③ 지지도, 신뢰도, 향상도를 활용하여 각 규칙의 특성을 표현한다.
④ 빈도가 적은 항목은 규칙 탐색이 어렵고, 효율적인 규칙 탐색을 위해 Apriori 알고리즘은 최소 지지도보다 낮은 항목을 사전에 제거한다.

24 다음 중 관심변수(종속변수)가 범주형인 경우 확률 예측을 위해 활용할 수 있는 모형으로 가장 적절한 것은?

① 비지도학습
② SVM
③ 선형회귀
④ 주성분 분석

25 다음 데이터 마이닝에 활용하는 알고리즘 중에서 거리를 기준으로 서로 가까운 관측치를 묶어 그룹화하는 방법과 가장 거리가 먼 것은?

① 계층적 군집화
② k-평균 군집화
③ MDS
④ DBSCAN

26 과대적합(Overfitting)은 통계나 기계학습의 모델에서 변수가 너무 많아 복잡하고 과대하게 학습될 때 주로 발생한다. 다음 중 과대적합에 대한 설명으로 가장 부적절한 것은?

① 과적합은 모델이 학습 데이터에 지나치게 맞추어져, 새로운 데이터에 대한 일반화 성능이 저하되는 현상을 의미한다.
② 과적합을 방지하기 위해 교차 검증 기법을 사용하여 모형의 성능을 평가할 수 있다.
③ 모형의 복잡도를 줄이거나 규제(regularization, 제약) 기법을 사용하는 것은 과적합을 방지하는 방법 중 하나이다.
④ 과적합된 모형은 보통 학습 데이터와 평가 데이터 모두에서 높은 정확도를 보인다.

27 다음 중 선형회귀 모형의 오차항에 대한 정규성 가정을 검증하기 위한 방법과 관련이 없는 것은?

① 히스토그램
② Q-Q plot
③ 샤피로 검정
④ Z 검정

28 다음 중 오차행렬에서 계산하는 평가 지표 중에서 관심있는 범주를 Y라고 할 때, Y로 예측한 관측치 중에서 실제로 Y인 것의 비율을 의미하는 것은?

① 정밀도(Precision)
② 민감도(Specificity)
③ 재현율(Recall)
④ TPR(True Positive Rate)

29 Lasso 회귀에 대한 설명으로 옳지 않은 것은?

① Ridge 회귀, Elastic Net 회귀와 함께 규제(regularization)를 활용해 모형의 과적합 문제를 줄이고 성능 향상을 위해 활용한다.
② 선형회귀의 손실 함수에 회귀 계수의 값에 따른 패널티를 추가한 손실 함수를 활용한다.
③ 하이퍼파라미터 λ(lambda)를 활용해 패널티의 정도를 조정할 수 있다.
④ 회귀 계수의 제곱합을 의미하는 L2 패널티를 사용한다.

30 통계적 가설 검정에 대한 설명으로 옳지 않은 것은?

① 과제 설정에서 도출된 2개 이상의 가설 중에서 최선의 가선을 선택하는 과정이다.
② 우의수준에 따라 검정의 결과가 달라질 수 있으며 계획 단계에서 유의수준을 미리 설정한다.
③ 검정 통계량을 활용해 계산된 유의확률(p-value)가 유의수준보다 작으면 귀무가설을 기각한다.
④ 1종 오류는 귀무가설이 참인데도 불구하고 귀무가설을 기각하는 것을 의미한다.

31 주성분 분석에 대한 설명으로 옳지 않은 것은?

① 차원 축소 기법 중 하나로 기존 변수의 선형 결합으로 주성분을 생성한다.
② 생성된 첫 번째 주성분의 분산은 두 번째 주성분의 분산보다 항상 크거나 같다.
③ 전체 주성분의 분산의 합계에서 선택한 상위 주성분의 분산을 더한 것의 비중을 계산할 수 있고, 그 비율이 낮을수록의 설명력이 높다고 해석한다.
④ p개 변수의 모든 상관계수가 0이면, p개 주성분은 기존 p개 변수와 동일하다.

32 다음 중 아래의 설명에 해당하는 확률분포는?

> 표준 정규 분포를 따르고 서로 독립인 k개의 확률변수의 제곱합 확률변수가 따르는 분포로, 교차표의 독립성 검정과 동질성 검정 등에 활용한다.

① t-분포
② 카이제곱 분포
③ 포아송 분포
④ F 분포

33 분류 모형의 성능을 위해 활용하는 ROC 곡선에 대한 설명으로 옳은 것은?

① 군집화 결과에서 각 관측치가 같은 그룹 내 관측치와의 평균 거리와 가장 가까운 다른 그룹 내 관측치와의 평균 거리의 차이로 계산한다.
② 관심 범주와 나머지 범주를 얼마나 잘 분류할 수 있는지 확률의 임계값을 바꿔가며 탐색하는 방법이다.
③ 하나의 오차 행렬에서 TP, TN, FP, FN으로 구분되는 네 개의 값을 활용해 계산할 수 있다.
④ 특정한 영역의 면적을 의미하며 1에 가까울 수록 좋은 모형을 의미하고 0.5에 가까울 수록 모형의 예측값이 무작위로 분류한 것과 다름없다고 해석할 수 있다.

34 특정 질병의 양성 여부를 따지는 진단에서, 아래의 오차 행렬에서 민감도를 계산하기 위한 수식으로 옳은 것은?

		실제 발병 여부	
		양성	음성
진단 결과	양성	TP(True Positive)	FP(False Positive)
	음성	FN(False Negative)	TN(True Negative)

① TP/(TP+FN)
② TP/(TP+FP)
③ FP/(FP+TN)
④ (FP+FN) / (TP+FP+FN+TN)

35 데이터 마이닝(Data Mining)에 대한 설명으로 가장 적절한 것은?

① 머신러닝과 인공지능의 기초 알고리즘을 제외하고 활용되는 분석 방식이다.
② 데이터 마이닝은 기초통계를 활용하지 않는다.
③ 데이터를 저장하는 인프라 구축 기술을 의미한다.
④ 대규모 데이터에서 가치 있는 정보와 인사이트를 탐색하는 과정이다.

36 다음 중 결측값을 여러 번 대치하여 각각의 분석을 수행하고 결과를 결합하는 방법은?

① 단순 대치법
② 확률론적 대치법
③ 다중 대치법
④ 데이터 제거

37 조건부 확률에 대한 설명으로 옳지 않은 것은?

① A가 발생했을 때 B가 발생할 확률을 조건부 확률이라 한다.
② 조건부 확률은 두 사건 A, B가 독립일 때 항상 1이 된다.
③ 조건부 확률은 P(B|A)로 표현되며, 이는 P(A∩B) / P(A)로 계산된다.
④ 조건부 확률은 특정 조건이 주어졌을 때의 사건 발생 가능성을 의미한다.

38 최소-최대 정규화(Min-Max Normalization)에 대한 설명으로 옳지 않은 것은?

① 변환된 값의 범위는 0에서 1 사이로 조정된다.
② 각 관측치에서 최솟값을 빼고 범위(최댓값 - 최솟값)로 나눈다.
③ 데이터의 평균을 0으로 변환하는 방식이다.
④ 변수 간 상대적 비교를 위해 활용될 수 있다.

39 1종 오류(Type I Error)에 대한 설명으로 옳지 않은 것은?

① 실제로 귀무가설이 참인데 이를 기각하는 오류이다.
② 가설 검정에서 유의수준(significance level, α)과 관련이 있다.
③ 검정 과정에서 잘못된 결론을 내리는 오류의 한 유형이다.
④ 1종 오류를 줄이면 2종 오류의 발생 가능성이 항상 0이 된다.

40 다음 중 다른 세 평가 지표와 성격이 가장 다른 것은?

① 정확도(Accuracy)
② RMSE(Root Mean Squared Error)
③ 평균 절대 오차(MAE, Mean Absolute Error)
④ 결정계수(R^2, Coefficient of Determination)

합격을 다지는 예상문제 정답 & 해설

01 ②	02 ①	03 ④	04 ②	05 ④
06 ③	07 ③	08 ①	09 ②	10 ②
11 ③	12 ④	13 ④	14 ④	15 ①
16 ②	17 ④	18 ③	19 ③	20 ①
21 ②	22 ④	23 ②	24 ②	25 ③
26 ④	27 ④	28 ①	29 ②	30 ①
31 ③	32 ②	33 ②	34 ①	35 ④
36 ③	37 ②	38 ③	39 ④	40 ①

01 ②
분류 알고리즘에 대한 일반적인 설명으로 옳은 표현이다.

오답 피하기
① 나이브 베이즈는 베이즈 정리와 설명 변수 간 독립을 가정한 분류 알고리즘이다.
③ 설명 변수 간 관계를 무시하기 때문에 설명 변수가 독립이 아닐 때 성능이 떨어진다.
④ 모형의 성능은 평가지표를 활용하여 계산, 비교하는 것으로 단정지을 수 없다.

02 ①
앙상블 기법은 복수의 모형을 활용해 모형의 성능을 개선하며 부스팅, 배깅, 스태킹과 같은 세부 방법을 활용한다.
① k폴드는 데이터를 k개 그룹으로 분할하는 것을 의미하며 교차 검증 등에 활용하며 앙상블 기법이라고 보기는 어렵다.

03 ④
시계열 분해는 추세, 계절성, 불규칙 요인으로 시계열을 설명하며 상황에 따라 ③의 순환 요소를 고려할 수도 있다.
④ 불규칙성 요소는 설명하기 어렵지만, 특정 시기의 변동성을 수량화하거나 모형의 설명력을 표현할 때 활용한다.

04 ②
지도학습은 설명 변수와 관심변수 혹은 정답(label)을 함께 활용하는 것으로 ①, ③, ④가 대표적인 예이다.
② 콘텐츠 간 유사도 및 사용자 간 유사도를 활용하며 별도의 관심변수가 없으므로 지도학습이 아니다.

05 ④
①, ②는 일반적인 배깅에 대한 올바른 설명이며, ③은 부스팅에 대한 설명이다. 배깅과 달리 부스팅은 각 개별 모형이 서로 독립적이지 않고, 선행 모형의 결과에 따라 관측치의 가중치를 조정하거나 선행 모형의 오차를 개선하기 위한 보조모형을 만드는 식으로 앙상블을 활용한다.
④ 스태킹은 서로 다른 유형의 모형을 결합할 수록 더 나은 결과를 만들 수 있고, 동일한 모형의 스태킹은 단일 모형에 비해 성능 개선이 크지 않을 수 있다.

06 ③
이동평균은 불규칙성 요소나 백색 잡음을 줄여 전체적인 경향성과 패턴을 파악하기 위해 활용한다. 이동평균 모형(MA)과 평활 기법의 이동 평균은 이름이 동일하므로 지문을 통해 적절히 판단해야 한다.

07 ③
③ 동일 위치 두 값의 최대 절대 차이로 정의되는 거리는 체비쇼프 거리에 해당하는 설명이다. 자카드 거리는 두 집합 A, B의 유사도 지표로 전체 원소 개수 중 교집합의 원소 개수의 비율로 계산한다.

08 ①
두 점에 대한 ②, ③, ④의 거리는 2로 동일하다.
두 벡터는 직각을 이루고 내적을 계산하면 0이므로 코사인 유사도는 0이다. 따라서 가장 값이 작은 것은 ①이다.

09 ②
빅데이터의 관점에서 관측치 개수가 증가하면서 하나의 이상값이 평균 등 집계나 알고리즘의 결과에 미치는 영향이 줄어들고 있다.
알고리즘에 따라 이상값에 강건한(robust) 특성을 갖기도 하며, 전처리 과정에서 이상값의 판단이 과거에 비해 덜 중요해지고 있다.

10 ②
②의 군집 추출은 집락 추출이라고도 하며, 전체 군집 중에서 일부 군집을 무작위로 선택하고, 해당 군집에서 다시 한번 일부 객체를 무작위로 선택하여 2단계에 걸친 표본 추출 방법이다.

11 ③
③은 다중공선성을 말하며, 값이 서로 비슷한 설명 변수가 존재하는 것 자체가 모형의 성능에 큰 영향을 미치지는 않지만 변수의 관계가 복잡하여 회귀 계수의 해석이 어렵거나 복잡해질 수 있다.
이런 경우 간결성의 원칙을 고려하여 일부 변수를 제외하거나 주성분 분석 등으로 새로운 변수를 생성한 후 활용한다.
④의 내용은 책 본문에서 다루지 않았는데, 회귀 모형에서 변수 조합에 따라 회귀 계수 등이 비교적 큰 폭으로 변할 수 있기 때문에 전진선택법, 후진제거법 등 변수 선택 과정에서는 변수를 하나씩 추가하거나 제거한다.

12 ④
의사결정나무는 분산 감소량, 지니 불순도, 엔트로피 등을 기준으로 노드를 자식노드로 분할(splitting)하는 기준 조건을 설명하며 재귀 분할(recursive partitioning)을 통해 다수의 노드를 만든다.
모형의 복잡도를 조절하고 성능 향상을 위해 노드의 개수 등을 반영한 비용복잡도를 활용해 가지치기(pruning)를 할 수 있다.
④의 붓스트랩은 데이터에서 무작위로 표본을 반복해서 추출하는 방법으로 의사결정나무와 무관하다.

13 ④
지니 지수와 엔트로피는 분류 나무에서 활용하며 범주의 개수에 상관없이 활용할 수 있다.

14 ④

사분위수를 활용해 이상값을 탐색할 때, 위쪽 기준 경계값은 Q3+1.5*IQR로 계산된다. IQR은 Q3-Q1으로 10이며, 따라서 기준 경계값은 15+1.5*10=30이다.

15 ①

주어진 상황은 동시 구매 빈도가 높은 상품을 함께 진열하는 것으로 장바구니 분석이라고도 불리는 ①의 연관 규칙 분석과 관련이 깊다.

16 ②

엔트로피 개념에서는 확률이 낮은 특이한 범주일수록 더 많은 정보를 담고 있다고 간주하며, 확률의 역수에 로그를 취해 정보량을 계산한다. 그런 다음 계산된 정보에 확률을 곱하고, 모든 범주의 값을 더해 엔트로피를 계산한다.
책 본문에서는 로그 함수 안의 역수에서 마이너스를 빼내어 $-\sum_{i=1}^{c} p_i \log_2(p_i)$과 같이 표현한 것으로 소개했다.

17 ④

실제 값을 활용하고 표준화된 공분산의 개념을 갖는 피어슨 상관계수와 달리, 스피어만 상관계수는 각 변수 내 관측치의 순위를 활용해 계산한다. 스피어만 상관계수는 피어슨 상관계수에 비해 상대적으로 이상값이나 특이값에 따른 영향이 적고 비선형적인 관계를 잘 설명하는 장점이 있다.

18 ③

오답 피하기

① 군집의 개수 k를 사전에 직접 설정해야 하며, 실루엣 등을 활용해 최적 k값을 탐색할 수 있다.
② 평균을 활용하는 알고리즘은 대부분 이상값의 영향을 받으며, k평균 군집화 역시 이상값으로 인해 군집의 중심이 왜곡되거나 특정 이상값 하나가 하나의 군집을 이루는 등의 문제가 발생할 수 있다.
④ 관측치를 군집에 할당하고 군집 중심을 업데이트하는 작업을 반복하며, 이후 각 관측치와 각 군집의 거리를 재계산한다. n*(n-1)/2개의 모든 관측치 사이의 거리를 계산하는 계층적 군집화와 달리 k-평균 군집화는 k*n*반복수 만큼의 거리 계산이 필요하다.

19 ③

계층적 군집화는 n*(n-1)/2개의 모든 관측치 사이의 거리를 계산하고, k-평균 군집화는 k*n*반복횟수 만큼의 거리 계산이 필요하다. 따라서 일반적으로 관측치 개수가 많은 경우 계층적 군집화가 비효율적이지만, 전체 관측치 개수와 k-평균 군집화의 군집수, 반복횟수에 따라 k-평균 군집화가 계산량이 더 많을 수도 있다.

20 ①

설명 변수(독립변수) x의 개수와 상관없이 관심변수 y가 여러 개인 회귀 모형을 다변량(multivariate) 회귀라고 부른다.
나머지는 모두 관심변수가 1개이고, ②의 다중 회귀는 설명 변수 x가 2개 이상인 것을 의미하고, ③의 다항 회귀는 설명 변수 x의 다차항을 활용하는 것, ④는 설명 변수도 1개인 것을 의미한다.

21 ②

(B→A)의 지지도가 0.10이므로 n(A∩B)/n=0.10에서 n(A∩B)=20이다. 따라서 규칙 (A→B)의 신뢰도는 n(A∩B)/n(A)=20/50= 0.40이다.

22 ④

①, ②, ③은 정상성에 대한 설명이고 ④는 이동평균 모형에 대한 설명이다.

23 ②

연관규칙은 항목 간 관계를 탐색하는 알고리즘으로, 변수 간의 관계를 탐색하는 일반적인 지도학습과 차이가 있고, 인과관계가 아닌 항목 간 관계의 분석할 때 활용한다.

24 ②

주어진 지문은 지도학습의 분류 문제를 의미하며, ②가 정답이다.

오답 피하기

① 비지도학습은 분류나 확률 예측과는 직접 관련이 없다.
③ 회귀 문제에 활용된다.
④ 비지도학습에 속한다.

25 ③

MDS(다차원 척도법)는 관측치 사이의 거리나 유사성을 최대한 보존하면서 변수 개수만큼의 p차원의 데이터를 저차원으로 축소하는 방법으로 관측치를 그룹으로 묶는 군집화와는 거리가 멀다.

26 ④

과적합은 모형이 학습 데이터의 정보에 지나치게 의존적일 때 발생하며, 학습 데이터에서 평가 지표는 매우 좋으나 학습에 활용하지 않은 평가 데이터에서는 평가 지표가 좋지 않게 나타난다.
따라서 하이퍼파라미터를 조절해 모형의 복잡도를 줄이거나 제약 조건을 추가하면서 교차 검증을 통해 확인한 평가 지표를 기준으로 최적의 모형을 선택하고 과적합을 방지한다.

27 ④

회귀 모형 적합 이후 잔차항으로 히스토그램이나 Q-Q plot(정규 분포 분위와 잔차의 분위를 대조)을 그려 정규성을 따져볼 수 있다. 혹은 샤피로 검정(Shapiro-Wilk Test)을 수행할 수 있다.
④의 Z검정은 표준 정규 분포를 활용하여 "평균이나 중심이 0인지"를 따지는 검정 전체를 의미하며, 정규성에 대한 가정과는 무관하다.

28 ①

오차행렬을 활용하여 정확도, 오분류율, F1 등의 지표를 계산하며, 지문에 해당하는 지표는 ①이다.

오답 피하기

②, ③, ④는 동일한 지표를 가리키는 이름이 다른 표현이며, 실제 Y(혹은 Positive)인 것 중에서 Y로 예측한 것을 의미한다.

29 ④

①, ②의 설명과 같이 선형회귀 모형의 손실 함수 $\sum_{i=1}^{n}(y_i - \hat{y_i})^2$에 회귀 계수에 따른 페널티를 추가하고 규제를 적용할 수 있다.
Lasso 회귀는 L1이라고 부르는 회귀 계수 β들의 절댓값 합을 페널티로 활용하여 $\sum_{i=1}^{n}(y_i-\hat{y_i})^2 + \lambda \sum_{j=1}^{p}|\beta_j|$를 손실 함수로 활용한다. 따라서 정답은 ④이다.
Ridge 회귀는 L2라고 부르는 회귀 계수의 제곱합을 페널티로 활용을 손실함수로 활용하며, Elastic Net 회귀는 L1과 L2 모두를 활용한다.
λ 값을 지정하여 페널티의 정도를 조정하고 최적의 회귀모형을 탐색할 수 있다.
특정 회귀 계수가 0이면 페널티가 줄어들게 되며, 선형회귀 모형에서 모든 설명 변수의 회귀 계수가 0이 아닌 것에 반해 규제를 적용한 회귀 모형에서는 설명력이 낮은 설명 변수의 회귀 계수가 0으로 추정되는 현상이 발생하며, 더 적은 설명 변수를 활용한 간결한 회귀 모형을 생성할 수 있다.

30 ①
통계 검정은 귀무가설과 대립가설 중 하나를 선택하는 과정으로 분석 과정에서 설정한 분석 목표와 관련된 가설과는 무관하다.
귀무가설은 차이가 없고 관계가 없는 상태를 의미하며, 대립 가설은 차이나 관계가 있는 상태를 의미하여 서로 배반적이다.

31 ③
①, ②, ④는 주성분 분석에 대한 옳은 설명이다.
③에서 계산한 비율을 설명 분산 비율이라고 하며, 값이 높을수록 주성분의 설명력이 높다고 해석할 수 있다.

32 ②
주어진 지문에 해당하는 분포는 카이제곱 분포이며 x에 해당하는 그리스어 χ(chi)의 제곱으로 이름을 붙였다.

33 ②
②가 올바른 설명이다.

> **오답 피하기**
> ④는 ROC 곡선을 활용한 AUROC에 대한 설명이고, ①은 군집화에서 활용하는 실루엣 계수에 대한 설명이다.
> 오분류율 등과 달리 ROC 커브는 확률의 임계값을 달리하며 여러 개의 오차 행렬을 활용해야 만들 수 있다.

34 ①
순서대로 민감도, 정밀도, FPR, 오분류율에 대한 수식이다.

35 ④
데이터 마이닝(Data Mining)은 대규모 데이터에서 가치 있는 정보와 인사이트를 추출하고 탐색하는 과정이다.

> **오답 피하기**
> ① 데이터 마이닝은 머신러닝과 인공지능의 기초 알고리즘을 적극 활용한다.
> ② 데이터 마이닝은 기초통계(평균, 분산, 상관관계 등)를 포함하는 분석 기법이다.
> ③ 인프라 구축은 데이터베이스나 데이터 웨어하우스 구축에 해당하며, 데이터 마이닝은 저장된 데이터를 분석하는 기술이다.

36 ③
다중 대치법(Multiple Imputation)은 결측값을 여러 번 대치한 후 각각의 분석을 수행하고 그 결과를 결합하여 신뢰도를 높이는 기법이다.

> **오답 피하기**
> ① 단순 대치법은 평균 대치법 등을 활용하여 한 번의 대치를 수행한 후 분석을 진행하는 방법이다.
> ② 확률론적 대치법은 무작위성(randomness)을 이용한 대치 기법이며, 여러 번 대치하고 결과를 결합하는 방식은 아니다.
> ④ 데이터 제거는 결측값이 포함된 데이터를 삭제하는 방식이며, 대치와는 반대되는 개념이다.

37 ②
조건부 확률은 특정 사건 A가 발생했을 때 B가 발생할 확률을 의미하며, $P(B|A) = P(A \cap B) / P(A)$로 계산된다.
두 사건 A, B가 독립일 경우 $P(B|A) = P(B)$이므로, 조건부 확률이 항상 1이 되는 것이 아니다. 따라서 ②는 틀린 설명이다.

38 ③
최소-최대 정규화는 데이터를 일정한 범위(0~1)로 변환하는 방법으로, 각 관측치에서 최솟값을 빼고 범위로 나누는 방식을 사용한다.
평균을 0으로 변환하는 방식은 중심화(Centering)이며, 중심화와 척도화를 결합한 표준화 역시 평균이 0으로 변환된다.

39 ④
1종 오류(Type I Error)는 귀무가설이 참인데도 이를 기각하는 오류이며, 유의수준(α)과 관련이 있다.
1종 오류와 2종 오류 사이에는 상충(trade-off) 관계가 존재하며, 어느 한쪽을 줄이면 다른 쪽이 증가할 가능성이 있다. 1종 오류를 줄이면 2종 오류 발생 가능성은 오히려 높아질 수 있으므로 ③은 틀린 설명이다.

40 ①
MAE, RMSE, 결정계수(R^2)는 회귀 모델의 성능을 평가하는 지표지만, 정확도(Accuracy)는 분류 모델의 성능을 평가하는 지표로 성격이 다르다.

PART 04

최신 기출문제

CONTENTS

- 기출문제 45회(2025.05.17. 시행)   166p
- 기출문제 44회(2025.02.22. 시행)   179p
- 기출문제 43회(2024.11.03. 시행)   194p
- 기출문제 42회(2024.08.10. 시행)   208p
- 기출문제 41회(2024.05.11. 시행)   220p
- 기출문제 40회(2024.02.24. 시행)   234p
- 기출문제 정답 & 해설   246p

ADsP 기출문제 45회 (2025.05.17. 시행)

문항 수	시험 시간	배점
총 50문항	90분(1시간 30분)	각 2점

수험번호 : _____
성   명 : _____

정답 & 해설 ▶ 246쪽

1과목 데이터 이해 (10문항)

01 데이터베이스의 특징으로 적절하지 않은 것은?
① 데이터는 중복을 최소화하여 일관성을 유지한다.
② 여러 사용자가 동시에 접근할 수 있도록 설계된다.
③ 데이터는 저장, 검색, 갱신, 삭제 등이 용이하도록 구조화된다.
④ 데이터베이스는 사용자 모두가 동일한 목적을 가지고 데이터를 활용하도록 설계된다.

02 DIKW 모델에서의 데이터에 대한 설명으로 가장 적절하지 않은 것은?
① 사실이나 사건 등을 관찰하거나 측정한 값이다.
② 가공되지 않은 원초적인 상태의 값이다.
③ 지식과 아이디어가 결합된 창의적인 산물이다.
④ 분석과 해석을 거치지 않은 수치나 기호이다.

03 빅데이터에 대한 설명으로 적절하지 않은 것은?
① 빅데이터는 개인 맞춤화 서비스에 활용이 불가능하다.
② 빅데이터는 대용량, 다양한 형태, 빠른 생성 속도 등의 특성을 가진다.
③ 빅데이터는 고객 행동 분석, 시장 예측 등 다양한 분야에 활용된다.
④ 빅데이터 분석을 통해 기업은 경쟁력을 높일 수 있다.

04 다음 중 개인정보 비식별화 기술에 대한 설명으로 가장 적절하지 않은 것은?
① 가명처리 : 다른 정보와 결합하지 않고도 개인을 식별할 수 있도록 처리
② 데이터 마스킹 : 개인정보 식별이 가능한 특정 데이터 값을 가리는 방법
③ 집계 처리 : 전체 데이터의 총합 또는 평균으로 제공
④ 범주화 : 특정 값이 아닌 범위를 제공

05 다음 중 생산 공정의 최적화와 가장 관련이 있는 것은?
① 연관 분석
② 비지도학습
③ 강화학습
④ 지도학습

06 다음 중 데이터의 일관성과 정확성을 유지하고 검증하는 DBMS의 특징은 무엇인가?
① 데이터의 독립성
② 데이터의 무결성
③ 데이터의 효율성
④ 데이터의 보안성

07 빅데이터 정보를 활용하는 방식으로 가장 부적절한 것은?
① 고객 구매 이력을 분석하여 맞춤형 마케팅을 수행한다.
② 교통 데이터를 분석하여 실시간 경로를 추천한다.
③ 개인정보를 대규모로 공유한다.
④ SNS 데이터를 분석하여 여론을 파악한다.

08 빅데이터 시대의 위기 요인에 대한 해결 방안으로 적절하지 않은 것은?
① 개인정보 활용 동의를 강화한다.
② 데이터 분석 결과를 공정하게 해석하기 위한 윤리 기준을 마련한다.
③ 알고리즘 편향성을 줄이기 위한 기술적 보완책을 개발한다.
④ 개인정보 제공 동의자의 책임을 강화한다.

09 다음 중 빅데이터 분석 방법론에 대한 설명으로 틀린 것은?
① 출퇴근 혼잡 해소를 위해 유전 알고리즘을 적용해 최적화한다.
② 소셜 미디어 데이터를 분석하여 여론 동향을 파악한다.
③ 제조 설비의 센서 데이터를 분석하여 고장을 예측한다.
④ 고객의 구매 패턴을 분석하여 추천 시스템을 구축한다.

10 빅데이터 분석 및 활용의 최종 목표로 가장 적절한 것은 무엇인가?

① 데이터 저장 용량을 확대하는 것
② 다양한 형태의 데이터를 수집하는 것
③ 새로운 가치를 창출하는 것
④ 빠른 속도로 데이터를 처리하는 것

2과목 | 데이터 분석 기획 　　　　　　　　　　　10문항

11 다음 중 기업의 분석 업무 및 분석 기법은 부족하나, 조직 및 인력 등 준비도가 높아 데이터 분석을 바로 시행할 수 있는 기업의 분석 수준 진단 결과는?

① 준비형
② 확산형
③ 도입형
④ 정착형

12 다음 중 전사 차원의 데이터 정책, 프로세스, 운영 방안, 조직 등을 포함하는 표준화된 관리 체계를 일컫는 용어는?

① 데이터 표준화
② 데이터 거버넌스
③ 데이터 마스터플랜
④ 데이터 웨어하우스

13 분석 방법은 정해져 있으나 분석 대상이 불분명할 때 적용 가능한 분석 기획 유형으로 적합한 것은?

① 최적화
② 통찰
③ 솔루션
④ 발견

14 상향식 접근 방법에 대한 설명 중 옳지 않은 것은 무엇인가?
① 현장에서 발생한 데이터를 기반으로 분석을 시작한다.
② 작은 단위의 문제부터 점차 전체로 확장해 나간다.
③ 데이터 기반으로 패턴이나 인사이트를 도출한다.
④ 문제가 명확히 정해져 있는 경우에 효과적이다.

15 다음 중 과제 우선순위 평가 기준으로 적절하지 않은 것은 무엇인가?
① 전략적 필요성
② ROI
③ 업무 내재화 적용 수준
④ 기술 용이성

16 다음 중 분석 성숙도 진단 시 고려 대상이 아닌 것은?
① 비용 부문
② 비즈니스 부문
③ 조직역량 부문
④ IT 부문

17 하향식 접근법 분석 과제 도출 단계를 순서대로 나열한 것은?

> 가. 문제 정의
> 나. 문제 탐색
> 다. 해결방안 탐색
> 라. 타당성 검토

① 나-가-다-라
② 가-나-다-라
③ 가-다-나-라
④ 나-가-라-다

18 다음 보기의 설명에 해당하는 데이터 분석 작업(Task)은 무엇인가?

> • 데이터의 정합성을 검토하고 특성을 파악한다.
> • 데이터를 시각화하고 요약하여 숨겨진 패턴, 관계, 이상값 등을 발견한다.

① 머신러닝 모형 적합
② 탐색적 데이터 분석(EDA)
③ 모델 평가 및 검증
④ 데이터 전처리

19 다음 중 분석 기획 시 고려사항에 해당하지 않는 것은?
① 예상 요소 비용
② 최신 분석 기법 활용 여부
③ 모형 안정성
④ 결과 설명의 용이성

20 편향(Bias)과 분산(Variance)의 관계에 대한 설명으로 가장 적절하지 않은 것은?
① 편향이 낮고 분산이 높으면 과적합(Overfitting)이 발생할 수 있다.
② 편향이 높고 분산이 낮으면 과소적합(Underfitting)이 발생할 수 있다.
③ 편향과 분산을 모두 낮추는 것이 가장 이상적인 모델이다.
④ 분산이 높을수록 일반화 성능이 좋아진다.

3과목 데이터 분석 (30문항)

21 기술통계와 관련된 설명으로 잘못된 것은 무엇인가?
① 자료의 분포나 특성을 요약하여 보여주는 데 사용된다.
② 평균, 중앙값 등이 있다.
③ 산포도, 범위, 표준편차 등을 포함한다.
④ 결측치는 모두 0으로 변환 후 계산한다.

22 다음 중 시계열 데이터의 정상성(Stationarity)을 확보하기 위한 방법으로 가장 적절한 것은?

① 이상치를 제거한다.
② 차분을 통해 평균과 분산의 일정성을 확보한다.
③ 결측값을 제거하여 데이터 완전성을 높인다.
④ 분산제곱 통계량을 계산하여 분산을 정규화한다.

23 시계열 분해에 대한 설명으로 옳은 것은?

① 추세 요인 : 계절성과 무관한 단기적인 데이터의 불규칙한 변화이다.
② 순환 요인 : 경제나 자연현상 등으로 설명되는 일정하지 않은 주기를 가진 변동이다.
③ 불규칙 요인 : 정기적이고 예측 가능한 패턴을 가진 변동이다.
④ 계절 요인 : 추세와 무관한 장기적인 구조적 변화를 의미한다.

24 척도에 대한 내용으로 올바른 설명은?

① 키는 이산형 척도이다.
② 거주지를 수도권과 비수도권으로 구분한 것은 명목척도이다.
③ 사고 발생 확률은 순서형 척도이다.
④ 설문조사에서 1부터 5 사이 정수 점수를 선택한 것은 연속형 척도이다.

25 범주형 데이터의 검정에 대한 설명으로 잘못된 것은?

① 범주별 관찰 도수와 계산된 기대 도수를 비교한다.
② 독립성 검정은 두 범주형 변수 간에 연관성이 존재하는지를 검정한다.
③ 적합도 검정은 관찰 분산과 기대 분산이 통계적으로 유의한 차이가 있는지를 검정한다.
④ 동질성 검정은 서로 다른 집단 간 범주형 변수의 분포가 동일한지를 검정한다.

26 결측값(Missing Value) 처리 방법에 대한 설명으로 가장 옳지 않은 것은?

① 결측값이 적은 경우 해당 행을 제거하는 것이 일반적이다.
② 평균, 중앙값, 최빈값 등으로 대체하는 방법도 사용된다.
③ 결측값은 자동으로 분석에서 제외되므로 별도로 처리하지 않아도 된다.
④ 회귀 분석이나 머신러닝 기법을 활용하여 결측값을 예측할 수도 있다.

27 선형회귀분석의 가정에 대한 설명으로 옳지 않은 것은?
① 독립성 : 독립변수 간에는 서로 관련이 없어야 한다.
② 선형성 : 독립변수와 종속변수 간에는 선형 관계가 존재해야 한다.
③ 등분산성 : 오차의 분산은 모든 관측치에서 동일해야 한다.
④ 정규성 : 오차항은 정규분포를 따른다.

28 상관계수에 대한 설명으로 잘못된 것은?
① 상관계수가 −1일 때, 상관 관계가 가장 약하다.
② 상관계수는 두 변수 간 선형적 관계의 강도와 방향을 나타낸다.
③ 상관계수는 −1에서 1 사이의 값을 가진다.
④ 상관계수가 0에 가까울수록 선형 관계가 약하다는 것을 의미한다.

29 다음 보기의 주성분 분석에 대한 설명으로 옳지 않은 것은?

```
> pc = princomp(scale(swiss))
> summary(pc)
Importance of components:
                          Comp.1     Comp.2     Comp.3     Comp.4     Comp.5     Comp.6
Standard deviation      1.7696545  1.0784364  0.9108104  0.65543098 0.44741694 0.34393460
Proportion of Variance  0.5332928  0.1980514  0.1412683  0.07315478 0.03408895 0.02014376
Cumulative Proportion   0.5332928  0.7313442  0.8726125  0.94576729 0.97985624 1.00000000
> pc$loadings

Loadings:
                 Comp.1  Comp.2  Comp.3  Comp.4  Comp.5  Comp.6
Fertility         0.457   0.322   0.174   0.536   0.383   0.473
Agriculture       0.424  -0.412          -0.643   0.375   0.309
Examination      -0.510   0.125                   0.814  -0.224
Education        -0.454   0.179  -0.532                   0.681
Catholic          0.350   0.146  -0.807           0.183  -0.402
Infant.Mortality  0.150   0.811   0.160  -0.527  -0.105
```

① 첫 번째 주성분은 전체 분산의 약 53.3%를 설명한다.
② 세 번째 주성분까지 누적 설명력은 약 87.3%이다.
③ 두 번째 주성분은 여섯 개 변수의 평균으로 계산된다.
④ 여섯 개 변수의 관계를 바탕으로 여섯 개의 주성분을 생성했다.

30. 다음은 어떤 데이터의 요약 통계(summary) 결과이다. 각 변수와 통계량에 대한 설명으로 잘못된 것은?

```
> summary(data)
     cons            income          price            temp
 Min.   :0.2560   Min.   :76.00   Min.   :0.2630   Min.   :24.00
 1st Qu.:0.3113   1st Qu.:79.25   1st Qu.:0.2635   1st Qu.:32.25
 Median :0.3515   Median :83.50   Median :0.2770   Median :49.50
 Mean   :0.3594   Mean   :84.60   Mean   :0.2753   Mean   :49.10
 3rd Qu.:0.3912   3rd Qu.:89.25   3rd Qu.:0.2815   3rd Qu.:63.75
 Max.   :0.5480   Max.   :96.00   Max.   :0.2920   Max.   :72.00
```

① 변수 cons의 IQR은 약 0.08이다.
② 변수 price의 IQR은 최대값보다 크다.
③ 변수 temp의 중앙값은 50보다 작다.
④ 변수 income은 80보다 작은 관측치가 25%보다 많다.

31. 다음 중 독립변수 모두를 포함한 모형에서 시작하여, 모형 적합 과정 중 유의미하지 않은 변수를 하나씩 제거하는 변수 선택 방법은?

① 최적화 선택법
② 전진 선택법
③ 단계적 선택법
④ 후진 제거법

32. 다음의 오차 행렬을 기준으로 양성에 대한 정밀도(Precision)를 올바르게 계산한 것은?

		예측	
		양성	음성
실제	양성	30	20
	음성	10	40

① 0.30
② 0.60
③ 0.70
④ 0.75

33 다음의 선형회귀 모형 적합 결과에 대한 해석으로 옳지 않은 것은?

```
> model = lm(Fertility ~ ., data=swiss)
> summary(model)
Call:
lm(formula = Fertility ~ ., data = swiss)

Residuals:
    Min      1Q  Median      3Q     Max
-15.2743 -5.2617  0.5032  4.1198 15.3213

Coefficients:
                Estimate  Std. Error  t value  Pr(>|t|)
(Intercept)     66.91518   10.70604    6.250   1.91e-07 ***
Agriculture     -0.17211    0.07030   -2.448   0.01873  *
Examination     -0.25801    0.25388   -1.016   0.31546
Education       -0.87094    0.18303   -4.758   2.43e-05 ***
Catholic         0.10412    0.03526    2.953   0.00519  **
Infant.Mortality 1.07705    0.38172    2.822   0.00734  **
---
Signif. codes:  0 '***' 0.001 '**' 0.01 '*' 0.05 '.' 0.1 ' ' 1

Residual standard error: 7.165 on 41 degrees of freedom
Multiple R-squared:  0.7067,  Adjusted R-squared:  0.671
F-statistic: 19.76 on 5 and 41 DF,  p-value: 5.594e-10
```

① Agriculture는 5% 유의수준 하에서 통계적으로 유의미하다.
② Education이 Fertility의 원인이다.
③ 통계적으로 유의하지 않은 변수가 존재하며, 모형에서 제거할 수 있다.
④ 적합된 모형의 Fertility에 대한 설명력은 설명력은 70%가 넘는다.

34 다음 중 ROC 곡선에서 가장 효율적인 분류 성능을 나타내는 지점의 좌표는 무엇인가?

① (1, 1)
② (1, 0)
③ (0, 1)
④ (0, 0)

35 인공신경망 모형에 대한 설명으로 옳지 않은 것은?
① 은닉층은 입력층과 출력층 사이에서 비선형 패턴을 학습하는 역할을 한다.
② 은닉층마다 노드의 개수는 문제의 복잡도나 데이터 특성에 따라 조정될 수 있다.
③ 은닉층에서 설정된 활성화 함수의 종류에 따라 선형적, 비선형적 모형 설계가 가능하다.
④ 인공신경망에서는 설명력 있는 가중치를 명확하게 해석할 수 있어 변수 간 인과관계를 쉽게 도출할 수 있다.

36 앙상블 기법인 배깅(Bagging)과 부스팅(Boosting)에 대한 설명으로 가장 적절한 것은?
① 부스팅은 잘못 분류된 데이터에 더 큰 가중치를 부여한다.
② 배깅은 재표본 추출을 사용하지 않는다.
③ 배깅은 항상 단일 모형보다 높은 정확도를 보장한다.
④ 부스팅은 과적합 문제를 방지한다.

37 다음 중 연속형 변수 간의 유사성 또는 거리를 측정하는 방법으로 적절하지 않은 것은?
① 맨해튼 거리
② 체비셰프 거리
③ 자카드 거리
④ 마할라노비스 거리

38 다음 중 로지스틱회귀 모형을 적용 가능한 사례는?
① 공정 및 프로세스 최적화
② 사기 거래 여부 예측
③ 기온에 따른 커피 판매 수량 예측
④ 제품별 적정 재고량 예측

39 다음 중 모델이 참이라고 예측한 것 중에서 실제로도 참인 것의 비율을 계산한 평가지표는?
① 정밀도
② 재현율
③ 민감도
④ 정확도

40 SOM(Self-Organizing Map)에 대한 설명으로 옳지 않은 것은?
① 고차원 데이터를 저차원 공간으로 변환하여 시각화할 수 있다.
② SOM은 비지도학습 기반의 군집화 알고리즘이다.
③ 입력층과 경쟁층은 부분적으로(Locally Connected) 연결된다.
④ 유사한 특성을 가진 데이터는 SOM 상에서 가까운 위치에 매핑된다.

41 의사결정나무에 대한 설명으로 옳지 않은 것은?
① 모형의 깊이가 깊고 최종 노드가 많아질수록 과적합 발생 가능성이 커진다.
② 종속변수가 연속형일 때 분산을 활용해 노드를 분할할 수 있다.
③ 종속변수가 범주형일 때 지니 지수나 엔트로피를 활용해 분할 기준을 설정한다.
④ 가지치기(Pruning)를 통해 학습 데이터의 정확도를 높일 수 있다.

42 계통 추출의 정의로 가장 적절한 것은?
① 모집단을 임의로 나누어 각 그룹에서 하나씩 추출하는 방법이다.
② 일정한 간격을 두고 추출 시작점을 임의로 정한 후, 주기적으로 표본을 추출하는 방법이다.
③ 사전에 정의된 기준에 따라 판단하여 추출하는 방법이다.
④ 모집단 내 모든 요소를 동일한 확률로 추출하는 방법이다.

43 K-평균 군집화에 대한 설명 중 옳지 않은 것은?
① 분석가는 사전에 군집 수 k를 지정해야 한다.
② 이상치에 민감하게 반응할 수 있다.
③ 각 군집은 중심점(Centroid)을 기준으로 형성된다.
④ 군집 개수가 알고리즘에 의해 자동으로 정해진다.

44 스피어만 및 피어슨 상관분석에 대해 가장 잘못 설명한 것은?
① 공분산은 단위의 영향을 받지만, 상관계수는 단위에 영향을 받지 않는다.
② 스피어만 상관계수는 범주형 변수 간의 관계를 측정하는 데 적합하다.
③ 피어슨 상관계수는 수치형 변수 간의 선형적 관계를 측정하는 데 사용된다.
④ 상관계수는 -1에서 1 사이의 값을 가지며, 값이 클수록 두 변수의 관계가 강하다.

45 군집분석에 대한 설명으로 옳지 않은 것은?

① 군집분석은 비지도학습 기법 중 하나이다.
② 유사한 특성을 가진 객체들을 동일한 그룹으로 분류한다.
③ 입력변수가 범주형일 경우 군집분석을 할 수 없다.
④ 거리 또는 유사도 척도를 이용하여 객체 간 유사성을 평가한다.

46 다음 중 연관분석에서 규칙 A → B의 지지도(Support)에 해당하는 설명은?

① 전체 거래 중 A를 구매한 거래의 비율
② 전체 거래 중 B를 구매한 거래의 비율
③ A를 구매한 거래 중 B까지 함께 구매한 비율
④ 전체 거래 중 A와 B를 모두 구매한 거래의 비율

47 다음의 덴드로그램에서 Height=2를 기준으로 자른다면, 군집의 개수는 몇 개가 되는가?

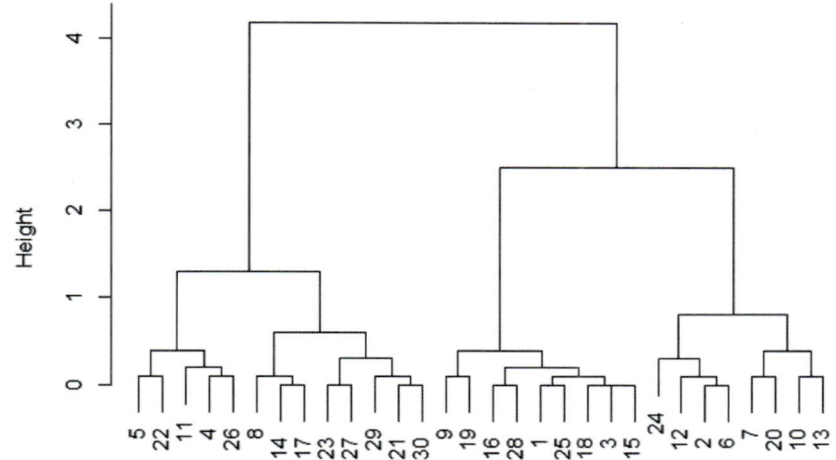

① 2개
② 3개
③ 4개
④ 5개

48 다음 중 빵을 구매했을 때 잼도 함께 구매한 연관규칙 지표로 가장 적절한 것은?

사건	확률
잼 구매	0.6
빵 구매	0.8
잼과 빵 구매	0.6

① 향상도 1.25
② 향상도 0.25
③ 신뢰도 0.75
④ 신뢰도 1.0

49 다차원 척도법(MDS, Multidimensional Scaling)에 대한 설명으로 옳지 않은 것은?
① 객체 간 유사성 또는 거리 정보를 바탕으로 시각화한다.
② 고차원의 데이터를 2차원 또는 3차원으로 축소하여 표현할 수 있다.
③ 객체들 간 상대적인 위치 관계를 유지하도록 구성한다.
④ 객체들의 절대적 위치를 파악할 수 있다.

50 통계적 가설 검정에서 1종 오류에 대한 설명으로 가장 적절하지 않은 것은?
① 1종 오류는 귀무가설이 참인데도 잘못 기각하는 오류이다.
② 1종 오류의 확률은 일반적으로 유의수준(α)으로 설정된다.
③ 1종 오류가 발생하면 대립가설을 기각하게 된다.
④ 1종 오류는 검정의 신뢰성과 관련된 중요한 개념이다.

ADsP 기출문제 44회 (2025.02.22. 시행)

문항 수	시험 시간	배점
총 50문항	90분(1시간 30분)	각 2점

수험번호 : _____
성   명 : _____

정답 & 해설 ▶ 250쪽

1과목 데이터 이해 (10문항)

01 다음 중 이용자의 정보 요구에 따라 다양한 정보를 신속하고 정확하게 찾아낼 수 있는 정보 시스템의 특징은?

① 정보이용 측면
② 정보관리 측면
③ 정보기술발전 측면
④ 정보보안 측면

02 다음 중 1 제타바이트(ZB)의 데이터 크기로 옳은 것은?

① 1,024 테라바이트
② 1,024 엑사바이트
③ 1,024 요타바이트
④ 1,024 페타바이트

03 데이터 유형에 관한 설명으로 올바르지 않은 것은?

① 이미지, 음원은 비정형 데이터에 해당된다.
② 데이터 유형은 정형, 반정형, 비정형으로 분류된다.
③ HTML은 정형 데이터에 해당된다.
④ 데이터 유형에 따라 분석 방법이 달라진다.

04 빅데이터 위기 요인에 대한 설명으로 옳지 않은 것은?
① 사생활 침해 문제는 데이터 익명화 기술로 근본적인 문제점을 차단할 수 있다.
② 책임원칙 훼손은 특정인의 성향에 따라 처벌하는 것이 아닌 행동 결과를 보고 처벌하는 것이 필요하다.
③ 개인 사생활 침해에 대한 통제방안으로 책임제를 동의제로 전환하자는 아이디어가 대두되고 있다.
④ 데이터 오용에 대한 통제방안으로 피해자를 구제할 수 있는 능력을 가진 전문가인 알고리즈미스트의 역할이 대두되고 있다.

05 전략적 통찰을 얻기 위한 방법으로 적절한 것을 모두 고르시오.

> 가. 기업과 산업 전반에 대한 넓은 시야를 갖춘다.
> 나. 기업의 비즈니스 가치에 적합한 분석 도구와 모델 평가 지표를 고른다.
> 다. 현재 분석과 관련된 기업 내부의 배경만 생각한다.
> 라. 분석 결과가 실제 의사결정에 반영될 수 있도록 한다.

① 가, 나
② 가, 라
③ 가, 나, 라
④ 가, 나, 다, 라

06 다음 중 커피를 자주 구매하는 사람이 케이크도 자주 구매하는지를 알아보기 위한 분석 방법은?
① 군집 분석
② 연관 분석
③ 회귀 분석
④ 감정 분석

07 다음 중 매출액에 대한 기온의 영향을 확인하기 위해 적합한 분석 방법은?
① 감정 분석
② 회귀 분석
③ 연관 분석
④ 유전 알고리즘

08 다음 중 기업에서 데이터 분석 업무 영역과 분석사례의 연결로 가장 부적절한 것은?

① 마케팅 관리 – 오프라인 매장 위치 선정
② 인력 관리 – 이직 인력 예측
③ 공급체인 관리 – 적정 재고량 결정
④ 재무 관리 – 거래처 선정

09 데이터 사이언스에 대한 설명으로 옳지 않은 것은?

① 생성된 데이터를 바탕으로 데이터베이스를 구축한다.
② 데이터를 활용하여 정보와 인사이트를 창출한다.
③ 통계학, 데이터 마이닝 등 다양한 방법론을 사용한다.
④ 분석 수행뿐만 아니라 결과를 설명하고 전달하는 과정까지 포함한다.

10 데이터 분석가의 역할에 대한 설명으로 옳지 않은 것은?

① 데이터 기반의 의사결정을 지원한다.
② 통계, 프로그래밍, 도메인 지식을 바탕으로 인사이트를 도출한다.
③ 데이터 분석가는 관리자를 겸할 수 없다.
④ 분석 결과를 시각화하고 이해관계자와 커뮤니케이션한다.

2과목 데이터 분석 기획 10문항

11 빅데이터 분석 방법론의 순서로 옳게 연결된 것은?

가. 데이터 준비	나. 분석 기획
다. 데이터 분석	라. 시스템 구현
마. 평가 및 전개	

① 가-나-다-라-마
② 나-가-다-라-마
③ 가-다-나-마-라
④ 나-가-마-다-라

12 빅데이터의 가치 산정이 어려운 이유로 옳지 않은 것은?

① 빅데이터 전문 인력의 증가로 다양한 곳에서 빅데이터가 활용되고 있기 때문이다.
② 데이터 재사용의 일반화로 특정 데이터를 누가, 언제, 어디서 활용할 지 알기 힘들기 때문이다.
③ 분석기술의 발달로 과거에 분석이 불가능했던 데이터를 분석할 수 있게 되었기 때문이다.
④ 빅데이터는 기존에 존재하지 않던 새로운 가치를 창출하기 때문이다.

13 다음 중 난이도와 시급성을 고려하였을 때 가장 우선적으로 추진해야 하는 분석과제로 적절한 것은?

① 난이도 : 쉬움, 시급성 : 현재
② 난이도 : 쉬움, 시급성 : 미래
③ 난이도 : 어려움, 시급성 : 현재
④ 난이도 : 어려움, 시급성 : 미래

14 다음 중 분석 성숙도 평가를 위한 CMMI 모델의 도입 단계에서 수행할 항목은?

① 분석 결과에 따른 조직 구조 개편
② 경영진 중심의 전략적 분석 수행
③ 성과 분석을 통한 전사적 확산
④ 통계 기반의 실적 분석

15 다음 중 데이터 분석 거버넌스와 관련이 없는 것은?

① 분석 인력
② 프로세스
③ 분석 기술
④ 조직

16 다음 중 분석 기획 단계에서 고려사항이 아닌 것은?

① 데이터 수집
② 유스케이스 탐색
③ 장애요소에 대한 사전계획 수립
④ 데이터 정합성 점검

17 다음 중 분석 과제 발굴의 상향식 접근법에서 프로세스 분석을 통한 절차로 가장 적절한 것은?

① 분석요건 정의 – 분석요건 식별 – 프로세스 분류 – 프로세스 흐름 분석
② 분석요건 식별 – 프로세스 흐름 분석 – 프로세스 분류 – 분석요건 정의
③ 프로세스 흐름 분석 – 프로세스 분류 – 분석요건 정의 – 분석요건 식별
④ 프로세스 분류 – 프로세스 흐름 분석 – 분석요건 식별 – 분석요건 정의

18 다음 중 상향식 접근법에 대한 설명으로 옳은 것을 모두 고르시오.

> 가. bottom–up 방식이다.
> 나. 프로토타입 모델을 활용할 수 있다.
> 다. 문제 정의가 힘들 때 사용한다.
> 라. 지도학습을 활용하여 분석한다.

① 가, 라
② 가, 다
③ 가, 나, 다
④ 가, 나, 라

19 과제 중심 데이터 분석에 대한 설명으로 옳지 않은 것은?

① 분석 목적에 맞는 데이터와 방법론을 선택하여 문제 해결을 지향한다.
② 이행 과제 분석에서 선후관계는 고려하지 않는다.
③ 과제 수행 후 과제 검증과 평가를 반복적으로 수행하여 정확도를 높인다.
④ 분석 과제의 정의부터 결과 적용까지 일련의 프로세스를 따라 수행한다.

20 데이터 기반 의사결정에 대한 설명으로 가장 적절한 것은?

① 데이터를 기반으로 생각하는 것은 근거 없는 직관보다 더 합리적이고 객관적인 의사결정으로 이어질 수 있다.
② 데이터는 참고사항일 뿐, 최종 의사결정에는 큰 영향을 주지 않는다.
③ 데이터는 모든 상황에서 직관보다 우선하며, 항상 정답을 제시한다.
④ 데이터 기반 의사결정은 정량적 정보만을 고려하며 정성적 요소는 무시한다.

21. 다음 그래프는 세 변수 income, student, balance의 관계를 산점도와 회귀모형을 활용한 추세선으로 표현한 것이다. 이 그래프에 대한 해석으로 옳지 않은 것은?

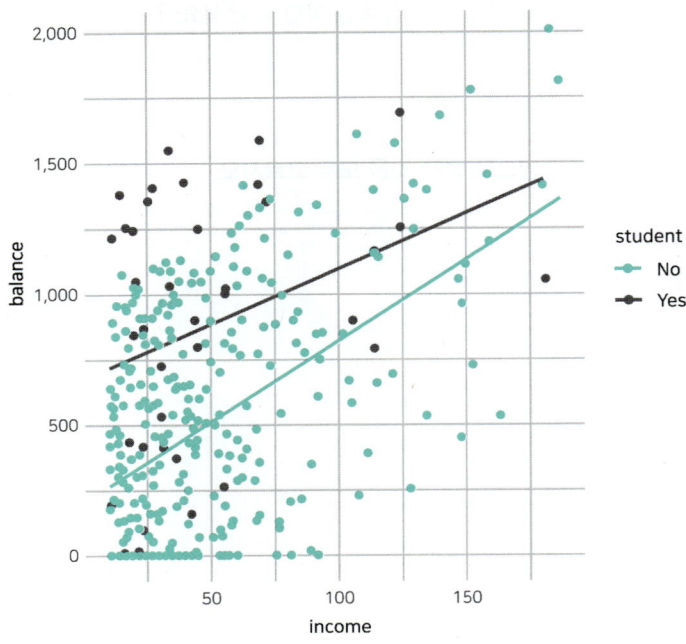

① student 여부에 따라 income의 영향이 달라진다.
② income이 증가할수록 balance도 증가한다.
③ student 여부에 따른 직선이 거의 평행하며, 교호작용이 없다고 볼 수 있다.
④ student 여부와 income의 교호작용이 존재한다.

22 다음의 회귀 모형 적합 결과에 대한 해석으로 옳지 않은 것은?

```
> model = lm(wage ~ age*jobclass, data=Wage)
> summary(model)

…

Coefficients:
                          Estimate   Std. Error   t value   Pr(>|t|)
(Intercept)               73.52831    3.76133     19.548   < 2e-16    ***
age                        0.71966    0.08744      8.230   2.75e-16   ***
jobclass2. Information    22.73086    5.63141      4.036   5.56e-05   ***
age:jobclass2. Information -0.16017    0.12785     -1.253   0.21
---
Signif. codes:  0 '***' 0.001 '**' 0.01 '*' 0.05 '.' 0.1 ' ' 1

Residual standard error: 40.16 on 2996 degrees of freedom
Multiple R-squared:  0.07483,   Adjusted R-squared:  0.07391
F-statistic: 80.78 on 3 and 2996 DF,  p-value: < 2.2e-16
```

① jobclass별로 wage를 age로 설명하는 회귀식의 y절편 값이 다르다.
② jobclass는 범주형 변수이고, 가변수로 변환되어 모형에 활용되었다.
③ Age와 jobclass의 교호작용은 유의하지 않다.
④ age가 1 증가할 때 jobclass별로 wage가 변하는 양이 동일하다.

23 다음 중 표본에서 일정한 간격을 두고 추출하는 표본 추출 방법은?

① 랜덤 추출법
② 계통 추출법
③ 집락 추출법
④ 층화 추출법

24 다음 중 스피어만 상관계수로 측정하기에 적절하지 않은 척도는?
① 명목척도
② 서열척도
③ 등간척도
④ 비율척도

25 다음 중 비모수 검정이 아닌 것은?
① 윌콕슨의 순위합 검정
② 런 검정
③ 맨 휘트니 U 검정
④ t-검정

26 비모수 검정에 대한 설명으로 잘못된 것은?
① 비모수 검정은 정규성 가정이 어려운 경우에 유용하다.
② 비모수 검정은 순위, 부호 등을 활용해 비교한다.
③ 모집단이 정규분포에 가까울수록 비모수 검정이 모수 검정보다 유리하다.
④ 비모수 검정은 모수 검정보다 일반적으로 검정력이 낮다.

27 로지스틱회귀분석 결과의 일부로서 회귀계수에 대한 Exp(β) 값이 다음과 같을 때, 모형에 대한 해석으로 적절하지 않은 것은?

변수	Exp(β)
A	1.55
B	0.45

① B가 1 감소할 때 사건 발생의 odds는 2배 이상 증가한다.
② Exp(β)가 1보다 작으므로, B는 odds와 확률을 낮추는 방향의 영향을 미친다.
③ B가 1 증가할 때, 해당 사건이 발생할 odds는 절반 이하로 감소한다.
④ B가 1 증가할 때 odds가 45% 감소한다고 해석할 수 있다.

28 다음과 같은 노드 구조를 갖는 의사결정 나무에서 C 노드의 지니계수(Gini index)를 계산하시오.
(0:30, 1:70은 해당 노드에 클래스 0의 관측치수가 30, 클래스 1의 관측치수가 70인 것을 의미)

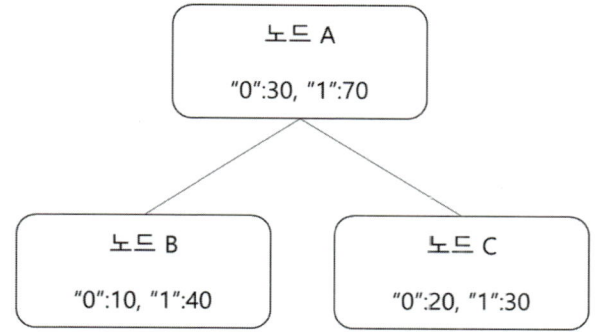

① 0.4
② 0.48
③ 0.52
④ 0.6

29 KNN(K-최근접 이웃) 알고리즘에 대한 설명으로 옳지 않은 것은?

① 사전 학습 없이 사용할 수 있다.
② K 값이 너무 커지면 과적합 문제가 발생할 수 있다.
③ 거리에 따라 가중치를 두는 방식도 존재한다.
④ 계산 비용이 데이터 수에 비례하여 증가할 수 있다.

30 다음 중 k-평균 군집화에서 군집 개수를 정하는 데 활용되는 그래프는?

① 집단 내 제곱합 그래프
② ROC 그래프
③ 오차 제곱합 그래프
④ 향상도 그래프

31 다음 중 상관관계를 고려한 유사도 및 거리 측정 방법은?

① 맨해튼 거리
② 유클리드 거리
③ 마할라노비스 거리
④ 표준화 거리

32 다음 주어진 표는 성별에 따른 과일 선호도를 나타내고 있다. 임의로 선택한 한 사람이 남자일 때, 그 사람이 포도를 좋아할 확률은 얼마인가?

	포도	딸기	합계
남자	3	4	7
여자	7	6	13
합계	10	10	20

① 3/7
② 3/10
③ 3/20
④ 1/2

33 다음 주어진 표에는 장바구니 6개의 구매 품목이 정리되어 있다. 규칙 (우유→커피)의 신뢰도는?

장바구니	품목
1	사과, 우유
2	사과, 우유, 커피
3	우유, 커피
4	고구마, 우유, 커피, 케이크
5	커피
6	사과, 커피, 케이크

① 0.60
② 0.67
③ 0.75
④ 1.00

34 확률에 대한 설명으로 옳지 않은 것은?

① 나이브 베이즈 분류기는 조건부 확률을 기반으로 예측을 수행한다.
② 확률은 0에서 1 사이의 값을 가진다.
③ 조건부 확률은 어떤 사건이 주어진 상태에서 다른 사건이 발생할 확률이다.
④ 두 사건이 독립일 경우, 두 사건의 교집합 확률은 각각의 확률을 더한 것과 같다.

35 다음 중 회귀분석에서 독립변수들 간에 상관관계가 있음을 나타내는 것은?

① 다중공선성
② 자기상관
③ 정규성 위반
④ 등분산성

36 요약 변수에 대한 설명으로 옳지 않은 것은?

① 대부분의 모델에서 공통으로 사용되며, 분석 목적과 관계없이 반복 활용된다.
② 수집된 정보를 분석에 맞게 집계하거나 종합한 것이다.
③ 데이터 마트에서 중요한 역할을 하는 변수이다.
④ 특정 조건을 기준으로 기존 데이터를 요약하거나 계산해 의미를 부여한 변수이다.

37 중심극한정리에 대한 설명으로 옳지 않은 것은?

① 표본의 크기가 충분히 크면, 표본평균의 분포는 정규분포에 근사한다.
② 중심극한정리는 모집단이 정규분포일 때만 성립한다.
③ 표본 수가 많아질수록 표본평균의 분포는 점점 더 정규성을 띠게 된다.
④ 중심극한정리는 대수의 법칙과 함께 표본통계의 안정성을 뒷받침하는 이론이다.

38 100개의 관측치를 포함한 데이터에서 붓스트랩을 이용해 100개 관측치를 갖는 표본을 추출(생성)할 때, 특정한 한 관측치가 한 번도 추출되지 않을 확률은?

① 1/100
② 1 − (1/100)^99
③ (1 − (1/100))^100
④ (1 − (1 − (1/100)))^100

39 다음 중 지도학습 방식이 아닌 기법은 무엇인가?

① 서포트 벡터 머신(SVM)
② 로지스틱회귀(Logistic Regression)
③ 자기 조직화 지도(SOM)
④ 의사결정나무(Decision Tree)

40 다음 중 시계열을 구성하는 요인에 대한 설명으로 가장 부적절한 것은?

① 추세 요인 : 시간의 흐름에 따라 장기적으로 증가하거나 감소하는 경향을 의미한다.
② 계절 요인 : 일정한 기간(주기)마다 규칙적으로 반복되는 변동 패턴을 의미한다.
③ 순환 요인 : 비교적 장기적이고 경제적·사회적 영향으로 인해 발생하는 일정하고 고정되어 규칙적인 반복 패턴을 의미한다.
④ 불규칙 요인 : 추세, 계절, 순환 요인으로 설명되지 않는 우연적이고 예측 불가능한 변동을 의미한다.

41 연관 규칙(Association Rule)의 특징으로 적절하지 않은 것은?

① 결과가 "조건 → 반응" 형태로 표현되어 직관적인 해석이 가능하다.
② 유사한 품목을 그룹화하면 계산량을 줄이고 더 정교한 분석이 가능하다.
③ 복잡한 변환 없이 집합 형태의 거래 데이터를 활용해 분석할 수 있다.
④ 비지도학습에 속하며 목적 함수 설정 등이 불필요하다.

42 다음 상자그림(Box plot)을 해석한 것으로 옳지 않은 것은?

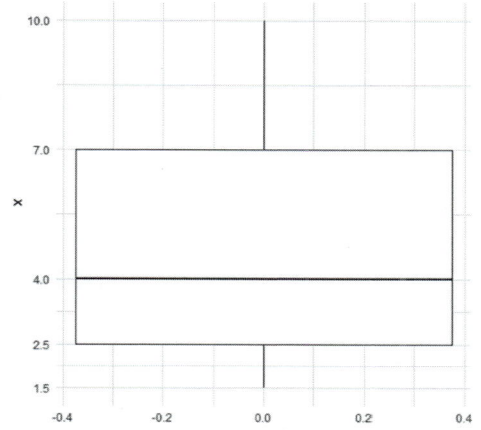

① 전체 관측치 중에서 2.5 이하인 것의 비중은 25%이다.
② 최댓값은 10이다.
③ IQR은 4.5이다.
④ 평균이 중앙값보다 크다.

43 다음 중 비정상 시계열을 정상 시계열로 변환하는 방법으로 가장 적절하지 않은 것은?
① 차분
② 정규화
③ 이상치 제거
④ 구간 분할

44 다음 보기에서 Apriori 알고리즘의 분석 순서를 올바르게 나열한 것은?

가. 최소 지지도를 설정한다.
나. 반복적으로 수행하여 2개 이상의 품목으로 구성된 빈발 품목 집합을 찾는다.
다. 찾은 개별 품목을 이용해 2개 품목을 조합하여 분석한다.
라. 빈발 품목을 찾기 위해 개별 품목 중에서 최소 지지도를 넘는 품목을 확인한다.

① 가-라-다-나
② 가-다-라-나
③ 라-다-가-나
④ 가-라-나-다

45 주성분 분석에 대한 설명으로 가장 옳지 않은 것은?

① 변수 간의 선형 관계를 분석하는 방법이다.
② 이상치 탐지에 사용할 수 있다.
③ 차원을 축소하기 위한 방법이다.
④ 주성분 간에는 상관관계가 없다.

46 다음 중 계층적 군집 분석에서 군집 내 분산 증가를 최소화하는 방향으로 군집을 합치는 방법은?

① 단일 연결법(Single linkage)
② 완전 연결법(Complete linkage)
③ 평균 연결법(Average linkage)
④ 와드 연결법(Ward linkage)

47 다음 주어진 데이터에서 연관규칙 (X→Y)에 대한 향상도를 구하면?

전체 거래 수 : 25
X를 포함한 거래 수 : 10
Y를 포함한 거래 수 : 12
X와 Y를 동시에 포함한 거래 수 : 3

① 0.0125
② 0.25
③ 0.52
④ 0.625

48 100개의 공에 1부터 100까지 번호를 부여하고 비복원 단순무작위 추출법으로 10개를 뽑아 표본을 만들 때, 잘못된 설명은?

① 1번 공이 표본에 포함될 확률은 1/10이다.
② 1번 공과 2번 공이 동시에 뽑힐 확률은 1/100이다.
③ 1번 공과 100번 공이 뽑힐 확률은 같다.
④ 1번 공과 2번 공이 동시에 뽑힐 확률과 99번 공과 100번 공이 동시에 뽑힐 확률은 같다.

49 K-means 군집화에 대한 설명으로 올바르지 않은 것은?

① 군집의 개수를 미리 설정해야 한다.
② 국어, 영어, 수학점수를 기준으로 학생들을 성적 집단으로 나눌 때 활용할 수 있다.
③ 군집의 크기와 밀도가 일정하지 않아도 정확하게 군집을 형성할 수 있다.
④ 초기 중심점을 어떻게 선택하는가에 따라 결과가 달라질 수 있다.

50 R에서 출력된 회귀 분석 결과가 다음과 같을 때, 해석으로 옳지 않은 것은?

```
> model = lm(Grad.Rate ~ Outstate + P.Undergrad + perc.alumni, data=college)
> summary(model)

…

Coefficients:
                Estimate    Std. Error    t value    Pr(>|t|)
(Intercept)    40.3642818    1.5277940     26.420    < 2e-16   ***
Outstate        0.0017923    0.0001484     12.074    < 2e-16   ***
P.Undergrad    -0.0009737    0.0003369     -2.890    0.00396   **
perc.alumni     0.3174115    0.0485714      6.535    1.15e-10  ***
---
Signif. codes:  0 '***' 0.001 '**' 0.01 '*' 0.05 '.' 0.1 ' ' 1

Residual standard error: 13.61 on 773 degrees of freedom
Multiple R-squared:  0.3744,   Adjusted R-squared:  0.372
F-statistic: 154.2 on 3 and 773 DF,  p-value: < 2.2e-16
```

① 독립변수와 종속변수 사이에 인과관계가 존재한다고 해석할 수 있다.
② F-검정에서 자유도가 773이고, 독립변수가 3개이므로 총 관측치(행) 수는 777개이다.
③ 유의수준 0.05에서 모든 독립변수는 통계적으로 유의하다.
④ 모형의 설명력과 독립변수의 유의미성에 상관없이 전체 모형은 유의미하고 볼 수 있다.

ADsP 기출문제 43회 (2024.11.03. 시행)

문항 수	시험 시간	배점
총 50문항	90분(1시간 30분)	각 2점

수험번호 : _____
성   명 : _____

정답 & 해설 ▶ 254쪽

1과목 데이터 이해 (10문항)

01 다음 중 기업 내 분산된 데이터를 통합하고 관리하는 데 사용하는 것으로 가장 적합한 것은?
① ODBC
② OLAP
③ DW
④ BI

02 다음 중 빅데이터의 3V에 해당하지 않는 것은?
① 크기(Volume)
② 속도(Velocity)
③ 다양성(Variety)
④ 진실성(Veracity)

03 데이터 사이언스에 대한 설명으로 옳지 않은 것은?
① 데이터 분석을 중심으로 하는 학문 분야이다.
② 데이터 사이언스는 전략적 통찰을 제공한다.
③ 분석 결과의 정확도가 가장 우선시된다.
④ 구성원 간의 커뮤니케이션이 중요하다.

04 정보 관리 측면에서의 빅데이터 활용에 대한 설명으로 올바른 것은?
① 정보 관리는 데이터 정리와 단순 저장만을 목표로 한다.
② 정보를 체계적으로 축적하고 새로운 내용을 추가하거나 갱신할 수 있어야 한다.
③ 정보 관리는 빅데이터 분석 결과를 활용하여 정확도를 개선하기 위한 목적으로만 수행된다.
④ 정보 관리 측면에서 기술의 복잡성을 줄이고 데이터 전송을 효율화하는 데 중점을 둔다.

05 다음 중 비정형 데이터가 아닌 것은?

① 풍경 사진
② 운동 경기 동영상
③ 실내 온도
④ SNS 게시글

06 빅데이터로 인한 분석 환경의 변화로 거리가 먼 것은?

① 상관관계의 확인에서 인과관계의 탐색으로 변화한다.
② 데이터 처리 방식은 사전처리에서 사후처리로 전환되었다.
③ 데이터의 비정형화와 다변화가 가속화되었다
④ 데이터의 질만큼 양도 중요해졌다.

07 빅데이터 분석 방법론에 대한 설명으로 잘못된 것은?

① 마트 고객 세분화를 위해 구매 데이터를 활용하여 군집 분석을 사용한다.
② 택배 차량 배치에 요인 분석을 사용한다.
③ 전력 사용량의 이상치를 탐지하기 위해 IQR(사분위수 범위)을 사용한다.
④ 교통 혼잡 해소를 위해 교통량 시뮬레이션을 사용한다.

08 다음 보기에서 빅데이터 출현 배경으로 옳은 것을 모두 고르시오.

> 가. 대량의 데이터 축적
> 나. 스마트 디바이스의 보급 및 클라우드 서비스의 발전
> 다. 데이터 분석 및 처리기술의 발전

① 가, 나
② 가, 다
③ 나, 다
④ 가, 나, 다

09 다음 중 빅데이터 가치 패러다임의 변화 단계별 순서로 가장 적절한 것은?

① 에이전시(Agency) → 연결(Connection) → 디지털화(Digitalization)
② 연결(Connection) → 디지털화(Digitalization) → 에이전시(Agency)
③ 연결(Connection) → 에이전시(Agency) → 디지털화(Digitalization)
④ 디지털화(Digitalization) → 연결(Connection) → 에이전시(Agency)

10 개인정보 보호에 대한 설명으로 적절하지 않은 것은?

① 개인에게 알고리즘 소유권을 제공한다.
② 개인에게 정보 접근권을 부여한다.
③ 개발 단계에서부터 개인정보 보호 방안을 적용한다.
④ 개인에게 정보 제공에 대한 선택권을 부여한다.

2과목 데이터 분석 기획

10문항

11 다음 중 시급성과 난이도를 고려했을 때 우선적으로 수행해야 할 과제는?

① 시급성 : 낮음, 난이도 : 낮음
② 시급성 : 낮음, 난이도 : 높음
③ 시급성 : 높음, 난이도 : 낮음
④ 시급성 : 높음, 난이도 : 높음

12 빅데이터 분석 방법론에 대한 설명으로 옳은 것은?

① 단계 – 스텝 – 태스크 순서로 구성된다.
② 각 단계는 기준선(Baseline)으로 설정되어 관리되어야 하며, 버전 관리 등을 통해 통제가 이루어져야 한다.
③ 스텝은 단계를 구성하는 세부 단위이다.
④ 모형의 성능이 중요하며, 비용과 리소스는 고려하지 않는다.

13 데이터 분석 성숙도 모델에서 확산(Expansion) 단계에 대한 설명으로 옳은 것은?

① 데이터 분석은 조직 내에서 실험적으로 도입되며, 제한적인 업무 영역에서 수행된다.
② 분석 작업을 위한 인프라와 기술이 준비되었으나, 조직 전체적으로는 적용되지 않았다.
③ 분석 작업이 조직의 주요 프로세스에 통합되어 반복적으로 활용된다.
④ 조직 및 인력과 분석 업무 및 기법이 준비되어 있다.

14 다음 보기의 설명에 대응하는 분석 프로젝트 관리 영역은?

> 일회성 대규모 모형 적합을 위한 클라우드 서비스 활용 등 프로젝트 목적과 상황에 알맞은 인프라 외부 소싱을 적절하게 활용할 필요가 있다.

① 품질(Quality)
② 범위(Scope)
③ 조달(Procurement)
④ 비용(Cost)

15 분석 과제 프로젝트에서 고려해야 할 정밀도(Precision)와 정확도(Accuracy)에 대한 설명으로 잘못된 것은?

① 정확도는 모델과 실제 값과의 차이를 평가하는 지표이다.
② 정밀도는 모델을 지속적으로 반복했을 때의 편차 수준을 나타낸다.
③ 분석 안정성 확보를 위해서는 정밀도보다 정확도가 중요하다.
④ 모델 성능 평가는 정확도와 정밀도를 모두 고려해야 한다.

16 데이터 분석 조직 구조에 대한 설명으로 옳은 것은?

① 기능 중심 조직은 별도 분석조직을 따로 두지 않고 해당 업무부서에서 직접 분석 업무를 수행한다.
② 분산 조직은 중앙에 분석 전담 부서를 두고 각 부서의 요구에 따라 맞춤형 분석 용역을 제공한다.
③ 집중적 조직은 분석조직 인력들을 현업 부서로 배치하여 각 부서 별 분석업무 수행하는 구조이다.
④ 이원형 조직은 분석 조직이 존재하지 않고 외부 컨설팅을 통해 분석 작업을 수행한다.

17 다음 중 비즈니스 모델의 고객 영역에서 현재 고객을 확장하여 전체 시장을 대상으로 사회적, 문화적, 구조적 트렌드 변화에 기반한 분석 기회를 도출하는 거시적 관점은?

① 환경
② 정치
③ 기술
④ 사회

18 CRISP-DM 방법론에서 데이터 준비 단계에 대한 설명으로 옳은 것은?
① 데이터를 수집하고 데이터 탐색을 통해 속성을 이해하고 데이터 품질 문제를 확인한다.
② 데이터 선택과 전처리 등을 통해 분석 방법에 적합한 데이터를 준비한다.
③ 프로젝트의 목적과 상황, 요구사항을 비즈니스 관점에서 이해하고 목표를 설정하고 프로젝트 계획을 수립한다.
④ 모델이 프로젝트 목적에 부합하는지 평가하고, 데이터 마이닝의 결과를 수용할지 최종적으로 판단한다.

19 데이터 표준화에 대한 설명으로 옳은 것은?
① 데이터 표준화는 데이터 표준과 상호 검증이 가능하도록 점검 프로세스를 포함한다.
② 데이터 표준화는 데이터를 단순히 정렬하는 작업을 포함한다.
③ 데이터 표준 용어 설정, 명명 규칙 수립, 데이터 사전 구축 등의 업무로 구성된다.
④ 데이터 조직의 효율적인 의사소통을 위해 해당 구성원만이 이해할 수 있는 전문 용어 및 은어 등을 설정한다.

20 다음 중 분석 기획 과정에서 고려해야 할 것과 가장 거리가 먼 것은?
① 중간 산출물 정리 및 발전 계획을 포함한 종료 보고서 작성
② 데이터의 품질 및 정합성 확보 방안
③ 분석 결과의 비즈니스 적용 방안
④ 모델의 신뢰성 제고를 위한 검증 절차

3과목 데이터 분석 30문항

21 다음 중 변수 간의 거리를 측정하고 유사성을 활용하여 고차원 데이터를 저차원 공간에 시각화하는 분석 기법은?
① 주성분 분석
② 상관 분석
③ 요인 분석
④ 다차원 척도법(MDS)

22 다음 중 두 벡터의 각을 사용하여 방향적 유사성을 측정한 지표는?

① 코사인 유사도
② 피어슨 유사도
③ 자카드 유사도
④ 맨해튼 거리

23 표본 크기가 21이고 t-분포를 사용하여 모평균에 대한 90% 신뢰 구간을 구할 때 아래의 빈칸에 들어갈 것으로 적절한 것은? (단, $\overline{X}$는 표본 X의 표본평균, S_X는 표본표준편차, $t_{a,b}$는 자유도가 b인 t-분포의 상위 a%에 해당하는 임계값을 의미)

$$\overline{X}-(\quad)\times\frac{S_X}{\sqrt{n}}, \overline{X}+(\quad)\times\frac{S_X}{\sqrt{n}}$$

① $t_{0.1,\ 20}$
② $t_{0.1,\ 21}$
③ $t_{0.05,\ 20}$
④ $t_{0.05,\ 21}$

24 파생변수에 대한 설명으로 옳지 않은 것은?

① 파생변수는 주관적 요소가 있으므로 논리적 타당성을 확보해야 한다.
② 다양한 분석 과정에서 항상 동일한 파생변수를 활용한다.
③ 데이터의 변환, 결합, 추출 등 다양한 방법을 활용한다.
④ 숫자의 단위를 바꿔 척도를 수정하는 것도 파생변수에 속한다.

25 베이즈 정리와 관련된 설명으로 옳지 않은 것은?

① 베이즈 정리에 따라 P(A|B)=P(B|A)*P(A)/P(B)이 성립한다.
② 베이즈 정리는 연역적 추론 방법이다.
③ 베이즈 이론은 사전(과거) 확률을 바탕으로 사후 확률을 계산한다.
④ 주어진 확률 P(B|A)을 활용하여 P(A|B)를 계산할 수 있다.

26 연관 분석에 대한 내용으로 가장 옳지 않은 것은?

① 분석 결과는 품목 간 관계인 연관 규칙으로 이해하기 쉽다.
② 거래 횟수가 적은 품목에 대해 규칙을 쉽게 발견할 수 있다.
③ 거래량과 품목 수가 적으면 계산량도 줄어든다.
④ 거래 데이터를 변환하지 않고 그대로 활용할 수 있다.

27 다음 중 분석 종류와 분석 기법 예시의 연결이 옳은 것은?

① 분류 분석 – 선형회귀
② 군집 분석 – 의사결정나무
③ 이상치 탐지 – 로지스틱회귀
④ 연관 분석 – 장바구니 분석

28 K-평균 군집화에 대한 설명으로 가장 적절하지 않은 것은?

① 한 관측치가 복수 군집에 중복해서 할당될 수 있다.
② K는 군집의 개수를 의미하며, 모형 적합 전에 미리 설정한다.
③ 초기 군집 중심을 무작위로 선택한다.
④ 군집화의 결과가 이상치에 영향을 많이 받는다.

29 다음 보기의 산점도로 표현된 두 변수 X, Y에 대한 설명으로 옳은 것은?

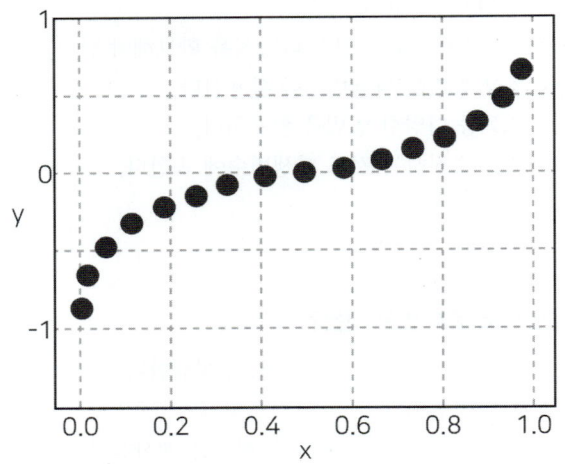

① 상관계수의 값은 0이다.
② 두 변수가 완전한 선형이다.
③ 두 변수의 스피어만 상관계수는 1이다.
④ 두 변수의 피어슨 상관계수는 0보다 작다.

30 다음 중 제1종 오류에 대한 설명으로 옳은 것은?

① 귀무가설이 참일 때, 귀무가설이 참이라고 판정
② 귀무가설이 참일 때, 귀무가설이 참이 아니라고 판정
③ 귀무가설이 참이 아닐 때, 귀무가설이 참이라고 판정
④ 귀무가설이 참이 아닐 때, 귀무가설이 참이 아니라고 판정

31 다중공선성(Multicollinearity)에 대한 설명으로 옳지 않은 것은?

① VIF(Variance Inflation Factor)로 확인할 수 있고 VIF가 클수록 다중공선성의 가능성이 높다.
② 다중공선성이 발생하면 회귀 계수가 불안정하고 회귀 계수의 해석이 어려워지며 회귀계수의 유의확률이 높아질 수 있다.
③ 다중공선성은 독립변수가 높은 상관 관계를 갖는 상황을 의미한다.
④ 다중공선성을 제거하려면 독립변수를 더 추가해야 한다.

32 다음 보기의 오차 행렬을 활용하여 F1-score를 계산하시오.

예측 \ 실제	True	False	합계
True	20	30	50
False	30	20	50
합계	50	50	100

① 0.2 ② 0.3
③ 0.4 ④ 0.5

33 다음 중 의사결정나무에서 가지치기의 목적으로 알맞은 것은?

① 분산 및 불순도 최대화
② 의사결정나무의 깊이를 최대화
③ 과적합 방지
④ 최적의 분할 기준 탐색

34 다음 보기의 R 실행 결과로 확인할 수 있는 변수 X에 대한 정보로 잘못된 것은?

```
> summary(X)
   Min.  1st Qu.  Median    Mean  3rd Qu.    Max.
   1.3     2.3     3.5      3.9     5.3      8.1
```

① X는 1부터 10 사이의 값을 갖는 숫자 데이터이다.
② 평균은 3.9로 중앙값보다 크다.
③ 이상치 또는 결측값이 1개 있다.
④ 관측치 개수는 확인할 수 없다.

35 다음 보기가 설명하는 군집 간 거리 측정 방법은?

두 군집의 관측치 간 거리 중 가장 긴 거리를 군집 간 거리로 활용한다.

① 최단 연결법
② 최장 연결법
③ 평균 연결법
④ 중심 연결법

36 다음 중 인공신경망에서 가중치의 역할과 의미로 올바른 것은?
① 입력의 영향을 조절
② 결과 데이터 크기 조절
③ 데이터 차원 증대
④ 출력층 강도 조절

37 다음 보기의 "Residuals vs Fitted" 그래프에 대한 해석으로 가장 적절하지 않은 것은?

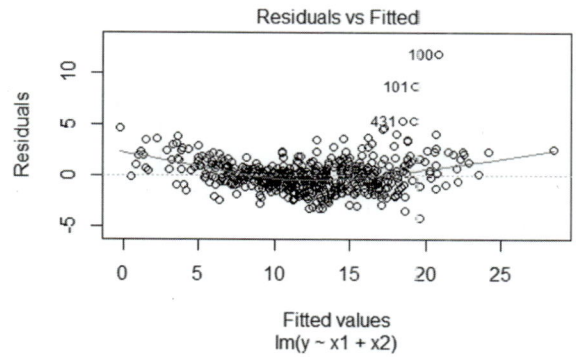

① 등분산성을 만족하지 않는다.
② 독립성을 만족하지 않는다.
③ 이상값이 존재한다고 볼 수 있다.
④ 비선형성이 존재한다.

38 점추정과 구간추정에 대한 설명으로 잘못된 것은?
① 구간추정은 모수를 포함할 것으로 기대되는 범위를 추정하는 방법이다.
② 점추정은 모수를 하나의 값으로 추정하는 방법이다.
③ 신뢰수준이 높아질수록 신뢰구간은 넓어진다.
④ 신뢰구간은 항상 모수를 포함한다.

39 앙상블(Ensemble) 모형에 대한 설명으로 가장 적절하지 않은 것은?
① 랜덤 포레스트는 모형 적합에 사용될 변수를 중요도에 따라 선택하고 선택한 변수 내에서 최적의 분할을 만들어 나가는 방법이다.
② 부스팅(Boosting)은 분류가 잘못된 데이터에 더 큰 가중치를 주고 모형을 추가로 적합하는 방식이다.
③ 스태킹(Stacking)은 서로 유형이 다른 다양한 알고리즘을 활용한 모델을 조합하는 방법이다.
④ 배깅(Bagging)은 데이터 집합으로부터 여러 개의 붓스트랩 표본을 생성하고 각 표본을 활용한 모형을 적합한 후 그 결과를 앙상블하는 방법이다.

40 다음 보기의 그래프에 대한 설명으로 가장 옳지 않은 것은?

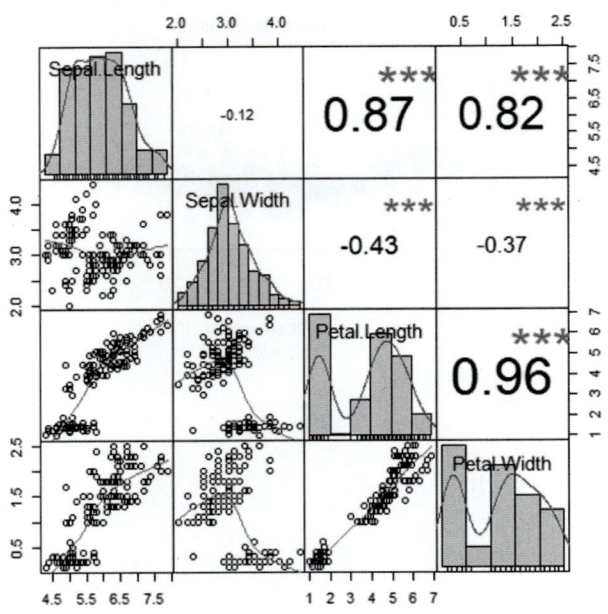

① 수치형 변수 4개의 분포와 관계를 파악하기 위해 활용한다.
② Sepal.Width의 평균이 Petal.Width의 평균보다 크다
③ Petal.Length와 Petal.Width는 직선적인 관계를 갖고 있으며 상관계수가 1에 가깝다.
④ Sepal.Width와 Petal.Length의 상관계수가 가장 작으므로 두 변수가 가장 관련이 적다고 할 수 있다.

41 확률에 대한 설명으로 잘못된 것은?

① 확률은 0에서 1 사이의 값을 가진다.
② 조건부 확률은 특정한 사건이 주어졌을 때 다른 사건이 발생할 확률이다.
③ 사건 A와 B의 교집합의 확률은 각 확률의 곱과 같다.
④ 두 사건이 배반인 경우, 두 사건의 합집합의 확률은 두 확률의 합이다.

42 표본 추출법에 대한 설명으로 옳은 것은?

① 계통추출법은 일련번호를 부여한 후, 난수(random number)를 생성하여 표본을 추출한다.
② 층화추출법은 이질적인 원소들로 구성된 각 계층에서 대표가 되는 표본들을 무작위로 추출한다.
③ 집락추출법은 모집단을 동질적인 여러 집단으로 나누고, 해당 집단에서 일부를 표본으로 선택한다.
④ 단순임의추출법은 모집단을 일정한 간격으로 나누어 표본을 추출한다.

43 다음 중 앙상블 기법의 활용 목적 및 장점으로 적절한 것은?

① 속도 향상
② 분류 정확도 향상
③ 다차원 축소
④ 예측 안정성 감소

44 다음 중 척도에 대한 설명이 잘못된 것은?

① 구간척도(Interval Scale) - 값 간 간격이 일정하며, 절대 영점이 존재하여 비율 비교가 가능하다.
② 순서척도(Ordinal Scale) - 관측값 간의 순서 정보만 제공하며, 간격의 크기는 알 수 없다.
③ 비율척도(Ratio Scale) - 단위가 일정하며, 모든 산술 연산이 가능하다.
④ 명목척도(Nominal Scale) - 범주형 변수로서 이름 또는 분류만 제공한다.

45 다음 보기는 변수들 간의 상관계수를 나타낸다. 이에 대한 설명으로 가장 옳지 않은 것은?

	Salary	Years	Hits	Runs	CHits	CRuns	Errors
Salary	1.00	0.40	0.44	0.42	0.55	0.56	-0.11
Years	0.40	1.00	0.04	0.00	0.90	0.88	-0.16
Hits	0.44	0.04	1.00	0.92	0.26	0.26	0.31
Runs	0.42	0.00	0.92	1.00	0.20	0.25	0.24
CHits	0.55	0.90	0.26	0.20	1.00	0.98	-0.06
CRuns	0.56	0.88	0.26	0.25	0.98	1.00	-0.08
Errors	-0.11	-0.16	0.31	0.24	-0.06	-0.08	1.00

① Years와 Runs의 상관계수는 0이다.
② CRuns와 CHits의 상관계수는 통계적으로 유의하다.
③ Salary와 Errors는 음의 상관관계를 가진다.
④ Salary를 반응변수(종속변수)로 두고 나머지 변수를 독립변수로 하는 선형회귀 모형을 적합하면 다중공선성이 발생한다.

46 다음 중 하나의 연속형 종속변수를 서로 다른 여러 개의 독립변수로 설명하는 분석 기법은?

① 로지스틱회귀
② 다중 회귀
③ 다항 회귀
④ 단순 회귀

47 다음 중 회귀분석의 정규성 검증과 거리가 먼 것은?

① 더빈-왓슨 테스트
② Q-Q plot
③ 샤피로-윌크 테스트
④ 히스토그램

48 다음 보기의 주성분 분석 결과에 대한 설명으로 옳지 않은 것은?

```
Importance of components:
                          PC1     PC2     PC3     PC4     PC5     PC6     PC7     PC8     PC9
Standard deviation      2.7734  2.0303  1.3149  0.9575  0.8411  0.7237  0.6984  0.5009  0.4252
Proportion of Variance  0.4525  0.2425  0.1017  0.0539  0.0416  0.0308  0.0286  0.0147  0.0106
Cumulative Proportion   0.4525  0.6949  0.7966  0.8505  0.8921  0.9229  0.9516  0.9664  0.9770
                          PC10    PC11    PC12    PC13    PC14    PC15    PC16    PC17
Standard deviation      0.3639  0.3120  0.2436  0.2320  0.1635  0.1186  0.0693  0.0346
Proportion of Variance  0.0077  0.0057  0.0034  0.0031  0.0015  0.0008  0.0002  0.0001
Cumulative Proportion   0.9848  0.9905  0.9940  0.9972  0.9988  0.9996  0.9999  1.0000
```

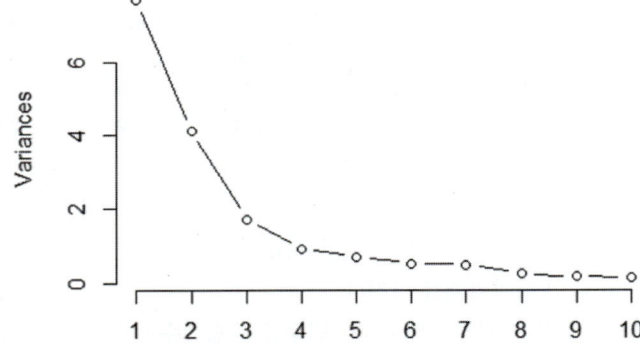

① 가장 설명력이 높은 주성분은 총분산의 40% 이상을 설명한다.
② 17개 주성분을 모두 활용하면 분산의 100%를 설명할 수 있다.
③ 활용하는 주성분 개수가 늘어날 수록 각 주성분의 설명력은 점점 감소한다.
④ 첫 두 개의 주성분을 활용하면 총분산의 24.25%를 설명할 수 있다.

49 결측값 대응 방안 중 완전 분석(Complete Case Analysis)에 관한 설명으로 잘못된 것은?

① 결측값이 있는 행을 삭제하여 분석을 수행한다.
② 완전 분석은 데이터의 간결성을 보장하지만 표본 크기가 줄어들 수 있다.
③ 결측값이 포함된 데이터를 삭제하면 간결한 분석이 가능하지만 정보 손실이 발생할 수 있다.
④ 이상치를 절단하면 데이터 손실률은 줄고, 설명력은 증가한다.

50 인공신경망에 대한 설명으로 가장 옳지 않은 것은?

① 인공신경망은 비선형 관계를 잘 학습할 수 있다.
② 신경망은 다층구조를 통해 복잡한 함수 근사에 적합하다.
③ 신경망 모형은 매우 복잡하므로 연속형 변수만 입력 데이터로 사용할 수 있다.
④ 활성화 함수는 뉴런의 출력값을 결정하며 비선형성을 도입한다.

ADsP 기출문제 42회 (2024.08.10. 시행)

문항 수	시험 시간	배점
총 50문항	90분(1시간 30분)	각 2점

수험번호 : _____

성   명 : _____

정답 & 해설 ▶ 258쪽

1과목 데이터 이해   10문항

01 빅데이터의 영향에 대한 설명으로 옳지 않은 것은?
① 알고리즘을 통한 의사결정 및 자동화가 확산되었다.
② 소비자 행동 분석, 시장 예측으로 비즈니스 모델을 개선하고 신사업 진출 가능성이 열렸다.
③ 원가 절감, 제품 차별화, 기업활동의 투명성 등이 가능하다.
④ 고객 특성을 일반화하고 획일화된 서비스를 제공한다.

02 다음 보기의 각 빈 칸에 데이터베이스 특징을 알맞게 순서대로 적은 것은?

[   ] : 데이터는 컴퓨터가 접근할 수 있는 저장 매체에 저장됨
[   ] : 데이터는 서로 다른 목적을 가진 여러 사용자에 의해 이용됨
[   ] : 데이터는 데이터베이스에서 동일한 내용이 중복되지 않음

① 저장-공용-통합   ② 저장-통합-공용
③ 변화-공용-통합   ④ 변화-통합-저장

03 다음 중 데이터의 유형이 다른 하나는?
① 풍속   ② 상대습도
③ 기상특보   ④ 강수량

04 다음 중 빅데이터로 인한 잠재적 위험 요소가 아닌 것은?
① 데이터 오용   ② 책임 원칙의 훼손
③ 사생활 침해   ④ 분석 기술의 발달

05 빅데이터의 성장과 발전 요인으로 옳지 않은 것은?

① 데이터 분산처리 기술의 발전을 통해 대용량 데이터 분석이 가능해졌다.
② 민간 데이터 개방으로 활용 가능한 정형 데이터가 폭증하였다.
③ 5G, IoT와 같은 센싱 및 통신 기술이 데이터 다양성 및 실시간성을 제공하였다.
④ SNS를 통해 방대한 양의 데이터가 생성되었다.

06 다음 중 DIKW 피라미드에서 지식(Knowledge)에 해당하는 것은?

① A마트는 1,000원에, B마트는 1,500원에 동일한 과자를 판매한다.
② A마트의 과자가 더 싸다.
③ A마트가 B마트보다 더 저렴해서 A마트에서 과자를 사야겠다.
④ A마트의 다른 상품들도 B마트보다 쌀 것이다.

07 다음 중 빅데이터가 만들어내는 변화에 대한 것으로 옳은 것은?

① 사후처리 → 사전처리
② 양 → 질
③ 전수조사 → 표본조사
④ 인과관계 → 상관관계

08 다음 중 데이터 사이언티스트에게 필요한 역량이 아닌 것은?

① 네트워크 최적화
② 통찰력 있는 분석 능력
③ 스토리텔링 및 전달 능력
④ 다분야간 커뮤니케이션

09 다음 보기의 가치 패러다임의 변화와 관련한 설명에 해당하는 단계는?

> 디지털화된 정보와 대상들은 서로 연결되어 있으며, 이 연결을 효과적으로 관리하는 것이 중요하다.

① Digitalization
② Connection
③ Agency
④ Modernization

10 다음 중 빅데이터의 위기요인 중에서 사생활 침해에 대한 통제 방안으로 옳은 것은?
① 기존 책임 원칙의 강화
② 정보제공자 동의에서 정보사용자의 책임제로 전환
③ 데이터의 익명화
④ 알고리즘에 대한 접근권 허용

2과목 데이터 분석 기획 (10문항)

11 상향식 방법론에 대한 설명으로 옳지 않은 것은?
① 문제 정의가 된 이후에 사용하는 방법이다.
② 계층적 군집분석에서 하며, 비지도학습에서 자주 사용된다.
③ 시행착오를 통해 점진적인 개선을 이루고 통찰을 얻을 수 있다.
④ 데이터 탐색 및 인터뷰 등을 통해 문제를 정의하고 주제를 설정하여 해결방안을 탐색한다.

12 다음 중 분석 방법은 알고 분석 대상은 모를 경우의 분석 주제 유형으로 알맞은 것은?
① 최적화
② 통찰
③ 솔루션
④ 발견

13 다음 빅데이터의 4V 중에서 비즈니스 효과 요소에 해당하는 것은?
① Value
② Volume
③ Variety
④ Velocity

14 다음 중 CRISP-DM의 업무이해 단계의 주요 구성으로 올바른 것은?
① 업무 목적 파악 → 상황 파악 → 목표 설정 및 프로젝트 계획 수립
② 초기 데이터 수집 → 데이터 탐색 → 데이터 품질 확인
③ 분석 기획 → 데이터 준비 → 데이터 모델링 → 평가 및 배포
④ 분석용 데이터 준비 → 탐색적 분석 → 모델링 → 모델 평가 및 검증

15 다음 중 KDD 분석 방법론의 단계 순서를 올바르게 나열한 것은?

① Selection → Preprocessing → Transformation → Data Mining → Interpretation/Evaluation
② Preprocessing → Selection → Transformation → Data Mining → Interpretation/Evaluation
③ Selection → Transformation → Preprocessing → Interpretation/Evaluation → Data Mining
④ Planning → Preprocessing → Transformation → Data Mining → Interpretation/Evaluation

16 다음 중 분석 결과를 활용하고 발전시켜 혁신 및 성과 향상에 기여하는 데이터 분석 성숙도 단계는?

① 도입 ② 활용
③ 확산 ④ 최적화

17 다음 중 협의의 분석 플랫폼에 포함된 항목으로 올바른 것은?

① 분석 라이브러리 ② 분석 서비스 제공 API
③ 분석 서비스 제공 엔진 ④ 하드웨어

18 다음 중 데이터 분석 준비도를 진단하기 위한 영역에 포함되지 않는 것은?

① 분석 비용 ② 분석 기법
③ 분석 문화 ④ 분석 업무 파악

19 다음 중 분석 과제의 주요 특성관리 영역에 포함되지 않는 항목은?

① 데이터 규모(Size)
② 속도(Speed)
③ 데이터 복잡도(Data Complexity)
④ 데이터 분류(Classification)

20 다음 중 분석 우선순위 평가에서 시급성이 현재일 때 가장 먼저 고려해야 할 항목은 무엇인가?

① 기술 용이성 ② 분석 적용 비용
③ 전략적 중요도 ④ 실행 용이성

3과목 | 데이터 분석 30문항

21 다음 중 이상치(Outlier)와 가장 관련이 깊은 것은?

① 매출 예측 ② 교차 판매
③ 부정 거래 탐지 ④ 장바구니 분석

22 다음 중 설문 조사의 5점 척도(5: 매우 만족, 4: 만족, 3: 보통, 2: 불만족, 1: 매우 불만족)에 해당하는 척도로 알맞은 것은?

① 서열 척도 ② 비율척도
③ 구간척도 ④ 명목척도

23 Apriori 알고리즘에 대한 설명으로 옳은 것은?

① 구조화된 트리를 사용하여 유의미한 항목 집합을 효율적으로 추출한다.
② 모든 항목에 대해 연관규칙을 찾는다.
③ 빈발 항목 집합을 찾고 그에 기반한 유의미한 연관 규칙만을 탐색한다.
④ 항목 수 및 데이터의 크기에 따른 성능 차이가 없다.

24 결측치 처리와 대치에 관한 설명으로 옳지 않은 것은?

① 평균대치법은 데이터의 평균으로 결측값을 대치하는 방법이다.
② 조건부 평균대치법은 회귀분석 등을 활용하여 대치하는 방법이다.
③ 다중 대치법은 하나의 결측치를 여러 대치값으로 대치하는 방법으로 단순 대치법과 달리 불확실성을 고려하지 않는다.
④ 완전 사례 분석은 결측을 포함한 불완전 데이터를 모두 제거하는 방법으로, 데이터 손실로 인해 분석 결과의 일반화 가능성을 저하시킬 수 있다.

25 다음 중 AR(1)과 AR(2)의 차이점을 정리한 것으로 옳은 것은?

① AR(1) : 선형, AR(2) : 비선형
② AR(1) : 1개 시차 이용, AR(2) : 2개 시차 이용
③ AR(1) : 정상 시계열, AR(2) : 비정상 시계열
④ AR(1) : 단기 메모리 활용, AR(2) : 장기 메모리 활용

26 다음 중 시계열 분해에서 분해 요인과 가장 관련이 없는 것은?

① 계절 요인
② 추세 요인
③ 교호 요인
④ 불규칙 요인

27 회귀모형 평가에 대한 설명으로 잘못된 것은?

① Mallow's CP는 모델의 편향(bias)과 분산(variance)을 함께 고려하여 최적의 모델을 선택하는 데 사용한다.
② AIC, BIC, Mallow's CP는 작은 값을 갖는 것이 좋은 모델이다.
③ AIC는 변수가 많아질수록 더 많은 벌점을 부여한다.
④ BIC는 베이지안 모형에 기반하며 변수가 많아질수록 가중치를 부여한다.

28 이상치에 관한 설명으로 옳지 않은 것은?

① 범위(Range)는 이상값이 존재할 경우 값이 커진다.
② ESD(Extreme Studentized Deviate)는 이상치 탐지 방법 중 하나이며, 데이터가 정규분포를 따른다고 가정한다.
③ IQR은 Q3 − Q1로 정의되며, 이상치를 탐지하기 위한 기준으로 사용된다.
④ 평균대치법과 조건부 평균대치법은 전체 평균을 이용해 결측을 대치한다.

29 다음 보기의 설명과 일치하는 의사결정나무와 관련된 개념은 무엇인가?

> 의사결정나무에서 무분별한 분할을 막고 더 이상 분리가 일어나지 않도록 한다.

① 정지 기준
② 재귀 분할
③ 가지치기
④ 최적 분할

30 인공신경망(Artificial Neural Network)에 관한 설명으로 옳지 않은 것은?

① 다층 퍼셉트론(MLP) 구조에서 각 층은 완전 연결되어 있다.
② 결과에 대한 해석이 쉽지 않고, 복잡한 비선형 관계에 유용하다.
③ 역전파 알고리즘을 사용해 기울기를 계산하고 가중치를 갱신한다.
④ 이상치와 특이값에 대해 민감하게 반응한다.

31 다음 선형회귀 모형의 적합 결과에 대한 설명으로 가장 옳지 않은 것은?

```
> model = lm(sales ~ TV + radio + newspaper + TV:radio, data = data)
> summary(model)

call:
lm(formula = sales ~ TV + radio + newspaper + TV:radio, data = data)

Residuals:
   Min      1Q   Median     3Q      Max
-6.2929  -0.3983  0.1811  0.5957  1.5009

Coefficients:
              Estimate   Std. Error   t value   Pr(>|t|)
(Intercept)   6.728e+00  2.533e-01    26.561    < 2e-16   ***
TV            1.907e-02  1.509e-03    12.633    < 2e-16   ***
radio         2.799e-02  9.141e-03     3.062    0.00251   **
newspaper     1.444e-03  3.295e-03     0.438    0.66169
TV:radio      1.087e-03  5.256e-05    20.686    < 2e-16   ***
---
signif. codes:  0 '***' 0.001 '**' 0.01 '*' 0.05 '.' 0.1 ' ' 1

Residual standard error: 0.9455 on 195 degrees of freedom
Multiple R-squared: 0.9678,  Adjusted R-squared: 0.9672
F-statistic: 1466 on 4 and 195 DF,  p-value: < 2.2e-16
```

① newspaper는 sales를 설명하는 유의미한 설명변수가 아니라고 할 수 있다.
② radio의 값이 고정되어 있고 TV의 값이 1 증가하면 sales는 1.907e-02(=0.019)만큼 증가한다.
③ F-검정을 통해 선형회귀 모형의 유의성을 확인할 수 있다.
④ 결정계수는 0.9678로 sales 전체 변동(차이)의 96.78%만큼 설명할 수 있다는 것을 의미한다.

32 다중 공선성의 확인과 대응법에 대한 설명으로 가장 옳지 않은 것은?

① 상대적으로 중요도가 낮은 변수를 제거한다.
② VIF를 통해 다중 공선성을 확인할 수 있다.
③ 평균 중심을 이동하는 중심화나 표준화로 변수를 변환한다.
④ 주성분 등 차원축소 기법을 활용한다.

33 최적 회귀 모형을 위한 변수 선택법에 대한 설명으로 옳지 않은 것은?

① 후진제거법은 상수항만 남을 때까지 제거하는 방법이다.
② 모든 가능한 독립변수들의 조합에 대해 회귀모형을 적합하고 가장 성능이 높은 모형을 선택할 수 있다.
③ 단계별 선택법은 변수를 제거하거나, 추가하는 방법이다.
④ 전진선택법은 변수를 하나씩 추가하면서 더 이상 성능이 개선되지 않을 때 중지한다.

34 다음 보기는 R을 활용한 선형회귀 분석 결과의 일부이다. 변수 'Tree.L'의 유의성을 따지기 위한 검정 통계량 t 값을 계산하기 위한 수식으로 알맞은 것은?

```
Coefficients:
              Estimate    Std. Error
(Intercept)   17.399650   5.543461
age            0.106770   0.005321
Tree.L        39.935049   5.768048
Tree.Q         2.519892   5.768048
Tree.C        -8.267097   5.768048
Tree^4        -4.695541   5.768048
```

① 39.935049 / 5.768048
② 5.768048 / 39.935049
③ 39.935049 * 5.768048
④ (39.935049 + 5.768048) / 39.935049

35 다음 중 분류 목적의 의사결정나무에서 분할 기준으로 사용되지 않는 것은?

① 카이제곱 통계량 ② 엔트로피 지수
③ 지니 지수   ④ 분산 감소량

36 다음 중 지도학습의 종류가 아닌 것은?

① 로지스틱회귀
② SVM(Support Vector Machine)
③ 의사결정나무
④ SOM(Self-Organizing Map)

37 다음 중 신용카드 사용 고객의 연체 확률을 예측하기에 적합하지 않은 알고리즘은 무엇인가?

① 랜덤 포레스트　　　　　　　　　② 로지스틱회귀 모형
③ 선형회귀 모형　　　　　　　　　④ KNN

38 다음 보기는 오렌지 나무에 대한 품종(Tree)과 수령(age), 둘레(circumference)를 측정한 데이터의 요약 결과이다. 결과에 대한 설명으로 가장 옳지 않은 것은?

```
> head(Orange)
    Tree      age         circumference
1   1         118         30
2   1         484         58
3   1         664         87
4   1         1004        115
5   1         1231        120
6   1         1372        142

> summary(Orange)
Tree         age                circumference
3:7     Min.    : 118.0       Min.    : 30.0
1:7     1st Qu. : 484.0       1st Qu. : 65.5
5:7     Median  : 1004.0      Median  : 115.0
2:7     Mean    : 922.1       Mean    : 115.9
4:7     3rd Qu. : 1372.0      3rd Qu. : 161.5
        Max.    : 1582.0      Max.    : 214.0
```

① age의 중앙값은 1000보다 크다.
② 5개 나무에 대한 데이터로 관측치 수는 5이다.
③ tree는 명목형 데이터이다.
④ circumference의 평균과 중앙값의 차이는 1보다 작다.

39 다음 중 군집 분석에서 적정 군집의 수를 설정하기 위해 활용하는 것은?

① 실루엣 계수
② 상관계수
③ 유클리드 거리
④ ROC Curve

40 다음 보기에 해당하는 연관규칙의 지표는 무엇인가?

> A, B가 서로 독립을 가정했을 때의 빈도 대비 실제 A, B 동시 구매 빈도의 비율

① 지지도
② 신뢰도
③ 향상도
④ 재현도

41 DBSCAN 알고리즘에 대한 설명으로 잘못된 것은?

① 관측치의 밀도 기반으로 클러스터를 형성한다.
② 초기에 k 개수를 설정해야 한다.
③ 이상치에 의한 성능 하락을 완화할 수 있다.
④ 비선형적 분포를 갖는 데이터의 군집분석에 적합하다.

42 다음 보기의 정보를 활용하여 질병 D를 양성으로 진단받은 사람 중 실제 질병에 걸린 사람의 비율을 구하시오.

> - 전체 인구 중 질병 D에 걸린 사람의 비율은 5%이다.
> - 전체 인구 중 질병 D를 양성으로 진단받은 사람은 15%이다.
> - 질병 D에 걸린 사람 중 진단 결과가 양성인 사람은 90%이다.

① 0.15
② 0.25
③ 0.30
④ 0.33

43 다음 보기는 성별과 딸기 선호 여부로 구성한 교차표다. 이 중 임의로 한 명을 선택했을 때 딸기를 선호할 확률은 얼마인가?

	선호	비선호
남	40	10
여	30	20

① 0.3 ② 0.6
③ 0.7 ④ 0.8

44 다음의 오차 행렬을 기준으로 오분류율(Error Rate)을 계산한 값은? (단, 소수점 셋째자리에서 반올림)

		예측 A	예측 B
실제	A	30	60
	B	10	150

① 0.25 ② 0.28
③ 0.29 ④ 0.30

45 다음 중 혼합 분포 군집에서 모수와 가중치 추정에 사용되는 방법으로 가장 적절한 것은?
① EM 알고리즘 ② 맨해튼 거리
③ K-means ④ 유클리드 거리

46 다음 수식과 같이 표현되는 정규분포를 활용한 모평균의 95% 신뢰구간에 대한 설명으로 가장 옳지 않은 것은?

$$0.5 \pm 1.96 \times \left(\frac{\sigma}{\sqrt{n}}\right)$$

① 신뢰수준이 95%에서 99%로 변경되면 $z_{0.025}$에 해당하는 1.96이 $z_{0.005}$인 2.58로 변경된다.
② 모평균이 신뢰구간 내에 존재하지 않을 수 있다.
③ 표본 평균은 0.5이다.
④ 모표준편차 σ가 고정되어 있다면, 또다른 표본을 활용해서 구간 추정을 하더라도 신뢰구간은 동일하다.

47 "귀무가설이 참이라는 가정하에, 관측 혹은 계산된 통계량과 같거나 더 극단적인 통계량이 나타날 확률"을 의미하는 것은?

① α
② 1-α
③ p-value
④ β

48 인공신경망에 대한 설명으로 가장 옳지 않은 것은?

① Softmax 함수는 관심변수나 출력값이 범주인 경우 각 범주에 속할 확률을 계산하는 활성화 함수이다.
② 활성화 함수 중 계단 함수는 입력값이 양수일 때 1, 음수일 때 0의 값을 출력한다.
③ 뉴런이 많으면 과소적합, 뉴런이 적으면 과대적합 문제가 발생할 수 있다.
④ 은닉층 수와 은닉 노드 수의 결정은 분석 경험이나 선행 연구 결과를 참고하여 설정한다.

49 다음 중 앙상블 기법의 종류가 아닌 하나는?

① 풀링(Pooling)
② 배깅(Bagging)
③ 부스팅(Boosting)
④ 스태킹(Stacking)

50 시계열 데이터 분석에 관련한 설명으로 잘못된 것은?

① 시간에 따라 분산이 증가하는 경우에는 로그 변환을 통해서 정상 시계열로 바꿀 수 있다.
② 비정상시계열 자료는 정상성을 만족하도록 정상 시계열로 만든 후 시계열 분석을 수행한다.
③ 정상성 충족 여부를 판단하기 위해 개입분석을 실시할 수 있다.
④ 차분이란 현재시점 자료의 값에서 이전 시점의 값을 빼는 것으로 차분을 반복하여 이전 차분 결과를 기반으로 추가적인 변화를 계산할 수 있다.

ADsP 기출문제 41회 (2024.05.11. 시행)

문항 수	시험 시간	배점
총 50문항	90분(1시간 30분)	각 2점

수험번호 : _____

성   명 : _____

정답 & 해설 ▶ 263쪽

1과목 데이터 이해   10문항

01 다음 보기가 설명하는 데이터베이스 관련 용어는?

> 제조업 및 유통업에서 공급망 전체를 관리하는 시스템으로, 원재료의 수급부터 최종 제품의 고객 전달까지의 모든 과정을 효율적으로 관리하고 비용 절감과 서비스 수준 향상을 목표로 한다.

① CRM
② SCM
③ MIS
④ ERP

02 다음 중 빅데이터의 가치 측정이 어려운 이유와 거리가 먼 것은?

① 빠른 변화와 시의성
② 폐쇄적 데이터 활용
③ 잠재적 가치의 불확실성
④ 다차원적 평가 방식

03 DIKW 계층구조에 대한 설명으로 옳지 않은 것은?

① Data – 수치나 기호, 문자로 표현된 기록 그 자체를 의미
② Insight – 목적에 따라 데이터를 가공, 처리, 분석한 결과물
③ Knowledge – 정보를 연결하고 일반화한 체계적이고 가치 있는 사실
④ Wisdom – 축적된 지식과 경험 및 아이디어를 결합한 창의적인 산물

04 다음 보기가 설명하는 용어로 알맞은 것은?

> 다양한 의미 전달 매체에 의하여 표현된 데이터, 정보, 지식, 저작물 등의 인식 가능한 모든 자료

① 데이터베이스
② DBMS
③ 데이터 웨어하우스
④ 콘텐츠

05 다음 중 빅데이터의 가치 패러다임 변화 순서로 알맞은 것은?

> 가. 연결(Connection)
> 나. 에이전시(Agency)
> 다. 디지털화(Digitalization)

① 가 → 다 → 나
② 가 → 나 → 다
③ 다 → 가 → 나
④ 다 → 나 → 가

06 다음 중 빅데이터로 인한 데이터 분석 방향 변화의 양상으로 옳지 않은 것은?

① 사후처리 → 사전처리
② 표본조사 → 전수조사
③ 질 → 양
④ 인과관계 → 상관관계

07 통찰력 있는 분석을 수행하기 위해 데이터 사이언티스트가 갖춰야 할 역량으로 옳지 않은 것은?

① 창의적 사고
② 호기심
③ 비판적 사고
④ 연구 윤리

08 다음 중 데이터 사이언티스트에게 요구되는 비기술적 역량(soft skill)을 모두 나열한 것은?

> 가. 경험을 통한 분석 기술 숙달
> 나. 알고리즘에 대한 이론적 지식
> 다. 의사소통 역량
> 라. 창의적 사고
> 마. 스토리텔링을 통한 설득력 있는 전달

① 가, 나, 다
② 가, 다, 라
③ 나, 다, 라
④ 다, 라, 마

09 다음 괄호 안에 들어갈 말로 알맞은 것은?

> 데이터 오용으로 인한 피해를 막기 위해 알고리즘 접근권을 보장하고, 알고리즘에 불이익을 받은 사람들을 대변하고 구제할 능력을 갖춘 (　　)의 역할이 점점 중요해지고 있다.

① 정보보안전문가
② 알고리즈미스트
③ 데이터 관리자
④ 데이터 분석가

10 빅데이터 시대의 위기요인과 통제방안의 조합으로 알맞은 것은?

① 사생활 침해 – 알고리즘 접근성 강화
② 데이터 오용 – 정보 활용자 책임제로 전환
③ 책임원칙 훼손 – 결과 기반 책임 원칙 구축
④ 개인정보 유출 – 데이터 공개

2과목　데이터 분석 기획

11 다음 보기에서 설명하는 데이터 분석 조직 구조는?

> • 전사 분석업무를 별도의 분석 전담 조직에서 담당
> • 전략적 중요도에 따라 분석조직이 우선순위를 정해서 진행 가능
> • 현업 업무부서의 분석업무와 이중화/이원화 가능성 높음

① 집중적 구조　　　　　　　　② 분산형 구조
③ 확산형 구조　　　　　　　　④ 기능 중심 구조

12 데이터 분석 조직에 대한 설명으로 알맞지 않은 것은?

① 비즈니스 이해, IT 및 분석 역량을 갖춘 구성원이 필요하다.
② 기업의 경쟁력 확보를 위해 데이터 분석을 통해 가치를 발견한다.
③ 데이터 분석결과를 바탕으로 최종 의사결정을 내리는 주체이다.
④ 현업 부서 등과 지속적인 커뮤니케이션을 수행한다.

13 다음 보기에서 설명하는 문제 탐색 기법으로 알맞은 것은?

> 새로운 문제를 탐색하는 단계에서 유사 또는 동종 사례의 벤치마킹을 통해 후보그룹을 추출하고 Quick & Easy 방식으로 필요한 분석기회가 무엇인지에 대한 아이디어를 얻어, 기업에 적용할 과제 후보 목록을 워크숍 형태의 브레인스토밍을 통해 빠르게 도출하는 방법이다.

① 분석 유즈케이스　　　　　　② 외부 참조 모델
③ 역량 재해석　　　　　　　　④ 경쟁자 확대 관점

14 다음 보기에서 설명하는 분석 프로젝트 관리영역으로 알맞은 것은?

> 프로젝트 목적성에 맞는 외부 소싱을 적절하게 운영할 필요가 있으며, 특히 PoC 형태의 프로젝트는 인프라 구매가 아닌 클라우드 등의 다양한 방안을 검토할 필요가 있다.

① 조달 관리　　　　　　　　　② 통합 관리
③ 범위 관리　　　　　　　　　④ 원가 관리

15 다음 중 분석 거버넌스 체계의 구성요소로 알맞지 않은 것은?

① 과제 기획 및 운영 프로세스
② 분석기획 및 관리 수행 조직
③ 분석교육 및 마인드 육성 체계
④ 과제 예산 및 비용 집행

16 분석의 대상 및 방법에 따른 분석 주제 유형 분류에 대한 설명으로 옳지 않은 것은?

① 분석 대상을 모르고 분석 방법을 알면 통찰을 활용할 수 있다.
② 분석 방법만 알고 있으면 솔루션을 이용할 수 있다.
③ 분석 대상과 분석 방법을 모두 알 경우 최적화가 가능하다.
④ 분석 대상과 분석 방법을 모두 모를 경우 탐색을 통한 발견이 필요하다.

17 분석 기획 단계에서 프로젝트 위험 대응 계획 수립 시 대응방안으로 옳지 않은 것은?

① 완화(Mitigate)
② 제거(Elimination)
③ 전이(Transfer)
④ 회피(Avoid)

18 다음 보기에서 설명하는 KDD 분석방법론의 단계로 적절한 것은?

> 추출된 분석대상 데이터에 포함된 잡음(noise), 이상치(outlier), 결측치를 식별하고, 제거하거나 재처리한다.

① 데이터 선택
② 데이터 변환
③ 데이터 전처리
④ 데이터 마이닝

19 분석과제 발굴 방법 중 상향식 접근법에 대한 설명으로 옳지 않은 것은?

① 일반적으로 지도학습(Supervised Learning)의 방식을 수행한다.
② 문제가 정의되어 있지 않거나 분석과제가 주어지지 않은 경우에 적합하다.
③ 다양한 데이터를 대상으로 다각도의 탐색을 통해 가치 있는 문제를 도출하는 일련의 과정이다.
④ 하향식 접근 방법과 비교했을 때, 복잡하고 다양한 환경에서 발생하는 문제 해결에도 상대적으로 더 적합하다.

20 다음의 분석 수준 유형 중 분석 준비도는 높은데 분석 성숙도가 낮은 형태에 해당하는 것은?

① 도입형 ② 정착형
③ 확산형 ④ 준비형

3과목 데이터 분석   30문항

21 계층적 군집분석에 대한 설명으로 알맞은 것은?

① 군집들은 일반적으로 중첩되지 않는 계층 구조로 구성된다.
② K-Means, K-Medoids와 같은 군집화 방법이 대표적이다.
③ 군집의 수를 미리 정하지 않고 계층적으로 관측치나 데이터를 병합하거나 분리한다.
④ 분할적 군집(Partitional Clustering)이라고도 하며, 데이터를 특정 수의 군집으로 나눈다.

22 시계열 분석에 관한 설명으로 옳지 않은 것은?

① MA 모델에서는 ACF가 특정 시점에서 절단되며, PACF는 시간이 지남에 따라 점진적으로 감소한다.
② AR 모델에서는 ACF는 시간이 지남에 따라 점진적으로 감소한다.
③ ARMA 모델에서는 ACF와 PACF 모두 특정 시점에서 급격히 절단된다.
④ AR 모델은 자기회귀성을 가지며 PACF가 특정 시점에서 절단된다.

23 다음 중 선형회귀 모형의 오차항에 대한 가정들이 올바르게 묶인 것은?

① 정규성, 독립성, 등분산성
② 선형성, 독립성, 등분산성
③ 선형성, 정규성, 등분산성
④ 선형성, 정규성, 독립성

24 다음 중 범주형 종속변수에는 지니지수를 사용하고, 연속형 종속변수에는 분산 감소량을 사용하는 의사결정 나무 알고리즘은?

① C5.0 ② CART
③ ID3 ④ CHAID

25 Cook's Distance에 대한 설명으로 옳지 않은 것은?
   ① Cook's Distance는 개별 관측치가 회귀 모델에 미치는 영향을 측정하는 데 사용된다.
   ② Cook's Distance가 클수록 해당 관측치의 모형에 대한 영향력이 크다.
   ③ Cook's Distance는 회귀 분석에서 영향력 지표로 자주 사용되며, 관측치가 모델 적합성에 미치는 영향을 평가한다.
   ④ Cook's Distance가 기준값인 1보다 클 경우, 해당 변수는 모형에 유의한 영향을 미친다고 판단할 수 있다.

26 결측값 처리에 사용되는 완전사례분석(Complete Case Analysis)에 대한 설명으로 옳지 않은 것은?
   ① 결측값의 수가 많을 경우 데이터 손실이 커질 수 있다.
   ② 결측값이 특정 그룹에 집중되면 분석 결과가 편향될 수 있다.
   ③ 결측값이 포함된 행을 모두 제거하는 방법이다.
   ④ 결측값을 데이터의 평균으로 대체하는 방법이다.

27 결측값에 대한 설명으로 옳지 않은 것은?
   ① 결측값은 값이 존재하지 않고 비어있는 상태를 의미한다.
   ② 결측값의 처리 여부가 데이터 분석의 속도에 영향을 미치지 않는다.
   ③ R에서 결측값은 NA로 표현한다.
   ④ 결측값은 정보 손실 및 통계적 편향의 발생을 초래할 수 있다.

28 위치 측도와 산포 측도에 대한 설명으로 알맞지 않은 것은?
   ① 평균은 모든 관측값을 더한 뒤 관측값의 개수로 나눈 값이다.
   ② 표준편차는 분산의 제곱근을 취하여 단위를 평균과 통일시킨 값이다.
   ③ 중앙값은 데이터를 크기 순으로 나열한 후 가운데 위치한 값으로, 이상값의 영향을 많이 받는다.
   ④ 평균절대편차는 각 관측값과 평균 사이의 거리의 평균이다.

29 다음 보기에서 R의 summary(   )와 boxplot(   )의 실행 결과를 기준으로 판단했을 때 이상값이 존재하는 변수는?

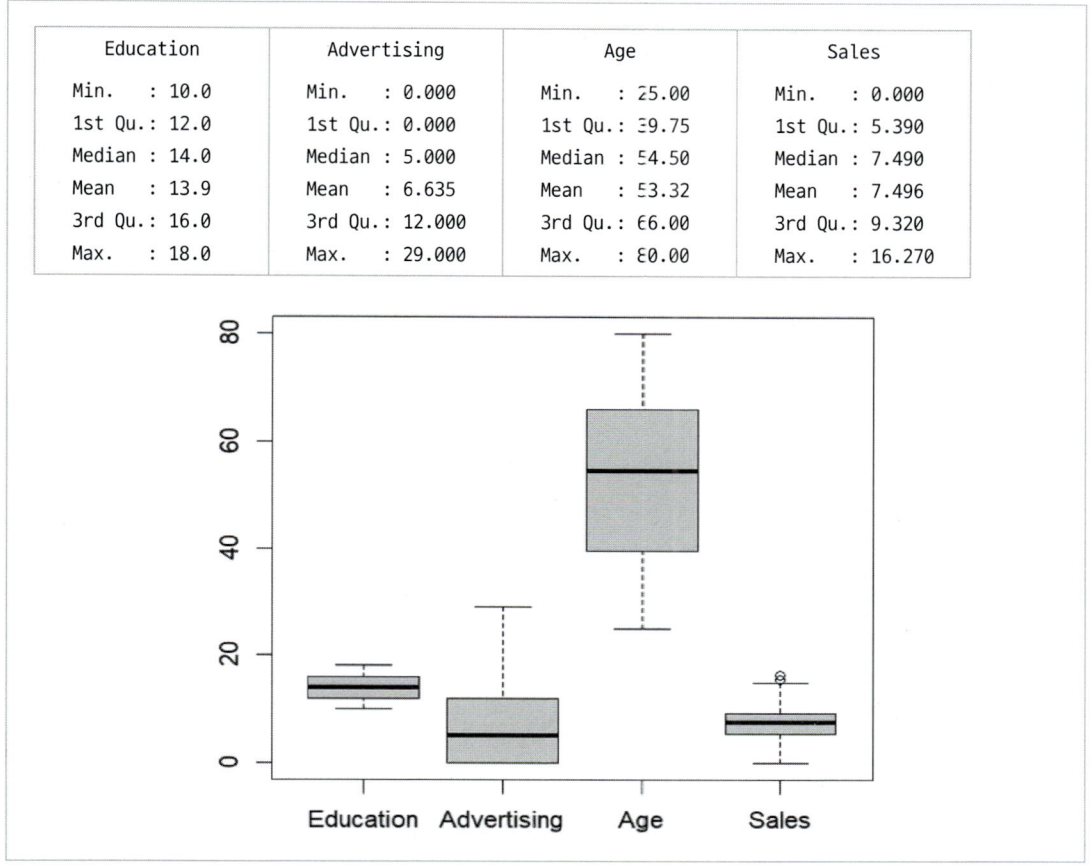

① Education
② Advertising
③ Age
④ Sales

30 다차원 척도법에 대한 설명으로 알맞지 않은 것은?
① 다차원 척도법은 데이터 간의 상대적 거리를 실수의 범위에서 완전히 보존할 수 있는 분석 기법이다.
② 개체들의 비유사성(거리)을 이용하는 점에서 군집분석과 동일하다.
③ 데이터 간의 거리를 바탕으로 관계 구조를 시각적으로 표현하는 통계 데이터 분석 기법이다.
④ 다차원 척도법을 근접도의 계산 방식에 따라 계량적 다차원 척도법과 비계량적 다차원 척도법으로 구분한다.

31 다음 보기의 sleep 데이터에서 extra는 수면시간의 증가량, group은 약물 구분 변수이다. summary( ), aggregate( ) 실행 결과에 대한 해석으로 옳지 않은 것은?

```
> summary(sleep)
     extra           group      ID
 Min.   :-1.600     1:10     1      :2
 1st Qu.:-0.025     2:10     2      :2
 Median : 0.950              3      :2
 Mean   : 1.540              4      :2
 3rd Qu.: 3.400              5      :2
 Max.   : 5.500              6      :2
                            (other):8

> aggregate(extra ~ group, data = sleep, FUN = 'mean')
    group   extra
 1    1      0.75
 2    2      2.33
```

① 평균적으로 수면시간은 1.54시간 증가했다.
② 수면시간이 0.9시간 이상 증가한 사람이 전체 인원의 50%를 넘는다.
③ 수면시간은 최대 5.5시간 증가했다.
④ group에 따라 수면시간 증가량이 0.75시간 차이가 난다.

32 의사결정나무 모형의 분리기준에 대한 설명으로 가장 옳은 것은?

① 엔트로피 값이 클수록 불순도는 낮다.
② 이진분리는 고유값만큼 많은 파티션을 사용해 집합을 나눈다.
③ 지니지수가 0일 때 순수도는 최대이다.
④ 카이제곱 통계량이 작을수록 분리된 노드는 이질적이다.

33 의사결정나무 모형의 학습 방법에 대한 설명으로 옳지 않은 것은?

① 이익도표 또는 평가 데이터를 활용한 교차검증을 이용해 의사결정나무의 성능을 평가한다.
② 가지치기를 하면 과적합이 줄어들고 학습 데이터에 대한 예측 성능이 향상된다.
③ 각 마디에서의 최적 분리규칙은 분리변수의 선택과 분리기준에 의해 결정된다.
④ 회귀와 분류 모형에서 모두 활용 가능하다.

34 다음 중 선형회귀 모형의 유의성 평가에 사용하는 검정은?

① F-검정
② 카이제곱 검정
③ Z-검정
④ t-검정

35 최적 회귀 모형 적합을 위한 다양한 방법론에 대한 설명으로 옳지 않은 것은?

① AIC, BIC는 통계량이 낮을수록 적합한 변수 선택 조합이라 판단할 수 있다.
② 전진 선택법은 유의미하거나 중요한 설명변수부터 하나씩 차례로 추가하는 방법이다.
③ 후진 제거법은 변수의 개수가 많은 경우에 사용하기가 어렵다.
④ Lasso는 L2 패널티를 이용하여 특정 회귀 계수를 0으로 만드는 경향이 있으며, 결과적으로 변수 선택을 수행한다.

36 앙상블 모형의 배깅(Bagging)에 대한 설명으로 옳지 않은 것은?

① 배깅은 모델의 분산을 감소시켜 과대적합(Overfitting)을 증가시킬 수 있다.
② 랜덤 포레스트(Random Forest)는 대표적인 배깅을 활용한 알고리즘이다.
③ 배깅은 부트스트랩(Bootstrap)으로 다양한 데이터 조합을 생성하고 모형 적합에 활용한다.
④ 배깅에서 종속변수가 범주형 데이터일 경우 다수결을 활용할 수 있다.

37 다음 중 이름, 성별, 지역 등을 표시하는 척도로 알맞은 것은?

① 명목척도
② 서열 척도(순서척도)
③ 등간척도(구간척도)
④ 비율척도

38 모수 검정과 비모수 검정에 대한 설명으로 옳지 않은 것은?

① 모수 검정은 표본통계량을 이용해 검정한다.
② 비모수 검정은 관측값의 순위나 부호를 이용한다.
③ 모수 검정은 모수의 분포에 대한 어떠한 가정도 하지 않는다
④ 비모수 검정에는 일부 카이제곱 검정, 맨휘트니 U검정 등이 포함된다.

39 다음 중 상관분석을 위한 귀무가설(H0)과 대립가설(H1)이 올바르게 설정된 것은?

① H0 : 상관계수가 1이다.
　H1 : 상관계수가 1보다 작다.
② H0 : 상관계수가 1이 아니다.
　H1 : 상관계수가 1이다.
③ H0 : 상관계수가 0이다.
　H1 : 상관계수가 0보다 크다.
④ H0 : 상관계수가 0이 아니다.
　H1 : 상관계수는 0이다.

40 연관 규칙 분석에 대한 설명으로 잘못된 것은?

① 장바구니 분석이라고도 하며 동시 구매 등 상품간 연관을 탐색할 때 활용한다.
② 품목 A와 품목 B의 연관성을 향상도로 수치화 할 수 있다.
③ 신뢰도는 품목 A가 판매될 때, 품목 B가 함께 판매될 확률이다.
④ 품목 A와 품목 B의 판매가 서로 독립일 경우 지지도는 1이다.

41 다음 중 다층 신경망에서 상대적으로 노드의 개수가 적을 경우의 특징으로 옳은 것은?

① 활성화 함수의 사용 불가
② 학습 시간 단축
③ 기울기 소멸
④ 파라미터 증가 및 모형 복잡도 증가

42 다음 중 재현율(Recall)의 수식으로 알맞은 것은?

① TN / FN　　　　　　　② TP / (TP + FP)
③ FP / (TN + FP)　　　　④ TP / (TP + FN)

43 로지스틱회귀분석에 대한 설명으로 옳지 않은 것은?

① 수치형과 범주형 독립변수를 모두 활용할 수 있다.
② 최대우도추정법(MLE)을 사용해 회귀 계수를 추정한다.
③ 회귀계수를 변형하지 않고 독립변수의 영향 및 효과를 직관적으로 해석할 수 있다.
④ 로짓변환을 활용하며 확률 예측에 활용할 수 있다.

44 다중공선성(Multicollinearity)에 대한 설명으로 옳은 것은?

① 다중공선성 문제를 해결하기 위해 상관관계가 높은 종속변수는 제거한다.
② VIF를 구하여 이 값이 1 이하일 때, 다중공선성의 문제가 있는 것으로 판단한다.
③ 분산팽창요인(VIF) 값이 1에 가까우면 회귀 계수의 기울기가 완만하게 줄어든다.
④ 다중공선성이 발생하면 회귀계수(Beta)의 표준오차가 증가하고 회귀계수의 해석이 어려워진다.

45 다음의 R을 활용한 회귀모형 적합 결과에 대한 설명으로 옳지 않은 것은?

```
> model = lm(Balance ~ Age + Income + Student, data = Credit)
> summary(model)

call:
lm(formula = Balance ~ Age + Income + Student, data = Credit)

Residuals:
    Min      1Q   Median      3Q      Max
 -817.01  -323.08   -56.68   309.80   790.93

Coefficients:
             Estimate  Std. Error   t value   Pr(>|t|)
(Intercept)  312.9120    68.0986      4.595   5.83e-06  ***
Age           -1.9585     1.1529     -1.699   0.0901    .
Income         6.1530     0.5641     10.907   < 2e-16   ***
StudentYes   378.9254    65.1935      5.812   1.27e-08  ***
---
signif. codes:  0 '***' 0.001 '**' 0.01 '*' 0.05 '.' 0.1 ' ' 1

Residual standard error: 390.9 on 396 degrees of freedom
Multiple R-squared: 0.2827,  Adjusted R-squared: 0.2773
F-statistic: 52.02 on 3 and 396 DF, p-value: < 2.2e-16
```

① 결정계수는 0.2773으로 주어진 설명변수를 활용해 Balance의 차이 혹은 변동의 27.73%를 설명할 수 있다는 의미를 갖는다.
② Age는 Balance에 통계적으로 유의미한 영향을 미치지 않는다.
③ 데이터의 관측치의 개수는 400개이다.
④ Income이 1 단위 증가할 때 Balance는 평균적으로 6.1530만큼 증가하는 경향이 있다.

46 상관계수에 대한 설명으로 옳지 않은 것은?
① 피어슨 상관계수는 두 변수 간의 선형관계의 크기를 측정한다.
② 상관계수가 0일 때 변수들은 서로 독립적이다.
③ 스피어만 상관계수는 두 변수 간의 비선형적인 관계도 측정 가능하다.
④ 피어슨 상관계수와 스피어만 상관계수는 -1과 1 사이의 값을 가진다.

47 데이터 공간의 거리와 유사도에 대한 설명으로 옳지 않은 것은?
① 거리 측정을 바탕으로 데이터나 관측치 사이의 유사성을 측정하고 군집으로 나눌 수 있다.
② 맨해튼 거리는 최단 직선거리를 계산하는 방법이다.
③ 유클리드 거리는 변수가 3개 이상일 때도 계산 가능하다.
④ 코사인 유사도는 벡터 간의 사잇각의 크기를 이용한다.

48 다음 중 시계열 분석에 대한 설명으로 옳지 않은 것은?
① 시계열의 다양한 요인을 분리하여 분석하는 방법을 시계열 분해라고 한다.
② 시계열의 평균이 일정하지 않은 경우, 차분을 통해 정상성을 확보할 수 있다.
③ 지수평활법은 최신 데이터보다 과거 데이터에 더 높은 가중치를 부여하고 평균을 구하는 통계 기법이다.
④ 이동평균 모형은 시계열의 과거 시점의 오차항을 이용해 현재 시점의 값을 설명하는 모형이다.

49 군집분석에 대한 설명으로 옳지 않은 것은?
① 군집화라고도 부르며 비지도학습에 속한다.
② 계층적 군집 분석의 결과는 덴드로그램으로 시각화할 수 있다.
③ 목적 함수 또는 손실 함수를 설정하고 그것을 최소화하는 방향으로 모형을 적합한다.
④ k-평균 군집화와 계층적 군집화의 결과는 다를 수 있다.

50 다음 보기의 거래 데이터를 바탕으로 연관규칙 [딸기 → 우유]의 지지도와 신뢰도를 계산하시오.

장바구니	품목
1	딸기, 우유, 빵
2	빵
3	우유, 빵
4	우유, 빵
5	딸기, 우유, 빵, 딸기우유
6	맥주
7	기저귀, 딸기
8	딸기, 우유
9	우유
10	딸기

① 지지도 60%, 신뢰도 50%
② 지지도 60%, 신뢰도 30%
③ 지지도 30%, 신뢰도 50%
④ 지지도 30%, 신뢰도 60%

ADsP 기출문제 40회 (2024.02.24. 시행)

문항 수	시험 시간	배점
총 50문항	90분(1시간 30분)	각 2점

수험번호 : _____
성   명 : _____

정답 & 해설 ▶ 267쪽

1과목 데이터 이해   10문항

01 다음 중 이미지, 로그, 영상, 텍스트 등의 데이터 형태로 알맞은 것은?

① Quantitative data
② Structured data
③ Unstructured data
④ Semi-structured data

02 다음 중 기업 내부의 데이터베이스 솔루션으로 거리가 먼 것은?

① CRM   ② ERP
③ SCM   ④ ITS

03 데이터의 특징에 대한 설명으로 옳지 않은 것은?

① 데이터는 객관적 사실이다.
② 데이터는 추론과 추정의 근거를 이루는 사실이다.
③ 단순한 객체로서의 가치와 다른 객체와의 상호 관계 속에서의 가치를 갖는다.
④ 데이터의 최소 단위는 바이트로 0과 1의 이진수 하나로 이루어져 있다.

04 빅데이터 및 알고리즘 활용에 관한 설명으로 옳지 않은 것은?

① 군집분석을 통한 고객의 연체 확률 계산 등 개인신용 평가에 활용한다.
② 최적화 문제에 대한 해결방안으로 사용되는 빅데이터 분석은 유전 알고리즘이다.
③ 특정 텍스트의 긍정, 부정을 분류하기 위해 감정 분석을 활용할 수 있다.
④ SNS 사용자 간 관계에 대해 사회연결망 분석을 시도할 수 있다.

05 다음 중 빅데이터 분석 활용의 파급 효과로 가장 옳지 않은 것은?

① 상품 개발과 조립 비용의 절감
② 운송 비용의 절감
③ 서비스 산업의 확대와 제조업의 축소
④ 신사업 발굴

06 데이터베이스의 특성에 대한 설명으로 옳지 않은 것은?

① 데이터베이스는 여러 사용자가 동시에 접근하여 사용할 수 있다.
② 데이터베이스는 접근 가능한 저장매체에 데이터를 저장한다.
③ 데이터베이스는 동일한 내용의 데이터는 중복되어 있지 않다.
④ 데이터베이스는 특정 응용프로그램에 의존하여 동작한다.

07 빅데이터가 만들어 낸 분석 방향의 본질적인 변화로 옳지 않은 것을 고르시오.

가. 사전처리 → 사후처리
나. 대면조사 → 표본조사
다. 질 → 양
라. 상관관계 → 인과관계

① 가, 나
② 나, 라
③ 다, 라
④ 가, 라

08 전략 도출을 위한 전략적 가치 기반 분석과 관련된 설명으로 옳지 않은 것은?

① 다양한 대량의 데이터를 수집, 분석하여 새로운 정보나 인사이트를 도출하고, 이를 기반으로 비즈니스 가치를 창출하는 것이 중요하다.
② 핵심적인 비즈니스 이슈에 답을 주는 분석은 기업의 경쟁 전략과 밀접하게 연관된다.
③ 전략적 분석과 통찰력의 창출은 빅데이터 프로젝트에서 핵심적인 역할을 한다.
④ 기존 성과를 유지하고 업계를 따라잡는 것이 전략적 가치 기반 분석의 가장 중요한 목표이다.

09 다음 중 데이터 사이언티스트에게 요구되는 기술적 역량(hard skill)로 알맞은 것은?
 ① 분석 기술에 대한 숙달
 ② 창의적 사고
 ③ 소통 역량
 ④ 스토리텔링과 시각화를 활용한 설득력

10 다음 중 데이터 사이언티스트의 요구 역량으로 옳지 않은 것은?
 ① 데이터 관리
 ② 분석 모델링
 ③ 비즈니스 분석
 ④ 조직 관리

2과목 | 데이터 분석 기획   10문항

11 빅데이터 분석 방법론의 5 단계가 순서대로 맞게 나열된 것은?
 ① 분석 기획 → 데이터 준비 → 시스템 구현 → 데이터 분석 → 평가 및 배포
 ② 분석 기획 → 데이터 준비 → 데이터 분석 → 시스템 구현 → 평가 및 배포
 ③ 데이터 준비 → 데이터 분석 → 분석 기획 → 시스템 구현 → 평가 및 배포
 ④ 분석 기획 → 데이터 분석 → 시스템 구현 → 데이터 준비 → 평가 및 배포

12 다음 중 분석 기획에서 과제 중심적 접근 방식의 특징이 아닌 것은?
 ① Speed & Test
 ② Problem Solving
 ③ Accuracy & Deploy
 ④ Quick-Win

13 다음 중 하향식 접근 방식의 수행 내용으로 옳지 않은 것은?
 ① 프로토타이핑
 ② 문제 탐색
 ③ 문제 정의
 ④ 타당성 검토

14 분석과제 발굴 방법 중 상향식 접근법에 대한 설명으로 옳지 않은 것은?
① 분석대상과 주제가 명확할 때 세부 과정을 단계적으로 수행하는 방식이다.
② 하향식 접근 방식에 비해 상대적으로 복잡하고 다양한 환경에서 발생하는 문제 해결에 적합하다.
③ 다양한 원천 데이터를 대상으로 정보를 탐색하고 가치 있는 과제 및 주제를 도출하는 과정이다.
④ 일반적으로 비지도학습 방식을 수행한다.

15 데이터 분석 문화 정착을 위한 전략으로 알맞지 않은 것은?
① 분석 도구 중심 교육이 아닌 임직원의 분석 역량 확보와 강화에 초점을 맞춰야 한다.
② 분석적 사고를 업무에 적용할 수 있도록 다양한 교육을 실시한다.
③ 데이터 기반 의사결정을 할 수 있는 기업문화 정착을 위해 경영진의 지속적인 변화관리가 필요하다.
④ 경영진을 대상으로 한시적 속성 교육을 강화해야 한다.

16 다음 중 분석 거버넌스 체계 구성 요소와 거리가 먼 것은?
① Organization
② Process
③ Data
④ Maturity

17 분석 기획에서 분석 주제 유형에 관한 설명으로 옳지 않은 것은?
① 분석 대상과 분석 방식이 명확한 경우는 개선을 통한 효율 및 성능 제고에 초점을 맞춘다.
② 상황에 따라 최적화, 솔루션, 관찰, 추적의 4가지 유형으로 구분할 수 있다.
③ 분석 대상을 알고 분석 방식을 모르는 경우 솔루션을 찾아내는 방식을 적용한다.
④ 발견은 분석 대상을 모르고, 분석 방식도 모르는 경우를 의미한다.

18 다음 중 빅데이터 분석 방법론의 분석 기획 단계에 해당하는 것은?
① 비즈니스 이해
② 데이터 품질 관리
③ 데이터 마트 설계
④ 탐색적 분석

19 다음 중 CRISP-DM의 모델링 단계에서 수행하는 태스크로 옳지 않은 것은?

① 모델링 기법 및 알고리즘 선택
② 모델 성능 테스트 계획 설계
③ 데이터 통합
④ 모델 평가

20 다음 중 빅데이터 분석 방법론의 분석 기획 단계에서 수행하는 주요 태스크로 옳은 것은?

① 비즈니스의 이해 및 프로젝트 범위 설정
② 필요 데이터 정의
③ 모델 적용 및 운영 방안 수립
④ 모델 발전 계획 수립

3과목 데이터 분석 30문항

21 두 개의 확률변수 X, Y의 공분산에 대한 설명으로 옳지 않은 것은?

① 공분산이 양수이면 X가 증가할 때 Y도 증가하는 경향이 있다.
② 공분산이 음수이면 X가 증가할 때 Y는 감소하는 경향이 있다.
③ 공분산이 0이면 두 변수 간에 선형관계가 없지만, 두 변수가 서로 독립이라고 할 수는 없다.
④ 공분산은 −1부터 1 사이의 값을 갖는다.

22 다음 중 군집분석에서 변수의 단위가 서로 다를 경우, 이를 해결하기 위해 사용하는 기법으로 적절한 것은?

① Elimination
② Sampling
③ Scaling
④ Averaging

23 다음이 설명하는 표본 추출 방법으로 알맞은 것은?

> 모집단을 서로 다른 특성을 가진 집단으로 구분하고 각 집단에서 무작위로 표본을 추출한다.

① 단순무작위 추출법
② 계통 추출법
③ 군집 추출법
④ 층화 추출법

24 주성분 분석에서 주성분 선택 방법에 대한 설명으로 가장 거리가 먼 것은?

① 전체 변이 공헌도 방법은 고유값 평균 및 스크리 플롯(Scree Plot) 방법보다 항상 우수하다.
② 고유값이 1보다 큰 주성분을 선택한다.
③ 스크리 플롯(Scree Plot)에서 선이 급격히 꺾이는 지점에서 주성분의 개수를 정할 수 있다.
④ 주성분이 설명하는 총 분산 비율이 70~90% 범위에 포함되도록 적절한 개수의 주성분을 선택할 수 도 있다.

25 다음의 F-Beta score에 대한 설명으로 옳지 않은 것은?

$$F_\beta = \frac{(1+\beta^2) \cdot \text{Precison} \cdot \text{Recall}}{\beta^2 \cdot \text{Precison} + \text{Recall}}$$

① β가 1보다 크면 Precison에 비중을 두고 계산한다.
② β가 1보다 작으면 Recall에 비중을 두고 계산한다.
③ β가 0.5일 경우 precision에 2배 가중치를 두고 평균을 겨산한다.
④ Recall 값과 Precision 값이 같으면 Beta에 관계없이 동일한 값이 계산된다.

26 다음의 수식이 나타내는 거리는 무엇인가?

$$d(x, y) = \left(\sum_{i=1}^{m} (x_i - y_i)^p \right)^{1/p}$$

① 코사인 유사도
② 민코프스키(Minkowski) 거리
③ 마할라노비스(Mahalanobis) 거리
④ 유클리드(Euclidean) 거리

27 통계 용어들에 대한 설명으로 옳지 않은 것은?
① 모집단의 평균을 점 추정할 때 표본의 평균을 계산할 수 있다.
② 다른 변수의 영향을 받는 변수를 설명변수라고 한다.
③ 사분위수범위(IQR)는 두 사분위수 간 거리로, 데이터의 75% 위치의 값 Q3에서 25% 위치의 값 Q1을 뺀 값이다.
④ 표준편차는 데이터가 평균을 중심으로 전반적으로 떨어진 정도를 나타내는 척도이다.

28 카이제곱 검정에 대한 설명으로 옳지 않은 것은?
① 카이제곱 적합도 검정은 관측값이 이론적 분포를 따르는지 검정하는 방법이다.
② 두 범주형 변수의 독립 여부를 따질 때 독립성 검정을 수행한다.
③ 적합도 검정은 이론적 분포와 실제 데이터를 비교하여 검정 통계량을 계산한다.
④ 예측(기대)과 실제 데이터의 값 차이가 클수록 검정 통계량이 커지고 유의확률이 높아진다.

29 다음 중 의사결정나무의 분리 기준으로 활용하는 엔트로피(Entropy) 지수의 계산식은?
① $-\sum p_i \log_2 p_i$
② $1-\sum p_i^2$
③ $\sum p_i \log_2 p_i$
④ $\sum p_i \log_2 (1-p_i)$

30 앙상블 기법에 대한 설명으로 알맞은 것은?
① 대표적인 앙상블 기법으로 배깅과 부스팅, 샘플링이 있다.
② 각 모형이 서로 연관성이 높고 닮을수록 모형의 성능이 향상된다.
③ 랜덤 포레스트는 배깅과 함께 변수에 대한 임의화 기법을 적용한다.
④ 전체적인 예측값의 분산을 유지하여 정확도를 높일 수 있다.

31 확률에 대한 설명으로 옳지 않은 것을 고르시오.
① A와 B가 독립사건인 경우, 두 사건의 확률의 합은 합집합의 확률과 동일하다.
② 표본 공간에서 더 이상 쪼개질 수 없는 하나의 사건을 근원사건이라 한다.
③ 확률은 항상 0에서 1 사이의 값을 가진다.
④ 전체 표본 공간의 확률, 즉 적어도 하나의 근원사건이 발생할 확률은 1이다.

32 통계적 가설 검정에 대한 설명으로 옳지 않은 것은?

① p-value(유의확률)이 클수록 귀무가설을 채택하는 것으로 해석할 수 있다.
② 귀무가설이 거짓일 때 검정을 통해 귀무가설이 옳지 않다고 판단할 확률을 검정력이라고 한다.
③ 검정에서 귀무가설이 참인데 귀무가설을 기각하는 오류를 제2종 오류라고 한다.
④ 검정에서 귀무가설이 참인데 귀무가설을 기각할 확률을 유의수준이라고 하며 보통 α로 표기한다.

33 시계열 모형에 대한 설명으로 옳은 것은?

① ARIMA는 AutoRegressive Imporved Moving Average의 약어이다.
② 시계열 분해는 시계열 데이터의 구성 요소(추세, 계절성, 불규칙성 등)를 설명 변수로 하는 회귀 모형을 적합한다.
③ ARIMA 모형에서는 정상성을 확인할 필요가 없다.
④ ARIMA 모형에서 p=0일 때, IMA(d,q) 모형이라고 부르고, d번 차분하면 MA(q) 모형을 따른다.

34 다음 중 데이터의 정규성을 확인하기 위한 방법으로 알맞지 않은 것은?

① 히스토그램　　　② 결정계수
③ Q-Q plot　　　　④ 첨도와 왜도

35 다음 중 시계열 분해의 요인으로 알맞지 않은 것은?

① 추세요인　　　② 계절요인
③ 환경요인　　　④ 순환요인

36 인공신경망 함수에 대한 설명으로 가장 알맞지 않은 것은?

① 인공신경망 함수는 여러 개의 뉴런이 연결된 구조를 가지며, 각 뉴런은 입력값에 따라 선형 혹은 비선형적인 변환을 수행한다.
② 활성화 함수는 입력값을 출력값으로 변환하여 모형의 비선형성을 만든다.
③ 시그모이드, 쌍곡탄젠트, 렐루 함수는 대표적인 활성화 함수에 해당한다.
④ 쌍곡탄젠트 함수는 출력값이 0에서 1 사이로 제한되며, 시그모이드 함수와 유사하다.

37 다음 중 계층적 군집화의 군집 간 거리 정의 방법이 아닌 것은?

① 편차 연결법 ② 완전 연결법
③ 평균 연결법 ④ 단일 연결법

38 다음 중 가장 많은 양의 정보를 갖고 다양한 연산이 가능한 유형의 척도는?

① 명목척도 ② 순서척도
③ 구간척도(등간척도) ④ 비율척도

39 다음 중 선형회귀 모형이 통계적으로 유의미한지 평가하는 통계량은?

① R-Squared
② Chi-squared statistics
③ F-statistics
④ t-statistics

40 K-Means clustering에 대한 설명으로 옳은 것은?

① 타원형의 분포를 갖는 데이터의 군집화에만 적용할 수 있다.
② K-Medoids 알고리즘에 비해 이상치 및 노이즈 처리에 우수하고 연산량이 많다.
③ 군집화를 수행하기 이전에 군집 수 K는 미리 설정해야 한다.
④ 군집에서 가장 중심에 위치한 관측치를 기준으로 k개의 군집을 탐색한다.

41 다음 보기의 회귀모델에 대한 설명으로 옳지 않은 것은?

```
> model = lm(weight ~ Time + Diet, data = Chickweight)
> summary(model)

call:
lm(formula = weight ~ Time + Diet, data = Chickweight)

Residuals:
    Min      1Q   Median      3Q     Max
-136.851  -17.151  -2.595  15.033  141.816

Coefficients:
             Estimate   Std. Error   t value   Pr(>|t|)
(Intercept)  10.9244    3.3607       3.251     0.00122    **
Time         8.7505     0.2218       39.451    < 2e-16    ***
Diet2        16.1661    4.0858       3.957     8.56e-05   ***
Diet3        36.4994    4.0858       8.933     < 2e-16    ***
Diet4        30.2335    4.1075       7.361     6.39e-13   ***
---
signif. codes:  0 '***' 0.001 '**' 0.01 '*' 0.05 '.' 0.1 ' ' 1

Residual standard error: 35.99 on 573 degrees of freedom
Multiple R-squared: 0.7453,  Adjusted R-squared: 0.7435
F-statistic: 419.2 on 4 and 573 DF,  p-value: < 2.2e-16
```

① 두 설명 변수를 활용했으며 Time은 수치형 변수, Diet는 범주형 변수이다.
② Time이 1 증가하면 weight는 8.7505만큼 비례해서 증가한다.
③ Diet의 값이 2에서 3으로 변하면 weight는 16.1661 증가한다.
④ 결정계수는 0.7453이고 F 검정을 통해 회귀 모형이 통계적으로 유의미하다고 판단할 수 있다.

42 상관계수에 대한 설명으로 옳지 않은 것은?
① 피어슨 상관계수는 타원형의 분포를 갖는 두 변수 간의 선형적인 관계의 강도를 측정한다.
② 스피어만 상관계수는 모수적 관점에서 두 변수 간의 단조적인 관계와 패턴을 수치로 계산한다.
③ 피어슨 상관계수가 0이면 선형관계가 없다고 해석할 수 있다.
④ 두 변수의 피어슨 상관계수가 0이면 공분산도 0이다.

43 다음의 데이터 요약 결과에 대한 설명으로 가장 적절하지 않은 것은?

```
> summary(chickwts)
    weight              feed
 Min.   :108.0    casein   :12
 1stQu. :204.5    horsebean:10
 Median :258.0    linseed  :12
 Mean   :261.3    meatmeal :11
 3rdQu. :323.5    soybean  :14
 Max.   :423.0    sunflower:12
```

① weight의 범위는 315이다.
② feed에는 6개의 수준이 있다.
③ weight는 수치형, feed는 범주형 변수이다.
④ weight의 중앙값은 261.3이다.

44 다음 확률질량함수 $f(x)$에서 확률변수 X의 기댓값은?

x	1	2	3
$f(x)$	$\frac{1}{6}$	$\frac{2}{6}$	$\frac{3}{6}$

① $\frac{1}{3}$
② 1
③ 2
④ $\frac{7}{3}$

45 다음 혼동 행렬에서 계산한 수준 True에 대한 재현율(Recall)로 가장 알맞은 것은?

		예측		
		True	False	합계
실제	True	60	40	100
	False	20	80	100
	합계	80	120	200

① 0.6
② 0.7
③ 0.75
④ 0.8

46 다음 중 선형회귀 모형의 오차항에 대한 가정을 올바르게 묶은 것은?

① 정규성, 독립성, 이분산성
② 독립성, 등분산성, 정규성
③ 독립성, 선형성, 등분산성
④ 정규성, 편의성, 등분산성

47 다음 중 의사결정나무와 가장 관련이 없는 용어는?

① 재귀 분할(Recursive Partitioning)
② 지니 지수(Gini Index)
③ 퍼셉트론(Perceptron)
④ 엔트로피 지수(Entropy Index)

48 회귀분석에서 모형의 설명력을 확인하기 위해 사용되는 결정계수의 특성으로 가장 옳지 않은 것은?

① 결정계수는 0에서 1 사이의 값을 가진다.
② 결정계수가 높을수록 회귀모델의 설명력이 높다.
③ 결정계수는 종속변수와 독립변수의 상관계수의 제곱합과 같다.
④ 독립변수가 증가하면 결정계수는 증가하고 절대 감소하지 않는다.

49 다음 중 다층 신경망에서 은닉층의 개수를 너무 많이 설정하여, 역전파 과정에서 은닉층의 가중치가 제대로 조정되지 않아 학습이 제대로 이루어지지 않는 현상에 해당하는 용어는?

① 기울기 소실
② 학습률
③ 활성화 함수
④ 과적합

50 시계열 데이터의 정상성(Stationary)에 대한 설명으로 옳지 않은 것은?

① 평균이 일정하다
② 시계열 데이터는 독립성을 충족해야 한다.
③ 공분산은 시차에만 의존하고 시점 자체에는 의존하지 않는가.
④ 분산이 시점에 의존하지 않는다.

최신 기출문제 정답 & 해설

기출문제 45회 (2025.05.17. 시행)   166p

01 ④	02 ③	03 ①	04 ①	05 ③
06 ②	07 ③	08 ④	09 ①	10 ③
11 ③	12 ②	13 ②	14 ④	15 ③
16 ①	17 ①	18 ②	19 ②	20 ④
21 ④	22 ②	23 ②	24 ②	25 ③
26 ③	27 ①	28 ①	29 ③	30 ②
31 ④	32 ④	33 ②	34 ③	35 ④
36 ①	37 ③	38 ②	39 ①	40 ③
41 ④	42 ②	43 ④	44 ②	45 ④
46 ④	47 ②	48 ③	49 ④	50 ③

1과목 데이터 이해

01 ④
데이터베이스는 다양한 사용자와 응용 프로그램이 각기 다른 목적에 따라 데이터를 활용할 수 있도록 설계된다. 따라서 특정 목적에만 국한되지 않으며, 여러 목적을 수용할 수 있도록 유연성과 확장성을 갖는 것이 특징이다.

02 ③
DIKW 모델에서 데이터는 정보나 지식으로 해석되기 이전의 원초적인 값이나 사실을 의미한다. '지식과 아이디어가 결합된 창의적인 산물'은 데이터가 아니라 '지혜(Wisdom)' 혹은 '지식(Knowledge)'에 더 가까운 개념이다. 따라서 ③은 데이터에 대한 설명으로 적절하지 않다.

03 ①
빅데이터는 오히려 개인 맞춤형 서비스의 핵심 기반이다. 사용자의 행동, 선호, 위치 등 다양한 데이터를 수집·분석하여 개인화된 추천, 광고, 서비스 제공이 가능하다. 따라서 '개인 맞춤화 서비스는 불가능하다'는 설명은 적절하지 않다.

04 ①
가명처리는 개인정보를 다른 정보와 결합하지 않는 한 특정 개인을 알아볼 수 없도록 대체값(가명)으로 처리하는 방법이다. 즉, ①은 가명처리의 정의와는 반대로, 식별 가능하다고 설명하고 있어 적절하지 않다.

05 ③
강화학습은 에이전트가 환경과 상호작용하면서 보상을 최대화하는 방향으로 학습하는 최적화 기반의 학습 방식이다. 즉, 주어진 상태에서 가장 큰 보상을 얻기 위한 행동을 선택하는 과정을 통해 최적의 정책을 학습한다.

오답 피하기
① 연관 분석은 장바구니 분석처럼 항목 간 관계를 찾는다.
② 비지도학습은 정답 없이 패턴이나 구조를 찾는 학습이다.
④ 지도학습은 정답이 주어진 데이터를 기반으로 학습한다.

06 ②
데이터의 무결성은 데이터가 정확하고 일관된 상태를 유지하도록 보장하는 DBMS의 핵심 특징 중 하나이다. 제약 조건이나 규칙을 통해 잘못된 데이터 입력을 방지하며, 데이터 간 논리적 일관성을 유지하게 한다.

07 ③
빅데이터는 다양한 데이터를 수집·분석하여 유용한 인사이트를 제공하되, 그 과정에서 개인정보 보호는 반드시 준수되어야 한다. 개인정보를 대규모로 공유하는 행위는 법적·윤리적으로 문제가 되며, 빅데이터의 활용 방식으로 적절하지 않다.

08 ④
빅데이터 시대의 개인정보 보호와 관련된 책임은 주로 데이터를 수집하고 활용하는 기관이나 기업에 있다. 개인정보를 제공하는 개인에게 책임을 강화하는 것은 위기 요인에 대한 적절한 해결책이 될 수 없다.

09 ①
유전 알고리즘은 최적화 기법으로, 특정 조건에서 최적의 해결책을 탐색하는 데 사용된다. 출퇴근 혼잡 해소와 같은 도시 교통 문제에는 시뮬레이션, 경로 최적화, 예측 모델링 등의 빅데이터 분석 기법이 일반적으로 활용되며, 유전 알고리즘은 분석보다는 문제 해결 및 최적화 도구에 해당한다.

10 ③
빅데이터 분석의 궁극적인 목적은 단순한 데이터의 수집이나 저장, 처리 자체가 아니라, 이를 통해 의미있는 인사이트를 도출하고 비즈니스, 정책, 서비스 등에서 새로운 가치를 창출하는 데 있다.

2과목 데이터 분석 기획

11 ③
기업에서 활용하는 분석업무와 기법 등은 부족하나 적용 조직 등 준비도가 높아 바로 도입할 수 있는 기업은 도입형이다.

오답 피하기
① 준비형은 기업에 필요한 데이터, 인력, 조직, 분석업무 등의 적용이 되어있지 않아 사전준비가 필요한 기업이다.
② 확산형은 기업에 필요한 6가지 분석 구성요소를 갖추고 있으며, 현재 부분적으로 도입되어 지속적 확산이 필요한 기업이다.
④ 정착형은 준비도는 낮으나 조직, 인력, 분석업무, 분석기법 등을 기업 내부에서 제한적 사용하고 있어 우선적으로 정착이 필요한 기업이다.

12 ②
조직 전체의 데이터를 효과적으로 관리하고 활용하기 위한 정책, 절차, 표준, 조직 등을 포괄하는 관리 체계를 데이터 거버넌스(Data Governance)라고 한다.

13 ②

통찰(insight) 유형은 분석 방법이나 도구는 정해져 있으나, 어떤 데이터를 분석해야 할지 또는 분석 대상이 명확하지 않을 때 적용된다. 이 유형은 주어진 도구를 활용해 숨겨진 의미나 패턴을 찾아내는 데 중점을 둔다.

오답 피하기
① 최적화 유형은 분석 대상과 방법이 결정된 경우 기존의 방법론은 개선하고 효율 및 성능을 높이는 데 초점을 맞추는 유형이다.
③ 솔루션 유형은 문제 상황과 대상이 고정되어 있으나 그 방법과 절차를 모르는 경우 유사 사례 및 논문 등을 통해 적합한 분석 방법론을 탐색하는 유형이다.
④ 발견 유형은 분석 대상과 방법이 불분명한 경우 경험과 외부 사례 등을 참고하여 대상을 새롭게 탐색하고 문제를 도출한 다음 적합한 분석 방법을 선택하는 유형이다.

14 ④

상향식 접근은 문제가 명확하지 않은 상황에서 데이터를 기반으로 분석을 시작해 점차 문제를 도출해 가는 방식이다. 반면, 문제가 명확히 정해져 있는 경우에는 하향식 접근이 더 효과적이다. 따라서 상향식 접근에 대한 설명으로 옳지 않은 것은 ④이다.

15 ③

③의 업무 내재화 적용 수준은 특정 과제의 사후 적용 가능성이나 교육 측면에서 중요한 요소일 수는 있으나, 우선순위를 정하는 대표적인 평가 기준으로 보기는 어렵다.

16 ①

분석 성숙도 진단은 조직이 데이터 분석을 얼마나 잘 수행할 수 있는지를 평가하기 위해 비즈니스 전략, 조직의 분석 역량, 기술 인프라(IT), 데이터 활용도 등을 종합적으로 점검한다. 하지만 비용 부문은 분석 성숙도를 평가하는 주요 항목에 해당하지 않으며, 진단 항목으로 포함되지 않는다.

17 ①

하향식 접근법은 전체적인 관점에서 문제를 인식하고, 점차 구체적인 해결 방안을 도출하는 방식이다. 일반적인 순서는 문제 탐색 → 문제 정의 → 해결방안 탐색 → 타당성 검토의 순으로 진행된다.

18 ②

탐색적 데이터 분석(EDA, Exploratory Data Analysis)은 데이터를 시각화하고 요약 통계를 활용하여 데이터의 분포, 관계, 이상값, 패턴 등을 파악하는 초기 분석 과정이다. 이 작업은 모델링 전 단계에서 데이터에 대한 직관과 통찰을 제공하는 데 목적이 있다.

19 ②

분석 기획 단계에서는 분석 목적, 활용 방안, 비용, 안정성, 해석 가능성 등 실행 가능성과 실효성에 중점을 둔다. 반면 최신 분석 기법은 관심도가 높을 수는 있지만, 분석에 적합한 기법을 선택하는 것이 더욱 중요하다.

20 ④

분산이 높다는 것은 모델이 학습 데이터에 너무 민감하게 반응하여, 새로운 데이터에 대해 예측 성능이 낮아질 수 있다는 의미이다. 즉, 일반화 성능은 오히려 나빠지며, 이는 과적합의 원인이 된다. 따라서 ④가 가장 적절하지 않다. 참고로 가이드를 기준으로 편향은 정확도, 분산은 정밀도로 표현하고 있다.

3과목 데이터 분석

21 ④

기술통계에서 결측치(missing value)는 적절한 처리 절차 없이 임의로 0으로 변환해서는 안 된다. 결측치를 0으로 대체하면 통계적 왜곡이 발생할 수 있기 때문이다. 일반적으로는 제거, 평균 대체, 회귀 대체 등 적절한 방법을 사용해 처리한다.

22 ②

시계열 데이터에서 정상성 확보란 시간에 따라 평균과 분산이 일정한 상태를 의미한다. 이를 위해 차분(differencing)은 가장 일반적으로 사용하는 방법으로, 데이터의 추세나 계절성을 제거하여 평균과 분산의 안정성을 높이는 데 효과적이다.

오답 피하기
①, ③ 데이터 품질 관리 측면에서 중요하나 정상성 확보를 직접적으로 보장하지 않는다.
④ 개념적으로 모호하고 정상성을 확보하는 방법으로 적절하지 않다.

23 ②

순환 요인은 경제나 자연현상 등으로 설명되는 일정하지 않은 주기(수년 단위의 불규칙한 주기, 경기 침체와 회복, 투자 사이클 등)를 가진 변동이다.

오답 피하기
① 추세 요인은 장기적으로 상승 또는 하락하는 경향을 나타내며, 단기적이거나 불규칙한 변동이 아니다.
③ 불규칙 요인은 예측이 불가능하고 설명할 수 없는 우연한 요인으로 인한 변동이다.
④ 계절 요인은 단기적인 반복 패턴(예: 계절, 월별, 요일 등)을 의미하며 장기 구조와는 다르다.

24 ②

명목척도는 서열이나 수치적 의미 없이 분류만 한다.

오답 피하기
① 키는 연속형 척도이며, 이산형(정수만 존재하는) 척도는 아니다.
③ 사고 확률은 비율척도이며, 순서형과는 거리가 멀다.
④ 5점 척도는 이산형 순서척도에 해당한다.

25 ③

적합도 검정(Goodness of Fit Test)은 분산이 아니라, 관찰 도수와 기대 도수의 차이가 통계적으로 유의미한지를 검정하는 방법이다. 성별과 같은 범주형 데이터로는 분산을 계산할 수 없다.
- 적합도 검정 : 단일 집단의 분포가 기대값과 일치하는지 검정
- 독립성 검정 : 두 범주형 변수 간의 연관성 여부 검정
- 동질성 검정 : 서로 다른 집단의 분포가 같은지 검정

26 ③

분석 방법이나 함수에 따라 결측값을 자동으로 제외하지 않을 수 있으며, 결측값이 자동으로 제외되더라도 분석이 의도치 않게 왜곡될 수 있으므로 사전 확인과 적절한 처리가 필요하다.

27

선형회귀분석에서의 독립성 가정은 오차항들(잔차) 간의 상관관계가 없어야 한다는 의미이다. 즉, 오차항의 독립성이 중요하다.
독립변수 간의 무상관은 다중공선성(multicollinearity) 문제를 의미하므로 선형회귀 모형의 가정과는 거리가 멀다.

28 ①

상관계수는 −1부터 1 사이의 값을 가지며, 두 변수 간의 선형적 관계를 나타낸다. 상관계수가 −1일 때는 강한 음의 선형 관계를 의미하므로, "상관관계가 가장 약하다"는 설명은 잘못되었다.

29 ③

보기의 R 실행 결과는 princomp( ) 함수를 이용하여 스위스 지방의 사회적 통계에 대해 주성분 분석을 수행한 것이다.

summary(pc) 결과
- Standard deviation : 각 주성분의 표준편차이며, 주성분의 분산(=고유값)은 이 값을 제곱한 것
- Proportion of Variance : 각 주성분이 설명하는 데이터 분산의 비율
  → Comp.1이 전체 분산의 약 53.3%를 설명한다.
  → Comp.1 + Comp.2 = 약 73.1%을 설명한다.
- Cumulative Proportion : 누적 분산 비율
- Comp.1~Comp.3까지 합하면 약 87.3%의 정보를 설명하므로, 3개 주성분만으로도 대부분의 정보 보존이 가능하다고 볼 수 있다.

pc$loadings 결과
- 각 변수가 해당 주성분에 얼마나 기여하는지(loading)를 나타내는 행렬이다. 숫자가 클수록 해당 주성분에 기여도가 크다.
- Comp.1은 Examination (−0.510), Education (−0.454), Agriculture (0.424), Fertility (0.457) 등이 주요 기여 요인
  → 군대 신체검사 합격률과 교육 수준이 낮고, 농업 비중과, 출산율이 높은 지역일수록 Comp.1 점수가 높다고 해석 가능하다.
- Comp.2는 Infant.Mortality (0.811)이 매우 높음
  → Comp.2는 유아사망률 중심의 주성분이다.
- Comp.3는 Catholic (−0.807)이 큰 비중
  → Comp.3은 가톨릭 비율과 관련 있다.

③ 주성분은 단순 평균이 아니라, 각 변수에 가중치를 곱해 선형 결합한 값으로 계산된다. 특히 두 번째 주성분을 계산할 때 Agriculture에는 음의 가중치를 곱했으므로, 평균을 계산했다고 보기는 어렵다.

30 ②

IQR은 3사분위수(Q3) − 1사분위수(Q1)로 계산되므로 price의 IQR은 0.2815 − 0.2685 = 0.01300이며 이 값은 최댓값 0.2920보다 작다.

오답 피하기
① cons의 IQR은 0.3912 − 0.3113 = 0.0799로 약 0.08이다.
③ temp의 중앙값은 49.500이므로 50보다 작다.
④ income의 Q1은 79.25이다. 즉 하위 25%가 79.25이하임을 의미한다. 정리하면 80보다 작은 관측치는 전체 중 25%가 넘는다고 할 수 있다.

31 ④

모든 독립변수를 포함한 완전모형에서 출발하여, 유의하지 않은 변수부터 하나씩 제거해 나가는 방식은 후진제거법(Backward Elimination)이다.

오답 피하기
① 최적화 선택법(Best Subset Selection)은 가능한 모든 변수 조합의 모형을 비교하여 가장 좋은 모형을 선택한다.
② 전진선택법(Forward Selection)은 아무 변수도 포함하지 않은 상태에서 유의한 변수들을 하나씩 추가해 나간다.
③ 단계적 선택법(Stepwise Selection)은 전진선택과 후진제거를 동시에 고려하는 방법이다.

32 ④

정밀도(Precision)는 예측한 양성 중 실제로 양성인 비율을 의미한다.
TP(True Positive) : 30
FP(False Positive) : 10
Precision = TP / (TP+FP) = 30 / (30+10) = 30 / 40 = 0.75

33 ②

주어진 R 회귀분석 결과는 swiss 데이터에서 Fertility(출산율)을 다른 5개 변수로 설명하는 다중 선형회귀 모형이다.
- 종속변수 : Fertility (출산율)
- 독립변수 : Agriculture(농업종사 비율), Examination(군입대 신체검사 합격률), Education(교육 수준), Catholic(가톨릭인구 비율), Infant.Mortality(유아 사망률)

회귀 계수(Coefficients) 해석
- Estimate(추정 계수) : 해당 변수의 회귀 계수 값
- Std. Error(표준 오차) : 계수의 표준 오차
- t value : 계수가 0이 아니라는 가설을 검정하는 값
- Pr(>|t|)(p-value) : 일반적으로 0.05 이하이면 통계적으로 유의하다고 판단, **와 *** 기호는 얼마나 유의미한지를 표현함
- (Intercept)(절편) : 모든 설명변수가 0일 때 예측되는 Fertility는 약 66.92
- Agriculture : 농업 종사율이 1% 증가하면 출산율은 약 0.17 감소(유의)
- Examination : 군 입대 검사 합격률은 유의하지 않음
- Education : 교육 수준이 1단위 높아지면 출산율은 약 0.87 감소(매우 유의)
- Catholic : 가톨릭 비율이 1% 증가하면 출산율은 약 0.10 증가(유의)
- Infant.Mortality : 유아 사망률이 1 증가할 때 출산율은 약 1.08 증가(유의)

모형의 적합도
- Residual standard error(잔차 표준 오차) : 예측값과 실제값 사이의 평균적인 차이며 작을수록 모델의 예측이 정확함을 의미
- Multiple R-squared(결정계수) : 이 모델이 전체 변동성을 70.7% 설명함. 보통 값이 클수록 좋은 모델이지만, 100%에 가까울 경우 과적합 가능성도 고려 필요함
- Adjusted R-squared(수정된 결정계수) : 설명 변수가 많아질 때 모델의 과적합을 방지하는 보정된 결정계수로 Multiple R-squared와 큰 차이가 없다면 변수가 적절히 선택됨을 의미
- F-statistic 및 p-value : p-value가 매우 작으므로 모델 전체가 통계적으로 유의미함을 확인

회귀분석은 변수 간 인과관계를 증명하는 것이 아니라 선형적 연관성을 파악하는 분석이다. 따라서 Education이 통계적으로 유의미하더라도 "Education이 원인이다"라고 단정하는 것은 인과추론의 오류이며, 옳지 않은 해석이다.

34 ③

ROC 곡선은 X축에 FPR(False Positive Rate) Y축에 TPR(True Positive Rate)을 두고 참(양성) 판단의 확률 임계값을 0부터 1사이로 바꿔가며 생성한다.
FPR은 낮을수록 좋고, TPR은 높을수록 좋으므로 (0, 1)이 가장 효율 및 성능이 좋은 지점이다. 만약 특정 모형의 ROC 곡선이 (0, 1)을 지난다면 AUROC의 값은 1이 되며, 특정 확률 임계값을 기준으로 참(양성)과 거짓(음성)을 오류 없이 100% 분류 가능하다는 의미를 갖는다.

35 ④

인공신경망은 복잡한 구조와 수많은 가중치를 기반으로 예측을 수행하므로 "블랙박스 모델"로 분류되며, 가중치나 연결의 해석이 어렵고 설명력이 낮은 단점이 있다. 따라서 설명력 있는 가중치를 선출하고 인과관계를 쉽게 도출할 수 있다는 설명은 부적절하다.

36 ①

배깅(Bagging)은 재표본 추출(Bootstrap sampling)을 사용하여 여러 개의 학습 데이터를 만들고, 각각에 대해 모델을 학습시켜 결과를 평균 또는 투표로 통합한다. 배깅은 예측 분산을 줄이지만, 항상 단일 모델보다 더 정확하다고 보장할 수는 없다.
부스팅(Boosting)은 이전 단계의 모형을 오차나 오류를 보완하는 방식이며, 이전 단계에서 잘못 분류된 샘플에 더 많은 가중치를 부여하는 방법도 포함된다. 부스팅은 정확도를 높이지만, 과적합 위험이 오히려 더 커질 수 있다.

37 ③

자카드 거리(Jaccard distance)는 이진형(0/1) 또는 범주형 데이터 간의 유사성을 측정할 때 사용되며, 연속형 변수에는 적절하지 않다.

38 ②

로지스틱회귀(Logistic Regression)는 관심변수(종속변수)가 범주형(특히 이진형)일 때 사용되는 분류 모델이다.
②는 특정 거래 건의 '사기' 또는 '정상'과 같은 이진 분류 문제이므로 로지스틱 회귀 모형을 활용할 수 있다.

39 ①

재현율(Recall, 민감도)는 실제 참(양성) 중에서 모델이 올바르게 참(양성)이라고 예측한 건의 비율이다. 정확도(Accuracy)는 전체 예측 중에서 정답인 건의 비율이다.

40 ③

SOM은 입력층과 경쟁층(출력 노드) 간 연결이 전결합(fully connected) 구조이며, 모든 입력 노드가 경쟁층의 모든 노드와 연결된다. "부분적으로(locally connected)" 연결된다는 설명은 CNN(합성곱 신경망)과 같은 다른 신경망 모형의 특성이다.

41 ④

가지치기(Pruning)는 학습 데이터의 정확도를 높이기 위한 것이 아니라, 과적합을 줄이고 일반화 성능을 높이기 위해 모형의 복잡도를 줄이는 과정이다.
가지치기를 하면 학습 데이터에 대한 정확도는 다소 낮아질 수 있지만, 검증 및 테스트 등 새로운 데이터에 대한 예측 성능은 오히려 향상될 수 있다.

42 ②

계통 추출(Systematic Sampling)은 모집단의 항목에 일련번호를 부여하고, 일정한 간격을 두고 표본을 선택하는 방법이다. 일반적으로 첫 번째 항목은 무작위로 정하고, 이후 일정 간격으로 표본을 선택한다.
①은 층화 추출법, ④는 단순 임의 추출 방법이다.

43 ④

K-평균 군집화(K-Means Clustering)는 사전에 군집의 수 k를 사용자가 지정해야 하는 비지도학습 알고리즘이다.

44 ②

스피어만 상관계수는 순서형(서열형) 변수나 정렬 가능한 수치형 변수에 사용되며, 범주형(순서가 없는 명목형 변수) 간의 관계를 분석하는 데는 적절하지 않다.

45 ③

군집분석은 수치형뿐만 아니라 범주형 변수를 포함한 데이터에도 적용할 수 있으며, 범주형 데이터를 위한 K-모드(K-modes) 등 다양한 기법이 존재한다.

46 ④

지지도(Support)는 전체 거래 중에서 A와 B를 동시에 포함한 거래의 비율을 의미하며, 규칙에서 방향과 상관없이 지지도는 동일하다.

47 ②

덴드로그램은 군집 간의 유사도를 기반으로 계층적으로 데이터를 묶은 트리 구조로, 세로축(Height)은 군집 간의 결합 거리(또는 비유사도)를 나타낸다.
Height = 2에서 수평선으로 절단(cut)하면, 해당 높이보다 더 높은 위치에서 연결된 군집들은 분리되어 별도의 클러스터로 인식된다. 이 절단선에 의해 트리가 끊겨 생긴 가지(서브트리)의 수가 곧 군집의 수가 된다.
문제에서 Height = 2에서 자를 경우 3개의 가지로 분리되므로, 결과적으로 3개의 클러스터가 형성된다.

48 ③

신뢰도(Confidence)에 대해 묻는 문제이며, 해당 규칙의 신뢰도는 다음과 같이 계산할 수 있다.
P(잼 | 빵) = P(빵∩잼) / P(빵) = 0.6 ÷ 0.8 = 3/4 = 0.75

49 ①

다차원 척도법(MDS)은 객체 간의 상대적인 거리(유사성)를 보존하여 시각화하는 차원 축소 기법이다.
즉, A와 B가 가까운 정도, B와 C가 먼 정도 등의 상대적 거리 정보를 유지하지만, 객체들의 절대적인 위치는 의미가 없고 임의로 배치된 위치를 활용한다.

50 ③

1종 오류(Type I Error)는 귀무가설이 참인데도 이를 기각하는 오류이다. 이 경우 대립가설을 채택하게 되므로 ③은 잘못된 설명이다.

기출문제 44회 (2025.02.22. 시행) 179p

01 ①	02 ②	03 ③	04 ①	05 ③
06 ②	07 ②	08 ④	09 ①	10 ③
11 ②	12 ①	13 ①	14 ④	15 ③
16 ④	17 ④	18 ③	19 ②	20 ①
21 ③	22 ④	23 ②	24 ①	25 ④
26 ②	27 ④	28 ②	29 ②	30 ③
31 ②	32 ①	33 ③	34 ①	35 ①
36 ①	37 ②	38 ③	39 ③	40 ④
41 ②	42 ④	43 ②	44 ①	45 ①
46 ④	47 ③	48 ②	49 ③	50 ①

1과목 데이터 이해

01 ①

이용자가 원하는 정보를 신속하고 정확하게 획득하는 것은 정보이용 측면의 특징이다. 이는 정보 시스템이 사용자 맞춤형으로 정보를 제공할 수 있어야 함을 의미하며, 정보의 탐색, 접근성, 활용성 등과 관련된다.

오답 피하기

② 정보관리 측면은 데이터의 저장, 유지, 갱신 등 관리 효율성과 관련된다.
③ 정보기술 발전 측면은 하드웨어·소프트웨어·네트워크 등 기술 인프라 향상을 뜻한다.
④ 정보보안 측면은 정보의 기밀성, 무결성, 가용성 확보와 관련된다.

02 ②

데이터 단위는 다음과 같이 1,024배씩 증가한다.
1,024 기가바이트(GB) = 1 테라바이트(TB)
1,024 테라바이트(TB) = 1 페타바이트(PB)
1,024 페타바이트(PB) = 1 엑사바이트(EB)
1,024 엑사바이트(EB) = 1 제타바이트(ZB)
1,024 제타바이트(ZB) = 1 요타바이트(YB)

03 ③

정형 데이터는 행과 열의 구조를 가지는 데이터로, 관계형 데이터베이스(RDB)에 저장 가능한 형태(예 엑셀, DB 테이블)이다.
비정형 데이터는 구조가 없는 데이터로, 텍스트, 이미지, 동영상, 음원 등 자유로운 형식을 가진다.
HTML, XML, JSON 등은 일정한 구조는 있으나 형태가 고정되지 않은 반정형 데이터에 해당된다.

04 ①

데이터 익명화는 일정 수준의 프라이버시 보호 기능은 있지만, 재식별 위험이 존재하여 완전한 차단은 불가능하다. 특히 다양한 주제의 데이터를 결합하는 경우 익명화 된 정보도 역추적 될 수 있다.

05 ③

데이터 기반 의사결정에 대한 일반적인 문제로, 데이터 분석 시 기업 내부뿐만 아니라 외부 요인 등을 종합적으로 고려해야 한다.

06 ②

커피를 구매하는 사람이 케이크도 구매하는지 알아보는 것은 제품 간의 구매 연관성을 분석하는 것이므로 연관 분석이 적합하다. 연관 분석은 장바구니 분석(Basket Analysis)이라고도 하며, "A를 구매한 고객은 B도 구매할 가능성이 높다"는 연관 규칙(Association Rule)을 도출한다.

오답 피하기

① 군집 분석은 유사한 특성을 가진 고객이나 제품을 그룹화할 때 사용된다.
③ 회귀 분석은 하나의 관심변수를 여러 독립변수로 예측할 때 활용한다.
④ 감정 분석은 주로 텍스트 데이터(리뷰, 댓글 등)에서 긍정/부정 감정을 분류하는 데 사용된다.

07 ②

기온이라는 독립변수(X)가 매출액이라는 종속변수(Y) 혹은 관심변수에 미치는 영향을 알아보는 것이므로 회귀 분석(Regression Analysis)이 적합하다.

오답 피하기

③ 연관 분석은 장바구니 분석처럼 항목 간 동시 발생 관계를 파악한다.
④ 유전 알고리즘은 최적화 문제 해결을 위한 탐색 기법으로 사용된다.

08 ④

기업의 데이터 분석과 관련된 일반적인 지식을 묻는 문제이다.
재무 관리는 해당 기업의 자금 흐름, 투자 수익률, 비용 분석 등을 포함하며 거래처 선정은 구매/조달/영업 관리의 범주에 더 가깝다고 볼 수 있다.

09 ①

데이터 사이언스는 이미 구축된 데이터베이스로부터 데이터를 추출하여 분석하는 과정과 역할을 주로 수행한다.
①의 데이터베이스 구축은 데이터 엔지니어링 또는 IT 인프라 영역의 역할에 가깝다.

10 ③

데이터 분석가는 단순히 기술적인 분석을 수행하는 데 그치지 않고, 조직 내에서 분석 업무를 주도하거나 전략 수립에 참여하는 관리자 역할도 수행할 수 있다.
③은 데이터 분석가의 성장 방향이나 역할의 확장 가능성을 부정하므로 옳지 않은 설명이다.

2과목 데이터 분석 기획

11 ②

빅데이터 분석 방법론은 일반적으로 다음의 5단계로 구성된다:
- 분석 기획(나) – 분석 목적과 방향을 설정하고 계획 수립
- 데이터 준비(가) – 데이터 수집, 정제, 전처리
- 데이터 분석(다) – 통계, 머신러닝, 모델링 등 분석 수행
- 시스템 구현(라) – 분석 결과를 기반으로 시스템화
- 평가 및 전개(마) – 분석 성과를 평가하고 조직 내 확산

12 ①

①의 전문 인력 증가에 대한 내용은 빅데이터 가치 산정과 크게 관련이 없으며, 오히려 전문 인력의 규모나 해당 인력 대상 조사를 통해 빅데이터 가치 산정이 용이해 질 수 있다.

13 ①
시급성이 높을수록(미래보다는 현재) 우선순위가 높다.
같은 시급성이라면 난이도가 낮은 과제를 먼저 수행하는 것이 효율적이다.

14 ④
분석 성숙도 평가를 위한 CMMI 모델은 도입, 활용, 확산, 최적화의 4단계로 구분한다.
도입 단계에서는 일부 부서 또는 실무자 수준에서 통계 기반의 실적 분석이 이루어지며, 데이터 분석을 활용한 개선 가능성을 실험적으로 탐색한다.

오답 피하기
①은 최적화 또는 혁신 단계에서나 고려할 수 있다.
②는 최적화 단계의 특징이다.
③은 확산 단계의 특징이다.

15 ③
데이터 분석 거버넌스(Data Analytics Governance)는 조직 내 데이터 분석 활동이 일관성 있게 수행되고, 품질과 책임이 보장되도록 관리하는 체계를 의미하며 아래의 세가지 주요 구성 요소로 구성된다.
- 분석 인력 : 분석의 주체로서 역할, 책임, 전문성 등 정의
- 프로세스 : 분석 수행 절차, 표준화된 흐름과 관리 체계
- 조직 : 분석 조직 구조, 협업 체계, 의사결정 권한 등

16 ④
분석 기획 단계는 데이터 분석의 목적과 방향을 설정하고, 전반적인 분석 전략을 설계하는 초기 단계이며, 이때 데이터 수집, 유스케이스 탐색, 장애요소에 대한 사전계획 수립 등의 핵심 요소를 고려해야 한다.
④의 데이터 정합성 점검은 결측치 처리, 이상치 확인, 형식 일치 여부 등을 확인하는 절차로 데이터 준비(수집 및 정제) 단계에서 수행되는 기술적 활동이다.

17 ④
상향식 접근법은 현업의 구체적인 프로세스에서부터 분석 과제를 발굴해 나가는 방식으로 다음과 같은 절차를 따르는 것이 논리적이다.
- 프로세스 분류 : 먼저 기업 내의 다양한 업무 프로세스를 기능, 중요도, 데이터 발생 유형 등을 기준으로 분류하고 어떤 프로세스를 분석할지 범위를 정하는 단계
- 프로세스 흐름 분석 : 분류된 각 프로세스의 세부적인 단계, 관련 데이터, 담당자 등을 파악하여 프로세스가 어떻게 진행되는지 상세하게 분석
- 분석요건 식별 : 프로세스 흐름 분석 결과를 바탕으로 개선이 필요한 부분, 비효율적인 요소, 데이터 분석을 통해 가치를 창출할 수 있는 지점 등 분석을 통해 해결하거나 개선할 수 있는 요건들을 식별
- 분석요건 정의 : 식별된 분석요건들을 구체화하여 분석의 목표, 대상 데이터, 필요한 분석 방법 등을 명확하게 정의

18 ③
상향식 접근법(Bottom-up Approach)은 문제 정의를 위해 활용하는 기법으로 개별 데이터에서 출발해 통찰을 발견하고, 점차적으로 더 큰 패턴이나 전략으로 확장해 나가는 분석 방식이다.
지도학습은 입력 데이터와 정답이 주어진 상태에서 모델이 정답을 맞추도록 학습하는 방식이다. 설정된 문제에 따라 적절한 분석 방법을 선택해야 하며, 항상 지도학습을 활용하는 것은 아니다.

19 ②
업무 프로세스나 시스템 간의 흐름, 또는 이행 과제 간 우선순위와 선후 관계는 분석 설계와 실행에 매우 중요한 요소다.

20 ①
데이터 기반 의사결정은 데이터 분석을 통해 확인된 정량적 정보와 함께 정성적 요소를 종합적으로 고려하여 이루어진다. 비록 항상 정답을 제시할 수는 없지만, 주관적인 직관보다는 합리적이고 객관적인 판단을 가능하게 한다.
- 정량적 정보 : 수치나 양으로 표현되는 정보
- 정성적 정보 : 숫자가 아닌 글, 의미나 특성, 느낌, 의견 등

3과목 데이터 분석

21 ③
이 그래프는 관심변수(종속변수) balance를 income과 student로 설명하는 산점도 및 선형회귀 모형의 추세선이다.
student 여부에 따라 색깔을 구분한 점과 추세선을 확인할 수 있으며, 두 직선이 모두 기울기가 양수이므로 student 여부와 상관없이 income이 증가할 수록 balance가 증가하는 경향이 있음을 알 수 있다.
단, student가 'No'일 때의 기울기가 'Yes'일 때의 기울기보다 더 큰 것을 알 수 있고, 이것은 student가 'No'일 때 income의 변화가 balance에 더 큰 영향을 미치는 것을 의미한다. 즉, balance를 설명할 때 student와 income의 교호작용(Interaction)이 존재한다고 볼 수 있다.

22 ④
문제의 보기는 Wage 데이터셋에서 wage(임금)을 종속변수로, age(나이)와 jobclass(직업 유형)의 상호작용을 포함한 회귀모형을 생성하는 것이다.
R의 lm( ) 함수는 설명변수(독립변수)에 범주형 변수가 포함될 경우 자동으로 가변수(dummy variable)를 생성한다. 즉, 모형식에는 jobclass가 있으나 jobclass의 값이 '2. Information'이면 1 아니면 0의 값을 갖는 가변수 "jobclass2. Information"(이하 jobclass2)가 생성되었다.
"age:jobclass2"는 두 변수의 교호작용을 의미하며, p-value가 0.21로 일반적인 유의수준 0.05를 기준으로 유의미하지 않은 변수로 판단할 수 있다. 그러나 통계적 유의미성과 별개로 교호작용을 모형에 포함시킬지 말지에 대한 판단이 필요하고, 모형에 포함할 경우 모형식은 다음과 같다.
wage = 73.53 + 0.72*age + 22.73*jobclass2 − 0.16*(age*jobclass2)
jobclass2의 값이 0일 경우에 age가 1 증가하면 wage가 0.72 증가하고, jobclass2의 값이 1일 경우 (0.72−0.16)=0.56만큼 wage가 증가한다. 따라서 ④는 잘못된 설명이다.
①의 지문은 출제 오류의 가능성이 있으나 jobclass2에 값을 대입하고 다음과 같이 해석할 수 있다.
jobclass2의 값이 0일 경우 wage와 age의 관계식은 다음과 같다.
wage = 73.53+0.72*age
jobclass2의 값이 1일 경우 wage와 age의 관계식은 다음과 같다.
wage = 96.26+0.56*age
즉, jobclass에 따라 wage와 age의 회귀 모형식의 y 절편과 기울기가 다르다고 해석할 수 있다.
(※ 실제 출제 문제에서는 유의미하지 않은 교호작용을 무조건 제거하는 것을 기준으로 보기를 구성했는데 이는 출제 오류이므로, 보기 문항을 재구성하였다.)

23 ②

계통 추출법(Systematic Sampling)은 모집단에 일련 번호를 매긴 후, 처음 하나의 표본을 무작위로 정하고, 이후 일정한 간격(k번째)으로 표본을 추출하는 방식으로 선거 출구 조사 등에서 주로 활용한다.
(예) 1부터 1000까지 번호가 있을 때, 5번째부터 시작해서 매 10번째 항목을 추출)

오답 피하기
① 랜덤 추출법은 전체 모집단에서 무작위로 표본을 추출한다.
③ 집락 추출법은 모집단을 여러 집락으로 나누고, 일부 집락을 통째로 추출한다.
④ 층화 추출법은 모집단을 층으로 나누고, 각 층에서 무작위로 추출한다.

24 ①

스피어만 상관계수는 순위를 활용해 변수 간의 관계를 측정하는 방법이며, 피어슨 상관계수에 비해 비선형적 관계의 탐색에 용이하다.
성별(남, 여)을 1, 2로 표현하는 것처럼 범주형 변수를 숫자로 표시한 것을 명목척도라고 하며, 이런 명목척도는 순서나 합계 등이 무의미한 특징이 있다. 즉, 이러한 특징 때문에 명목척도에 대한 상관계수 계산은 부적절하다.

25 ④

모수 검정은 모집단이 정규분포를 따른다는 가정 하에 사용하는 검정법이며, 비모수 검정은 모집단에 대한 분포를 가정하지 않고, 순위나 부호 등을 이용해 검정을 수행하는 방법이다.
비모수 검정은 주로 표본 수가 작거나 정규성 가정이 어려울 때 사용된다.
④ t-검정(t-test)은 대표적인 모수 검정으로 정규분포에 대한 가정을 포함하며, 두 집단의 평균 차이를 비교한다.

오답 피하기
① 윌콕슨 순위합 검정은 두 집단의 중위수를 중심으로 한 분포 위치 차이를 비교한다. 평균이나 분산이 아닌 순위를 사용하여 비교하므로 정규성 가정이 필요없다.
② 런 검정은 데이터의 무작위성 여부를 확인한다. 값의 크기가 아닌 순서의 패턴에 초점을 맞추므로 분포 가정을 하지 않는다.
③ 맨-휘트니 U 검정은 두 독립 집단 간의 순위를 비교한다. 평균을 직접 비교하지 않고 순위 기반으로 그룹 차이를 검정하므로 정규성 가정이 필요없다.

26 ③

비모수 검정은 분포에 대한 가정 없이 데이터를 비교할 수 있다는 장점이 있지만, 모수 검정보다 통계적 검정력이 낮은 경우가 많다.
특히, 모집단이 정규분포를 따른다는 가정이 충족될 경우, t-검정과 같은 모수 검정이 더 강력하고 정확한 결과를 낸다.

27 ④

로지스틱 회귀분석은 오즈(odds)에 로그를 취한 로짓에 대한 회귀 모형으로, 회귀계수 β가 1 증가하면 오즈는 Exp(B)배만큼 변화함을 의미한다.
즉, Exp(β)가 0.45이므로 β가 1 증가할 때 오즈는 0.45배로 감소한다.
반대로 β가 1 감소하면 오즈는 1/0.45 = 2.22배로 증가한다.
만약 회귀계수 β의 추정값이 0이면 Exp(β)는 1이며, β가 0보다 작을 때 Exp(β)는 1보다 작고 설명변수의 값이 커질 수록 오즈는 감소한다.
반대로 β가 0보다 클 때 Exp(β)는 1보다 크고 설명변수의 값이 커질 수록 오즈도 증가한다.
④에서 "45% 감소"는 100에서 55로 줄어드는 것과 같이 0.55배를 의미하므로 잘못된 설명이다.

28 ②

의사결정나무의 CART 알고리즘은 지니계수(Gini index)를 활용해 분할 기준을 탐색한다. 각 노드의 지니계수는 다음과 같이 계산할 수 있다.

$$\sum_{k=1}^{K} p_k(1-p_k) = 1 - \sum_{k=1}^{K} p_k^2$$

현재 모형에서는 0과 1 두 개의 클래스(범주)가 존재한다.
따라서 지니계수는 $1 - (0.4^2 + 0.6^2) = 0.48$이다.

29 ②

KNN은 가장 가까운 거리의 K개 관측치를 활용한 회귀 및 분류 기법으로 사전 학습 없이 새로운 관측치와 기존 관측치의 거리를 활용해 예측값을 계산할 수 있다. 거리 계산 방법이나 거리에 따른 가중치 등을 조정할 수 있으며 관측치가 많을 수록 거리 계산량이 증가할 수 있다.
K값이 너무 작으면 가까운 일부 관측치의 영향이 커서 과적합 위험이 커지고, K값이 너무 크면 과소적합(underfitting) 가능성이 생긴다. 따라서 ②는 반대로 설명한 것으로 잘못된 설명이다.

30 ①

군집화는 서로 비슷한 관측치를 군집으로 묶는 방법이다. 고정된 전체 제곱합에서 집단 내 제곱합이 작거나 집단 간 제곱합이 클수록 더 나은 군집화라고 판단할 수 있다.

오답 피하기
② ROC 그래프는 분류 모형의 성능 평가에 활용한다.
③ 오차 제곱합은 회귀 모형이나 분산분석에서 등장하는 개념이다.
④ 향상도(lift)는 기준 확률 대비 예측 확률의 비율 등을 계산한 것으로 군집화와는 관련이 없다.

31 ③

마할라노비스 거리(Mahalanobis distance)는 변수 간의 상관관계와 분산을 고려하여 거리를 계산하는 통계적 거리 측정법이다. 아래와 같은 수식으로 계산하며, 공분산 행렬을 활용하므로 변수 간 상관계수가 반영된다.

$$d(x, \mu) = \sqrt{(x-\mu)^T \sum{}^{-1} (x-\mu)}$$

기호	의미
x	측정하고자 하는 데이터 벡터
μ	평균 벡터
$\sum$	공분산 행렬
$\sum^{-1}$	공분산 행렬의 역행렬
T	전치 행렬(transpose)

오답 피하기
①, ② 맨해튼 거리와 유클리드 거리는 두 점(관측치)의 위치 차이를 활용한다.
④ 표준화 거리는 표준화를 통해 변수의 척도 및 단위 차이를 보정하는 데는 도움이 되지만 상관관계를 반영하지 못한다.

32 ①

조건부 확률을 계산하는 문제이며, 성별이 남자라는 조건 하에 포도를 좋아할 확률. P(포도|남자)를 계산해야 한다.
P(포도|남자) = P(포도∩남자) / P(남자) = 3/7이다.

33 ③

연관성 분석에서 신뢰도(Confidence)는 선행 항목이 발생했을 때 후행 항목이 발생할 조건부 확률로, "우유를 구매한 사람이 커피도 구매할 확률"은 다음과 같이 계산할 수 있다.
Confidence(우유→커피) = #(우유∩커피) / #(우유) = 3/4=0.75

34 ④

두 사건이 독립이면 교집합의 확률은 곱셈 법칙이 적용되어 P(A∩B) = P(A)×P(B)와 같이 두 확률의 곱으로 계산할 수 있다.

35 ①

회귀모형에서 독립변수들이 서로 강하게 상관되어 있는 것을 다중공선성이라 한다. 이 경우 변수 간 정보 중복이 발생하여 회귀계수 추정이 불안정해지고 해석이 어려워진다.

오답 피하기

② 자기상관은 한 변수의 현재 값이 과거 값과 얼마나 관련되어 있는지 나타낸다.
③ 정규성 위반은 오차항이 정규분포를 따른다는 가정이 충족되지 않는 경우이다.
④ 등분산성은 회귀모형의 기본 가정 중 하나로 독립변수의 값에 관계없이 오차의 분산이 일정해야 한다는 조건이다.

36 ①

요약 변수란 원시 데이터를 특정 기준(그룹, 조건 등)에 따라 집계·요약하여 만든 변수이다.
②, ③, ④는 요약 변수(summary variable)의 개념에 대한 설명이고, 이를 바탕으로 추론했을 때 ①의 설명은 옳지 않다.
특정 조건을 설정하여 의미를 부여한 변수라면 분석 목적에 따라 설정되어야 하며 범용으로 활용되기 어렵다.

37 ②

중심극한정리(Central Limit Theorem, CLT)는 표본의 크기가 충분히 크면, 어떤 분포를 따르는 데이터라도 데이터에서 계산된 표본 평균이 정규분포를 따르게 된다는 개념이다. 따라서 ②의 정규분포에 대한 가정은 옳지 않은 설명이다..

38 ③

붓스트랩(Bootstrap)은 복원 추출 방식으로, 주어진 데이터에서 동일한 크기의 표본을 반복적으로 추출하는 기법이다. 이때 각 추출은 독립적으로 이루어지며, 같은 항목이 중복되어 선택될 수 있다.
주어진 상황에서 특정한 하나의 관측치가 한 번의 추출에서 선택되지 않을 확률은 1 − 1/100 = 99/100이고, 독립적인 100번의 시행에서 이 사건이 100번 연속 발생할 확률은 ③의 (99/100)^100, 약 0.368로 계산된다. 해석하면 100개의 관측치 중 약 36.8%는 붓스트랩 표본에 포함되지 않을 가능성이 있다는 의미이다.

39 ③

지도학습(Supervised Learning)은 입력 데이터와 그에 대한 정답(레이블)을 제공하여 모델을 학습시키는 방식이며 ① 서포트 벡터 머신, ② 로지스틱회귀, ④ 의사결정나무가 해당된다.
반면 자기 조직화 지도(SOM, Self-Organizing Map)은 신경망 기반의 군집화 알고리즘으로, 데이터의 구조를 자동으로 학습하는 비지도학습(Unsupervised Learning) 방식이다.

40 ①

순환 요인은 주기성을 갖지만 주기가 고정되어 있지 않고 변동성이 있는 패턴을 따른다.

41 ②

연관 규칙 분석은 항목 간에 함께 발생하는 패턴이나 관계를 찾아내는 기법이다. 조합 가능한 품목의 수가 많아질수록 계산량이 폭발적으로 증가하는 단점이 존재하며, Apriori 알고리즘 등에서는 최소 지지도(support)를 설정하는 등으로 대응할 수 있다.
유사한 품목을 소분류, 중분류 등으로 그룹화 하면 계산량은 줄일 수 있지만 유용한 규칙을 놓칠 수 있고, 품목간 유사도가 아닌 분류 및 그룹간 유사도는 활용도가 떨어질 수 있다.

42 ④

주어진 상자그림에서 확인할 수 있는 데이터의 사분위수는 다음과 같다.
최솟값: 1.5, Q1: 2.5, 중앙값: 4.0, Q3: 7.0, 최댓값: 10.0
IQR(Inter-Quartile Range)은 Q3−Q1으로 계산하므로 7.0−2.5=4.5
Q1은 전체 데이터의 하위 25%에 해당하는 값이므로 ①은 옳은 설명이다.
상자그림을 통해 해당 데이터가 오른쪽으로 꼬리가 긴(Right-skewed) 분포를 갖는다는 것을 유추할 수 있는데, 오른쪽으로 꼬리가 길다고 해서 항상 평균이 중앙값보다 크지는 않고 그래프에서 평균을 확인할 수도 없으므로 ④는 잘못된 설명이다.

43 ②

정상 시계열(stationary time series)은 평균, 분산이 일정하고 공분산(자기상관)이 시간에 따라 변하지 않는 특성을 갖는다.
시계열에 명확한 추세(trend)가 존재할 경우 시간에 따라 평균이 증가 혹은 감소할 수 있으며, 이 때 ①의 차분(Differencing)을 적용할 수 있다.
이상치는 특정 시점의 평균, 분산, 공분산 등에 영향을 미칠 수 있으므로 ③의 이상치 제거도 고려할 수 있다.
④의 구간 분할은 정상성을 만족하는 특정 구간만을 활용하여 모형을 적합하는 방법을 의미하는 것으로, 현실적으로 고려할만 하다.
다만 ②의 정규화(Normalization)는 최대-최소 정규화, 표준화 등 다양한 세부 방법을 포괄하는 개념인데, 정규화에서는 전체 구간의 최댓값, 평균, 표준편차 등을 활용하므로 정규화를 적용한다 하더라도 시계열의 비정상성은 유지된다.

44 ①

Apriori 알고리즘은 최소 지지도를 넘은 품목으로부터 시작해서 두 품목의 관계를 탐색하고, 점진적으로 빈발 항목 집합을 확장하며 찾아나가는 과정으로 구성된다.

45 ①

주성분 분석(PCA)은 고차원 데이터를 보다 낮은 차원으로 변환하여 정보의 손실을 최소화하면서도 데이터의 구조를 요약하기 위한 통계적 기법이다. 주성분은 서로 독립이며 상관관계가 없으며, 저차원 공간으로 표현한 데이터의 산점도 등을 통해 이상치 탐지에 활용할 수 있다.
①은 상관 분석이나 회귀 분석에 대한 설명에 가깝기 때문에 정답으로 판단할 수 있다. 다만, 주성분 분석에서 변수간 공분산을 활용하고 저차원 공간에서 변수간 선형 관계도 확인 가능하므로 엄밀하게 따졌을 때 완전 잘못된 설명으로 보기는 어렵다.

46 ④

계층적 군집 분석(Hierarchical Clustering)은 관측치 간 거리를 활용해 군집을 점진적으로 병합하는 방식이며, 이때 군집 간 거리의 정의나 군집 병합 기준의 정의에 따라 결과가 달라질 수 있다.
단일 연결법, 완전 연결법, 평균 연결법은 군집 내 관측치들 간의 거리를 활용하는 반면, 와드 연결법(Ward's method)은 군집 내 제곱합(SSE)의 증가량이 최소가 되도록 군집을 병합하는 방식이다.
와드 연결법은 결합 비용(오차 제곱합)의 급격한 증가 시점을 뚜렷하게 드러내는 특성이 있어, 덴드로그램 해석 시 군집 수를 결정하기에 효과적이다.

47 ④

향상도(lift)는 두 품목구매 혹은 사건이 동시에 발생할 확률이 독립을 가정한 확률보다 얼마나 더 높고 낮은지를 비율로 계산한 것이다.
규칙 X→Y의 향상도는 다음과 같이 계산할 수 있다.
Lift(X→Y) = P(X∩Y) / (P(X)*P(Y)) = n * n(X∩Y) / (n(X)*n(Y)) = 25*3/(10*12) = 0.625

48 ②

복원 단순무작위추출법에서는 각 공이 표본에 포함될 확률이 0.1이고 두 사건은 독립이므로, 두 공이 동시에 표본에 포함될 확률은 0.01이다. 그러나 비복원 단순무작위추출에서는 1번 공이 표본에 포함되는가 아닌가에 따라 2번 공이 표본에 포함될 확률이 달라진다.

- 전체 가능한 표본의 수 100개 중 10개를 뽑는 조합 $\binom{100}{10}$

- 그 중에서 1번과 2번이 모두 포함된 표본의 수 $\binom{98}{8}$

- 따라서 1번과 2번이 동시에 뽑힐 확률 $\dfrac{\binom{98}{8}}{\binom{100}{10}} \neq \dfrac{1}{100}$

49 ③

K-평균(K-means) 군집화는 관측치 간 거리를 활용해 구형(원형) 군집을 찾는 데 최적화된 알고리즘이다. 군집의 크기나 밀도가 일정하지 않은 경우 정확한 군집화가 어려울 수 있으며, 이 경우 밀도 기반의 DBSCAN 방법을 활용할 수 있다.

50 ①

보기의 R 실행 결과는 college 데이터셋을 사용하여 졸업률(Grad.Rate)을 타지 학생 등록금(Outstate), 학부 재학생 수(P.Undergrad), 졸업생 기부자 비율(per.alumni)에 따라 설명하는 선형회귀 분석 결과이다.

lm(Grad.Rate ~ Outstate + P.Undergrad + perc.alumni, data = college)

- lm( ) 함수 : 선형회귀 모형을 적합하는 함수
- Grad.Rate ~ Outstate + P.Undergrad + perc.alumni : 졸업률(Grad.Rate)을 종속변수로, 주 밖 등록금(Outstate), 학부생 수(P.Undergrad), 졸업생 기부자 비율(per.alumni)을 독립변수로 설정
- data = college 데이터셋 사용

회귀 계수(Coefficients) 해석

- Estimate(추정 계수) : 해당 변수의 회귀 계수 값
- Std. Error(표준 오차) : 계수의 표준 오차
- t value : 계수가 0이 아니라는 가설을 검정하는 값
- Pr(>|t|) (p-value) : 일반적으로 0.05 이하이면 통계적으로 유의하다고 판단, **와 *** 기호는 얼마나 유의미한지를 표현함
- (Intercept) (절편) : 모든 설명변수가 0일 때 예측되는 졸업률
- Outstate : 타지 학생 등록금이 1달러 증가할 때 졸업률은 약 0.00179 증가
- P.Undergrad : 학부 재학생 수가 1명 늘면 졸업률은 약 0.00097 감소
- perc.alumni : 졸업생 기부자 비율이 1% 증가할 때, 졸업률은 약 0.317 증가

모델의 전체 설명력

- Residual standard error(잔차 표준 오차) : 예측값과 실제값 사이의 평균적인 차이이며 작을수록 모델의 예측이 정확함을 의미
- Multiple R-squared(결정계수) : 0.3744 → 이 모델이 전체 변동성을 37.44% 설명함, 보통 값이 클수록 좋은 모델이지만, 100%에 가까울 경우 과적합 가능성도 고려 필요함
- Adjusted R-squared(수정된 결정계수) : 0.372 → 설명 변수가 많아질 때 모델의 과적합을 방지하는 보정된 결정계수로 Multiple R-squared 와 큰 차이가 없다면 변수가 적절히 선택됨을 의미

- F-statistic 및 p-value : p-value가 매우 작으므로 모델 전체가 통계적으로 유의미함을 확인

① 회귀 모형은 변수 간 관계 탐색에 활용할 수 있으나, 일반적으로 회귀 모형 및 회귀 계수의 유의미함을 인과관계로 확대해석하기는 어렵다.
② 모형에서 3개의 독립변수와 절편(intercept)을 포함한 4개의 계수를 추정하는데, F-검정에서 두 자유도는 (4-1=3), (n-4=773)로 계산된다. 즉, 두 번째 자유도가 773이므로 전체 관측치(행) 수 n은 773+4=777개이다.
③ 각 독립변수(설명변수)의 회귀 계수에 대한 p-값이 0.05보다 작으므로 모든 독립변수는 통계적으로 유의미하다고 볼 수 있다.
④ 모형에 대한 F-검정에서의 p-값도 매우 작기 때문에 전체 모형도 통계적으로 유의미하다고 해석할 수 있다.

기출문제 43회 (2024.11.03. 시행)

01 ③	02 ④	03 ③	04 ②	05 ③
06 ①	07 ②	08 ④	09 ④	10 ①
11 ③	12 ①	13 ①	14 ③	15 ③
16 ①	17 ④	18 ②	19 ③	20 ①
21 ③	22 ①	23 ②	24 ②	25 ②
26 ②	27 ④	28 ①	29 ③	30 ②
31 ③	32 ③	33 ③	34 ③	35 ②
36 ①	37 ②	38 ④	39 ①	40 ④
41 ③	42 ②	43 ②	44 ①	45 ②
46 ②	47 ①	48 ④	49 ③	50 ③

1과목 데이터 이해

01 ③

기업 내 분산된 데이터를 통합하고 관리하기 위해 데이터 웨어하우스(DW, DataWarehouse)를 활용할 수 있다.

오답 피하기

① ODBC(Open Database Connectivity)는 응용 프로그램과 데이터베이스 간의 연결을 지원하는 인터페이스이다.
② OLAP(Online Analytical Processing)는 데이터베이스에서 이뤄지는 분석 작업을 의미한다.
④ BI(Business Intelligence)는 데이터 분석 및 시각화를 위한 기술과 도구를 의미한다.

02 ④

빅데이터의 3V로 크기(Volume), 속도(Velocity), 다양성(Variety)이 해당된다. 진실성(Veracity, 정확성), 가치(Value) 등을 더한 4V, 5V 개념을 사용하기도 한다.

03 ③

데이터 사이언스는 데이터에서 유의미한 통찰과 지식을 추출하기 위해 통계, 프로그래밍, 머신러닝을 활용하는 학문 및 기술 분야로, 분석 결과의 정확도 뿐만 아니라 분석 및 비즈니스 전반적인 관점에서의 폭넓은 이해가 필요하다.

04 ②

정보 관리 측면에서 빅데이터 활용은 조직이 대량의 데이터를 효과적으로 수집, 저장, 처리, 분석하여 가치 있는 정보를 생성하고 이를 의사결정에 활용하는 과정을 의미한다.
지속적인 운영과 비즈니스의 영속을 위해 ②와 같이 체계적인 데이터 축적과 최신성의 유지가 필요하다.

05 ③

비정형 데이터는 정해진 구조 없이 형태와 크기가 다양한 데이터이다.
텍스트, 이미지 등이 대표적 비정형 데이터에 속하며 실내 온도는 숫자로 표현 가능한 정형 데이터이다.

06 ①

사전처리가 어렵고 양이 많으며 통제가 어려운 빅데이터의 특성상 명확한 인과관계 파악이 어렵다. 따라서 변수 상관관계 탐색으로 분석의 방향이 바뀌었다.

07 ②

택배 차량 배치는 최적화 문제로 유전 알고리즘 등이 적합하다. 요인 분석은 대표적인 차원 축소기법 중 하나로 최적화와는 거리가 멀다.

> **오답 피하기**
> ① 고객 세분화(고객 군집화)는 대표적인 군집 분석(clustering) 활용 사례로서 비슷한 소비 패턴을 가진 그룹을 분류할 수 있다.
> ③ IQR(Interquartile Range)은 대표적인 이상치 탐지 기법이며 전력 소비량, 센서값 등 연속형 데이터에서 비정상값 감지에 유용하다.
> ④ 교통량 시뮬레이션은 혼잡도 예측, 정책 효과 평가, 최적 신호 주기 설계 등에 사용된다.

08 ④

스마트 디바이스의 보급과 관련 서비스 및 비즈니스의 성장으로 대량의 데이터가 생성·축적되었으며, 데이터 분석 및 처리 기술과 클라우드 서비스 등의 발전으로 빅데이터라는 개념이 등장하게 되었다.

09 ④

- 디지털화(Digitalization) : 데이터의 디지털 변환 단계로, 빅데이터 분석의 출발점
- 연결(Connection) : 디지털화된 데이터를 다양한 채널과 네트워크로 연결하는 단계
- 에이전시(Agency) : 연결된 데이터를 활용해 의사결정과 예측, 실행으로 전환하는 단계

10 ①

알고리즘의 소유권은 일반적으로 기업이나 개발자에게 있다. 데이터 오용 및 부작용을 최소화 하기 위해 알고리즘에 대한 접근권을 보장할 수도 있다.

> **오답 피하기**
> ② 개인이 자신의 정보가 어떻게 수집되고 이용되는지 확인할 수 있어야 한다.
> ③ Privacy by Design(설계 단계부터 프라이버시 보호) 원칙에 해당한다.
> ④ 정보 제공 동의 여부를 개인이 결정할 수 있어야 한다.

2과목 데이터 분석 기획

11 ③

시급성이 높으·빠른 시일내에 해결해야하고 난이도가 낮은 과제를 가장 먼저 수행하는 것이 합리적이다.

12 ②

분석 방법론은 일반적으로 계층적 절차(process)로 구성되며 단계(phase)-태스크(task)-스텝(step) 순이다.
③ 스텝은 태스크를 구성하는 세부 절차로 볼 수 있다.

13 ④

단계 순서대로 ①은 도입, ②는 활용, ④는 확산, ③은 최적화 단계에 대한 설명이다.

14 ③

프로젝트 수행을 위한 인력 및 인프라의 소싱은 조달에 해당한다.
④ 비용(Cost)은 운영 및 조달에 필요한 금전적인 대가를 의미하며, 보기의 설명에서는 조달 그 자체만을 이야기하고 있다.

15 ③

분석 안정성과 관련이 있는 것은 정밀도로, 정밀도가 높아야 일관성있는 예측 및 정보 생성이 가능하고 안정적인 분석과 운영이 가능하다.

16 ①

②는 집중적 조직 구조, ③은 분산 조직 구조에 대한 내용이며, ④의 이원형 조직 구조는 분산형과 집중적 조직 구조를 병행하는 형태 혹은 기업 내부의 집중적 조직과 외부 컨설팅 업체 소싱을 병행하는 형태로 유추할 수 있다.

17 ④

학습 범위와 상관없이 지문과 문항으로 정답을 유추할 수 있는 문제로 ④의 사회가 가장 적당하다.

18 ②

①은 데이터 이해, ③은 비즈니스 이해, ④는 평가 단계에 대한 설명이다.

19 ③

데이터 표준화는 조직과 구성원 간의 원활하고 효율적인 의사소통을 위해 용어와 이름 등을 일원화·표준화하는 과정으로, 데이터 표준 용어 설정, 명명 규칙(Name Rule) 수립, 메타데이터(Metadata) 구축, 데이터 사전(Data Dictionary) 구축 등의 업무로 구성된다.

> **오답 피하기**
> ①은 모니터링 및 개선 활동에 대한 설명이며 ②의 정렬 작업은 데이터 표준화와 관련이 없다.

20 ①

분석 기획은 데이터 분석에 앞서 주제 및 문제의 정의와 결과 도출을 위한 방안을 사전에 계획하는 작업으로 데이터 확보, 활용 방안 설정 및 사례 탐색, 장애 요소 사전 파악 등의 사항을 고려해야한다.
①은 분석 고제 수행의 마지막 과정인 평가 및 배포 단계에 해당하는 설명으로 분석 기획 과정과 관련성이 적다.

3과목 데이터 분석

21 ④

고차원 데이터를 저차원으로 축소하는 차원 축소 기법에는 ①, ③, ④가 해당된다. ②는 두 수치형 변수의 상관계수를 계산하고 유의성을 따지는 과정으로 차원 축소 기법과는 거리가 멀다.
기존 기출문제의 출제 경향과 지문의 "거리", "시각화"는 ④의 MDS를 염두에 둔 것으로 보이나 MDS는 고차원에서의 관측치 간 거리와 저차원에서의 관측치 간 거리의 차이를 활용하므로 "변수 간의 거리"라는 표현은 모호하다.
더욱이 상관 분석과 요인 분석 역시 행렬도(biplot)로 저차원 시각화가 가능하고 두 방법론 모두 일종의 변수 간의 거리(유사도)인 공분산을 활용하므로 출제 오류 혹은 복수 정답 가능성이 높은 문항이다.

22 ①

두 관측치 혹은 두 변수는 공간에서 두 점 혹은 두 벡터로 표현할 수 있으며 거리 및 유사도를 계산하고 유사성을 측정한다.
두 벡터의 내적을 활용해 방향의 유사성을 측정하는 것은 ① 코사인 유사도이다.

오답 피하기

② 피어슨 유사도는 주로 두 변수 관계와 유사성을 확인할 때 계산하는데, 그 수식이 관측치 공간의 두 변수 벡터의 코사인 유사도와 동일하므로 중복 답안의 가능성이 있다. 단, 일반적인 수준에서는 ①이 가장 정답에 가깝다.
③ 자카드 유사도는 두 집합의 유사도 측정에 활용된다.
④ 맨해튼 거리는 절댓값을 활용한 거리 및 유사도 측정 지표이다.

23 ③

t-분포를 활용해 모평균을 추정할 때, t-분포의 자유도는 표본 크기 21에서 1을 뺀 20이다.
신뢰수준이 90%인 신뢰구간은 모수가 해당 구간에 포함될 확률이 90%인 것을 의미하고, 유의수준 α는 1 − 0.9 = 0.1로 계산된다.
t-분포는 좌우대칭의 형태를 띄므로 t-분포의 상위 및 하위 5% 임계값을 활용할 수 있다. 즉, 유의수준 α를 반으로 나눈 0.05와 자유도 20을 활용한 임계값을 설정할 수 있다.

24 ②

파생 변수는 분석의 설명력과 결과의 성능을 높이기 위해 활용하며, 정의하는 과정에서 경험과 의도, 주관적 판단이 개입될 수 있으므로 논리적 타당성과 데이터의 맥락을 충분히 고려해야 한다.
② 다양한 방법을 고려하되 상황에 알맞은 적절한 파생변수를 생성하고 활용해야 한다.

25 ②

①, ④는 베이즈 정리에 대한 설명이며, ③은 베이즈 정리를 기반으로 하는 통계적 추론 방법인 베이지안 통계에 대한 내용이다.
연역적 추론은 확실한 전제를 바탕으로 반드시 참인 결론을 도출하는 추론 방식이다. 반면 귀납적 추론은 개별적 사례나 경험을 바탕으로 일반적인 결론이나 법칙을 도출한다.
베이지안 추론은 사전 확률 P(A)와 추가적인 정보인 B를 활용하여 사후 확률 P(A|B)를 추론하며, 새로운 정보를 바탕으로 확률을 업데이트하므로 귀납적인 추론 방법이라고 볼 수 있다.
참고로 데이터 분석 가이드를 기준으로 베이지안과 사전 확률, 사후 확률의 개념은 ADsP의 범위를 벗어난다.

26 ②

연관 규칙을 찾는 연관 분석은 "A를 사면 B도 산다"와 같이 조건반응(if-then)으로 표현되므로 결과 해석이 쉽다.
거래량과 품목 수에 따라 계산량이 비례하며, 효율적인 연산을 위해 Apriori와 같은 알고리즘은 최소 지지도(support)를 설정하여 거래 횟수가 적은 품목을 규칙 탐색 대상에서 제외한다. 따라서 ③은 올바른 설명이고 ②는 잘못된 설명이다.
④는 논란의 여지가 있는 표현이나 데이터 분석 가이드를 기준으로 "계산의 용이성", "목적함수가 없는 비목적성 기법" 등과 함께 연관 분석의 장점으로 소개되어 있다.

27 ④

분석의 종류는 지도학습(회귀와 분류)과 비지도학습(군집화, 연관 분석) 등 다양한 기준으로 구분할 수 있다.
선형회귀는 지도학습의 회귀, 로지스틱회귀는 지도학습의 분류와 관련이 있는 모형이고 의사결정나무는 회귀와 분류에 모두 활용 가능하다.
장바구니 분석은 품목 간 연관 규칙을 탐색하는 연관 분석을 유통업 품목 구매 데이터(장바구니 데이터)에 적용한 것으로 ④가 옳은 연결이다.

28 ①

②, ③, ④는 K-평균 군집화(K-means clustering)에 대한 옳은 설명이다.
K-평균 군집화는 군집 중심 계산과 각 관측치의 군집 할당을 반복하며, 각 과정에서 한 관측치는 하나의 군집에만 할당된다.

29 ③

그래프의 임의의 두 점에서 한쪽이 X 값이 크면 Y 값도 크므로 두 변수는 양의 상관을 갖고 있다. 곡선의 형태이지만 양의 상관이므로 피어슨 상관계수는 0보다 크면서 1보다는 작은 값을 갖는다.
스피어만 상관계수는 실제값이 아닌 X, Y 값의 순위를 활용하며, 그래프와 같이 한 변수가 증가할 때 다른 변수도 같은 순서로 증가하면 상관계수가 1이 된다.

30 ②

- 제1종 오류는 귀무가설이 참일 때, 귀무가설이 참이 아니라고 판정하는 것이다.
- 제2종 오류는 귀무가설이 참이 아닐 때, 귀무가설이 참이라고 판정하는 것이다.

31 ④

다중공선성은 회귀 분석에서 두 개 이상의 독립변수(설명변수)들이 서로 강한 상관관계를 가질 때 발생하는 문제이며 이로 인해 회귀 계수의 추정이 불안정해지고, 해석이 어려워지는 현상이다.
① VIF는 다중공선성의 정도를 파악하는 방법으로, i번째 독립변수를 나머지 독립변수로 설명하는 회귀모형을 적합하고 그 모형의 결정계수(R2)를 활용하여, 1/(1−R2)로 계산한다. 예를 들어 계산된 결정계수가 0.90이면 VIF는 10이다.
다중공선성을 해결하기 위해서는 특정한 독립변수를 직접 제거하거나 변수선택 기법을 활용할 수 있고, 주성분분석을 통해 서로 관련이 깊은 변수를 주성분으로 변환한 다음 독립변수로 활용할 수 있다. 이 방법은 모두 독립변수를 줄이는 작업으로 ④는 옳지 않은 설명이다.

32 ③

F1-score는 정밀도와 민감도(재현율)의 조화 평균으로 계산한다.
일반적인 오차행렬(혼동행렬)은 양성(Positive)과 음성(Negative)으로 구성되며 양성을 기준으로 정밀도와 민감도를 계산한다. 주어진 오차행렬은 T, F의 두개의 수준을 갖고 있는데 어떤 수준을 기준으로 F1-score를 계산할 지에 따라 결과가 다를 수 있다.
해당 문제에서는 두 수준의 F1-score가 동일한 데, 일반적으로 수준별 F1-score가 다를 수 있으며 이 때 계산된 F1-score의 평균인 F1-macro를 활용하기도 한다.
보통 수준 구성이 T/F일 때는 T, 1/0일 때는 1, P/N일 때는 P에 대한 F1-score를 계산하면 된다.
정밀도는 20/50=0.4, 민감도도 20/50=0.4이므로 그 조화평균도 0.4로 계산된다.

33 ③

의사결정나무 모형은 분산 및 불순도를 최소화 하는 방향으로 최적의 분할 기준을 탐색하고 노드를 분할하며, 이 작업을 반복 수행하여 재귀 분할한다.
이때 나무의 깊이 등 하이퍼파라미터를 조정하여 최적의 모형을 탐색하는데, 충분한 분할이 이뤄지지 않고 나무의 깊이가 작으면 설명력이 떨어지는 과소적합이 발생하고, 지나친 분할로 나무의 깊이가 깊으면 과적합이 발생한다.
일반적으로 충분한 나무 깊이를 지정하고 비용복잡도 모수 조절을 활용한 가지치기를 통해 모형의 과적합을 방지한다.

34 ③

R의 summary() 함수는 사분위수와 평균을 한번에 계산한다.
실행된 결과만으로는 관측치의 개수, 결측값의 개수를 알 수 없다.
이상치의 경우 다양한 방법으로 식별이 가능한데, 보기의 결과에서는 사분위수와 사분위거리를 활용한 방법을 적용할 수 있다. 계산된 IQR은 5.3 − 2.3=3으로 최솟값과 최댓값이 모두 정상 범위안에 속하여 이상치는 존재하지 않는다.

35 ②

계층적 군집화 등에서 관측치와 군집 혹은 군집 간 거리를 다양한 기준으로 설정할 수 있다.
주어진 설명에 해당하는 것은 ②의 최장 연결법이다.

오답 피하기
① 최단 연결법은 관측치 간 거리 중 가장 짧은 거리를 활용한다.
③ 평균 연결법은 두 군집 관측치 조합의 모든 가능한 거리의 평균을 활용한다.
④ 중심 연결법은 각 군집의 중심(평균) 간 거리를 활용한다.

36 ①

인공신경망은 입력층, 은닉층, 출력층으로 구성된다. 출력 크기 자체는 출력층의 설정에 따라 결정되며 출력층의 값은 고정되어 있다. 층 설계에 따라 데이터 차원이 증가 혹은 감소할 수 있다.
인공신경망에서 가중치는 입력된 변수나 신호가 출력에 얼마나 영향을 미치는지를 결정한다.

37 ②

선형회귀 모형은 오차항에 대해 선형성, 독립성, 정규성, 등분산성을 가정하고, 모형 적합 이후 가정 충족 여부를 확인한다.
그래프의 x축은 예측값(Fitted values, 적합값), y축은 실제값과 예측값의 차이인 잔차(Residual), 관통하는 곡선은 예측값에 따른 잔차의 평균을 의미한다. 이 그래프를 활용해 오차항의 선형성과 등분산성을 확인할 수 있고, 눈에 띄는 패턴을 갖는 경우 정규성과 독립성도 확인할 수 있다.
잔차 평균선이 0 근처에서 직선이 아닌 곡선의 형태를 보이기 때문에 비선형성이 존재하며, 예측값이 클 때 잔차의 폭이 더 넓고 분산이 더 큰 경향을 보이므로 등분산성을 만족하지 않는다.
예측값이 2C정도일 때, 잔차가 10 정도로 다른 관측치에 비해 눈에 띄게 큰 관측치(관번호 100, 101)이 보이며 이상치라고 판단할 수 있다.
이 그래프만으로는 잔차의 정규성과 독립성 가정 충족 여부를 정확하게 판단하기 어렵고, Q-Q 플롯을 활용해 정규성을 검정하고 더빈-왓슨 검정으로 독립성을 따져볼 수 있다. 따라서 정답은 ②이다.

38 ④

추정은 확률적 판단의 과정이며 모수와 점추정값이 다르거나 모수가 구간 추정 범위에 포함되지 않을 가능성이 있다. 예를 들어 신뢰수준이 95%일 때, 동일한 상황에서 다른 표본으로 구간 추정을 100번 반복하면 그 중 95번 정도는 모수가 신뢰구간에 포함될 것으로 기대할 수 있다.

39 ①

랜덤 포레스트는 의사결정나무의 배깅을 활용한 방법이며 최적 분할 조건 탐색과정에서 일정 비율의 변수를 무작위로 선택해서 활용한다. 의사결정나무를 응용한 알고리즘은 적합된 모형에서 변수 중요도를 확인할 수 있는데, 변수 중요도는 적합이 끝난 이후에 결과적으로 확인할 수 있는 것이지 분할 조건 탐색과는 무관하다.
②, ③, ④는 각 방법론에 대한 올바른 설명이다.

40 ④

해당 그래드는 네 수치형 변수 각각의 히스토그램과 둘씩 짝지은 산점도와 상관계수를 시각화했다.
Sepal.Width는 평균은 약 3인데 반해 Petal.Width의 최댓값은 2.50이므로 ②는 옳은 설명이고, ③도 두 변수의 산점도와 상관계수 0.96으로 옳은 것을 알 수 있다.
④에서 Sepal.Width와 Petal.Length의 상관계수가 −0.43으로 가장 작은 것은 맞지만, 상관계수는 0에 가까울 수록 관계가 없다고 해석할 수 있으며 이 경우 Sepal.Length와 Sepal.Width의 상관계수가 −0.12로 가장 0에 가깝다.

41 ③

③ $P(A \cap B) = P(A) \cdot P(B)$ 이 식은 두 사건이 서로 독립인 경우에만 참이다.

42 ②

층화추출법은 서로 다른 특성을 가진 층에서 각각 표본을 추출하여 표본에 모든 층의 정보를 고르게 담기 위해 활용한다.

오답 피하기
③은 군집추출법이라고도 하며, 일부 집단(집락)을 선택한 다음 해당 집단 전체를 표본으로 조사한다.
①, ④는 설명이 바뀌었다. 참고로 계통추출법(Systematic Sampling)을 체계적 추출로 표기하기도 한다.

43 ②

앙상블 기법은 여러 개의 모델을 결합하여 하나의 최종 예측을 만드는 방법이다. 복수 모형을 활용하여 정확도와 같은 모형 성능을 높이고 예측 안정성을 확보할 수 있으나 더 많은 시간과 리소스를 활용하고 속도가 느려진다.

44 ①

구간척도는 값 간 간격이 일정하나, 절대 영점이 없어 비율 비교가 불가능하다. 대표적 예로 온도가 있는데, 20도가 10도의 두 배라고 할 수 없는 것처럼 비율 비교가 되지 않는다.

45 ②

상관계수에 대한 검정은 별도로 수행해야 하며 상관계수만으로 통계적 유의성을 따질 수는 없다.
상관계수를 살펴보면 Years와 Chits가 0.90, Years와 CRuns가 0.88, Hits와 Runs가 0.92로 서로 높은 상관관계를 보이기 때문에 선형회귀 모형에서 다중공선성 문제가 발생할 수 있다.

46 ②

일반적으로 연속형 종속변수(y)를 활용하는 회귀 모형을 선형회귀 모형이라고 하며, 독립변수(x)의 구성에 따라 모형의 이름이 다르다.
단순(simple) 선형회귀는 독립변수가 1개인 것을 의미하고 다중(multiple) 선형회귀는 독립변수가 2개 이상인 경우를 말한다.
다항 회귀는 보통 하나의 독립변수의 다항식으로 종속변수를 설명하는 것을 의미한다.
로지스틱회귀는 범주형 종속변수를 설명하는 모형이다.

▶ 회귀분석 기법 요약

회귀 유형	종속변수 y	독립변수 x	특징
단순 선형회귀	연속형	1개	기본적 회귀 모형
다중 선형회귀	연속형	2개 이상	변수 많을수록 예측력 증가
다항 회귀	연속형	1개 (고차항 포함)	비선형
로지스틱회귀	범주형	1개 이상	확률 예측, 분류에 사용

47 ①

오차항의 정규성 검증을 위해 잔차의 히스토그램을 그리거나 Q-Q plot으로 잔차의 이론적 정규분포와의 일치를 시각적으로 확인할 수 있고, 샤피로-윌크 테스트로 잔차가 정규분포를 따르는지 검정할 수 있다.
더빈-왓슨(Durbin-Watson) 테스트는 잔차의 독립성 충족 여부를 확인하기 위한 방법이다.

48 ④

주성분 분석(PCA)에서 상위 주성분의 설명력이 가장 높고, 하위 주성분의 설명력은 가장 낮다. 보기는 17개 변수에 대한 주성분 분석이 제시되어 있다.
- Standard deviation : 각 주성분의 표준편차로 해당 주성분이 가진 분산의 크기를 나타낸다.
- Proportion of Variance : 전체 데이터 분산 중 각 주성분이 차지하는 비율 즉 설명력이다.
- Cumulative Proportion : 누적 설명력, 즉 PC1부터 해당 주성분까지가 누적해서 설명하는 분산의 총합이다.

첫 주성분의 설명력은 45.25%, 두 번째 주성분의 설명력은 24.25%이며 첫 두 주성분을 활용하면 전체 분산의 69.49%를 설명할 수 있다.

49 ④

완전 분석은 데이터에서 결측값이 있는 행을 모두 제거하고 결측값이 하나도 없는 완전한 데이터만 가지고 분석하는 방법이다. 결측이 있는 행을 제거하므로 데이터가 간결해지지만 표본 수가 줄어들고 정보 손실이 발생하는 단점이 있다.
④는 이상치 처리에 대한 설명으로 결측값 처리 및 완전 분석법과는 거리가 멀다. 이상치를 절단하는 과정 자체가 데이터 손실을 유발한다. 또한 이상치는 노이즈일 수도 있지만 중요한 패턴의 일부일 수도 있는 만큼 무조건 제거한다고 해서 모델의 설명력이 증가한다고 단정할 수 없다.

50 ③

인공신경망 모형에서 연속형 변수뿐만 아니라 성별, 직업, 카테고리 등의 범주형 변수도 입력 데이터로 활용 가능하며, 이때 원-핫 인코딩, 임베딩 등의 기법으로 처리가 필요하다.

기출문제 42회 (2024.08.10. 시행)

01 ④	02 ①	03 ③	04 ④	05 ②
06 ③	07 ④	08 ①	09 ③	10 ②
11 ①	12 ②	13 ①	14 ①	15 ①
16 ④	17 ①	18 ①	19 ④	20 ③
21 ③	22 ①	23 ③	24 ③	25 ②
26 ③	27 ④	28 ③	29 ①	30 ④
31 ②	32 ③	33 ①	34 ①	35 ④
36 ④	37 ③	38 ②	39 ①	40 ③
41 ②	42 ③	43 ③	44 ②	45 ①
46 ④	47 ③	48 ①	49 ①	50 ③

1과목 데이터 이해

01 ④

빅데이터의 핵심은 개인화와 세분화이다. 고객 데이터를 분석해서 각 고객의 특성을 파악하고, 개인화된 맞춤형 서비스를 필요할 때 즉시 제공하는 온디맨드(On-Demand) 방식이 보급되고 있다.

02 ①

데이터베이스는 특정한 목적을 위해 수집한 데이터를 여러 사람이 공유하기 위해 효율적으로 통합 관리되는 정보의 집합을 의미한다.
일반적으로 데이터베이스는 서로 다른 목적을 가진 여러 사용자에 의해 이용되므로 공용이며, 동일한 내용이 중복되지 않도록 하는 통합된 데이터라는 특성을 갖는다.

03 ③

기상특보는 호우, 강풍 등의 위험 기상에 대해 "주의보", "경보"와 같은 문자 혹은 범주형의 값을 가진다. 수치로 측정되는 나머지 보기들과는 그 유형이 다르다.

04 ④
분석 기술의 발달은 빅데이터의 성장 배경에 대한 설명이다.

오답 피하기
① 데이터의 해석 오류, 왜곡된 활용, 편향된 알고리즘 등은 잘못된 판단이나 의사결정으로 이어질 수 있다.
② 자동화된 의사결정이 늘면서 책임 소재가 불분명해질 수 있다.
③ 개인 정보, 위치 정보, 행동 이력 등이 수집되며 사용자의 동의 없이 활용될 경우 프라이버시 침해 가능성이 높아진다.

05 ②
민간 기업은 서비스 운영 및 인프라 구축을 통해 방대한 양의 데이터를 내부적으로 수집하고 활용하고 있으나 공공기관에 비하면 데이터 외부 개방은 상대적으로 드물다. 특히 빅데이터는 비정형 데이터(SNS, 이미지, 로그 등)가 대부분이므로 정형 데이터가 폭증했다고 보기도 어렵다.

06 ③
①은 데이터, ②는 정보, ③은 지식, ④는 지혜에 해당한다.
- 데이터(Data) : 수치나 기호, 문자로 표현된 기록 그 자체를 의미
- 정보(Information) : 목적에 따라 데이터를 가공, 처리, 분석한 결과물
- 지식(Knowledge) : 정보를 연결하고 일반화한 체계적이고 가치 있는 사실
- 지혜(Wisdom) : 축적된 지식과 경험 및 아이디어를 결합한 창의적인 산물

07 ④
기존의 연구 및 실험을 통한 데이터 수집과 달리 빅데이터 환경에서의 데이터는 변수의 관계가 복잡하여 명확한 인과관계 파악이 어려우므로 상관관계의 탐색 중심으로 분석을 수행한다.
①, ②, ③은 방향이 반대로 되어있다.

08 ①
데이터 사이언티스트는 다양한 기술적, 분석적 역량과 더불어 소통 역량 등을 필요로 한다.
네트워크 최적화는 역량과 크게 관련이 없는 모호한 표현이며, 분석 과제 및 주제와 가까운 개념이다.

09 ③
가치 패러다임의 디지털화, 연결, 에이전시에 대한 문제이며, 연결 이후의 관리 및 운영과 관련된 것은 에이전시(Agency)이다. 에이전시는 연결된 데이터를 활용해 의사결정과 예측, 실행으로 전환하는 단계이다.

오답 피하기
① 디지털화는 아날로그 데이터의 디지털 변환 단계로, 빅데이터 분석의 출발점이다.
② 연결은 디지털화된 데이터를 다양한 채널과 네트워크로 연결하는 단계이다.
④ Modernization은 문제와 관련 없는 용어이다.

10 ②
데이터로 인한 사생활 침해를 예방하기 위해 기존의 개인정보 제공자의 동의에서 데이터 및 정보 사용자의 책임을 강화하는 방안을 강구할 수 있다.

오답 피하기
① 책임 원칙의 훼손에 대한 방안이다.
③ 일반적인 개인정보 관리 방안 중 하나이다.
④ 데이터 및 알고리즘 오용에 대한 방안이다.

2과목 데이터 분석 기획

11 ①
분석 과제 발굴 설정 과정에서 하향식 접근 및 상향식 접근 방식을 활용할 수 있으며 ③, ④가 상향식 방법론에 대한 설명이다.
상향식 방법론은 문제가 구체적으로 정의되지 않은 상태에서 데이터 탐색 및 인터뷰 등을 통해 문제를 정의하는 방법으로 ①은 명확히 틀린 지문이다.
②의 계층적 군집 분석은 관측치 간 모든 가능한 거리와 작은 군집 묶음을 확장하는 점에서 상향식 군집화라고 볼 수 있는데, 분석 과제 발굴과는 무관한 내용으로 문제 자체의 오류로 판단된다.

12 ②
분석 주제 유형은 분석 방법의 설정 여부와 분석 대상의 인식 여부에 따라 최적화, 통찰, 솔루션, 발견으로 구분할 수 있다. 지문은 그 중 통찰(insight)에 대한 설명이다.

오답 피하기
① 최적화 : 분석 대상과 방법이 결정된 경우 기존의 방법론은 개선하고 효율 및 성능을 높이는 데 초점
③ 솔루션 : 문제 상황과 대상이 고정되어 있으나 그 방법과 절차를 모르는 경우, 유사 사례 및 논문 탐색 등을 통해 적합한 분석 방법론 탐색
④ 발견 : 분석 경험과 외부 분석 사례 등을 참고하여 분석 대상을 새롭게 탐색하고 문제를 도출한 다음, 적합한 분석 방법을 선택

13 ①
빅데이터의 특징을 고려한 분석 ROI 요소에 대한 문제이다. ②, ③, ④는 대상 데이터의 특성으로 투자 비용 요소로 간주하며, ①의 Value가 비즈니스 효과나 의사결정에 기여하는 가치에 해당한다. 분석을 통해 얻는 비용 절감, 신규 비즈니스 창출, 고객 만족 향상, 효율 개선 등이 해당한다.

오답 피하기
② Volume은 데이터의 양(크기)으로서 단순 특성이다.
③ Variety는 데이터 형식의 다양성이며 기술적 특성이다.
④ Velocity는 생성·처리 속도로서 처리 특성이다.

14 ①
CRISP-DM 방법론은 비즈니스 및 업무 이해, 데이터 이해, 데이터 준비, 모델링, 평가, 전개로 구성된다. 문제는 이중 첫 번째 단계인 업무 이해의 태스크에 대해 묻고 있으며 업무 목적 파악, 상황 파악, 목표 설정 및 프로젝트 계획 수립의 세부업무가 있다.
②는 데이터 이해, ③은 단계 구성에 대한 설명이고, ④는 모델링 단계에 대한 세부 설명이다.

15 ①
KDD 방법론은 데이터 선택(Selection), 데이터 전처리(Preprocessing), 데이터 변환(Transformation), 데이터 마이닝(Data Mining), 결과 평가(Interpretation/Evaluation) 흐름의 5단계로 구성된다.

16 ④

분석 성숙도(Maturity)는 도입, 활용, 확산, 최적화의 4단계로 구분할 수 있으며 비즈니스의 혁신과 성과 향상과 관련된 것은 마지막 최적화 단계에 해당한다.

▶ 분석 성숙도 평가

단계	내용
[1단계] 도입	분석 시작, 환경과 시스템 구축
[2단계] 활용	분석 결과를 업무에 적용
[3단계] 확산	전사 차원에서 분석 관리, 공유
[4단계] 최적화	분석의 진화로 혁신 및 성과 향상에 기여

17 ①

데이터 분석 가이드를 기준으로 협의의 분석 플랫폼에는 데이터 처리 프레임워크, 분석엔진, 분석 라이브러리가 포함되므로 ①이 정답이다.
광의의 분석 플랫폼에는 ②, ③의 분석 서비스 제공 엔진, 분석 애플리케이션, 분석 서비스 제공 API가 포함되고, 운영 체제와 ④의 하드웨어는 컴퓨터 시스템에 포함된다.

18 ①

데이터 분석 수준 진단에서 분석 준비도 평가는 분석 업무 파악, 인력 및 조직, 분석 기법, 분석 데이터, 분석 문화, IT 인프라 등을 대상으로 한다.

19 ④

일반적으로 데이터 분석 작업에서 고려해야 할 주요 속성들로는 데이터의 규모, 속도, 복잡도 등이 있다.
데이터 규모는 데이터의 크기와 처리 용량, 속도는 데이터 처리 및 분석 속도, 데이터 복잡도는 데이터 구조와 관계의 복잡성을 의미한다.

20 ③

수행 과제 도출 및 우선순위 평가에서 "우선순위 평가 방안 예시"와 "시급성과 난이도를 고려한 우선순위 평가 기준"의 개념이 뒤섞인 오류 문항이다.
문항의 구성으로 미루어 볼 때 시급성과 관련이 있는 상위 요소를 묻는 문제 의도를 추정할 수 있으며, 이 때 정답은 ③의 전략적 중요도이다.

3과목 데이터 분석

21 ③

이상치는 일반적인 패턴에서 벗어난 비정상적 데이터이다. 사기 등 부정 거래는 대표적인 이상치 탐지의 활용 사례이며, 이상치 탐지 규칙 설정 및 오토인코더 등의 알고리즘을 활용하는 등 다양한 방법으로 수행 가능하다.
매출 예측은 시계열 모형, 장바구니 분석은 연관 규칙, 교차 판매는 연관 규칙 분석 및 분류 모형 등을 활용할 수 있다.

22 ①

서열 척도 혹은 순서척도는 값의 덧셈이 의미가 없고 순서가 중요하다. 설문 조사의 5점 및 7점 척도가 대표적인 서열 척도에 해당한다.

오답 피하기
② 비율척도는 절대 0이 존재하고 사칙연산이 가능하다. 무게, 길이, 나이, 키 등이 해당한다.
③ 구간척도는 온도, IQ 등 절대 0은 없으며 비율 비교가 불가능하다.
④ 명목척도는 성별, 지역, 혈액형 등 순서 없이 단순 분류하는 것이다.

23 ③

Apriori 알고리즘은 연관 규칙(Association Rule) 방법론으로 빈발 항목 집합을 효율적으로 찾는다. Apriori 알고리즘은 모든 항목에 대해 규칙을 찾는 것이 아니라, 지지도(Support)와 신뢰도(Confidence)를 기준으로 최소 기준을 설정하고 유의미한 규칙을 탐색한다. 단, 항목과 거래 건수가 큰 데이터에서는 가능한 항목 조합 및 집합이 늘어나서 많은 시간과 리소스가 필요할 수 있다.

오답 피하기
① FP-Growth 알고리즘의 특징이다. Apriori는 트리 구조를 사용하지 않고 후보 집합을 생성하고 가지치기 방식으로 작동한다.
② Apriori는 지지도 기준을 만족하는 빈발 항목집합만 대상으로 하여 연관 규칙을 생성한다. 비효율적 항목은 사전에 제거(prune)한다.
④ Apriori는 항목 수가 많아지거나 데이터셋이 커지면, 후보 집합 수가 폭발적으로 증가해서 성능 저하가 발생할 수 있다.

24 ③

다중 대치법(Multiple Imputation)은 결측값을 하나의 값으로 채우는 대신 여러 개의 가능한 값(plausible values)으로 대치하여 결측값이 가질 수 있는 불확실성까지 반영하는 방법이다. 여러 번의 대치 과정을 거쳐 복수의 데이터셋을 생성하며, 각 데이터셋에는 무작위적 변동이 포함된다. 그 결과 단순 대치법에 비해 더 현실적이고 신뢰도 높은 분석이 가능하며, 추정값의 분산과 불확실성까지 고려한 종합적 결과를 얻을 수 있다.

25 ②

AR은 자기회귀(AutoRegressive) 모형을 말하며, p는 시차(lag)의 개수를 의미한다. AR(p)는 현재 시점의 값이 과거 p시차, p개의 과거 값과 선형 관계를 가지는 시계열 모형이다. 즉 과거 p개의 값을 이용해 현재 값을 예측한다.

26 ③

시계열 데이터는 추세, 계절성, 불규칙성으로 분해할 수 있고, 순환(cycle) 요인을 추가로 고려할 수 있다.

오답 피하기
교호(interaction) 작용은 시너지 효과 등으로 설명할 수 있는 두 독립변수(설명변수)의 특정한 관계를 의미하며 시계열 분해와는 관련이 없다.

27 ④

문제에서 등장하는 세 지표 AIC, BIC, Mallow's CP는 모두 오차 제곱합과 함께 모형에 활용한 독립변수(설명변수)의 개수를 고려하여 모형 성능을 수치화한다.
세 지표 모두 작을수록 더 좋은 모형이라는 의미를 갖고, 독립변수의 개수에 따라 패널티가 추가된다.
④ BIC는 베이지안 사후 확률을 근사적으로 계산한 결과에서 나온 지표이다. BIC 수식은 로그 우도와 모델 복잡도에 대한 패널티를 함께 고려해, 사후 확률이 높은 모델을 선호하도록 만들어졌다.
다만 "가중치를 부여"는 모형 평가 지표나 그 개념과 상관이 없는 표현이다. BIC는 변수가 많아질수록 벌점을 부과하며 AIC보다 변수 증가에 더 민감하다.

28 ④

④에서 등장하는 평균대치법은 결측값의 대치에 관한 내용으로 이상치와 관련이 적다. 또한 조건부 평균대치법은 전체의 평균값이 아닌 회귀분석 등으로 예측된 평균값으로 대치한다.

오답 피하기

① 범위(range)는 특정한 변수의 최댓값-최솟값을 계산한 값을 말하며, 이상치가 존재할 경우 값이 커지게 된다.
② ESD는 정규성을 가정하고 각 관측값의 표준화된 거리를 측정하여 이상치를 식별한다.
③ IQR은 제3사분위수 – 제1사분위수이다.

29 ①

노드의 끊임없는 분할과 과적합을 막기 위해 나무의 깊이(Max Depth) 및 노드 내 최소관측치 개수 등을 지정하는 것을 정지 기준(Stopping Criteria)이라고 한다.

오답 피하기

② 의사결정나무는 목적함수를 기준으로 각 노드의 최적 분할을 탐색하며, 이 작업을 반복하는 재귀(Recursive) 분할이 이뤄진다.
③ 가지치기(Pruning)는 재귀분할이 끝난 이후에 비용복잡도 모수를 활용해 분할을 무효화하는 작업이다.
④ 최적 분할은 클래스를 잘 구분하거나 오차를 최소화할 수 있는 분할을 찾는 것이다.

30 ④

이상치와 특이값 등이 신경망 모델에 영향을 미칠 수는 있으나, 그 민감도는 모델의 구조, 데이터의 크기, 정규화 적용 여부 등에 따라 달라질 수 있다. 특히 비선형 활성화 함수, 정규화, Drop-out, 배치 학습 등의 기법이 적용될 경우, 신경망은 복잡한 패턴을 학습하면서 일부 이상치에 덜 민감하게 훈련될 수 있다. 따라서 인공신경망은 이상치에 특별히 민감한 모델이라고 보기 어렵고, 오히려 선형회귀와 같은 전통적인 모델들이 이상치에 더 민감한 경향을 보인다.

오답 피하기

① MLP에서 한 층의 모든 노드는 다음 층의 모든 노드와 연결된다.
② 인공신경망은 해석이 어렵지만 복잡하고 비선형적 데이터에 대해 높은 표현력을 가진다.
③ 역전파는 오차를 출력층에서 입력층으로 전달하며 기울기를 계산하고 가중치를 경사하강법으로 갱신한다.

31 ②

보기의 R 실행 결과는 데이터셋을 사용하여 sales를 TV, radio, newspaper, TV:radio에 따라 설명하는 선형회귀 분석 결과이다.

lm(formula=sales ~ TV+radio+newspaper+TV:radio, data=data)

- lm( ) 함수 : 선형회귀 모형을 적합하는 함수
- sales ~ TV+radio+newspaper+TV:radio : sales를 종속변수로, TV, radio, newspaper, TV:radio를 독립변수로 설정
- data=data : data라는 이름의 데이터셋 사용

잔차(Residuals) 분석

- 잔차 : 실제 관측값과 회귀 모형이 예측한 값 간의 차이
- Min, 1Q, Median, 3Q, Max : 잔차의 최솟값, 1사분위, 중앙값, 3사분위, 최댓값
- 극단값이 −6.29까지 있음을 확인

회귀 계수(Coefficients) 해석

- Estimate(추정 계수) : 해당 변수의 회귀 계수 값
- Std. Error(표준 오차) : 계수의 표준 오차
- t value : a 계수가 0이 아니라는 가설을 검정하는 값
- Pr(>|t|) (p-vlue) : 일반적으로 0.05 이하이면 통계적으로 유의하다고 판단. **와 *** 기호는 얼마나 유의미한지를 표현함
- (Intercept) (절편) : sales의 절편으로 모든 설명변수가 0일 때 예측값이 약 6.728
- TV : TV가 1단위 증가할 때 radio가 0이라면 sales가 평균적으로 0.019 증가하고 p-value < 2e−16로 매우 유의미한 변수로 확인
- newspaper : p-value가 0.66169로 매우 커 의미 있는 설명변수로 보기 어려움

모델의 전체 설명력

- Residual standard error(잔차 표준 오차) : 예측값과 실제값 사이의 평균적인 차이이며 작을수록 모델의 예측이 정확함을 의미
- Multiple R-squared(결정계수) : 0.9678 → 이 모델이 sales의 변동성을 96.78% 설명함. 보통 값이 클수록 좋은 모델이지만, 100%에 가까울 경우 과적합 가능성도 고려 필요함
- Adjusted R-squared(수정된 결정계수) : 0.9672 → 설명 변수가 많아질 때 모델의 과적합을 방지하는 보정된 결정계수로 Multiple R-squared와 큰 차이가 없으므로, 변수가 적절히 선택됨을 의미
- F-statistic 및 p-value : p-value가 매우 작으므로 모델 전체가 통계적으로 유의미함을 확인

모형에는 TV, radio, newspaper와 TV와 radio의 교호작용(TV:radio)이 포함되어 있다. radio가 고정된 상태에서 TV가 1 증가하면 sales는 TV의 영향에 교호작용에 따른 영향을 더한 1.907e−02(0.01907)+radio*1.087e−03(0.001087) 만큼 증가한다.

32 ③

다중 공선성은 회귀모형의 설명변수(독립변수)들 사이에 강한 상관관계가 존재하는 현상이다. 즉, 두 개 이상의 독립변수가 서로 선형적으로 강하게 연관되어 있을 때 발생한다.

다중 공선성은 회귀계수 해석을 어렵게 하며 표준오차가 증가하고 p-value가 왜곡될 수 있다.

▶ 다중 공선성 확인 방법

3과목	설명
VIF(Variance Inflation Factor)	10 이상이면 다중 공선성 의심
상관계수 행렬 확인	독립변수 간 상관계수가 0.8 이상이면 주의
회귀계수의 큰 변동	변수 추가/삭제 시 회귀계수가 급변하면 의심

▶ 다중 공선성 해결 방법

방법	설명
변수 제거	유사한 정보를 갖는 변수 중 하나를 제거
PCA 등 차원 축소	상관된 변수들을 축소하여 독립적인 성분으로 변환
Ridge 회귀	정규화를 통해 공선성 문제를 완화
데이터 수 증가	더 많은 표본을 확보하여 안정적 추정 도모

중심화나 표준화는 변수 간 상관계수나 회귀모형에 영향을 주지 않으며 다중 공선성이 그대로 유지된다.

33 ①
변수 선택법은 설정된 성능 지표를 기준으로 수행하며, 독립변수(설명변수)가 유의미한지와 모형의 성능이 개선되는지를 기준으로 판단한다.
후진제거법은 유의미한 변수들만 남을 때까지 변수 제거를 반복하는 방식이므로, 최종결과가 상수항만 남는 것은 잘못된 설명이다.

34 ①
R의 선형회귀 모형 적합 결과에서 "Estimate"는 회귀계수, "Std. Error"는 회귀계수의 표준오차를 말하며 검정 통계량 t 값은 회귀계수를 표준오차로 나누어 계산한다.
따라서 적절한 수식은 39.935049 / 5.7680480이며 계산된 t 값은 6.923이다.
참고로 계산된 t 값과 t 분포를 활용하여 유의확률을 계산할 수 있으나 t 분포를 활용하기 위해 관측치 개수 확인과 자유도 계산이 필수적이다.

35 ④
종속변수(관심변수)가 범주형인 경우에 활용하는 의사결정나무 모형을 분류나무 또는 판별나무라고 하며, 분류나무는 분할 조건 탐색에서 카이제곱 통계량, 지니 지수, 엔트로피 지수 등을 활용한다.
분산 감소량은 종속변수가 수치형인 경우인 회귀나무에서 활용한다.

36 ④
SOM(Self-Organizing Map)은 데이터를 저차원의 맵으로 변환하여 군집화하고 데이터의 패턴과 구조를 시각적으로 이해하기 위해 활용하는 비지도학습 기법이다.

37 ③
③ 선형회귀 모형은 관심변수가 수치형인 회귀 문제에서 활용한다. KNN(k-근접 이웃), 의사결정나무와 그 앙상블 기법인 랜덤 포레스트 등은 회귀와 분류 문제에서 모두 활용할 수 있다.

38 ②
head( )는 기본 설정에 따라 데이터의 첫 6개 관측치를 보여준다.
head(Orange)를 보면 같은 Tree 번호로도 여러 행이 존재한다. 즉 각 Tree는 여러 시점의 age, circumference 관측값을 가지고 있다.
summary(Orange)에서 Tree 변수의 요약 결과를 보면 1, 2, 3, 4, 5의 값이 지정된 품종별로 7개의 관측치가 있는 것을 볼 수 있다. 따라서 관측치 수는 35이다.

오답 피하기
① age의 중앙값(Median)은 1004.0이다.
③ Tree 변수는 1, 2, …, 5로 개체 구분을 위한 범주형 변수이며 명목형 데이터에 해당한다.
④ circumference의 평균은 115.9, 중앙값은 115.0이므로 차이는 0.9이다.

39 ①
군집화는 군집 간 거리를 최대화하고, 동시에 군집 내 관측치 간 거리를 최소화하는 방향으로 수행된다.
적절한 군집 수를 결정하기 위해서는 여러 가지 방법을 사용할 수 있는데, 대표적으로 엘보우 방법과 실루엣 계수가 있다.
엘보우 방법(Elbow Method)은 군집 수에 따른 군집 내 오차 제곱합(SSE, Sum of Squared Errors)의 감소율을 선 그래프로 시각화하여, SSE의 감소율이 급격히 낮아지는 지점(= 엘보우 포인트)을 적정 군집 수로 판단한다.
실루엣 계수(Silhouette Coefficient)는 각 데이터가 자신의 군집에 얼마나 잘 속해 있는지, 그리고 다른 군집과는 얼마나 잘 분리되어 있는지를 측정하는 지표이다. 여러 개의 군집 수 k를 시도하면서 평균 실루엣 계수가 가장 높은 k 값을 선택해, 최적의 군집 수를 설정할 수 있다.

오답 피하기
② 두 변수 간의 선형 상관관계를 측정한 것이다.
③ 유클리드 거리는 데이터 간 거리 계산 방식 중 하나로 군집 형성에는 사용되지만 군집 수 결정과는 거리가 멀다.
④ ROC Curve는 분류 모델의 성능을 평가하기 위해 사용되는 곡선이다.

40 ③
A, B가 독립을 가정했을 때의 빈도 대비 실제 해당 규칙의 출현 빈도의 비율을 의미하는 것은 향상도(Lift)이다. 두 항목이 우연히 같이 발생하는 경우에 비해, 실제 얼마나 더 자주 함께 나타나는지를 측정한다.
Lift = P(A∩B) / P(A) · P(B)
해당 규칙의 원소들의 관계가 독립과 다름없다면 향상도는 1이고, 1보다 클수록 서로 밀접한 관계를 갖고 있다고 해석할 수 있다.

오답 피하기
① 지지도는 전체 거래 중 A와 B가 함께 등장하는 비율이다.
② 신뢰도는 A가 발생했을 때 B도 함께 발생할 확률이다.
④ 재현도(Recall)는 분류 모델에서 사용되는 지표이다.

41 ②
DBSCAN은 밀도 기반 군집화 알고리즘이다. 밀도가 높은 지점들을 중심으로 클러스터를 형성하고, 밀도가 낮은 지점은 이상치로 간주하여 K-means보다 이상치에 강한 특성을 가진다. 또한 클러스터의 모양에 제한이 없기 때문에 원형, 반달형, 곡선 형태 등 비선형 구조도 잘 구분한다.
②는 K-means와 같은 알고리즘의 특징이다. DBSCAN은 군집 수를 미리 설정하지 않는다.

42 ③
베이즈 정리를 활용한 확률 계산 문제로 진단 결과가 양성인 사건을 A, 실제 질병에 걸린 사건을 B라고 하면 P(B|A)를 계산하면 된다.
P(B) = 0.1, P(A) = 0.2, P(A|B) = 0.95이고 베이즈 정리에 따라 P(B|A) = P(A|B) · P(B)/P(A) = 0.90*0.05/0.15 = 0.30이다.

43 ③
단순 확률 계산문제이다. 전체 100명 중 선호는 40+30 = 70명이므로 0.7이 정답이다.

44 ②
오분류율은 이름 그대로 전체 중에서 잘못 분류된 건의 비율을 계산하면 된다. 전체 250건 중 A를 B로 혹은 B를 A로 잘못 분류한 건이 60+10 = 70건이므로 오분류율은 70/250 = 0.28이다.

45 ①
혼합 분포 군집은 데이터가 여러 그룹의 확률분포의 혼합으로 이루어졌다고 가정하며, 각 관측치가 특정 그룹에 속할 확률(가중치)을 추정할 수 있다. 이 때 EM(Expectation-Maximization) 알고리즘은 혼합 모델의 모수인 평균, 분산과 가중치를 추정하기 위한 반복적 최적화 알고리즘으로 아래의 두 단계로 구성된다.
- E 단계(Expectation step) : 관측치가 각 군집에 속할 확률 계산
- M 단계(Maximization step) : 군집의 모수와 가중치 업데이트

46 ④
모표준편차를 알고 있는 경우 정규 분포를 활용해 모평균에 대한 구간추정을 할 수 있다. 이 때 표준 정규분포의 임계값(z 값)을 활용해 표본평균을 중심으로 양쪽으로 신뢰수준의 절반만큼씩의 비율을 포함하는 구간을 설정한다.
신뢰구간은 표본평균을 중심으로 범위를 설정하며, 모표준편차가 고정되어 있다하더라도 계산된 표본평균에 따라 신뢰구간의 중심은 달라질 수 있다.

47 ③

p-value(유의확률)은 귀무가설이 참이라는 가정 하에, 실제 관측된 통계량과 같거나 더 극단적인 값이 나올 확률이다.
예를 들어, 어떤 실험에서 평균 차이를 검정하는데 귀무가설을 두 집단의 평균은 같다라고 할 때, 관측된 차이가 매우 크고 그런 일이 귀무가설 하에서 드물게 일어날 경우 p-value가 작아지고, 귀무가설을 기각할 수 있는 근거가 된다.

▶ 가설 검정 용어

용어	정의
귀무가설 H_0	효과 없음, 차이 없음이라는 기본 가정
대립가설 H_1	효과 있음, 차이 있음이라는 주장
p-value	H_0 참일 때, 현재 관측값보다 극단적 결과가 나올 확률
유의수준 α	기각 기준선, p-value가 이보다 작으면 H_0 기각

오답 피하기

①, ④ α는 제1종 오류, β는 제2종 오류이며, 일반적인 통계검정에서 유의수준을 α로 설정하면 제1종 오류의 발생 확률을 α로 설정하는 것이 된다. α, β는 검정과 관련된 개념으로 실제 데이터에서 계산된 통계량과는 거리가 멀다.
② 구간 추정에서 1−α는 신뢰수준이라고 부른다.

48 ③

일반적으로 모형의 파라미터가 크고 모형이 복잡할수록 과대적합(over-fitting) 문제가 발생할 가능성이 커진다.
③ 뉴런이 많을수록 모형은 복잡해지며 과대적합 문제가 발생할 가능성이 커진다. 뉴런이 적으면 충분히 학습하지 못하므로 과소적합 가능성이 커진다.

49 ①

앙상블은 복수의 모형을 활용하는 것을 의미하며 배깅, 부스팅, 스태킹 등의 세부 기법이 있다.
• 배깅 : 데이터를 여러 번 샘플링해서 여러 모델을 병렬로 학습한 뒤 예측 결과를 평균(회귀) 또는 다수결(분류)로 결합한다.
• 부스팅 : 약한 학습기들을 순차적으로 학습시켜 이전 모델이 잘못 예측한 샘플에 더 높은 가중치를 부여하여 보완한다.
• 스태킹 : 서로 다른 여러 모델의 예측값을 다시 새로운 메타모델에게 학습시키는 방식이다.
① 풀링은 합성곱 신경망(CNN)에서 입력 데이터의 크기를 줄이고 특징을 요약하는 연산으로 앙상블 기법과 거리가 멀다.

50 ③

개입분석(Intervention Analysis)은 특정 사건이나 충격(개입)이 데이터에 미친 영향을 분석하는 방법으로 정상성 평가와 무관하다. 정상성 평가에는 ADF 테스트(unit root 단위근 검정) 등을 활용한다.

오답 피하기

① 로그 변환은 분산이 시간에 따라 증가하는 경우를 완화시켜 분산 안정성을 확보하는 데 도움된다.
② 정상성은 시계열 분석의 기본 전제 조건이다.
④ 차분은 추세나 계절성을 제거할 때 자주 사용된다. 1차 차분: $Y_t - Y_{t-1}$, 2차 차분: $(Y_t - Y_{t-1}) - (Y_{t-1} - Y_{t-2})$

기출문제 41회 (2024.05.11. 시행)

01 ②	02 ②	03 ②	04 ④	05 ③
06 ①	07 ④	08 ④	09 ②	10 ③
11 ①	12 ③	13 ②	14 ①	15 ④
16 ②	17 ②	18 ③	19 ①	20 ①
21 ③	22 ③	23 ①	24 ②	25 ④
26 ④	27 ②	28 ②	29 ④	30 ①
31 ②	32 ③	33 ②	34 ①	35 ④
36 ①	37 ①	38 ③	39 ③	40 ④
41 ②	42 ②	43 ③	44 ④	45 ①
46 ②	47 ②	48 ③	49 ③	50 ④

1과목 데이터 이해

01 ②

보기는 SCM(Supply Chain Management)에 대한 설명으로, 제조업 및 유통업에서 공급망 전체를 관리하는 시스템이다.

오답 피하기

① CRM(Customer Relationship Management) : 고객 만족도와 충성도를 높이기 위해서 고객 데이터를 수집, 분석하여 맞춤형 서비스를 제공하고 마케팅 등에 활용한다.
③ MIS(Management Information System) : 기업의 경영 활동을 지원하기 위해 정보를 수집, 처리, 저장, 분석 및 제공하는 시스템이다.
④ ERP(Enterprise Resource Planning) : 기업의 모든 자원과 프로세스를 통합적으로 관리하는 시스템이다.

02 ②

빅데이터는 주로 개방형으로 활용되는 특징이 있다. 일부 폐쇄적으로 운영할 수도 있지만, 빅데이터의 가치를 측정하기 어렵게 만드는 주된 이유로 볼 수는 없다. 데이터 및 알고리즘 개방 및 공유 등으로 특정 데이터의 영향 및 파급효과의 범위를 명확히 설정하기도 어렵다.

오답 피하기

① 데이터는 실시간으로 빠르게 생성되며, 가치가 변하는 속도가 빨라 평가가 어려울 수 있다.
③ 수집한 데이터가 현재 의미 없어 보여도, 미래에는 큰 가치를 가질 가능성이 있다.
④ 데이터의 가치는 경제적 가치, 사회적 가치, 기술적 활용도 등 다양한 측면에서 평가될 수 있다.

03 ②

DIKW에서 I는 Information(정보)이며, 데이터를 가공하거나 처리하여 데이터 간 관계를 분석하고 그 속에서 도출된 의미를 말한다.

04 ④

데이터에 대한 일반적인 지식을 묻는 문제로 "매체"와 "저작물"로 유추할 수 있는 정답은 콘텐츠이다.

> 오답 피하기
> ① 데이터베이스는 체계적으로 저장된 데이터의 집합이다.
> ② DBMS는 데이터베이스를 관리하는 소프트웨어이다.
> ③ 데이터 웨어하우스는 여러 출처에서 데이터를 통합하여 저장하는 대규모 데이터 저장소이다.

05 ③

데이터의 디지털 변환 단계로, 빅데이터 분석의 출발점인 디지털화(Digitalization), 디지털화된 데이터를 다양한 채널과 네트워크로 연결하는 단계인 연결(Connection), 연결된 데이터를 활용해 의사결정과 예측, 실행으로 전환하는 단계인 에이전시(Agency) 순이다.

06 ①

오늘날 데이터 활용 전략은 적재 및 저장 이전에 사전 처리 없이 최대한 많은 데이터를 확보하고 필요에 따라 상황에 맞게 데이터를 사후 처리하는 방향으로 바뀌고 있다.

07 ④

데이터 분석 과정에서도 연구 윤리를 지켜야 하지만, 통찰력 있는 분석을 수행하는 역량과는 거리가 멀다.

08 ④

경험을 통한 분석 기술 숙달, 알고리즘에 대한 이론적 지식은 대표적인 기술적 역량(hard skill)이다.
의사소통 역량, 창의적 사고, 스토리텔링을 통한 설득력 있는 전달이 비기술적 역량(soft skill)에 해당한다.

09 ②

데이터 분석 가이드 및 기출문제에서 알고리즘 설계, 모델 개발 등의 역량을 갖추고 알고리즘이 사회적으로 미치는 영향까지 고려하는 역할의 알고리즈미스트를 데이터 분석 생태계에서 중요한 전문 역할로 강조하나, 용어의 활용사례나 그 역할을 고려할 때 현실성이 떨어지기도 한다.

10 ③

개인이 아닌 집단의 특성에 따른 불이익이 발생하는 책임원칙 훼손에 대해 결과 기반 책임원칙을 구축하여 데이터 윤리성을 강화하는 방안을 고려할 수 있으므로 ③이 정답이다.
① 사생활 침해를 통제하기 위해 정보 활용자의 책임을 강화하고, ② 데이터 오용 및 남용에 대응해 알고리즘 접근권을 보장하여 감시할 수 있다.

2과목 데이터 분석 기획

11 ①

데이터 분석 조직은 그 구조에 따라 집중적 조직, 기능 중심의 조직, 분산 조직 등으로 구분할 수 있으며, 주어진 설명에 해당하는 것은 ①의 집중적 조직 구조이다.

12 ③

데이터 분석 조직은 데이터에서 유의미한 정보를 찾고 가치를 제공하는 역할을 하며, 의사결정은 현업 담당자 혹은 현업 부서의 의사결정권자에 의해 이뤄진다.

13 ②

하향식 접근 방식을 통한 분석 과제 설정에서 문제 탐색 기법에 대한 문제이다.

> 오답 피하기
> ① 분석 유즈케이스는 특정 분석 과제를 구체적으로 정의하고, 이를 적용할 수 있는 사례나 시나리오를 도출하는 방식으로 문제 탐색보다는 실행 가능한 사례와 솔루션 개발 단계에서 주로 활용한다.
> ③ 역량 재해석은 기업 내부의 역량을 새롭게 분석하거나 재정의하여 문제 해결 방법을 모색하는 기법이다.
> ④ 경쟁자 확대 관점은 경쟁사를 분석하여 비교 및 벤치마킹하는 방법이다.

14 ①

프로젝트 수행을 위한 인력 및 인프라의 소싱은 조달에 해당한다.

15 ④

분석 거버넌스 체계는 분석 기획, 관리 및 추진 조직(Organization), 과제 기획 및 운영 프로세스(Process), 분석 관련 인프라 및 IT 시스템(System), 데이터 거버넌스(Data), 분석 관련 교육 및 마인드 육성 체계(Human Resource)로 구성된다.
④ 과제 예산 및 비용 집행은 주로 분석 마스터 플랜에서 다루며, 분석 거버넌스와는 관련이 적다.

16 ②

분석 주제 유형은 분석 방법의 설정 여부와 분석 대상의 인식 여부에 따라 최적화, 통찰, 솔루션, 발견으로 구분할 수 있다.
분석 방법을 알고 있는 경우는 최적화 혹은 통찰에 해당하며, ②의 솔루션은 분석의 대상은 명확하나 그 방법을 알지 못할 때에 해당한다.

17 ②

분석 기획 단계에서 프로젝트 위험에 대응하기 위해 다음과 같은 전략을 고려할 수 있으며, 위험 제거는 비현실적이거나 불가능한 경우가 많기 때문에 일반적인 위험 관리 전략에 포함되지 않는다.
- 완화(Mitigate) : 위험 발생 가능성을 줄이거나, 영향을 최소화하기 위한 조치를 취한다.
- 전이(Transfer) : 위험의 영향을 다른 주체로 이전하여 부담을 줄인다.
- 회피(Avoid) : 위험이 발생할 가능성을 원천적으로 차단하거나 위험 요소를 제거하기 위한 조치를 취한다.
- 수용(Accept) : 위험을 감수하고 프로젝트를 진행하는 방식으로, 대응 비용이 효과보다 클 때 선택한다.
- 상위 보고(Escalation) : 프로젝트 팀에서 해결하기 어려운 문제나 위험이 발생했을 때, 이를 상위 관리층이나 의사결정권자에게 보고하여 지원을 요청한다.

18 ③

KDD 분석방법론은 데이터 선택, 전처리, 변환, 마이닝, 평가 단계로 구성되며, 주어진 설명은 데이터 전처리에 해당한다.

19 ①

분석과제 발굴 설정 과정에서 하향식 접근 및 상향식 접근 방식을 활용할 수 있다.
상향식 접근 방식은 문제가 구체적으로 정의되지 않은 상태에서 데이터 탐색 및 인터뷰 등을 통해 문제를 정의하고 주제를 설정하여 해결방안을 탐색하며, 이 과정을 반복하면서 지속적으로 개선하는 방식이다.
하향식 접근 방식은 먼저 문제 및 과제가 주어지고 이에 대한 해결 방법과 절차를 설정하여 각 과정을 체계적, 단계적으로 수행하는 방식이다.
②, ③, ④는 상향식 방법론에 대한 올바른 설명이며, ①의 내용은 분석 과제 발굴과 무관하다.

20 ①

- 준비형 : 낮은 준비도, 낮은 성숙도
- 정착형 : 낮은 준비도, 높은 성숙도
- 도입형 : 높은 준비도, 낮은 성숙도
- 확산형 : 높은 준비도, 높은 성숙도

문제에서와 같이 분석 준비도가 높고 분석 성숙도가 낮은 경우에는 도입형에 해당한다.

3과목 데이터 분석

21 ③

계층적 군집화는 군집의 수(K)를 미리 정하지 않아도 되며, 데이터를 단계적으로 병합(병합적 방법)하거나 분리(분할적 방법)하여 군집 구조를 형성한다.

오답 피하기

① 계층적 군집 분석에서는 군집이 일부 중첩된 형태의 계층적 구조를 구성한다.
② K-Means, K-Medoids는 비계층적(분할적) 군집화(Partitional Clustering) 기법이다.
④ 분할적 군집화 기법은 계층적 군집화와 다르게 일반적으로 군집의 수를 미리 정한다.

22 ③

ACF(자기상관 함수), PACF(부분 자기상관 함수)는 데이터의 자기상관성을 확인하기 위한 함수이다.

ACF(자기상관 함수, Autocorrelation Function)
- ACF는 현재 시점의 데이터와 여러 시차(lag) 후의 데이터 간의 상관관계를 측정한다.
- 즉, 시계열 데이터가 자기 자신과 얼마나 유사한지를 나타내는 함수이다.
- ACF가 높으면 현재 값과 과거 값이 강한 상관관계를 가진다는 의미이다.
- AR(p) 모델에서는 ACF가 점진적으로 감소한다.
- MA(q) 모델에서는 ACF가 특정 시점(q) 이후에 급격히 절단된다.

PACF(부분 자기상관 함수, Partial Autocorrelation Function)
- PACF는 이전 시점들의 영향을 제거한 후 특정 시차(lag)와 현재 값 간의 순수한 상관관계를 측정한다.
- 즉, PACF는 중간에 존재하는 자기상관성을 제거하고, 특정 시차에서의 직접적인 영향만을 측정한다.
- AR(p) 모델에서는 PACF가 p 시점에서 급격히 절단된다.
- MA(q) 모델에서는 PACF가 점진적으로 감소한다.

ARMA 모델은 AR(p)과 MA(q)의 조합이므로, ACF와 PACF가 모두 점진적으로 감소하거나 진동하며 수렴하는 패턴을 보인다.

23 ①

선형회귀 분석에서 오차항에 대한 기본 가정은 다음과 같다.
- 독립성 : 오차항들은 서로 독립적이다. 즉 한 데이터 포인트의 오차가 다른 데이터 포인트의 오차에 영향을 주면 안 된다.
- 등분산성 : 오차항의 분산이 일정해야 한다. 즉 특정 구간에서 오차가 커지거나 작아지는 패턴이 없어야 한다.
- 정규성 : 오차항이 정규분포를 따라야 한다.

선형회귀 모형에서 선형성은 설명변수(x)와 관심변수(y)의 선형 관계에 대한 가정을 의미한다.

24 ②

CART(Classification and Regression Trees)는 범주형 종속변수를 다룰 때는 지니지수(Gini Index)를 사용하여 분할 기준을 평가하며, 연속형 종속변수를 다룰 때는 분산 감소량(Variance Reduction)을 사용한다.

오답 피하기

① C5.0은 ID3, C4.5 알고리즘의 개선된 버전으로 엔트로피와 정보 이득 비율(Information Gain Ratio)을 사용하여 분할 기준을 결정한다.
③ ID3은 분류문제에서 엔트로피와 정보 이득(Information Gain)을 사용한다.
④ CHAID는 분류문제에서 카이제곱 통계량, 회귀문제에서 F 통계량을 사용한다.

25 ④

Cook's Distance는 회귀 분석에서 개별 관측치(Observation)가 회귀 모델에 미치는 영향을 측정하는 지표이다. 해당 관측치를 제외한 회귀 모형과 기존 회귀 모형의 예측값 차이를 활용한다.
④에서 "변수"라는 표현은 Cook's Distance와 연관이 없다. Cook's Distance > 1일 대 반드시 유의한 영향을 미친다고 단정할 수는 없으며, 잔차 분석 및 다른 지표 등과 함께 평가해야 한다.

26 ④

완전사례분석(Complete Case Analysis, CCA)은 결측값이 포함된 행(Row)을 모두 제거하는 방식으로 결측값을 처리하는 방법이다. 분석이 단순하고 구현이 쉬운 장점이 있지만, 결측값이 많을 경우 데이터 손실이 클 수 있으며, 특정 패턴의 결측값이 존재할 경우 결과가 편향될 위험이 있다.
④ 결측값을 평균으로 대체하는 방법은 평균 대치법이며, 완전사례분석과는 관련이 없다.

27 ②

결측값을 처리하는 과정은 데이터 분석의 속도에 영향을 미칠 수 있다. 결측값을 제거하거나 대체하는 방법에 따라 분석에 활용하는 데이터의 양이 달라지거나, 결측값 처리 소요 시간이 변동할 수 있다.

28 ③

중앙값은 데이터를 크기 순으로 정렬한 후 가운데 위치한 값으로 결정되는 위치 측도이므로, 평균에 비해 이상값(극단값)의 영향을 적게 받는다.

29 ④

사분위수와 QR을 활용해 이상치의 기준값을 설정하고 최댓값과 최솟값을 기준으로 이상치 존재 여부를 파악할 수 있다. R의 boxplot( )으로 그린 상자 그림에서 기본 설정 기준으로 이상치는 "O"로 표시되므로, Sales 변수에 이상치가 존재하는 것을 알 수 있다.

30 ①

다차원 척도법(Multidimensional Scaling, MDS)은 데이터 간의 거리 또는 비유사성을 바탕으로 관계 구조를 시각적으로 표현하는 기법이다. 다차원 척도법은 더 데이터 간의 상대적 거리를 가능한 한 잘 보존하려고 노력하지만, 이를 완전히 보존할 수는 없고 정보 손실이 발생할 수 밖에 없다.

31 ④

summary( )는 각 변수의 단순 집계결과를 보여주고, aggregate( )는 group별 extra의 평균을 계산한 결과를 보여준다.
extra의 평균은 1.54, 최댓값은 5.5이며 extra의 중앙값이 0.95이므로 수면시간이 0.9 이상 증가한 사람은 전체 인원의 50%를 넘는다.
group에 따른 extra의 평균은 각각 0.75, 2.33으로 두 그룹의 평균은 1.58시간 차이가 난다.

32 ③

지니지수는 $1 - p^2$와 같이 계산되며, 하나의 p가 1로 순수도가 최대일 때 지니지수는 0이 된다.

오답 피하기
① 엔트로피는 불순도를 측정하는 지표로 값이 클수록 불순도는 높다.
② 이진분리(Binary Split)는 이름 그대로 데이터를 두 집단(노드)으로 나누는 분리 방법이다.
④ 카이제곱 통계량은 분리된 노드의 동질성(homogeneity)을 측정하며 값이 클수록 분리된 노드가 이질적이다.

33 ②

학습 데이터에서는 성능이 뛰어나지만 새로운 데이터에서는 성능이 떨어지는 것이 과적합의 대표적인 영향이다.
가지치기는 과적합을 줄이기 위한 방법으로 모형이 지나치게 복잡해지는 것을 방지하고, 새로운 데이터에 대한 일반화 성능을 향상시키는 데 도움이 된다.
과적합을 줄이는 것이 핵심이고, 학습 데이터에 대한 성능을 향상시키는 것은 아니기 때문에 옳지 않은 설명이다.

34 ①

선형회귀 분석에서는 모형이 통계적으로 유의한지 평가하기 위해 F-검정을 사용한다.
또한, 회귀 계수 개별적으로 유의한지 평가하기 위해 t-검정을 사용한다.

오답 피하기
② 카이제곱 검정은 범주형 데이터(예: 교차표) 분석, 독립성 검정, 적합도 검정)에서 사용된다.
③ Z-검정은 표본 크기가 매우 클 때(일반적으로 n > 30) 평균 차이를 비교하는 데 사용된다.
④ t-검정은 개별 회귀 계수의 유의성을 평가하는 데 사용된다.

35 ④

선형회귀 모형 적합과정에서 평균제곱오차(MSE)를 최소화하는 회귀 계수를 탐색하는데, 여기에 제약 조건 및 규제(regularization)를 추가할 수 있다.
Lasso는 회귀 계수의 절대값 합인 L1 패널티를 활용하고 Ridge는 회귀 계수의 제곱합인 L2 패널티를 활용한다.

36 ①

배깅은 모델의 분산을 줄이는 역할을 하며, 과적합을 방지하는 효과가 있다. 여러 개의 모델을 학습한 후 평균을 내거나 다수결을 취하기 때문에, 과적합을 오히려 줄이는 방향으로 작용한다.

37 ①

이름, 성별은 범주형 형식이며 숫자로 코드화 할 수 있지만 합계를 구할 수 없고, 순서가 바뀌어도 문제가 없는 명목척도이다.

오답 피하기
② 서열 척도는 학점, 고객 만족도, 경기 순위 등이 있다.
③ 등간척도는 온도, IQ 등이 있다.
④ 비율척도는 무게, 길이, 나이, 키 등이 있다.

38 ③

모수 검정은 모수의 분포를 가정하는 것이 핵심이며, 이에 반해 비모수 검정은 분포에 대한 가정 없이 검정을 수행할 수 있다.

39 ③

분석의 목적과 의도와 관계없이 통계 검정에서 귀무가설은 "차이가 없다. 관계가 없다. 안정적인 상태다"를 의미하도록 설정한다.
따라서 두 수치형 변수의 관계 검정에서 귀무가설은 "상관이 없다" 혹은 "상관계수가 0이다"이며 대립가설은 양측검정의 경우 "상관계수가 0이 아니다", 단측 검정의 경우 "상관계수가 0보다 크다 혹은 작다"로 설정한다.

40 ④

품목 A와 품목 B의 판매가 서로 독립일 경우 향상도(Lift)는 1로 계산된다. 지지도(Support)는 특정 품목이 전체 거래 중에서 얼마나 자주 등장하는지를 나타내며 Support(A∩B)=Support(A) * Support(B)와 같이 계산되어 1이 아니다.

41 ②

노드 개수가 적을수록 연산량이 감소하여 학습 시간이 단축된다.

오답 피하기
① 활성화 함수는 노드의 개수와 상관없이 항상 활용 가능하다.
③ 기울기 소멸은 다층 신경망의 일반적인 특성이며 은닉층의 개수와 관련이 깊다.
④ 노드의 개수가 많아질수록 가중치와 편향의 개수가 증가하여 모델 복잡도가 커진다.

42 ④

재현율(Recall)은 실제 양성(true positive, TP) 중에서 모형이 양성으로 올바르게 예측한 비율을 의미하며, 민감도(Sensitivity)라고도 한다.

오답 피하기
① TN / FN은 존재하지 않는 공식이다.
② TP / (TP+FP)는 정밀도(Precision)이다.
③ FP / (TN+FP)는 FPR(False Positive Rate)이다.

43 ③

로지스틱회귀 분석의 회귀계수는 오즈비(odds ratio)로 변형하여 해석해야 하며, 각 독립변수가 예측 확률에 어떤 영향을 미치는지 직접적이고 직관적으로 해석하기는 어렵다.
로지스틱회귀는 로짓 변환을 활용하여 출력값을 0과 1사이의 확률로 변환할 수 있다.

44 ④

다중공선성은 독립변수 간의 관계로서 회귀계수와 직접적인 연관은 없지만 다중공선성으로 인해 회귀계수의 불안정성은 나타날 수도 있다.
VIF(Variance Inflation Factor)는 독립변수 간의 다중공선성을 측정하는 지표로 다음과 같은 기준이 알려져 있다.
- VIF=1 : 다중공선성이 없음
- VIF > 5 : 다중공선성 가능성이 있음
- VIF > 10 : 다중공선성이 심각한 수준으로 간주

오답 피하기
① 다중공선성 해결 방법으로 종속변수가 아닌 독립변수 중 상관관계가 높은 변수를 제거하는 방법을 활용할 수 있다.

45 ①

보기의 R 실행 결과는 Credit 데이터셋을 사용하여 종속변수 Balance를 독립변수 Age, Income, Student로 설명하는 선형회귀 분석 결과이다.

lm(formula = Balance ~ Age+Income+Student, data=Credit)
- lm( ) 함수 : 선형회귀 모형을 적합하는 함수
- Balance ~ Age+Income+Student : Balance를 종속변수로, Age, Income, Student를 독립변수로 설정
- data=Credit : Credit 데이터셋 사용

잔차(Residuals) 분석
- 잔차 : 실제 관측값과 회귀 모형이 예측한 값 간의 차이
- Min, 1Q, Median, 3Q, Max : 잔차의 최솟값, 1사분위, 중앙값, 3사분위, 최댓값
- Min, Max가 비슷한 수준으로 심한 왜도는 없다고 볼 수 있음

회귀 계수(Coefficients) 해석
- Estimate(추정 계수) : 해당 변수의 회귀 계수 값
- Std. Error(표준 오차) : 계수의 표준 오차
- t value : 계수가 0이 아니라는 가설을 검정하는 값
- Pr(>|t|) (p-value) : 일반적으로 0.05 이하이면 통계적으로 유의하다고 판단. * 기호는 얼마나 유의미한지를 표현함
- (Intercept) (절편) : 모든 독립변수가 0일 때의 종속변수 Balance의 예측값
- Age : p-value가 0.0901로 5%에서는 유의하다 보기 어려우므로 ②는 옳은 선지
- Income : p-value가 <2e-16으로 매우 유의미
- StudentYes : Student가 Yes인 경우, Balance가 평균적으로 378.93 증가

모델의 전체 설명력
- Residual standard error(잔차 표준 오차) : 예측값과 실제값 사이의 평균적인 차이이며 작을수록 모델의 예측이 정확함을 의미. 자유도는 396
- Multiple R-squared(결정계수) : 0.2827 → 이 모델이 종속변수의 변동성을 28.27% 설명함. 보통 값이 클수록 좋은 모델로 볼 수 있음
- Adjusted R-squared(수정된 결정계수) : 0.2773 → 설명 변수가 많아질 때 모델의 과적합을 방지하는 보정된 결정계수
- F-statistic 및 p-value : p-value가 매우 작으므로 모델 전체가 통계적으로 유의미함을 확인. 최소한 하나의 변수는 Balance 예측에 실질적 기여를 한다는 의미

① 결정계수는 0.2827이다. 0.2773은 수정된 결정계수로 모형에 포함된 독립변수(설명변수)의 개수에 고려한 모형 평가 지표로 모형 간 상대적인 성능비교에 활용한다.
③ 전체 모형의 유의성에 대한 F 검정에서 독립변수 개수(k)가 3개, 잔차의 자유도(n − k − 1)가 396이므로 전체 관측치 수(n)가 400인 것을 유추할 수 있다.

46 ②

상관계수란 두 변수 간의 관련성(관계의 방향과 강도)을 수치로 나타낸 값이다.
상관계수가 0이라는 것은 두 변수 간에 특정한 관계가 없다는 것을 의미하는 것은 맞지만, 두 변수가 독립적이라는 결론을 내릴 수는 없다. 예를 들어 두 변수가 완전한 이차 곡선의 관계 $y=x^2$을 가질 때 상관계수는 0이 계산되지만 두 변수는 독립이 아니다.

47 ②

맨해튼 거리는 두 점 사이를 직선이 아니라 수평과 수직으로만 이동하여 계산하는 거리이며, "최단 직선거리"는 유클리드 거리에 해당한다.

48 ③

지수평활법은 이동평균을 계산하는 방법 중 하나이며, 일반적으로 최신 데이터에 더 높은 가중치를 부여하고 과거로 갈수록 지수적으로 감소하는 가중치를 적용해 평균을 계산한다.

49 ③

③ 목적 함수 또는 손실 함수를 설정하고 그것을 최소화하는 방향으로 모형을 적합하는 것은 지도학습에 대한 일반적 설명이다. 비지도학습은 목적 함수나 손실함수를 활용하지 않고 관측치 간 거리 등을 활용해 학습하고 군집을 설정한다.

50 ④

규칙 [딸기 → 우유]의 지지도(Support)는 전체 장바구니 중 두 품목 동시에 들어간 장바구니(1, 5, 8)의 비율을 의미한다.
규칙 [딸기 → 우유]의 신뢰도(Confidence)는 [딸기를 포함한 장바구니(1, 5, 7, 8, 10) 중 [우유]도 포함한 장바구니(1, 5, 8)의 비율을 의미한다.
- 지지도 n(A∩B)/n = 3/10 = 30%
- 신뢰도 n(A∩B)/n(A) = 3/5 = 60%

기출문제 40회 (2024.02.24. 시행)

01	③	02	④	03	④	04	①	05	③
06	④	07	②	08	④	09	①	10	④
11	②	12	③	13	①	14	①	15	④
16	②	17	②	18	①	19	③	20	①
21	④	22	③	23	④	24	①	25	③
26	④	27	②	28	②	29	①	30	③
31	①	32	③	33	④	34	②	35	③
36	④	37	①	38	②	39	③	40	③
41	③	42	②	43	④	44	④	45	①
46	②	47	③	48	③	49	①	50	②

1과목 데이터 이해

01 ③

이미지, 로그, 영상, 텍스트 등은 대표적인 비정형 데이터(Unstructured data)에 속한다.

오답 피하기

① Quantitative data(정량 데이터) : 정량(양적) 데이터는 숫자로 표현되며, 수량적 분석이 가능한 데이터이다.
  예) 매출액, 온도, 키, 몸무게 등
② Structured data(정형 데이터) : 데이터베이스의 행(row)과 열(column)처럼 일정한 구조를 가진 데이터이다.
  예) 엑셀 표, 관계형 데이터베이스의 테이블(고객 정보, 제품 목록 등)
④ Semi-structured data(반정형 데이터) : 일부 구조를 가지고 있지만, 완전히 정형화되지 않은 데이터이다.
  예) JSON, XML, 이메일(헤더는 구조적이지만 본문은 비정형적)

02 ④

ITS(Intelligent Transport System)는 지능형 교통체계로 일반적인 기업 내부 데이터베이스 솔루션과 거리가 멀다.

오답 피하기

① CRM(Customer Relationship Management) : 고객 만족도와 충성도를 높이기 위해서 고객 데이터를 수집, 분석하여 맞춤형 서비스를 제공하고 마케팅 등에 활용한다.
② ERP(Enterprise Resource Planning) : 기업의 모든 자원과 프로세스를 통합적으로 관리하는 시스템이다.
③ SCM(Supply Chain Management) : 제조업 및 유통업에서 공급망 전체를 관리하는 시스템이다.

03 ④

데이터의 최소단위는 비트(bit)이며, 1 바이트(byte)는 8 bit로 구성된다.
바이트는 단위마다 1,024배씩 커지며 킬로바이트(KB), 메가바이트(MB), 기가바이트(GB), 테라바이트(TB), 페타바이트(PB), 엑사바이트(EB), 제타바이트(ZB)로 확장된다.
1024byte＝1KB＝2^10 ≒ 10^3

▶ 데이터 단위 변환표

킬로바이트(KB)	2^10	10^3
메가바이트(MB)	2^20	10^6
기가바이트(GB)	2^30	10^9
테라바이트(TB)	2^40	10^12
페타바이트(PB)	2^50	10^15
엑사바이트(EB)	2^60	10^18
제타바이트(ZB)	2^70	10^21

04 ①

군집분석은 서로 비슷한 값을 갖는 관측치나 데이터를 묶어 경향성을 파악할 때 활용하며, 고객의 연체 확률 예측 등은 로지스틱회귀모형 등 지도학습 알고리즘을 사용한다.

05 ③

스마트 팩토리, 디지털 트윈, 다품종 소량 생산 등 빅데이터 분석 기술을 바탕으로 한 제조업의 확장 및 성장을 기대하고 있다.

06 ④

데이터베이스는 통합되어 저장되고, 공용으로 활용 가능하며 ①, ②, ③이 이에 해당하는 설명이다.
데이터베이스는 특정 응용프로그램에 의존하지 않으며, 오히려 여러 응용프로그램이 데이터를 공유할 수 있도록 독립적으로 설계되므로 ④는 잘못된 설명이다.

07 ②

빅데이터는 오늘날 일반적인 데이터 분석에서 분석 전략 및 방향에 큰 영향을 미치고 있으며, 다음과 같은 4가지 본질적인 변화를 확인할 수 있다.
• 사전처리 → 사후처리
• 표본조사 → 전수조사
• 데이터의 질 → 데이터의 양
• 인과관계 → 상관관계
주어진 지문에서 "나"는 보기 자체가 잘못되어 있고, "라"는 화살표의 방향이 반대이므로 정답은 ②이다.

08 ④

전략적 가치 기반 분석의 목표는 단순히 기존 성과를 유지하거나 업계를 따라잡는 데 그치지 않고, 비즈니스 가치를 창출하거나 경쟁 우위를 확보하는 데 중점을 둔다. 따라서, 기존 성과를 유지하고 업계를 따라잡는 것만을 목표로 하는 분석은 전략적 가치 기반 분석의 핵심 목적에 부합하지 않는다.

09 ①

데이터 사이언티스트는 기술적 역량(hard skill)과 비기술적 역량(soft skill)을 필요로 하며, ① 분석 기술에 대한 숙달은 대표적인 기술적 역량에 속한다.
② 창의적 사고, ③ 소통 역량, ④ 스토리텔링과 시각화를 활용한 설득력은 비기술적 역량이다.

10 ④

데이터 사이언티스트는 기술적 역량(hard skill)과 비기술적 역량(soft skill)을 바탕으로 데이터 분석을 수행하고 정보를 전달 공유하는 역할을 한다. 이 과정에서 데이터 및 분석, 소통과 관련된 다양한 과업을 수행하는데, ④의 조직 관리는 데이터 사이언티스트의 고유 역량이나 과업으로 보기 어렵다.

2과목 ｜ 데이터 분석 기획

11 ②

빅데이터 분석 방법론뿐만 아니라 일반적인 분석 절차에 대한 이해와 경험으로도 정답을 유추할 수 있다.
분석 기획(planning) → 데이터 준비(preparing) → 분석(analyzing) → 시스템 구현/개발(developing) → 평가 및 배포(deploying) 순이다.

12 ③

과제 중심 접근 방식은 주로 실용적이고 빠른 해결책을 찾는 데 집중하며, 세부적인 정확성이나 배포보다는 문제 해결을 우선시한다.
③ Accuracy & Deploy는 좀 더 시스템적이고 지속적인 관리나 최적화가 필요한 항목으로, 과제 중심 접근 방식과는 거리가 멀다.
반면, ① Speed & Test, ② Problem Solving, ④ Quick-Win은 모두 과제 중심적인 접근에서 주로 사용되는 특성이다.

13 ①

분석 과제 발굴에서 하향식 접근 방식은 문제 탐색 → 문제 정의 → 해결방안 탐색 → 타당성 검토의 4단계로 구성된다.
①의 프로토타이핑은 초기 단계에서 간단한 프로토타입(시제품)을 만들고 피드백하는 방법으로 상향식 접근 방식에 가깝다.

14 ①

①은 하향식 접근법에 대한 설명이고 ②, ③은 상향식 접근법에 대한 설명이다.
비지도학습 방법 중 하나인 계층적 군집 분석을 "상향식 군집화"라고 표현하기도 하는데, 상향식 접근을 통한 분석 과제 발굴과 비지도학습은 서로 관련이 없어 연결 짓기 어렵다.
따라서 ①이 답이지만 ④의 내용 역시 상향식 접근 방법과 큰 관련이 없으며 문항 출제 오류라고 볼 수 있다.

15 ④

데이터 분석 문화 정착을 위해 임직원 전반에 걸친 교육과 관리가 필요하며, 특히 경영진을 대상으로 상시적이고 장기적인 교육을 강화해야 한다.

16 ④

분석 거버넌스 체계는 분석 기획, 관리 및 추진 조직(Organization), 과제 기획 및 운영 프로세스(Process), 분석 관련 인프라 및 IT 시스템(System), 데이터 거버넌스(Data), 분석 관련 교육 및 마인드 육성 체계(Human Resource)로 구성된다.
성숙도(Maturity)는 데이터 분석 수준 진단 항목의 하나로 거버넌스 체계 구성과는 거리가 멀다.

17 ②

분석 주제 유형은 분석 대상의 인식 여부 혹은 분석 목표 설정 여부와 분석 방법의 설정 여부에 따라서 최적화, 통찰, 솔루션, 발견의 4가지로 구분할 수 있다.

18 ①

분석 기획 단계에 해당하는 것은 ① 비즈니스 이해이다.

오답 피하기
② 데이터 품질 관리와 ③ 데이터 마트 설계는 데이터 준비 단계이고, ④ 탐색적 분석은 데이터 분석 단계에 해당한다.

19 ③

CRISP-DM 6단계는 비즈니스 이해 → 데이터 이해 → 데이터 준비 → 모델링 → 평가 → 전개로 구성된다.
③ 데이터 통합은 모델링 전 단계인 데이터 준비 단계에서 수행하는 태스크이다.

20 ①

① 비즈니스의 이해 및 프로젝트 범위 설정은 분석 기획 단계의 태스크에 해당한다.

오답 피하기
② 필요 데이터 정의는 데이터 준비 단계의 태스크이다.
③ 모델 적용 및 운영 방안 수립은 데이터 분석 단계의 태스크이다.
④ 모델 발전 계획 수립은 평가 및 배포 단계에서 종료보고서 등에 포함시켜 보고하는 내용이다.

3과목 데이터 분석

21 ④

공분산은 두 확률변수의 선형관계를 나타내는 값이다. 즉, 두 변수가 함께 변화하는 정도를 측정하는 값이다.
공분산은 두 변수의 척도와 단위 등에 따라 다양한 값을 가질 수 있다. 척도화 혹은 정규화를 통해 공분산의 범위를 -1부터 1사이로 제한한 것이 피어슨 상관계수이다.

오답 피하기
③ 공분산이 0이면 두 변수 간 선형적 관계는 없다고 볼 수 있으나 비선형 관계는 존재할 수 있으므로 반드시 독립이라고 할 수는 없다.

22 ③

군집분석에서 변수의 단위나 척도가 다를 경우 상대적으로 큰 값을 갖는 특정한 변수가 큰 영향을 미칠 수 있다. 이 경우 scaling 기법을 적용하여 해결할 수 있다.
scaling은 좁은 의미로는 표준편차로 나누는 것을 의미하고, 넓은 의미로는 데이터를 특정 범위로 변환하거나 크기를 조정하는 모든 과정을 포함한다. 예로 표준화, 정규화 등이 scaling에 속한다고 볼 수 있다.

오답 피하기
① Elimination(제거) : 불필요하거나 중요하지 않은 변수를 제거하는 것은 데이터 차원을 줄이기 위한 방법으로 사용될 수 있지만, 단순히 변수 단위가 다르다고 제거하는 것은 적절하지 않다.
② Sampling(샘플링) : 데이터 크기를 줄이거나 대표적인 샘플을 선택하는 기법으로 단위 차이 문제를 해결하는 것과는 관련이 없다.
④ Averaging(평균화) : 여러 개의 값을 평균 내는 방식으로, 군집분석에서 변수 단위를 맞추는 데는 사용되지 않는다.

23 ④

층화 추출법(Stratified Sampling)은 모집단을 성별, 연령, 소득 등 특정 기준으로 하위 집단(층)으로 나누고, 각 층에서 무작위로 표본을 추출하는 기법으로 모집단의 구성을 더 잘 반영한 표본을 구성할 수 있다.

오답 피하기
② 계통 추출법은 특정 간격마다 표본을 추출하는 방법이다.
③ 군집 추출법은 전체 모집단을 여러 군집으로 나눈 후 무작위로 군집을 선택하고, 선택된 군집 내에서 다시 무작위로 표본을 추출하는 방법이다.
예를 들어, 한 나라에서 학생들의 학업 성취도를 조사하려고 할 때,
1단계: 전국의 학교를 군집(Cluster)으로 나누고, 일부 학교를 무작위로 선택한다.
2단계: 선택된 학교에서 학생들을 무작위로 추출하여 조사한다.

▶ 층화 추출법과 군집 추출법 비교

구분	층화 추출법	군집 추출법
모집단 분류 기준	유사한 특성을 가진 계층(Strata)으로 나눔	작은 집단(Cluster)으로 나눔
표본 선택 방법	각 계층에서 비례/무작위 추출	일부 군집을 무작위로 선택 후, 그 안에서 다시 표본 추출
대표성	모집단 전체를 더 잘 대표함	비용이 적게 들지만, 대표성이 낮을 수도 있음
예시	학년별, 지역별, 성별, 학교 유형별 표본 추출	특정 학교 몇 개를 뽑아 조사

24 ①

① 전체 변이 공헌도 방법은 주성분 분석에서 적절한 주성분 개수를 선택하는 기준 중 하나이며, 누적 분산 설명비율이 일정 수준에 도달할 때까지 주성분을 선택하는 방법이다. 이것은 ③과 ④의 방법에 대한 부연 설명이며, 특정 방법이 항상 최선의 결과를 보장하지는 않는다.
②는 주성분 분석의 이론적인 배경인 고유값 분해와 관련된 내용이다. 주성분 분석에서는 보통 데이터를 표준화하며, 고유값이 1인 주성분은 기존 1개 변수만큼의 설명력을 갖춘 변수라고 해석할 수 있다. 즉, 고유값이 1보다 큰 주성분을 선택하면 적어도 1개 변수보다 나은 역할을 하는 주성분만 선택할 수 있다.

25 ③

주어진 수식은 두 평가지표의 가중평균을 계산한다. β가 1이면 F1-score와 정확히 일치하고, β가 1보다 작으면 Recall의 가중치가 더 크며, 1보다 크면 반대로 Precision의 가중치가 더 커진다.
β가 0.5일 경우 precision에는 그 제곱인 0.25를 곱해 가중치가 1/4로 줄어든다.

26 ②

민코프스키 공간은 유클리드 공간과 시간의 차원을 조합한 4차원 공간이고, 민코프스키 거리는 두 개체가 얼마나 다른지를 나타내는 척도이다. 보기의 수식은 n차원 데이터 X와 Y에 대해 p차원 민코프스키 공간상에서 두 점 X와 Y 사이의 민코프스키 거리를 나타낸다.

민코프스키 거리는 맨해튼 거리와 유클리드 거리를 일반화한 것으로 생각할 수도 있으며, p가 1이면 맨해튼 거리, p가 2이면 유클리드 거리와 동일하다.

27 ②

다른 변수의 영향을 받는 변수는 반응변수(종속변수, 독립변수)라고 한다. 설명변수(독립변수)는 다른 변수에 영향을 주는 변수로서 종속변수의 변화를 설명하거나 예측하는 데 사용된다.

28 ④

카이제곱 통계량은 예측 혹은 기댓값과 실제 데이터 값과의 차이를 제곱하고 합한 값이며, 두 값의 차이가 클수록 검정 통계량도 커진다. 그리고 검정 통계량이 커지면 유의확률은 작아진다.

29 ①

엔트로피의 계산식은 다음과 같다.
$$-\sum p_i \log_2 p_i$$
p_i는 클래스 i의 확률, 즉 클래스 i의 샘플 비율이다.
엔트로피는 데이터 집합의 불확실성 또는 무질서의 정도를 측정하며, 엔트로피 값이 낮을수록 데이터 집합의 불확실성이 적고, 높은 경우에는 불확실성이 크다.
의사결정나무에서는 각 분할(노드)에서 가능한 모든 분리 기준에 대해 엔트로피를 계산하고, 이를 기준으로 가장 불확실성을 줄일 수 있는 분할을 선택한다.

오답 피하기

②는 지니 지수(Gini Index)의 계산식이고, ③과 ④는 엔트로피 계산식을 변형한 것이다.

30 ③

랜덤 포레스트는 배깅 기법을 사용하면서, 분할을 할 때 후보 변수를 무작위로 선택하여 각 결정 트리가 다양한 특성에 기반한 예측을 하도록 한다. 이를 통해 모델들 간의 다양성을 높여 더 정확한 예측이 가능해진다.
배깅(Bagging)은 Bootstrap Aggregating의 줄임말로, 여러 개의 모델을 학습시킨 후 그들의 예측 결과를 결합하는 방법이다.

오답 피하기

① 샘플링은 앙상블 기법과 상관이 없다.
② 각 모형이 서로 다르고 독립적일 때 성능이 향상된다.
④ 앙상블 기법의 핵심은 분산을 줄여 성능을 향상시키는 것이다.

31 ①

A와 B가 서로 영향을 주지 않는 독립일 경우에는 두 사건이 동시에 발생하는 교집합의 확률이 두 확률의 곱으로 계산된다.
두 사건의 확률의 합이 합집합의 확률과 동일한 경우는 A와 B가 배반(A∩B=ϕ)일 경우이다.

32 ③

귀무가설이 참인데 귀무가설을 기각하는 오류는 제1종 오류이다.

▶ 제1종 오류와 제2종 오류 비교

구분	제1종 오류 (Type I Error)	제2종 오류 (Type II Error)
정의	• 실제로 참인 가설을 기각하는 오류 • False Positive	• 실제로 거짓인 가설을 채택하는 오류 • False Negative
결과	잘못된 긍정적 결론(허위 긍정)	잘못된 부정적 결론(허위 부정)
실험 예	약물의 효과가 없는데 효과가 있다고 잘못 판단	약물의 효과가 있는데 효과가 없다고 잘못 판단
확률	α (유의수준, 알파)	β (검정력의 보완, 베타)

33 ④

ARIMA 모형은 자기회귀(AR), 차분(I), 이동평균(MA) 요소로 구성된 모형이다.
p=0은 자기회귀(AR) 부분이 없다는 의미이며, 이 경우 차분(d, 이전 값과 현재 값의 차이)을 통해 IMA(d, q) 모형을 형성할 수 있다. 또한 d번 차분을 하면 시계열이 정상성으로 변하며, MA(q) 모형의 특성을 따르게 된다.

오답 피하기

① ARIMA = AutoRegressive Integrated Moving Average의 약어이다.
② 시계열 분해는 시계열 데이터를 추세, 계절성, 불규칙성 등으로 분리하여 각 구성 요소의 특성을 확인하는 방법이다. 각 구성 요소는 회귀 모형의 설명변수로 사용될 수 있으며, 이를 통해 시계열 데이터의 변동 원인을 파악하고 예측할 수 있다. 즉, 회귀 모형을 적합하는 과정은 별도로 이루어진다.
③ AR이 포함된 모형은 정상성(Stationarity)을 가정하므로 ARIMA 모형 역시 정상성을 확인해야 한다. 정상성을 가지지 않는다면 차분을 통해 데이터를 정상으로 만들어야 한다.

34 ②

결정계수는 회귀 문제에서 모형의 설명력을 파악하기 위한 평가 지표로 정규성 확인과는 거리가 멀다.
특정 변수나 데이터가 정규분포를 따르는지를 파악하기 위해 히스토그램과 분포 곡선을 활용해 시각화하거나, 첨도와 왜도가 각각 정규분포의 기준값인 3과 0과 일치하는지 확인할 수 있다.
정규분포의 분위수와 실제 데이터의 분위수로 Q-Q plot을 작성하고 직선 여부를 따져 정규성을 확인하는 것도 가능하다.

35 ③

시계열 분해의 주요 요인은 추세요인, 계절요인, 순환요인, 그리고 불규칙 요인이다.

36 ④

쌍곡탄젠트 함수(tanh)와 시그모이드 함수는 모두 비선형 활성화 함수로, 인공신경망에서 뉴런의 출력을 결정하는 데 사용된다.
두 함수는 입력값을 특정 범위로 압축하는 역할을 하지만, 출력 범위와 형태에서 차이가 있는데 쌍곡탄젠트 함수는 출력값이 -1에서 1 사이로 제한되며, 시그모이드 함수는 출력값이 0에서 1 사이이다.
즉, 서로 함수의 형태는 유사하지만 출력 범위는 다르다.

37 ①

계층적 군집화에서 군집 간 거리 정의 방법은 다음과 같다.
- 완전 연결법 : 두 군집에서 가장 먼 두 점 사이의 거리를 기준으로 병합
- 평균 연결법 : 두 군집 간 모든 점들 간의 평균 거리를 기준으로 병합
- 단일 연결법 : 두 군집에서 가장 가까운 두 점 사이의 거리를 기준으로 병합
- 중심 연결법 : 각 군집의 중심(centroid) 간 거리를 기준으로 병합

①은 일반적으로 사용되지 않는 개념이다.

38 ④

비율척도는 데이터에 절대적인 0점이 존재하며, 크기 차이와 비율을 계산할 수 있는 특성을 가진다. 이로 인해 비율척도는 데이터에서 가장 많은 양의 정보를 표현할 수 있고, 구간척도로는 불가능한 곱셈, 나눗셈도 가능하다.

오답 피하기

① 명목척도 : 성별, 혈액형, 국적 등 단순 분류를 위한 척도로서 연산 불가능
② 순서척도 : 학년, 석차 등의 데이터 간 서열 정보 포함하나 차이의 계산 불가능
③ 구간척도 : 온도처럼 데이터 간 차이는 있어서 덧셈, 뺄셈 가능하나 절대적 0이 없고 곱셈과 나눗셈 불가능(0도는 온도의 부재가 아니며, 20도는 10도의 두배 따뜻한 것이 아님)

39 ③

전체 모형의 통계적 유의성 여부는 F 통계량을 활용한 F 검정을 통해 따질 수 있다.

오답 피하기

① 결정계수(R-squared)는 모형의 설명력을 계산한 지표로 모형의 유의성과는 직접적인 관련이 없다.
② 카이제곱 통계량은 범주형 데이터의 독립성 검정 또는 적합도 검정에 사용한다.
④ t 통계량을 활용한 t 검정으로 각 설명변수의 유의성 여부를 확인하며 모형 전체의 유의성을 평가하는 지표는 아니다.

40 ③

K-Means 알고리즘에서는 군집의 개수 K를 사용자가 미리 정해야 한다. 일반적으로 엘보우 방법이나 실루엣 분석을 이용하여 최적의 K를 찾는다.

오답 피하기

① 군집화는 데이터의 분포와 상관없이 적용할 수 있다. 다만 분포적 특성이나 이상치의 유무에 따라 군집화의 성능은 차이가 날 수 있다.
② K-Means는 평균(centroid)을 사용하므로, 이상치(outlier)에 취약하나. K-Medoids는 중심점(medoid)을 사용하므로 이상치에 강하고 더 직관적 설명이 가능하다.
④ 가장 중심에 위치한 관측치(medoid)를 기준으로 군집을 탐색하는 것은 K-Medoids 알고리즘이다.

41 ③

보기의 R 실행 결과는 Chickweight 데이터셋을 사용하여 체중(weight)을 시간(Time) 및 다이어트(Diet)에 따라 설명하는 선형회귀 분석 결과이다.

lm(formula=weight ~ Time+Diet, data=Chickweight)
- lm( ) 함수 : 선형회귀 모형을 적합하는 함수
- weight ~ Time+Diet : 체중(weight)을 종속변수로, 시간(Time)과 다이어트(Diet)를 독립변수로 설정
- data=ChickWeight : ChickWeight 데이터셋 사용

잔차(Residuals) 분석
- 잔차 : 실제 관측값과 회귀 모형이 예측한 값 간의 차이
- Min, 1Q, Median, 3Q, Max : 잔차의 최솟값, 1사분위, 중앙값, 3사분위, 최댓값
- 중앙값(Median)이 0에 가깝고, 1사분위(−17.151)와 3사분위(15.033)의 차이가 크지 않아 잔차의 분포가 비교적 균형적임을 확인

회귀 계수(Coefficients) 해석
- Estimate(추정 계수) : 해당 변수의 회귀 계수 값
- Std. Error(표준 오차) : 계수의 표준 오차
- t value : 계수가 0이 아니라는 가설을 검정하는 값
- Pr(>|t|)(p-value) : 일반적으로 0.05 이하이면 통계적으로 유의하다고 판단, **와 *** 기호는 얼마나 유의미한지를 표현함
- (Intercept)(절편) : 회귀식에서 Time=0, Diet1일 때 체중(weight)의 예상값이 10.9240이고 p-value=0.00122로 유의미한 계수로 확인
- Time(시간) : Time이 1 증가할 때 체중(weight)은 평균적으로 8.7505 증가하고 p-value <2e−16로 매우 유의미한 변수로 확인

모델의 전체 설명력
- Residual standard error(잔차 표준 오차) : 예측값과 실제값 사이의 평균적인 차이이며 작을수록 모델의 예측이 정확함을 의미
- Multiple R-squared(결정계수) : 0.7453 → 이 모델이 체중(weight)의 변동성을 74.53% 설명함. 보통 값이 클수록 좋은 모델이지만, 100%에 가까울 경우 과적합 가능성도 고려 필요함
- Adjusted R-squared(수정된 결정계수) : 0.7435 → 설명 변수가 많아질 때 모델의 과적합을 방지하는 보정된 결정계수로 Multiple R-squared와 큰 차이가 없으므로, 변수가 적절히 선택됨을 의미
- F-statistic 및 p-value : p-value가 매우 작으므로 모델 전체가 통계적으로 유의미함을 확인

Diet는 범주형 설명변수이며 회귀모형에서 3개의 가변수(dummy variable)를 활용해 Diet에 따른 Time의 변화를 설명한다.
Diet에는 2, 3, 4와 1로 추정할 수 있는 또다른 값 하나가 더 있어 총 4개의 수준이 있으며, 그중 Diet가 1일 때의 효과를 0으로 고정하고 나머지 수준의 효과를 3개의 가변수로 표현한다.
Diet가 2일 때는 Diet가 1일 때에 비해 weight가 16.1661만큼 더 크고, Diet가 3일 때는 Diet가 1일 때에 비해 weight가 36.4994만큼 더 크다.
따라서 Diet가 2에서 3으로 변하면 weight는 두 값의 차이인 20.3333 증가한다고 해석할 수 있다.

42 ②

피어슨 상관계수는 이론적으로 2차원 정규분포를 따르고 타원형의 분포를 갖는 두 수치형 변수의 선형 관계를 정량화할 때 활용한다.
스피어만 상관계수는 이러한 분포에 대한 가정이 없고 두 변수에서의 각 관측치의 순위를 활용해 비모수적인 관점에서 "첫 변수에서 순위가 높은 관측치가 다른 변수에서도 순위가 높은지"를 따져 계산하는 상관계수이다.

43 ④

weight의 중앙값(Median)은 258.00이고, 평균(Mean)은 261.30이다.
범위(Range)는 데이터가 흩어져 있는 전체 구간의 길이를 의미하며 최댓값−최솟값으로 계산하면 423−108=315이다.

44 ④

이산형 확률변수의 기댓값 $E(X)$는 확률변수 X의 값에 해당 확률을 곱한 값들의 합으로 정의된다. 즉 $x \cdot f(x)$의 합계이다.
$$E(X)=\sum x \cdot P(X=x)$$
계산하면, 1*1/6+2*2/6+3*3/6=14/6=7/3이다.

45 ①

수준 True에 대한 재현율(Recall) 혹은 민감도(Sensitivity)는 실제 True인 데이터 중에서 모형이 True로 예측한 비율을 나타내며, 다음과 같이 계산할 수 있다.
60 / (60+40)=60/100=0.6

46 ②

선형회귀 모형의 오차항에 대한 주요 가정은 다음과 같다.
- 독립성(Independence) : 오차항은 서로 독립이어야 한다.
- 등분산성(Homoscedasticity) : 오차항의 분산이 일정해야 한다.
- 정규성(Normality) : 오차항은 정규분포를 따라야 한다.

47 ③

퍼셉트론은 신경망 기반의 모델로서 의사결정나무와는 다른 개념의 모델이므로 관련이 없다.

오답 피하기
① 의사결정나무는 재귀적으로 데이터를 나누는 방식을 사용한다.
② 지니 지수는 불순도를 측정하는 지표로서 노드 분할 기준으로 자주 활용된다.
④ 엔트로피 지수는 지니 지수와 함께 중요한 분할 기준이다.

48 ③

수치형 독립변수와 종속변수가 각각 1개인 단순 선형회귀 모형에서 결정계수는 두 변수의 상관계수의 제곱과 같다. 이것이 결정계수를 R-squared라고 부르는 이유이다.
단, 독립변수가 2개 이상인 일반적인 회귀 모형에서 결정계수는 2개 이상의 상관계수의 제곱합과 관련이 없다.

49 ①

주어진 설명은 기울기 소실에 대한 것이다. 역전파 과정에서 층이 깊어질수록 기울기가 점점 작아져 학습이 잘 되지 않는 현상이다. 주로 시그모이드나 하이퍼볼릭 탄젠트 활성화 함수를 사용할 때 발생하며, 이를 해결하기 위해 ReLU 활성화 함수가 자주 사용된다.

오답 피하기
② 학습률은 가중치 업데이트의 정도를 결정하는 하이퍼파라미터이다.
③ 활성화 함수는 신경망의 출력을 결정하는 함수이다.
④ 과적합은 모델이 훈련 데이터에 과도하게 맞춰진 현상을 말한다.

50 ②

정상성(Stationary)은 평균과 분산, 공분산이 일정해야 함을 의미한다.
②에서 시계열 데이터의 정상성은 독립성과 관련이 없고, 일반적인 시계열 데이터는 자기상관 등 시간에 독립적이지 않은 특성을 갖는다.

오답 피하기
① 시간이 지나도 평균 값이 변하지 않아야 정상성을 만족한다.
③ 두 시점 간의 공분산이 시점 자체에 의존하지 않고, 시차(lag)에만 의존해야 한다. 즉, 두 시점 t와 t+h 사이의 공분산은 h에만 의존해야 정상성을 만족한다.
④ 시간이 변해도 분산이 일정해야 정상성을 만족한다.

PART 05

실전 모의고사

CONTENTS
- 실전 모의고사 01회   274p
- 실전 모의고사 02회   286p
- 실전 모의고사 정답 & 해설   298p

ADsP 실전 모의고사 01회

문항 수	시험 시간	배점
총 50문항	90분(1시간 30분)	각 2점

수험번호 : _____
성   명 : _____

정답 & 해설 ▶ 298쪽

1과목 데이터 이해   10문항

01 다음 중 빅데이터 분석 방법과 사례를 연결한 것으로 적절하지 않은 것은?

① 연관 규칙–삼겹살과 함께 구매되는 상품 탐색
② 소셜 네트워크–단톡방 구성원의 친분 관계
③ 분류 모형–택배 배송 경로 설정
④ 회귀 모형–신상 정보 활용 카드 사용 금액 예측

02 다음 중 비정형 데이터가 아닌 것은?

① 신용카드 결제 내역
② 상품 구매 후기
③ 앱 사용 로그
④ 음식 촬영 이미지

03 다음 중 데이터를 통합하여 저장하는 중앙 저장소를 의미하는 것은?

① OLTP(Online Transaction Processing)
② DW(Data Warehouse)
③ BI(Business Intelligence)
④ OLAP(Online Analytical Processing)

04 다음 중 빅데이터의 출현 배경으로 옳은 것을 모두 고르시오.

> 가. 서비스 및 운영 과정에서 대량의 데이터 축적
> 나. 메모리 및 클라우드 등 데이터 관련 기술 발전
> 다. 데이터 처리 및 분석 알고리즘의 발전

① 가
② 가, 나
③ 가, 다
④ 가, 나, 다

05 다음의 사례와 가장 관련이 깊은 분석 방법론은?

> 온라인 쇼핑몰(이커머스)에서 특정한 상품을 조회한 사람이 실제로 구매한 상품을 찾아 상품 추천에 활용한다.

① 의사결정나무
② 딥러닝
③ 연관 규칙
④ 감성 분석

06 다음 중 빅데이터의 특성인 3V에 해당하는 것을 바르게 묶은 것은?

> 가. Variety(다양성) : 다양한 유형의 데이터가 생성, 저장되고 있다.
> 나. Volume(양, 크기) : 데이터의 용량, 물리적인 크기가 커지고 있다.
> 다. Veracity(정확성) : 단순한 양뿐만 아니라 신뢰성과 타당성이 뒷받침되어야 한다.
> 라. Velocity(속도) : 수집과 처리, 활용 과정에서 속도가 빨라지고 주기가 단축되고 있다.

① 가, 나, 다
② 가, 나, 라
③ 가, 다, 라
④ 나, 다, 라

07 다음 중 데이터 사이언티스트(Data Scientist)에게 요구되는 비기술적 역량(Soft Skill)이 아닌 것은?

① 빅데이터 및 알고리즘, 방법론에 대한 이해와 이론적 지식
② 창의적 사고와 호기심, 논리적 비판을 통한 통찰력 있는 분석
③ 스토리텔링, 시각화를 활용한 설득력 있는 전달
④ 구성원간 소통을 통한 다분야간 협력

08 다음 중 기업의 모든 자원과 프로세스를 통합적으로 관리하는 시스템을 의미하는 데이터베이스 활용 전략 용어는?

① ERP(Enterprise Resource Planning)
② MIS(Management Information System)
③ SCM (Supply Chain Management)
④ RM(Risk Management)

09 다음 중 빅데이터 비즈니스의 성장과 확장이 불러올 수 있는 사생활 침해 문제를 해결하기 위한 방법으로 가장 적절한 것은?

① 개인화 알고리즘 활용
② 알고리즘 접근 허용
③ 개인 정보 사용자의 책임 강화
④ 개인 정보 활용 금지

10 DIKW 피라미드 계층에서 지식(Knowledge)에 대한 예시로 가장 적절한 것은?

① 동일한 제품을 A사이트는 5만원에, B사이트는 6만원에 판매하고 있다.
② B사이트의 판매가격이 A사이트보다 더 비싸다.
③ 가격이 상대적으로 저렴한 A사이트에서 사는 것이 비용효율적이다.
④ B사이트가 전반적으로 A사이트보다 가격이 높을 가능성이 크지만 제품별로 추가 비교가 필요하다.

2과목 데이터 분석 기획 10문항

11 다음 중 KDD 분석 방법론의 5단계에 속하지 않는 것은?

① 데이터 변환 (Transformation)
② 데이터 마이닝 (Data Mining)
③ 데이터 선택(Selection)
④ 비즈니스 이해 (Business Understanding)

12 다음 중 마스터 플랜 설정 과정에서 시급성과 난이도로 과제 우선순위를 선정할 때 가장 나중에 수행할 조합은?

① 당장 해결해야하는 쉬운 과제
② 당장 해결해야하는 어려운 과제
③ 나중에 해결하면 되는 쉬운 과제
④ 나중에 해결하면 되는 어려운 과제

13 다음 중 데이터 표준 용어 설정, 메타데이터(Metadata) 및 데이터 사전 구축 등의 업무로 구성되는 데이터 거버넌스 세부 체계는?

① 모니터링 및 개선 활동
② 데이터 표준화
③ 데이터 관리 체계
④ 데이터 저장소 관리

14 빅데이터 분석 방법론의 절차가 순서대로 연결된 것은?

① 분석 기획 → 데이터 분석 → 평가 및 배포
② 데이터 준비 → 시스템 구현 → 데이터 분석
③ 분석 기획 → 평가 및 배포 → 시스템 구현
④ 시스템 구현 → 데이터 분석 → 평가 및 배포

15 다음 중 데이터 분석 수준 진단에서 분석 문화 영역의 준비도 평가와 가장 거리가 먼 것은?

① 사실에 근거한 의사결정
② 교육 및 훈련 프로그램
③ 관리자의 데이터 중시
④ 데이터 공유 및 협업 문화

16 다음 중 독립적인 분석 전담 조직을 구성하고, 회사의 모든 분석 업무를 전담 조직에서 담당하는 데이터 분석 조직 구조는?

① 집중적 조직 구조
② 기능 중심의 조직 구조
③ 매트릭스 조직 구조
④ 분산 조직 구조

17 빅데이터 분석 방법론에서 데이터 분석 단계에 해당하는 것을 모두 고르시오.

> 가. 모형 적용 및 운영 방안 수립
> 나. 모형 발전 계획 수립
> 다. 시스템 테스트 및 운영
> 라. 탐색적 데이터 분석

① 가
② 가, 라
③ 가, 나, 라
④ 가, 다, 라

18 분석 과제 발굴 과정에서 하향식 접근 방식에서 해결방안 탐색 단계에 대한 설명으로 적절한 것은?

① 기업 내·외부 환경을 포괄하는 사업 수익 구조(비즈니스 모델)를 중심으로 문제를 탐색한다.
② 탐색 과정에서 확인한 비즈니스 문제를 데이터의 문제로 변환하여 정의하는 단계이다.
③ 정의된 데이터 분석 문제를 해결하기 위해 필요한 데이터와 절차, 인프라 등을 고려한 방안을 탐색한다.
④ 도출된 분석 문제가 가설에 대해 경제적, 기술적 타당성을 검토한다.

19 CRISP-DM 방법론의 모델링(모형 적합) 단계와 가장 거리가 먼 것은?

① 모델의 성능을 테스트하고 평가한다.
② 분석에 적합한 알고리즘을 선택한다.
③ 알고리즘의 하이퍼파라미터를 최적화한다.
④ 완성된 모델이 프로젝트 목적에 부합하는지 평가한다.

20 다음 중 분석 대상과 방법을 기준으로 아래와 같이 4가지 분석 주제를 구분할 때, 분석의 대상이 불명확한 상태에서 기존 방법을 적용하여 문제를 도출하는 유형은 무엇인가?

① 최적화(Optimization)
② 발견(Discovery)
③ 솔루션(Solution)
④ 통찰(Insight)

3과목 데이터 분석 30문항

21 다음 중 아래의 확률밀도함수를 갖는 확률변수의 기댓값은?

$$f(x) = \begin{cases} 0.5, & 0 \leq x \leq 2 \\ 0, & \text{otherwise} \end{cases}$$

① 0
② 0.5
③ 1
④ 2

22 다음 중 귀무가설이 참(사실)임에도 불구하고 귀무가설을 기각하는 오류를 무엇이라고 하는가?

① 1종 오류
② 2종 오류
③ p-value
④ 유의확률

23 다음 표에서 계산한 모형 평가지표로 옳은 것을 모두 고르시오. (단, 정밀도와 F1은 수준 T를 기준으로 함)

		예측	
		T	F
실제	T	50	50
	F	50	150

가. 정확도 : 2 / 3
나. F1 : 3 / 5
다. 정밀도 : 1 / 2

① 가
② 가, 나
③ 가, 다
④ 가, 나, 다

24 회귀분석에서 결정계수(R^2)에 대한 설명으로 옳은 것은?

① 결정계수가 낮을수록 더 높은 설명력을 갖는 모형이라고 해석한다.
② 총 변동(다름의 양) 중에서 모형이 설명하지 못하는 오차에 의한 변동이 차지하는 비율이다.
③ 1 또는 100%에 가까울수록 회귀 모형의 성능이 높다고 해석할 수 있다.
④ 오차 행렬을 활용해 계산한다.

25 다음 중 데이터의 두 변수나 관측치의 관련을 수치화하는 유사도 중 공간에서 두 벡터의 각도를 활용하는 방법은?

① 자카드 지수
② 코사인 유사도
③ 유클리드 거리
④ 민코브스키 유사도

26 다음 중 앙상블(Ensemble) 기법에 대한 설명으로 가장 부적절한 것은?

① 앙상블은 특정한 모형이 아니라 복수의 모형을 활용하는 분석 기법을 의미한다.
② 주로 지도학습 과정에서 활용하며 모형 성능 향상을 기대할 수 있다.
③ 배깅과 부스팅 등 세부 방법론으로 구분할 수 있으며, 근원이 되는 복수 모형의 특성을 고려하여 선택한다.
④ 앙상블 모형은 복수 모형을 활용하므로 이론적으로 단일 모형보다 더 나은 성능이 보장된다.

27 다음 중 계층적 군집화에서 두 군집에서 가장 먼 두 점 간의 거리를 군집 간 거리로 정의하는 방법을 일컫는 말은?

① 단일 연결법(Single Linkage)
② 완전 연결법(Complete Linkage)
③ 평균 연결법(Average Linkage)
④ 중심 연결법(Centroid Linkage)

28 다음 중 의사결정나무 모형과 관련된 알고리즘 중에서 회귀와 분류 문제 모두에서 활용 가능하고, 특히 분류 문제에서 지니 지수를 활용하는 것은?

① CART
② CHAID
③ Random Forest
④ C4.5

29 다음 중 연관 규칙 분석에서 상품 A와 B를 함께 구매한 거래의 비율을 의미하는 지표는?

① 백분율 ② 신뢰도
③ 지지도 ④ 향상도

30 k-평균 군집화(k-means clustering)에 대한 설명으로 틀린 것은?

① k는 군집의 개수를 의미하며 군집화를 수행하기 전에 미리 설정한다.
② 각 관측치를 거리를 기준으로 군집에 할당하는 작업이 반복된다.
③ 이상치나 특이값이 군집화의 결과에 큰 영향을 미칠 수 있다.
④ 군집화의 결과는 고정적이며 차원축소기법 등을 활용해 군집화 결과를 시각화할 수 있다.

31 표본조사(sample survey)에 대한 설명으로 가장 옳지 않은 것은?

① 방법의 특성상 오차(error)와 편향(bias)의 발생은 불가피하다.
② 표본조사는 총조사 대신 일부 개체를 활용하여 데이터를 수집하고 분석하는 방법이다.
③ 표본에서 통계량을 계산하고 모집단의 모수를 추정할 수 있다.
④ 정밀한 표본 추출을 위해 표본 추출 과정에서는 무작위(random)를 최대한 배제한 방법 활용이 필수적이다.

32 다음 중 결측값의 대치 혹은 대체에 대한 설명으로 옳은 것은?

① 결측값을 포함한 데이터의 일부를 제거하는 것도 대치 방법에 해당한다.
② 모든 알고리즘은 결측값을 처리할 수 없고, 결측값이 포함된 데이터를 활용하면 오류가 발생한다.
③ 결측값은 반드시 적절한 값으로 대체해야한다.
④ 결측값을 전체 평균으로 대체하는 것을 다중 대치법이라고 한다.

33 다음 중 시계열 데이터 분석에서 정상 시계열에 대한 설명으로 적절하지 않은 것은?

① 비정상 시계열을 정상 시계열로 만들기 위해 차분이나 로그 변환과 같은 방법을 활용한다.
② 주식 시장의 주가 데이터는 평균이 일정하지 않으므로 비정상 시계열이라고 볼 수 있다.
③ 시계열의 평균이 이동하며 변화하는 경우 로그 변환을 통해 안정화하고 정상시계열로 변환 가능하다.
④ 약한 정상성을 기준으로 비정상성 판단 기준은 자기공분산이며, 특정 시기의 분산이 상대적으로 큰 것은 문제되지 않는다.

34 다음 중 선형회귀 모형의 오차항에 대한 가정이 아닌 것은?

① 등분산성
② 선형성
③ 정규성
④ 독립성

35 다음 중 두 수치형 변수가 관계없다는 것을 입증하고 싶은 상황에서의 상관계수에 대한 통계 검정에 대한 설명으로 옳은 것은?

① 두 수치형 변수의 교차표에 대한 검정을 수행한다.
② 귀무가설은 "상관계수가 0이다"로 설정한다.
③ 검정을 통해 입증을 하고 싶은 주장을 대립가설로 설정한다.
④ 적절한 검정 통계량과 유의수준을 계산하고 귀무가설 기각여부를 판단한다.

36 다음 중 데이터를 무작위로 훈련 데이터와 평가 데이터로 분리하는 교차 검증 방법은?

① 홀드아웃
② K-폴드 교차 검증
③ 층화 K-폴드 교차 검증
④ LpOCV

37 회귀 모형의 종류와 그 설명을 연결한 것으로 옳지 않은 것은?

① 단순 회귀-한 개의 독립변수와 한 개의 종속변수를 활용하며 직선 관계를 설명
② 로지스틱회귀-비선형회귀 모형으로 분류에 활용하며 특정 수준에 대한 확률을 계산
③ 다항 회귀-독립변수의 이차 이상 항목을 활용하여 이차식 이상의 관계로 종속변수를 설명
④ 다중 회귀-한 개의 독립변수와 두 개 이상의 종속변수의 선형식을 찾는 방법

38 설문 조사에서 활용하는 5점 척도(1: 매우 불만족, 5: 매우 만족)는 다음 중 어느 척도에 해당하는가?
① 구간척도 ② 순서척도
③ 비율척도 ④ 명목척도

39 확률에 대한 설명으로 잘못된 것은?
① 확률은 항상 0부터 1사이의 숫자로 계산된다.
② 서로 배반인 두 사건은 항상 독립이다.
③ 두 사건이 독립일 때, 두 사건이 동시에 발생할 확률은 각 사건의 확률의 곱으로 계산할 수 있다.
④ 조건부 확률은 특정 사건 및 제약 조건하에 또 다른 사건의 발생 가능성을 계산한 확률이다.

40 다음 중 의사결정나무에서 비용복잡도 함수를 활용하여 과대적합을 방지하고 모형을 단순화하는 방법으로 옳은 것은?
① 분할 ② 정지규칙 설정
③ 가지치기 ④ 재귀분할

41 표본 추출 방법에 대한 설명으로 옳지 않은 것은?
① 층화 추출법은 모집단을 서로 겹치지 않는 층(집단)으로 나누고, 각 층에서 무작위로 표본을 추출하는 방법이다.
② 전수조사가 불가능한 경우에 표본을 추출하는 표본조사를 수행한다.
③ 단순 랜덤 추출은 모집단의 모든 객체가 동일한 확률로 선택될 수 있도록 무작위로 표본을 추출하는 기초적이고 일반적인 방법이다.
④ 계통 추출법은 모집단을 여러 집락으로 나누고 무작위로 일부 집락을 선택한 다음, 선정된 각 집락에서 다시 한번 무작위로 객체를 추출하는 다단계 방법이다.

42 다음의 품목 및 품목 조합별 거래건수를 활용하여 규칙 [우유 → 빵]의 신뢰도를 계산하시오.

품목	거래 건 수
우유	20
빵	25
{우유, 빵}	15
전체 품목	50

① 0.75
② 0.4
③ 1.5
④ 0.6

43 공분산과 상관계수에 대한 설명으로 틀린 것은?
① 공분산과 상관계수는 두 수치형 변수의 관계를 설명한다.
② 상관계수는 일반적으로 −1부터 1 사이의 숫자로 표현한다.
③ 피어슨 상관계수를 주로 활용하고, 순위를 활용하는 스피어만 상관계수를 활용할 수도 있다.
④ 공분산은 변수의 단위나 척도에 영향을 받지 않아 상대적인 비교에 활용할 수 있다.

44 다음 중 비모수 검정이 아닌 것은?
① 윌콕슨 부호순위 검정
② 대응표본 t-검정
③ 맨-휘트니 U 검정
④ 크루스칼-왈리스 검정

45 다음 중 알고리즘의 분류가 나머지 셋과 다른 하나는?
① SOM
② 로지스틱회귀 분석
③ SVM
④ 의사결정나무

46 다음의 비지도학습 알고리즘 중에서 차원 축소와 거리가 먼 것은?

① 다차원 척도법
② 주성분 분석
③ 계층적 군집화
④ 요인 분석

47 배깅(Bagging)에 대한 설명으로 가장 적절한 것은?

① 대표적인 알고리즘에는 AdaBoost, GBM, XGBoost, LightGBM, CatBoost 등이 있다.
② 이전 모형의 오차나 오류를 보완하기 위한 모형을 순차적으로 학습하고 성능을 향상시키는 앙상블 기법이다.
③ 비교적 간단한 모형(weak learner)의 조합으로 구성되며, 각 관측치의 가중치를 조정하거나 경사 하강법 등을 활용한다.
④ 붓스트랩 방법으로 모형 적합을 반복하고, 예측값 등을 계산할 때 복수 모형의 결과를 요약, 집계하여 평균이나 다수결 등의 방법으로 최종 예측값을 계산하는 앙상블 기법이다.

48 다음 중 심층 신경망 모형의 역전파(Backpropagation) 과정에서 기울기가 매우 작아져서 가중치가 거의 업데이트되지 않는 상황을 일컫는 용어는?

① 기울기 소실
② 손실 함수
③ 배치 정규화
④ 활성 함수

49 다음 중 시계열 분해의 구성요소가 아닌 것은?

① 추세
② 이동 평균
③ 계절성
④ 불규칙 요소

50 다음 중 분류 모형의 평가 지표 중 오차 행렬로 계산할 수 없는 것은?

① 오분류율
② FPR
③ F1 Score
④ logloss

ADsP 실전 모의고사 02회

문항 수	시험 시간	배점
총 50문항	90분(1시간 30분)	각 2점

수험번호 : _____

성   명 : _____

정답 & 해설 ▶ 302쪽

1과목 데이터 이해   10문항

01 데이터베이스의 일반적인 특징에 대한 설명으로 옳지 않은 것은?
① 동일한 내용의 데이터가 중복되지 않는 통합된 데이터를 다룬다.
② 데이터베이스의 데이터는 컴퓨터가 접근할 수 있는 저장 매체에 저장된다.
③ 여러 사용자가 서로 다른 목적으로 데이터를 공동 이용할 수 있다.
④ 데이터베이스는 항상 정확한 데이터를 고정적으로 유지해야 한다.

02 정량적 데이터와 정성적 데이터에 대한 설명으로 옳은 것은?
① 정성 데이터는 수치와 도형, 기호로 표현한다.
② 정량 데이터는 언어나 문자로 표현한다.
③ 정량 데이터는 숫자로 표현하는 객관적인 정보로 정성 데이터보다 더 중요하다.
④ "수익률 20%"는 정량 데이터에 속한다.

03 다음 중 빅데이터의 영향으로 발생한 데이터 분석 방향 변화로 옳지 않은 것은?
① 표본조사 → 전수조사
② 질 → 양
③ 상관관계 → 인과관계
④ 사전 처리 → 사후 처리

04 다음 중 빅데이터의 특성을 설명하는 3V에 해당하지 않는 것은?
① 다양성(Variety)   ② 속도(Velocity)
③ 가치(Value)   ④ 양(Volume)

05 다음 중 제조업과 관련된 데이터 활용 및 분석 주제로 가장 적절한 것은?
① 품질 관리, 공급망 최적화, 공정 개발, 디지털 트윈(모니터링)
② 고객 세분화, 개인화 마케팅, 고객 이탈 예측, 챗봇 및 AI 기반 콜센터 운영
③ 리스크 관리, 마케팅 전략 수립, 연체 위험 관리, 투자 포트폴리오 최적화
④ 판매 예측, 재고 최적화, 판촉 및 매대 관리, 가격 최적화

06 클라우드 컴퓨팅과 분산 병렬 처리에 대한 설명으로 옳지 않은 것은?
① 클라우드 서비스와 분산 병렬 처리 기술을 활용하면 항상 더 적은 비용으로 더 빠른 처리가 가능하다.
② 클라우드는 원격환경에서 서버를 운영하는 것으로 온프레미스와 대비되는 개념이다.
③ 알고리즘을 활용한 모형 적합 과정에서 GPU를 활용하는 것도 연산의 병렬 처리라고 이해할 수 있다.
④ 클라우드의 분산처리 기술을 활용해 접속자 몰림 등 트래픽 변동에 유연하게 대응 가능하다.

07 다음 중 빅데이터로 인한 위험 요인이라고 보기 어려운 것은?
① 개인 정보 유출과 사생활 침해
② 데이터 역량 격차 심화
③ 책임 원칙 훼손
④ 데이터 오용

08 빅데이터와 데이터 사이언스에 대한 설명으로 옳지 않은 것은?
① 데이터 사이언스에서는 전문가 중심 알고리즘 활용이 필수적이며 시각화와 커뮤니케이션은 현업의 영역으로 구분이 필요하다.
② 빅데이터 분석 및 활용 전략은 기업의 비즈니스 환경과 분석 문화의 영향을 받는다.
③ 빅데이터 분석은 데이터, 기술, 인력의 3요소로 구분할 수 있다.
④ 데이터 사이언스는 데이터 분석 전반에 걸친 활동을 통해 데이터 기반 의사결정을 지원하고, 비즈니스 문제를 해결하며, 새로운 기회를 발견하는 데 기여한다.

09 비즈니스 데이터 활용 전략 중 CRM에 대한 설명으로 옳은 것은?

① 기업의 모든 자원과 프로세스를 통합적으로 관리하는 시스템
② 고객 만족도와 충성도를 높이기 위해서 고객 데이터를 수집, 분석하여 맞춤형 서비스를 제공하고 마케팅 등에 활용
③ 원재료의 수급부터 최종 제품의 고객 전달까지 공급망 전체를 관리하는 시스템
④ 금융 거래, 주문 처리, 고객 관리, 생산 과정 등에서 발생한 이벤트 등 트랜잭션을 실시간으로 처리하는 시스템

10 암묵지와 형식지에 대한 설명으로 옳지 않은 것은?

① 조직의 구성원이 동일한 지식을 공유하는 것을 공통화라고 한다.
② 암묵지는 개인에게 습득되어 있지만 밖으로는 드러나지 않는 지식을 의미한다.
③ 암묵지는 연결화를 통해 개인의 지식을 언어나 기호, 숫자 등의 형태를 가진 데이터로 표현된다.
④ 내면화는 축적된 경험 및 데이터를 바탕으로 지식을 습득하는 것을 말한다.

2과목 데이터 분석 기획 10문항

11 분석 기획의 주제 유형 분류에서 최적화(Optimization) 유형에 대한 설명으로 옳은 것은?

① 분석 대상과 방법이 결정된 경우로 기존의 방법론을 개선하고 효율 및 성능을 높이는 데 초점을 맞춘다.
② 문제 상황과 대상이 고정되어 있으나 그 방법과 절차를 모르는 경우에 해당하며 유사 사례(reference) 및 논문·서비스 탐색 등을 통해 적합한 분석 방법론을 탐색한다.
③ 분석 방법은 설정되어 있으나 분석 대상이 불분명한 경우이다.
④ 분석 경험과 외부 분석 사례 등을 참고하여 분석 대상을 새롭게 탐색하고 문제를 도출한 다음, 적합한 분석 방법을 선택한다.

12 다음 중 분석 기획 시 고려해야할 사항으로 적절하지 않은 것은?

① 데이터 확보
② 활용 방안 설정 및 사례 탐색
③ 분석 평가 및 적용 방안 검토
④ 장애 요소 사전 파악

13 분석 성숙도 평가에서 활용 단계에 대한 설명으로 가장 적절한 것은?

① 최적화, 실시간 분석 등을 바탕으로 경영 혁신과 성과 향상에 기여한다.
② 분석 전문 담당부서를 중심으로 분석을 수행하고, 분석 결과를 업무에 적용한다.
③ 전사 차원에서 분석 관리와 공유가 이뤄지며 데이터 사이언티스트 등 전문 인력을 확보한다.
④ 분석 환경과 시스템을 구축하는 단계로, 담당자의 역량에 의존하는 경향이 있다.

14 다음 중 빅데이터 분석 방법론의 분석 기획 단계에서 수행하는 과제가 아닌 것은?

① 비즈니스 이해 및 범위 설정
② 프로젝트 정의 및 계획 수립
③ 데이터 수집 및 정합성 검정
④ 프로젝트 위험 계획 수립

15 다음 중 데이터 분석 프로젝트 관리에서 고려해야할 항목을 모두 고르시오.

> 가. 프로젝트 범위 및 일정
> 나. 데이터의 양과 복잡도
> 다. 분석 복잡도
> 라. 분석 결과의 정확도 및 정밀도

① 가, 나, 라
② 가, 다, 라
③ 나, 다, 라
④ 가, 나, 다, 라

16 데이터 거버넌스에 대한 설명으로 올바르지 않은 것은?

① 원칙과 조직, 프로세스의 유기적인 조합을 통해 데이터를 비즈니스 목적에 부합하고 최적의 정보 서비스를 제공할 수 있도록 효과적으로 관리한다.
② 데이터 거버넌스는 전사 차원의 모든 데이터에 대해 정책 및 지침, 표준화, 운영 조직 및 책임 등의 표준화된 관리 체계를 수립하고 운영을 위한 프레임워크 및 저장소를 구축하는 것을 말한다.
③ 마스터 데이터, 메타데이터, 데이터 사전 등은 데이터 거버넌스와 별개로 IT 거버넌스의 통제 하에 체계적으로 관리해야 한다.
④ 데이터 거버넌스 체계 구축을 통해 데이터의 가용성, 유용성, 통합성, 보안성, 안전성을 확보할 수 있다.

17 다음 중 기능 중심 데이터 분석 조직 구조에 대한 설명으로 옳은 것은?

① 별도로 분석 조직을 구성하지 않고 각 현업 부서에서 직접 분석 업무를 수행하거나 분석 인력을 활용하는 형태다.
② 별도의 분석 조직을 운영하되, 분석 조직의 인력을 현업 부서에 배치해 분석 업무를 수행하는 형태다.
③ 전사적 차원의 분석 과제 관리가 가능하고 중복 과제를 최소화하고 우선순위를 선정할 수 있다는 장점을 갖는다.
④ 분석 전담 조직 내부에서 전사 분석 과제의 전략적인 중요도에 따라 우선순위를 정해 추진할 수 있다.

18 다음 중 CRISP-DM 방법론에서 비즈니스 이해, 데이터 이해, 데이터 준비 이후의 단계가 순서대로 연결된 것은?

① 모델링 → 평가 → 배포(전개)
② 모델링 → 배포(전개) → 평가
③ 탐색적 데이터 분석 → 모델링 → 평가
④ 탐색적 데이터 분석 → 데이터 마이닝 → 모델링

19 다음 중 데이터 분석 수준 진단에서 분석 준비도 평가 항목에 해당하지 않는 것은?

① 분석 인력 및 조직
② 분석 문화
③ 분석 기법 및 IT 인프라
④ 분석 범위 및 일정

20 다음 분석 방법론 모델 중 순차적으로 각 단계를 수행하고 이전 단계가 완료된 이후 다음 단계를 진행하는 모델은 무엇인가?

① 나선형 모델
② 폭포수 모델
③ 프로토타입 모델
④ 애자일 방법론

3과목 데이터 분석

21 이상치(이상값) 처리에 대한 설명으로 가장 적절하지 않은 것은?

① 이상치는 극단적으로 크거나 작은 값을 의미하며 데이터를 활용해 정상 범위를 설정하여 판단한다.
② ESD 테스트는 정규분포를 따르는 변수에서 평균에서 양쪽으로 3표준편차를 정상 범위로 설정한다.
③ 사분위수 중 Q1과 Q3과 Q3 − Q1을 계산한 IQR을 활용해 Q1 − 1.5IQR부터 Q3 + 1.5IQR까지를 정상범위로 설정할 수 있다.
④ 이상치는 알고리즘 등 분석 결과에 큰 영향을 미칠 수 있으므로 반드시 제거한다.

22 아래의 두 수준 A, B에 대한 분류 모형의 오차 행렬에서 관심 수준 B에 대한 F1 스코어는? (단, 평가지표는 소수점 셋째자리에서 반올림)

		예측	
		A	B
실제	A	140	20
	B	0	40

① 0.90
② 0.67
③ 0.80
④ 0.93

23 다중공선성(Multicollinearity)에 대한 설명으로 가장 옳지 않은 것은?

① 지도학습에서 설명 변수가 서로 독립적이지 않은 상황을 말한다.
② 회귀 모형 등에서 다중공선성이 발생하면 설명 변수의 상호 보완 작용으로 모형의 성능이 개선된다.
③ 상대적으로 덜 중요한 변수를 제거하거나 주성분 분석과 같은 차원축소기법을 활용해 해결할 수 있다.
④ VIF(Variance Inflation Factor, 분산팽창요인)을 계산하고 계산된 값이 10 이상이면 다중공선성이 존재한다고 판단한다.

24 다음 중 계층적 군집화의 군집 구조 및 군집 간 거리를 확인하기 위한 시각화에 활용하는 그래프의 종류는?

① ROC 그래프
② 히스토그램
③ 덴드로그램
④ 열지도

25 KNN 알고리즘에 대한 설명으로 옳은 것은?

① 인공신경망 중 하나로 합성곱 신경망 기법이라고 하며 분류 혹은 판별 문제에 활용한다.
② 군집화 알고리즘 중 하나라 전체 관측치를 K개 군집으로 할당할 수 있다.
③ 가장 가까운 주변 K개의 관측치를 활용하여 평균 및 다수결 방식으로 예측값을 계산하는 알고리즘이다.
④ 로짓을 활용하는 분류 알고리즘으로 관심 수준에 대한 확률 예측에 활용한다.

26 다음 중 이전 모형의 오차나 오류를 보완하기 위해 각 관측치의 가중치를 조정하거나 경사 하강법 등을 활용해 모형을 순차적으로 학습하는 앙상블 기법을 일컫는 말은?

① 부스팅(boosting)
② 배깅(bagging)
③ 스태킹(stacking)
④ 보팅(voting)

27 로지스틱회귀 모형에 대한 설명으로 옳은 것은?

① 비선형회귀 모형에 속하며, 관심 수준에 대한 확률 예측에 활용할 수 있다.
② 결정계수(R^2)를 활용하여 모형 성능을 평가할 수 있다.
③ 분류 모형에 해당하며, F검정을 활용해 모형의 유의성을 검정할 수 있다.
④ 설명 변수의 회귀계수가 10이라고 할 때, 설명 변수가 1 증가하면 관심 수준 확률이 10%P 비례하여 증가하는 것을 의미한다.

28 시계열 데이터 분석에 대한 설명으로 가장 부적절한 것은?

① 시계열 데이터는 한 대상에 대해 시점에 따라 연속적인 값을 기록한 것으로 관측치들이 서로 독립적이지 않다.
② 평균이 일정하고 분산이 유한하다는 등 정상성을 가정하고, 자기회귀모형(AR) 등을 활용해 분석할 수 있다.
③ 시계열 분해를 통해 추세, 계절성, 불규칙성 등의 요인으로 분해할 수 있다.
④ 이동평균 모형(MA)은 평활법 중 하나로 잡음이나 불규칙성을 제거하고 추세를 파악할 때 활용한다.

29 표본을 활용한 추정에 대한 설명으로 틀린 것은?

① 표본에서 통계량을 계산하고 모수의 실제 값을 유추하는 과정을 추정이라고 한다.
② 점 추정은 모수의 정확한 값을 하나의 통계량으로 추정하는 방법이다.
③ 구간 추정은 모수가 포함될 것으로 예상되는 값의 범위를 추정하는 방법으로 확률분포를 활용한다.
④ 점 추정과 구간 추정 모두 신뢰 수준을 설정하며, 구간 추정의 95% 신뢰구간은 해당 구간에 모수가 포함될 확률이 95%라고 그 의미를 해석할 수 있다.

30 통계 검정에 대한 설명으로 옳지 않은 것은?

① 카이제곱 분포를 활용하는 검정은 모수적 검정에 해당한다.
② 비모수 검정은 분포에 대한 가정없이 순위나 부호 등을 활용한 검정 방법이다.
③ 귀무가설이 참이라는 가정하에 데이터의 통계량이 계산될 가능성을 확률로 계산한 것을 유의확률 혹은 p-value라고 한다.
④ 유의확률을 계산할 때는 분포를 활용한다.

31 다음 중 변수나 잔차의 정규성을 확인하는 것과 가장 관련이 있는 것은?

① 왜도
② Q-Q plot
③ 결정계수
④ 표준편차

32 피어슨 상관계수에 대한 설명으로 가장 옳지 않은 것은?

① 두 수치형 변수의 관계를 숫자로 표현할 때 활용한다.
② 계산된 공분산을 두 변수의 표준편차로 나눠 계산할 수 있다.
③ 이상치나 특이값에 따른 영향이 적으며, 직선 및 곡선 등 다양한 형태의 관계를 설명할 수 있다.
④ 계산된 상관계수는 변수의 척도와 상관없이 항상 -1부터 1 사이의 값을 갖는다.

33 다차원척도법(MDS)에 대한 설명으로 가장 부적절한 것은?

① 관측치 사이의 거리나 유사성을 최대한 보존하면서 고차원의 데이터를 2차원 등 저차원으로 축소하는 기법이다.
② 목표로 하는 저차원에서의 두 관측치의 거리와 실제 거리의 차이를 최소화하는 방향으로 모형을 적합한다.
③ 계량형 다차원 척도법(Metric MDS)은 주성분과 손실 함수 스트레인(strain)을 활용한다.
④ 저차원 축소 과정에서 일부 정보 손실은 불가피하다.

34 선형회귀 모형의 변수 선택에 대한 설명으로 옳지 않은 것은?

① 결정계수를 기준으로 각 변수 조합에 대한 성능 평가를 진행한다.
② 간결성의 원칙에 따라 가능한 한 적은 설명 변수를 활용하는 것이 좋다.
③ 전진선택법, 후진제거법 등 단계적 변수 선택을 통해 최적 설명 변수 조합을 선택할 수 있다.
④ 각 변수에 대응하는 회귀 계수에 대한 검정을 통해 해당 변수의 유의성을 따질 수 있다.

35 통계적 가설 검정에 대한 설명으로 옳은 것은?

① 대립 가설은 검정을 통해 입증하고 싶은 가설을 의미한다.
② 유의확률이 클수록 귀무가설을 기각할 가능성이 커진다.
③ 유의수준은 데이터로부터 계산되는 값이며 0부터 1 사이의 값을 갖는다.
④ 통계 검정은 확률적 의사결정 과정으로 오류가 발생할 수 있다.

36 군집화에 대한 설명으로 가장 거리가 먼 것은?

① 대표적으로 계층적 군집화, k-평균 군집화를 활용한다.
② 비지도학습에 해당하며 항상 고정적인 군집화 결과를 생성한다.
③ 관측치 간 거리 등을 활용하기 때문에 정규화, 표준화 등 데이터의 처리에 따라 군집화의 결과가 달라질 수 있다.
④ 유클리드 거리, 맨해튼 거리 등 거리 척도에 따라 군집화 결과가 달라질 수 있다.

37 다음의 주어진 정보를 활용하여 전체 불량품 중 A 공정을 거친 제품의 비율을 계산하시오.

- 전체 생산량 중 A 공정을 거친 제품의 비율은 20%
- 전체 제품의 불량률은 10%
- A 공정을 거친 제품의 불량률은 5%

① 0.05 ② 0.1
③ 0.2   ④ 0.4

38 K-폴드 교차검증(K-Fold Cross Validation)에 대한 설명으로 가장 적절하지 않은 것은?

① 교차검증의 활용 목적은 과적합 문제와 관련이 있다.
② k 값은 분석가가 지정하며, k 번의 모형 적합과 지표 계산이 필요하다.
③ k개 그룹 중 하나를 평가 데이터를 활용하고 나머지 k-1개 그룹을 학습용 데이터로 활용한다.
④ 전체 p개 변수를 k개 그룹(폴드)으로 분할한다.

39 다음의 행렬을 활용하여 수학과 국어의 유클리드 거리(Euclidean Distance)를 계산하시오.

	A	B
수학	95	92
국어	98	96

① 7
② $\sqrt{11}$
③ 5
④ 3

40 표본조사나 실험에서 수치 데이터를 측정(measurement)하여 기록할 때, 측정 수준 이론에서 사용되는 척도의 종류와 설명으로 옳지 않은 것은?

① 명목척도-"남", "여"로 기록된 성별과 같이 그룹과 집단을 구분한다.
② 순서척도-등수, 평점 과 같이 서열관계를 표현하는 척도이다.
③ 비율척도-"없음"을 의미하는 절대적 기준인 원점(0)이 존재하고 비율 계산이 가능하다.
④ 구간척도-절대적인 영점이 없어 0이 "없음"을 의미하지 않고 뺄셈을 통해 수치 간 상대적인 차이 계산이 가능하다.

41 다음 중 산포 측도가 아닌 것은?

① 범위
② 분산
③ 최빈값
④ 표준편차

42 다음 중 지역 및 연령대별 카드 사용 금액 차이에 대한 검정 방법으로 적절한 것은?

① 독립성 검정
② 분산분석
③ 대응표본 t-검정
④ 상관분석

43 시계열 데이터에 대한 평활법(Smoothing Method)에 대한 설명으로 적절하지 않은 것은?

① 가중 이동평균은 최근 관측치에 더 높은 가중치를 부여한 가중 평균으로 최근의 변화와 정보를 더 많이 반영할 수 있다.
② 단순 이동평균은 최근 일정 기간의 시계열 데이터로 산술 평균을 계산한다.
③ 시계열 데이터에서 연속적인 값들의 평균을 계산하고 불규칙성 요소나 백색 잡음을 줄이는 과정을 평활이라고 한다.
④ 지수 이동평균 혹은 지수 평활법은 이동평균을 계산할 때 각 시점의 가중치가 현재 시점에서 멀어질수록 지수적으로 증가하도록 하여 평활한다.

44 다음 중 연속적인 단봉(unimodal) 분포에서 왜도가 양수인 경우 평균, 중앙값, 최빈값의 대소 관계를 바르게 표현한 것은?

① 최빈값 < 평균 < 중앙값
② 최빈값 < 중앙값 < 평균
③ 평균 < 중앙값 < 최빈값
④ 중앙값 < 평균 < 최빈값

45 요인 분석에 대한 설명 중 틀린 것은?

① 데이터의 변수들이 몇 개의 잠재 요인들로부터 비롯되었다고 가정하고 각 요인이 변수들에 미치는 영향력을 분석한다.
② 각 변수를 먼저 표준화하고 고유값 분해나 특이값 분해를 활용한다.
③ p개 변수에 영향을 미치는 p개 요인을 찾고, 관측치를 저차원 공간에 표현하는 것을 목표로 한다.
④ 변수들의 공통 요인을 찾아 변수 간 상관관계를 설명할 수 있다.

46 실루엣 계수에 대한 설명으로 올바른 것은 무엇인가?

① 지도학습의 회귀 모형에 대한 평가 지표다.
② 연관 규칙에서 특정 규칙의 원소들이 얼마나 강한 관계를 갖고 있는지를 측정한 값이다.
③ 각 군집(그룹)별로 하나의 실루엣 계수가 계산되며, 실루엣 계수가 클수록 군집화의 성능이 좋은 것으로 평가할 수 있다.
④ 각 관측치가 같은 군집(그룹) 내 관측치와의 평균 거리와 가장 가까운 다른 그룹 내 관측치와의 평균 거리의 차이를 활용한다.

47 다음 중 연관 규칙 분석에서 아래의 설명에 해당하는 규칙의 평가 척도는 무엇인가?

> 특정 규칙의 두 항목이 독립을 가정했을 때의 예상 빈도에 대비해 실지 빈도의 비를 계산한 것으로, 높을수록 두 항목의 양의 연관성이 크다고 해석한다.

① 지지도(support)
② 향상도(lift)
③ 민감도(sensitivity)
④ 신뢰도(confidence)

48 다음 중 연속형 확률분포에 해당하지 않는 것은?

① 지수 분포
② 포아송 분포
③ F 분포
④ 정규 분포

49 다음 중 관측치가 n개인 데이터로 두 변수의 상관계수의 유의성에 대한 t-검정을 수행할 때, t-분포의 자유도로 옳은 것은?

① n
② n − 1
③ n − 2
④ n / 2

50 다음 중 두 사건 A, B가 서로 독립인 것과 가장 관련이 깊은 것은?

① $P(A \cap B) = 0$
② $P(A \cup B) = P(A) + P(B) - P(A \cap B)$
③ $P(A \cap B) = P(A)P(B)$
④ $P(B|A) = P(A \cap B) / P(A)$

실전 모의고사 정답 & 해설

실전 모의고사 01회　　　274p

01 ③	02 ①	03 ②	04 ④	05 ③
06 ②	07 ①	08 ①	09 ③	10 ③
11 ④	12 ④	13 ②	14 ①	15 ②
16 ①	17 ②	18 ③	19 ④	20 ④
21 ③	22 ①	23 ③	24 ③	25 ②
26 ④	27 ②	28 ①	29 ③	30 ④
31 ④	32 ③	33 ③	34 ②	35 ②
36 ①	37 ②	38 ②	39 ②	40 ④
41 ④	42 ①	43 ④	44 ②	45 ①
46 ③	47 ④	48 ①	49 ②	50 ④

1과목　데이터 이해

01 ③

데이터 분석 방법론과 그 사례가 적절히 연결되었는지를 묻는 문제이다. ③의 분류 모형은 판별 모형이라고도 부르며 조건에 따라 특정 범주에 속할 확률을 예측하는 모형으로 연체 여부, 불량 여부 등의 설명과 예측에 활용한다. 택배 배송 경로 설정은 정답이 정해져 있지 않은 최적화 문제이며 보통 유전 알고리즘을 활용한다.

02 ①

빅데이터의 다양성(variety) 관점에서 데이터를 정형 데이터와 비정형 데이터로 구분하며, 정형 데이터는 표나 스프레드 시트 형식으로 표현할 수 있는 데이터이고 텍스트나 이미지는 대표적인 비정형 데이터이다. ①은 결제 일시, 결제금액 등으로 구성된 표로 표현 가능하므로 정형 데이터이다.

03 ②

데이터베이스 시스템 관련 용어를 묻는 문제로 주어진 보기 중 실제 데이터를 저장하는 것과 관련된 것은 ②이다. 실제 시험에서는 줄임말로 보기로 등장할 수 있다.

오답 피하기
① 트랜잭션을 실시간으로 처리하는 시스템을 의미한다.
③ 데이터 기반 의사결정을 지원하기 위한 시각화 및 리포트 중심의 도구를 말한다.
④ 저장된 대용량 데이터를 다양한 방법으로 분석하여 의사결정에 도움을 주는 시스템이다.

04 ④

빅데이터는 데이터 산업이 진화하고 다양한 비즈니스 영역의 데이터가 축적되며 시작되었다. 그러면서 동시에 데이터의 처리 및 운영과 관련된 기술도 발전하고, 적재된 데이터를 잘 활용하기 위한 알고리즘의 연구 등도 활발히 이뤄지는 등 다양한 요소의 유기적인 결합과 피드백을 통해 빅데이터 시장이 성장하고 있다.
이러한 유형의 문제에서는 확실한 오답이 있을 경우 제외하고 나머지 모두를 선택하면 된다.

05 ③

조회, 관심, 구매 등 상품 간 관계를 파악하는 것은 연관 규칙 분석이다. 참고로 3과목에서는 각 알고리즘의 세부 내용을 묻기도 하며, 1과목에서는 빅데이터 분석 사례로 방법론의 기본적인 개념을 묻는 쉬운 문제가 출제된다.

06 ②

빅데이터의 3V는 Variety, Volume, Velocity를 의미하며, 여기에 Value나 Veracity 등을 더해 4V, 5V 등으로 확장할 수 있다.

07 ①

데이터 사이언티스트에게는 기술적 역량과 비기술적 역량(soft skill)이 요구되며 ②, ③, ④가 바로 비기술적 역량의 대표적인 예이다. ①은 기술적인 역량으로 나머지 세 개 항목과 명확히 구분된다.

08 ①

주어진 보기에 해당하는 것은 ①이다.

오답 피하기
② 기업의 경영관리에 필요한 정보를 신속히 수집, 가공, 축적하여 조직 내 구성원에게 제공, 공유하는 시스템을 의미한다.
③ 원재료의 수급부터 최종 제품의 고객 전달까지의 모든 과정을 효율적으로 관리하는 것을 의미한다.
④ 계약 및 거래의 연체를 관리하기 위해 데이터 마이닝 등을 활용하여 위험을 수치화하는 것을 의미한다.

09 ③

빅데이터의 위기 요인과 통제 방안에 관한 문제로 사생활 침해는 개인 정보 사용자의 책임 강화, 책임 원칙 훼손은 결과 기반 책임 원칙 고수, 데이터 오용은 알고리즘 접근 허용 등으로 대응된다.

오답 피하기
① 빅데이터 기술의 활용 사례일 뿐, 사생활 침해 문제를 해결하는 방법은 아니다.
② 투명성을 높일 수는 있으나, 사생활 보호와 직접적인 관련은 낮고 보안 위험이 있을 수 있다.
④ 개인정보 활용을 금지하는 것은 문제 해결의 실질적인 대안으로 보기 어렵다.

10 ③

DIKW 피라미드의 4개 계층에 대한 문제로 ①, ②, ③, ④ 순서로 데이터(Data), 정보(Information), 지식(Knowledge), 지혜(Wisdom)에 해당한다. 비슷한 유형의 문제에서 주어진 문장이 네 계층 중 어디에 속하는지 명확한 판단이 어려울 때가 많은데, 문항간 비교를 통해 적절한 판단이 필요하다.

2과목 데이터 분석 기획

11 ④

KDD 분석 방법론은 데이터 선택(Selection), 데이터 전처리(Preprocessing), 데이터 변환(Transformation), 데이터 마이닝(Data Mining), 결과 평가(Interpretation/Evaluation) 순서로 5단계로 구성된다.
CRISP-DM은 6단계로 구성되며 ④의 비즈니스 이해(Business Understanding)는 그 중 첫 번째 단계에 해당한다. KDD이 분석 자체를 구체적, 단계적으로 설정했다면 CRISP-DM은 배경의 이해부터 실제 적용까지 분석 전후 과정까지 포함한 개념이다.

12 ④

난이도는 쉬움과 어려움으로 구분하고 시급성은 현재와 미래로 구분할 수 있다.

▶ 시급성과 난이도를 기준으로 한 우선순위 선정 기준

기준	현재(시급함)	미래(덜 시급함)
쉬움(낮은 난이도)	① 우선적으로 즉시 수행	③ 여유 있을 때 수행
어려움(높은 난이도)	② 계획적으로 빠르게 수행	④ 가장 나중에 수행

①은 당장 해결해야하는 쉬운 과제를 가장 우선적으로 수행할 수 있다. ④의 과제는 시급하지 않고 난이도도 높으므로 가장 나중에 수행한다. 그 중간에 있는 ②와 ③은 시급함의 정도와 높은 난이도를 해결하기 위한 세부 방안 등을 추가로 고려해 순서를 설정할 수 있다.

13 ②

데이터 거버넌스의 세부 체계는 주어진 4개 항목으로 구성되며 지문에서 언급된 업무는 데이터 표준화 프로세스에 속한다. 헷갈리기 쉬운 ③의 데이터 관리 체계는 데이터 표준화를 통해 구축된 메타 데이터 및 데이터 사전과 데이터 생명주기 등의 관리 방안을 수립하는 프로세스이다.

▶ 데이터 거버넌스의 체계

세부 체계	내용
데이터 표준화	• 용어 · 명칭 표준화 • 명명 규칙 수립 • 메타데이터 및 데이터 사전 구축
데이터 관리 체계	• 메타데이터 · 데이터 사전 관리 원칙 수립 • 데이터 생명주기 관리 방안 • 조직별 역할 정의
데이터 저장소 관리	• 전사적 저장소(Repository) 구성 • 시스템과의 인터페이스를 통한 통제
모니터링 및 개선 활동	• 표준 준수 여부 점검 • 개선 활동 수행 • 변화 관리 및 교육

14 ①

데이터 분석 방법론에서 "분석 기획 → 데이터 준비 → 데이터 분석 → 시스템 구현 → 평가 및 배포"와 같은 표준화된 프로세스를 설정하고 있다. 주어진 보기에서 위의 순서에 부합하는 것은 ①이다.

15 ②

분석 준비도와 관련하여 분석 문화, IT 인프라 등의 영역에 대한 수준 진단이 필요하다.
①, ③, ④는 분석 문화 영역에 해당하며, ②는 분석전문가 직무 및 전사총괄조직 구성 여부 등과 함께 분석 인력 및 조직 영역에 해당한다.

16 ①

문제 지문에 해당하는 분석 조직구조는 ①이다.

오답 피하기

② 별도로 분석 조직을 구성하지 않고 각 현업 부서에서 직접 분석 업무를 수행한다.
③ 해당 내용과 관련이 없는 항목이다.
④ 별도의 분석 조직을 운영하되, 분석 조직의 인력을 현업 부서에 배치해 분석 업무를 수행하는 형태다.

17 ②

데이터 분석 단계에는 탐색적 데이터 분석, 모형 적합(모델링), 모형 평가 및 검증, 모델 적용 및 운영 방안 수립 등이 포함된다.
시스템 테스트 및 운영은 시스템 구현 단계에서 이뤄지며, 모형 발전 계획 수립의 경우 평가 및 배포 단계에서 프로젝트 평가 및 보고와 함께 이뤄지는 경우가 많다.

18 ③

하향식 접근 방식으로 분석 과제를 발굴할 때는 문제 탐색(Problem Discovery), 문제 정의(Problem Definition), 해결방안 탐색(Solution Search), 타당성 검토(Feasibility Study)의 4단계로 나눠 이해할 수 있다.
각 문항은 순서대로 각 단계를 설명하고 있고, 해결방안 탐색에 해당하는 것은 ③이다.

19 ④

모델링 단계에서는 설정된 주제와 준비된 데이터에 맞게 적절한 알고리즘을 선택하고 데이터를 바탕으로 모형을 적합하며, 하이퍼파라미터를 최적화하고 성능을 평가한다.
④의 내용은 모델링 이후 평가 단계에서 이뤄지는 작업이다.

20 ④

문제 지문에서 설명했듯이 분석 대상과 방법을 기준으로 4가지 분석 유형을 구분할 수 있다.
모두 명확할 때는 최적화, 모두 불명확할 때는 발견, 대상이 불명확할 때는 통찰, 방법이 불명확할 때는 솔루션으로 구분한다.

▶ 분석 주제 유형 분류

유형	내용
최적화(Optimization)	분석 대상과 방법이 명확할 때, 성능 향상과 효율 개선을 목표로 기존 방법론을 적용하는 분석
솔루션(Solution)	문제는 명확하지만 분석 방법이 불명확할 때, 유사 사례나 자료를 참고해 적합한 방법을 탐색
통찰(Insight)	분석 대상이 불분명한 경우, 기존 방법을 다양한 상황에 적용해 문제나 주제를 도출
발견(Discovery)	분석 대상과 방법이 모두 불명확한 상태에서, 경험과 사례를 바탕으로 대상과 문제를 새롭게 탐색

3과목 데이터 분석

21 ③

주어진 확률밀도함수는 0부터 2사이의 값이 나올 확률이 동일한 균일(uniform) 분포이다.
적분을 활용하여 기댓값을 계산하면 아래와 같이 1이 나온다.

$$\int_0^2 xf(x) = \int_0^2 \frac{x}{2} = \frac{2^2}{4} - \frac{0^2}{4} = 1$$

22 ①

주어진 문항의 설명은 1종 오류에 대한 설명이며 1종 오류는 α로 표현하기도 한다.
반대로 귀무가설이 거짓임에도 불구하고 귀무가설을 기각하지 못하는 것은 2종 오류(β)라고 하며, ③과 ④는 통계검정의 오류와 별개로 검정에서 활용하는 개념이다.

23 ③

오차 행렬을 활용하여 2진 관심변수의 분류 모형에 대한 평가지표를 계산하는 문제이다.
먼저 정확도는 200/300=2/3이고, 수준 T를 기준으로 민감도와 정밀도는 50/100=1/2로 동일하다. F1은 민감도와 정밀도의 조화평균이므로 1/2로 계산되고 수식을 활용해 직접 계산해도 100/(100+50+50)=1/2이다.

24 ③

결정계수는 관심변수가 수치형인 회귀 문제에서 활용하는 평가 지표이다. 전체 변동에서 설명 변수로 모형이 설명 가능한 양을 비율로 계산 한 것이며, 1에 가까울수록 설명력이 높다고 해석할 수 있다.

25 ②

데이터의 구성 요소간 유사도를 다양한 방법으로 측정할 수 있으며, 유클리드 거리, 민코브스키 거리 등 두 점 사이의 거리를 활용하는 방법과 집합의 원소 개수로 유사도를 측정하는 자카드 지수 등을 활용 가능하다.
코사인 유사도는 공간에서 두 벡터 사이의 끼인각을 활용해 -1부터 1사이의 숫자로 유사도를 측정한다.

26 ④

앙상블 기법은 두 개 이상의 모형을 결합하여 기존 모형의 단점을 보완하고 성능을 향상하기 위해서 활용한다.
주로 지도학습에서 활용되며 배깅, 부스팅, 스태킹 등 세부 방법론으로 구별되며, 앙상블 모형은 근원 모형의 특성과 앙상블 기법의 적용 방법에 따라 서로 차이가 있다.
이론적, 확률적으로 앙상블 모형은 단일 모형에 비해서 더 나은 성능을 가질 것으로 기대되지만, 항상 성능이 더 높은 것을 보장할 수는 없고 모형 평가 지표를 통해 확인이 필요하다.

27 ②

군집화는 적절한 개수의 군집으로 관측치를 묶는 방법을 의미하며, 알고리즘에 따라 군집 간 거리를 정의할 필요가 있다.

> 오답 피하기
> ① 두 군집에서 가장 가까운 두 관측치 간의 거리를 군집 간 거리로 정의, 완전 연결법이 주어진 문제에 해당하는 방법이다.
> ③ 두 군집의 모든 관측치 조합에 대한 거리의 평균을 군집 간 거리로 정의하는 방법이다.
> ④ 군집의 중심점(평균) 간 거리를 군집 간 거리로 정의한다.

28 ①

책 본문에서 다루지 않은 내용으로 의사결정나무 모형의 알고리즘의 차이를 묻는 문제이다.
일반적으로 가장 널리 활용되는 것은 CART로 문제 지문에서 그 특성을 설명하고 있다.
분류 문제에 엔트로피를 활용하는 ID3, 카이제곱 통계량을 활용하는 CHAID 등이 있고 이지 분리(2-way split)를 활용하는 CART와 달리 이들 알고리즘은 다지 분리(multi-way split)를 허용한다.

29 ③

연관 규칙에서 각 규칙의 특성을 지지도(Support), 신뢰도(Confidence), 향상도(Lift)로 계산하고 규칙 활용의 기준으로 삼는다.

> 오답 피하기
> ① 일반적인 비율 개념이며 연관 분석에서 사용하는 정식 지표는 아니다.
> ② A가 발생했을 때 B도 발생할 가능성(조건부 확률)을 의미한다.
> ④ 독립을 가정한 예상 빈도 대비 실제 구매 빈도의 비율을 의미한다.
> "두 상품을 함께 구매"라는 표현때문에 향상도를 선택하기 쉬우나 문제에서 묻고있는 비율은 전체 거래 건수에 대한 비율인 지지도이다.

30 ④

k-평균 군집화는 분석가가 설정한 k값에 따라 초기의 k개 관측치를 무작위(random)로 선택하고 최초 군집 중심을 설정한다. 따라서 최초에 선택된 관측치에 따라 군집화의 결과가 달라질 수 있다.
군집 중심 설정 이후 군집 중심과의 거리를 활용하여 모든 관측치를 k개 군집 중 하나로 할당하고, 각 군집별로 관측치의 평균을 활용해 군집 중심을 업데이트하고, 이 작업을 반복한다.
k-평균 군집화는 군집 중심으로 평균을 활용하기 때문에 이상치나 특이값의 영향이 클 수밖에 없으므로 군집화 전후로 이상치에 대한 대처가 필요하다. 필요에 따라 군집화 결과를 시각화할 수 있고, 변수가 많은 경우 차원 축소 기법 등을 추가로 활용하기도 한다.

31 ④

표본조사는 일부 개체에 대한 데이터 수집을 통해 전체 모집단을 유추하는 과정이며 그 내용이 ①, ②, ③에서 잘 설명되어 있다.
표본조사 과정에서 단순 랜덤 추출, 계통 추출법 등 적절한 표본 추출 방법을 활용하는데, 이는 적절한 임의화와 무작위성을 활용하여 표본의 편향과 오차를 통제하기 위해 필수적이다.
즉, ④의 무작위를 배제한 방법은 편향을 키우고 오차 발생 가능성을 높일 수 있다.

32 ①

관측 및 적재, 운영 과정 등 다양한 상황에서 데이터의 결측이 발생할 수 있으며, 적절한 대치가 필요하다.
결측값의 대치 방법은 크게 결측을 포함한 데이터를 일부 제거하는 것과 결측값을 적절한 값으로 대체하는 것으로 구분 가능하다.
결측값 대치 시에는 특정한 값이나 전체 평균 등으로 대체하는 단순 대치법과 여러 대치 방법을 복합적으로 활용하는 다중 대치법을 활용할 수 있다.
선형회귀 모형과 같이 결측을 포함한 데이터로는 모형 적합이 불가능한 알고리즘도 있고, 결측 자체를 정보로 활용하는 알고리즘도 있으므로 상황에 맞게 대치 및 대체 여부를 판단하는 것이 중요하다.

33 ③

시계열의 (약한) 정상성은 시점에 상관없이 평균이 일정하고, 두 시점의 자기공분산은 시간에 의존하지 않고 시차에 의해 결정되며, 분산이 유한하다는 것을 가정한다.
일반적인 시계열 데이터가 정상성을 만족하기는 어려우며, 평균이 일정하지 않은 경우 차분을 통해 변화량에 대한 시계열 모형을 적합하고 시간에 따라 분산이 일정하게 증가하거나 감소하는 경우 로그 및 지수 변환을 활용할 수 있다. 따라서 ③의 설명은 옳지 않다.

34 ②

선형회귀 모형은 설명변수와 관심변수의 선형성을 가정하고 직선 및 평면의 방정식의 형태로 변수의 관계를 설정한다.
설명 변수로 관심변수를 100% 설명하기는 어려우므로 모형식에는 오차항이 포함되며, 오차항에 대해 정규성, 독립성, 등분산성을 가정하고 모형 적합 이후 해당 가정에 대한 검정이 필요하다.
따라서 ②의 선형성은 오차항에 대한 가정이 아니다.

35 ②

이 경우 두 수치형 변수의 상관계수에 대한 통계적 가설 검정을 수행할 수 있다.
입증하고 싶은 것과 상관없이 귀무가설은 "상관계수가 0이다." 혹은 "두 변수가 관계가 없다"로 설정해야하므로 ②의 내용은 옳다.
피어슨 상관계수를 기준으로 t값을 계산하고 t-분포를 활용해 유의확률(p-value)를 계산할 수 있다.

36 ①

객관적이고 실질적인 모형 성능 확인 및 평가 지표 계산을 위해 교차 검증 방법을 활용한다. 이 때 주어진 보기와 같은 방법을 활용할 수 있으며 데이터를 임의로 2분할 혹은 3분할 하고 각 분할 데이터 마다 학습, 평가, 검증 등의 역할을 부여하는 것은 ①의 홀드아웃 방법이다.

오답 피하기
② 데이터를 K개의 균등한 조각으로 나누고, 한 조각은 테스트용으로 나머지는 훈련용으로 사용하는 작업을 K번 반복한다. 무작위 분할보다는 고정된 분할과 반복을 통해 평가한다.
③ K-폴드 방식에서 클래스 비율이 유지되도록 층화된 분할을 수행하며, 데이터가 불균형 클래스일 때 효과적이다.
④ 전체 데이터 중 p개를 테스트 데이터로, 나머지를 훈련용으로 사용하는 모든 가능한 조합을 다 평가하는 방식이다.

37 ④

회귀 모형은 가장 기본적인 단순 선형회귀에서 시작해서, 독립변수(설명변수)가 2개 이상인 다중 회귀로 확장하며, 설명 변수의 d차 다항식을 활용해 d차 곡선 및 곡면의 형태로 관심변수를 설명하는 다항 회귀나 비선형회귀 모형 등으로 확장된다.
로지스틱회귀는 대표적인 비선형회귀 모형으로 분류 문제에서 주로 활용한다.
④는 종속변수(관심변수)가 여러 개인 상황이므로 다변량(Multivariate) 회귀에 해당하는 설명이다.

38 ②

설문 조사 등에서 활용하는 5점 척도 및 7점 척도 등은 척도 구분 상 질적 데이터에 속하는 순서척도에 해당한다.

39 ②

확률에 대한 기본적인 정의를 묻는 문제로 ①, ③, ④는 옳은 설명이다.
두 사건의 교집합이 공집합인 것은 배반이라고 하며, 독립과는 별개의 개념으로 구분이 필요하다. 두 사건이 배반인 경우 조건부 확률은 0이기 때문에 독립이 아니라고 해석할 수 있다.

40 ③

의사결정나무는 목적함수를 기준으로 특정 노드를 분할하는 작업을 끊임없이 반복하며, 이를 재귀분할이라고 한다.
지나치게 많은 노드가 생성되면 모형이 복잡하고 과대적합(overfitting) 문제가 발생할 수 있으므로, 특정한 조건에 해당하면 분할을 멈추는 정지규칙을 설정하거나 이미 분할된 노드를 무효화하는 가지치기를 활용할 수 있다.
이중 문제 지문의 설명에 해당하는 것은 가지치기이다.

41 ④

④의 계통 추출법은 모집단을 일정한 간격으로 나누고, 첫 번째 객체를 무작위로 선택한 후 일정 간격마다 표본을 추출하는 방법이며, 해당 문항의 설명은 집락/군집 추출법에 대한 내용이다.

42 ①

신뢰도는 항목의 순서가 중요하며 우유를 구매한 거래 중 빵도 함께 구매한 거래의 비율로 계산된다. 따라서 15/20=0.75로 계산된다.
해당 규칙의 지지도는 15/50=0.4이며 향상도는 0.3/(0.4*0.5)=1.50이고, "빵 → 우유"의 신뢰도는 15/25=0.60이다.

43 ④

공분산과 상관계수는 두 수치형 변수의 관계를 숫자로 계산한다.
일반적으로 공분산을 두 변수의 표준편차로 나눠 계산할 수 있는 피어슨 상관계수를 주로 활용하고, 상황에 따라 스피어만 상관계수 등을 활용하는 것도 가능하다.
공분산은 변수의 단위나 척도에 따라 영향을 받기 때문에 정답은 ④이고, 상관계수 간 상대적인 비교 등을 위해 단위나 척도에 상관없이 -1부터 1 사이의 값으로 표현하는 상관계수를 활용한다.

44 ②

표준정규분포(Z분포), t-분포, F분포, 카이제곱 분포 등 기성 분포를 활용하는 경우 변수의 정규성에 대한 가정 등이 필요하며, 정규성을 충족하지 않는 경우 가정을 필요로 하지 않는 비모수 검정을 활용한다.
②를 제외한 세가지 검정은 순위를 활용하는 대표적인 비모수 검정이고, ②는 두 그룹의 평균 비교를 위해 t값을 계산하는 모수적 검정 방법이다.

45 ①

알고리즘의 분류는 지도학습과 비지도학습, 강화학습 등으로 분류할 수 있고, 지도학습 안에서 분류와 회귀로 구분할 수도 있기 때문에 문항 구성에 따른 단답이 필요하다. 자기조직화지도(Self-Organizing Map)는 비지도학습 알고리즘이므로 정답은 ①이다.

오답 피하기
② 지도학습 중 분류 알고리즘
③ 이진 분류 또는 다중 클래스 분류에 활용하는 지도학습 알고리즘
④ 회귀와 분류에 활용하는 지도학습 알고리즘

46 ③

비지도학습은 크게 차원 축소와 관련된 기법과 군집화로 나눌 수 있다.
①, ②, ④는 변수와 관측치의 관계를 바탕으로 저차원으로 축소, 주성분 선택, 요인 추출 등의 작업을 하는 차원 축소 기법들이다.
반면 ③의 계층적 군집화는 관측치 간 거리를 활용해 군집을 생성하는 것으로 차원 축소와는 거리가 멀다.

47 ④

④는 배깅에 해당하는 설명이며, 배깅을 활용한 대표적인 알고리즘으로 랜덤 포레스트가 있다.

> 오답 피하기

①, ②, ③은 모두 부스팅에 관한 설명이다.

48 ①

기울기 소실(Gradient Vanishing) 문제는 지문의 설명과 같이 심층 신경망을 학습할 때 주로 발생하는 문제이다.
특히 깊은 층을 가진 신경망에서 초기 층일수록 기울기가 매우 작아져서 가중치가 거의 업데이트되지 않고 학습이 매우 느려지거나 아예 멈출 수 있다.
기울기 소실 문제를 방지하기 위해 ReLU 같은 비포화 활성 함수를 사용하거나 배치 정규화 등을 활용할 수 있다.

49 ②

시계열 분해는 시계열 데이터를 추세, 계절성, 불규칙 요소로 분리하여 분석하는 방법이다.
②의 이동 평균은 시계열 데이터의 평활 기법 중 하나로 불규칙 요소를 제거할 때 활용하며 시계열 분해와는 거리가 멀다.

50 ④

오차 행렬(혼동 행렬)은 분류 모형의 예측 확률에 임계값을 적용해 0, 1과 같이 수준을 예측하고 생성한다. 오차 행렬을 활용하여 오분류율, 정확도, FPR, F1 등 모형 지표를 계산할 수 있다.
logloss는 예측 확률을 활용한 평가 지표로 오차 행렬로는 계산할 수 없고, 반드시 각 관측치에 대한 예측 확률과 실제 수준을 활용해야 한다.

실전 모의고사 02회   286p

01 ④	02 ④	03 ③	04 ③	05 ①
06 ①	07 ②	08 ①	09 ②	10 ③
11 ①	12 ③	13 ②	14 ③	15 ④
16 ③	17 ①	18 ①	19 ④	20 ②
21 ④	22 ③	23 ②	24 ③	25 ③
26 ①	27 ①	28 ②	29 ③	30 ①
31 ②	32 ③	33 ③	34 ③	35 ③
36 ②	37 ②	38 ④	39 ③	40 ①
41 ③	42 ②	43 ④	44 ③	45 ③
46 ④	47 ②	48 ②	49 ③	50 ③

1과목 　 데이터 이해

01 ④

데이터베이스는 고정적이지 않고 최신 정보를 담기 위해 끊임없이 변화하는 데이터를 담고 있으므로 ④의 "고정적"이라는 표현은 옳지 않은 설명이다.

02 ④

수익률은 관심 대상 혹은 속성으로 볼 수 있고 20%는 숫자와 기호로 표현한 정량 데이터에 속한다.

> 오답 피하기

① 정량 데이터는 수치와 도형, 기호로 표현한다가 옳은 설명이다.
② 정성 데이터는 언어나 문자로 표현한다가 옳은 설명이다.
③ 정량적 데이터와 정성적 데이터의 데이터의 형태적 특성을 정의한 것으로 비교나 상대적인 중요도를 따지기는 어렵고 모든 데이터를 활용해 종합적으로 판단해야 한다.

03 ③

데이터 분석 영역에서 빅데이터의 영향으로 분석 전략 수립 과정이나 분석 방법, 분석 수행 절차 등에 변화가 있다.
③의 "상관관계 → 인과관계"는 순서가 반대로 되어 있다. 과거 실험을 통한 데이터 수집과 분석을 실행할 때는 분석 결과를 인과관계로 설명하는 경우가 많았지만 운영과정에서 쌓인 데이터는 실험과 달리 통제가 되지 않았기 때문에 변수 간 상관관계를 인과관계로 확장 해석하기가 어렵다.

04 ③

빅데이터의 3V는 다양성과 속도, 양을 의미하며 3V에 ③의 가치(Value)를 더해 4V로 표현하기도 한다.

05 ①

산업별 주요 데이터 활용 방안과 주제에 대한 문제로 제조업에 해당하는 것은 ①이다.

> 오답 피하기

② B2C 비즈니스의 공통 부분이다.
③ 금융업과 관련된 예제이다.
④ 유통업과 관련된 예제이다.

06 ①

②, ③, ④는 클라우드 컴퓨팅과 분산 병렬처리에 대한 일반적인 내용을 설명하고 있다.
단, 클라우드 컴퓨팅과 분산 병렬 처리는 별개의 개념이며, 특정한 상황에서 분산 병렬처리를 위한 사전, 사후 작업으로 인해 더 많은 시간이 소요될 수 있고 클라우드 컴퓨팅의 비용이 온프레미스에 비해 항상 저렴하다는 보장은 없으므로 ①은 옳지 않은 표현이다.

07 ②

다양한 기업과 조직을 중심으로 방대한 데이터가 적재되고 데이터 활용 과정에서 ①, ③, ④와 같은 위험이 발생할 수 있다.
②에서 언급한 것과 같이 데이터의 활용 관점에서 데이터 역량을 갖춘 인력 확보의 중요성을 인식하고 있으며 기존 인력의 데이터 역량 강화가 필요할 수 있다.
단, 이 내용은 기업의 데이터 전략과 관련된 것으로 극복해야 할 현상이지 위험 요인이라고 보기에는 어렵다.

08 ①

빅데이터 등으로 데이터에 대한 관심이 증가하면서 데이터 사이언스라는 지식과 업무 영역이 새롭게 정의되었다.
데이터 사이언스에 대한 설명은 ④를 참고할 수 있고, 데이터 사이언스는 단순한 전문 지식 영역만을 다루는 것이 아니라 지식과 정보의 공유를 위한 시각화와 소통을 중시한다. 따라서 ①의 설명은 옳지 않다.

09 ②

CRM(Customer Relationship Management, 고객경험관리)에 대한 설명은 ②이다.

오답 피하기

① ERP (Enterprise Resource Planning)에 대한 설명에 해당한다.
③ SCM (Supply Chain Management, 공급망 관리)에 대한 설명이다.
④ 데이터베이스 시스템 용어인 OLTP(Online Transaction Processing)에 대한 내용이다.

10 ③

암묵지와 형식지는 지식을 구분하며, 표출화, 연결화, 내면화, 공통화를 통해 지식이 순환된다.
③의 설명은 표출화에 관한 것이며, 연결화는 상대의 표출된 지식을 본인의 지식에 연결하는 것을 의미한다.

2과목 데이터 분석 기획

11 ①

①, ②, ③, ④는 순서대로 최적화, 솔루션, 통찰, 발견에 대한 설명이다.
최적화는 분석 목표가 명확하고 분석 방법도 설정된 상황이다.

12 ③

데이터 분석 기획 과정에서 분석에 필요한 데이터를 확보하고, 활용 방안 설정 및 사례 탐색을 진행하며, 분석 과정에서 발생할 수 있는 기술적, 비즈니스적 장애 요소를 사전에 파악하고 대응 계획 수립이 필요하다.
③의 분석 평가는 분석 수행이나 배포 단계에서 이뤄지므로 기획 시점과는 거리가 멀다.

13 ②

분석 성숙도 평가 과정에서 성숙도 수준을 도입, 활용, 확산, 최적화의 4단계로 구분할 수 있다.

오답 피하기

① 최적화 단계에 대한 설명이다.
③ 확산 단계에 대한 설명이다.
④ 도입 단계에 대한 설명이다.

14 ③

일반적인 데이터 분석 기획 단계에서 비즈니스 및 도메인 지식과 시장 환경을 바탕으로 분석 주제를 설정하고 세부 계획을 수립한다.
빅데이터 분석도 마찬가지로 ①, ②, ④의 세부 과제를 기획 단계에서 수행할 수 있다. ③의 데이터 수집은 기획 이후 단계에서 실행되는 것이 일반적이다.

15 ④

프로젝트 목표 달성을 위해 범위, 일정, 품질, 리스크 등에 대한 체계적인 관리가 필요하며, 데이터 분석 프로젝트는 분석 기법의 다양성, 데이터의 양과 복잡도, 분석의 복잡도와 분석 결과의 성능 등을 종합적으로 고려해야 한다.

16 ③

데이터 거버넌스는 전사 차원에서 모든 데이터에 대해 모든 체계를 수립하고 인프라 등을 구축하는 것을 의미하며, ③에서 언급된 마스터 데이터, 메타데이터, 데이터 사전 등은 데이터 거버넌스의 주요 관리 대상이다.
데이터 거버넌스는 분석 조직과 IT 조직을 아우르는 개념이며, 그 영역과 대상이 한정적이지 않다.

17 ①

데이터 분석 조직 구조는 집중형, 기능 중심형, 분산형으로 유형을 분류할 수 있다. ①은 기능 중심 조직 구조에 대한 설명으로 옳은 답이다.

오답 피하기

②, ③ 분산형 조직 구조에 대한 설명이다.
④ 집중형 조직 구조에 대한 설명이다.

18 ①

CRISP-DM 방법론은 "비즈니스 이해 → 데이터 이해 → 데이터 준비 → 모델링(모형 조합) → 평가 → 전개"의 6단계로 구성된다.

19 ④

데이터 분석 수준 진단은 특정 과제나 프로젝트에 대한 평가가 아니라 기업의 데이터 분석 도입 수준을 파악하기 위한 방법이다. 업무 파악, 인력 및 조직, 기법 및 데이터, 문화, 인프라 등 다양한 영역에 걸쳐 준비도를 평가할 수 있다.
④ 분석 범위 및 일정은 특정 분석 프로젝트의 관리 요소 중 하나로, 분석 준비도 평가 항목과는 관련이 없다.

20 ②

주어진 문제 지문에 해당하는 모델은 ②의 폭포수 모델이다. 폭포수 모델은 하향식(top-down) 방법론이며 문제가 발생하거나 개선 사항이 발견되는 전 단계로 돌아가는 피드백(feedback) 과정이 수행될 수 있으나 요구사항 및 주제 변경 등에 유연하게 대응하기 어렵다.

오답 피하기

① 나선형 모델 : 반복을 통해 점증적으로 개발
③ 프로토타입 모델 : 초기 단계에서 간단한 프로토타입(시제품)을 제작
④ 애자일 방법론 : 짧은 주기의 반복 개발을 통해 사용자와 지속적인 피드백을 반영해 유연하게 개발

3과목 데이터 분석

21 ④

①, ②, ③은 이상치에 대한 일반적인 설명과 이상치 판단 기준에 대한 설명이다. 이외에도 다양한 방법으로 이상치 판단 기준을 설정할 수 있다. 이상치는 평균 계산 등의 과정에서 큰 영향을 미칠 수 있으나 다른 변수로 설명이 가능할 수 있고, 알고리즘에 따라 이상치에 영향을 크게 받지 않을 수도 있기 때문에 분석가의 판단에 따라 다양하게 처리할 수 있다.

22 ③

오차 행렬을 활용해서 모형의 평가 지표를 계산할 때는 관심 수준에 유의해야 한다.
관심 수준 B에 대한 민감도는 40/40=1.0이며, 정밀도는 40/60=2/3이다.
민감도와 정밀도의 조화평균인 F1 스코어는 0.8로 계산된다.
정확도는 180/200=0.9이며, 오분류율은 0.1이다. 관심 수준을 A로 변경하면 F1 스코어는 0.93이 된다.
참고로 두 수준에 대한 F1 스코어의 평균을 계산한 F1 Macro를 모형 평가 지표로 활용할 수도 있다.

23 ②

①, ③은 다중공선성에 대한 설명이다. ④는 다중공선성을 파악하기 위한 방법을 말하고 있다.
다중공선성이 발생하면 비슷한 역할을 하는 복수의 설명 변수가 존재하는 것을 의미하므로 회귀 모형의 변수 선택이나 모형의 해석 과정이 복잡해지고 어려워진다.

24 ③

덴드로그램(dendrogram)은 계층적 군집화의 군집 형성 과정을 시각화하는 그래프로, 관측치와 군집의 거리를 높이로 하는 "ㄷ"자 모양의 선으로 관측치를 연결한다.

오답 피하기
① 분류 모형의 성능 평가에 활용한다.
② 수치형 변수의 분포 확인에 활용한다.
④ 표 형태의 집계 데이터의 시각화에 활용한다.

25 ③

KNN은 K근접이웃(k-nearest neighbourhood)를 의미하며 옳은 설명은 ③이다.

오답 피하기
① CNN 알고리즘에 대한 설명이다.
② k-평균 군집화(k-means clustering)에 대한 설명이다.
④ 로지스틱회귀에 대한 설명이다.

26 ①

지도학습에서 성능 향상 등을 위해 복수 모형을 활용하는 앙상블 기법을 사용하며, 부스팅, 배깅, 스태킹 등의 세부 기법으로 분류한다. 주어진 지문의 설명은 부스팅에 해당한다.

오답 피하기
② 데이터의 중복 샘플링을 통해 여러 모델을 병렬적으로 학습시킨 후 결과를 평균(회귀) 또는 투표(분류)로 통합
③ 여러 모델의 예측 결과를 다시 메타 모델의 입력으로 사용하여 최종 예측
④ 여러 모델이 독립적으로 예측한 결과를 단순 투표(다수결)나 평균하여 최종 결과 결정

27 ①

로지스틱회귀모형은 로짓 변환을 활용한 비선형회귀 모형이며, 지도학습의 분류 문제에 활용한다. 관심 수준에 대한 확률 계산이 가능하므로 정답은 ①이다.

오답 피하기
② 오분류율과 같은 분류 모형 평가 지표를 활용해 모형을 평가할 수 있다.
③ 모형의 유의성은 카이제곱 검정을 활용한다.
④ 로짓 변환을 활용한 비선형회귀 모형으로 관심변수 혹은 확률과 설명 변수의 관계를 직관적인 직선의 형태로 설명할 수 없다.

28 ④

①, ②, ③은 시계열 데이터와 분석 방법에 대한 옳은 설명이다. 시계열 데이터는 목적에 따라 AR, ARIMA와 같은 모형을 활용하거나 시계열 분해 등으로 분석할 수 있다.
④의 이동평균 모형은 과거 시점의 오차의 영향을 현재 평균에 반영하는 모형으로 평활법에서 활용하는 이동 평균과 관련이 없다.

29 ④

①, ②, ③은 점 추정과 구간 추정에 대한 올바른 설명이다.
점 추정은 신뢰 수준을 설정하지 않기 때문에 ④는 틀린 내용이다. 구간 추정에서 95% 신뢰구간은 표본의 개념에서 신뢰구간을 100번 설정하면 그 중 95번 정도는 모수가 해당 구간에 포함될 것으로 기대되는 것을 의미하며, ④와 같이 설명할 수도 있다.

30 ①

통계 검정의 핵심적인 절차는 ③에서 설명된 바와 같이 유의확률을 계산하는 것이다. 이후 사전에 설정된 유의수준과 유의확률을 비교하고 귀무가설 기각 여부를 판단한다. 유의확률은 0부터 1 사이의 값을 갖는 확률이며, 확률 계산을 위해 분포를 활용한다. 데이터나 변수가 정규분포를 따른다는 가정하에 t-분포, 카이제곱 분포, F 분포 등을 활용하기도 하고, ②의 설명과 같이 비모수 검정을 활용할 수도 있다.
①의 카이제곱 분포를 활용한 검정 중 독립성 검정 등은 정규분포를 가정한 모수적 검정에 속하지만, Fisher 정확 검정과 이항 검정은 카이제곱 분포를 활용하지만 정규분포에 대한 가정이 없는 비모수적 검정이다.

31 ②

검정에서 특정 변수나 선형회귀 모형의 잔차 등이 정규분포를 따르는지 그 여부를 확인해야 할 때가 있다.
이 경우 히스토그램이나 데이터의 분위수와 정규분포의 분위수를 짝지어 그린 Q-Q 플롯(Quantile-Quantile Plot) 등의 시각화 방법을 활용하거나 샤피로-윌크 검정(Shapiro-Wilk Test) 등을 활용할 수 있다.

오답 피하기
① 정규분포와 상관없이 좌우대칭일 때 0으로 계산된다.
③ 회귀 문제에서 모형의 성능 지표로 정규분포와 큰 관련이 없다.
④ 통계량 중 하나로 정규분포와 관련이 없다.

32 ③

피어슨 상관계수는 표준화된 공분산으로 이해할 수 있으며, 항상 -1부터 1사이의 값을 갖는다.
피어슨 상관계수는 이상치나 특이값에 상대적으로 큰 영향을 받을 수 있고, 타원 및 직선의 형태를 잘 설명할 수 있으나 곡선 및 계단형 등 비선형 관계에 대한 설명력이 떨어지는 단점이 있다.

33 ③

①, ②, ④는 다차원척도법에 대한 적절한 설명이다.
③의 내용은 고전적 다차원 척도법(Classical MDS) 혹은 PCoA에 대한 설명이다.
계량형 다차원 척도법은 스트레스라는 손실 함수를 활용하고, 관측치들을 저차원에 임의의 위치로 초기화하고 전체 관측치의 거리 혹은 유사도를 바탕으로 스트레스 값을 최소화하는 방향으로 관측치의 위치를 조정한다.

34 ①

회귀 모형에서 ④의 방법으로 각 설명 변수의 유의성을 검정으로 따질 수 있고, ③에서 설명하는 것과 같이 변수 조합에 대한 모형 성능 평가를 통해 변수 선택을 할 수도 있다.
②에서 설명하는 것과 같이 가능한 수준에서 최소한의 설명 변수를 활용하는 것이 추천된다.
③의 변수 조합에 대한 성능 평가 시 AIC, BIC, 수정된 결정 계수(adjusted R^2) 등을 활용해야 변수 개수를 고려한 평가가 가능하며 ①에서와 같이 결정계수를 활용하면 더 많은 설명 변수를 포함한 모형이 무조건 성능이 좋은 것으로 판단된다.

35 ④

통계 검정에서는 귀무가설과 대립가설을 설정하고 두 가설 중 하나를 확률적으로 선택한다. 통계 검정은 두 가설 중 하나를 확률적으로 선택하는 과정이므로 잘못된 의사결정을 내릴 오류 발생 가능성이 있다.

오답 피하기
① 귀무가설과 대립가설은 입증하고 싶은 방향과 상관없이 설정한다.
② 유의 확률이 작을수록 귀무가설을 기각할 가능성이 높아진다.
③ 검정 계획 단계에서 미리 설정하며, 데이터와 무관하다.

36 ②

①, ③, ④는 군집화에 대한 설명으로 적절하다.
군집화 알고리즘의 종류와 거리 척도 설정에 따라 연산량과 군집화 결과 등이 차이가 날 수 있으며, 특히 k-평균 군집화는 초기 군집 중심을 설정하기 위해 임의로 관측치를 선택하므로 군집화 결과가 계속해서 바뀔 수 있다.

37 ②

베이즈 정리를 활용한 확률 계산 문제이다.
A 공정을 거칠 사건을 A, 불량일 사건을 F라고 하면 P(A|F)=P(F|A)*P(A)/P(F)=0.05*0.2/0.1=0.10이다.

38 ④

교차검증은 객관적인 모형 평가지표를 계산하고 과적합을 사전에 방지하기 위해 활용한다.
k-폴드 교차검증은 전체 n개 관측치를 k개 그룹으로 분할하는 방법으로 ④의 설명은 적절하지 않다.
②, ③의 내용과 같이 반복적인 모형 적합 및 평가 과정이 이뤄진다.

39 ③

유사도와 거리의 개념은 관측치와 변수 모두에 적용가능하고, 행과 열 방향에 유의해야 한다.
주어진 데이터에서 "수학"과 "국어"는 관측치 혹은 행을 의미하며, 두 행 사이의 거리를 계산해야 한다.
따라서 거리는 $\sqrt{(95-98)^2+(92-96)^2}=5$로 계산된다.

40 ①

"그룹"으로 해석할 수 있는 질적 데이터에는 명목척도와 순서척도가 있고, "수치"를 의미하는 양적 데이터에는 구간척도와 순서척도가 있다.
①의 명목척도에서 "남", "여"와 같이 문자로 기록하는 것은 측정 수준 이론의 개념에서 벗어난 것이다. 단, 남자를 1, 여자를 2로 숫자로 기록하면 명목척도에 해당한다.
②, ③, ④는 각 척도에 대한 옳은 설명이다.

41 ③

산포 측도는 확률변수나 데이터의 변수가 얼마나 흩어져있는지를 계산한 통계량을 의미한다.
범위는 최댓값-최솟값으로 계산하여 변수가 흩어진 길이로 산포를 확인하며, 분산과 표준편차도 대표적인 산포 측도이다.
③의 최빈값은 중심 측도 중 하나로 변수에서 가장 자주 등장하는 값을 의미한다.

42 ②

통계 검정에서 데이터의 특성과 설정된 가설에 따라 계산해야할 검정통계량과 활용할 분포 등을 명시한 검정 방법이 고정되어있다.
"지역"과 "연령대"는 그룹 혹은 범주형 변수이고 "카드 사용 금액"은 숫자 혹은 수치형 변수이므로 그룹 간 평균 차이가 통계적으로 유의미한지 따지는 분산분석(ANOVA)을 활용할 수 있다.

오답 피하기

① 두 범주형 변수의 교차표를 활용해 수준간 관계를 확인할 때 활용한다.
③ 특정 사건 전후의 수치 변화가 유의미한지 따질 때 활용한다.
④ 상관계수가 유의미한지를 따지는 검정을 말한다.

43 ④

평활 기법은 일정 기간의 평균을 계산해 시계열의 불규칙성을 제거하고 변동성을 줄이며, 전체적인 추세를 부드럽게 나타내고 전체적인 경향성과 패턴을 파악할 때 활용한다.
①, ②, ③은 올바른 설명이며, ④의 지수 평활법에서 각 시점의 가중치는 현재 시점에서 멀어질수록 가중치가 지수적으로 감소한다.

44 ②

정규분포, 지수분포와 같이 연속적이고 봉우리가 하나인 분포에서 세 중심(위치) 척도의 값을 비교하는 문제이다.
왜도가 0보다 클 때 분포는 왼쪽으로 치우쳐있고 오른쪽으로 꼬리가 긴 형태를 갖는다. 현실에서는 연봉이나 소득과 같은 돈과 관련된 변수가 비슷한 형태를 따른다.
이 경우 분포의 최빈값(꼭대기 지점)이 가장 왼쪽에 있고, 평균이 중앙값보다 오른쪽 꼬리에 있는 큰 값 쪽으로 더 많이 이동하게 된다. 따라서 최빈값이 가장 작고, 중앙값, 평균 순서로 값이 커진다.

45 ③

주성분 분석과 인자 분석은 모두 데이터 공간의 차원 축소 기법이라는 공통점이 있지만, 주성분 분석은 관측치의 서로 다름을 잘 설명하는 주성분을 찾고 활용하는 것이 목적이라면 요인 분석은 변수들의 공통 인자를 찾아 변수 간 상관관계를 설명할 때 주로 활용한다.
일반적으로 p개 변수를 p보다 작은 k개 요인으로 설명하며, ③의 관측치를 저차원에 표현하는 것은 주성분 분석이나 MDS와 관련된 내용이다.

46 ④

실루엣 계수는 군집화 결과를 바탕으로 ④의 방법으로 계산한다. 실루엣 계수는 모든 관측치 마다 계산하며, 실루엣 계수의 평균을 계산해서 군집화 성능을 평가한다.

오답 피하기

① 지도학습회귀 모형에 쓰이는 지표는 MSE, MAE, R^2 등이 있으며, 실루엣 계수는 군집 평가 지표이다.
② 연관 규칙 분석의 지표는 지지도, 신뢰도, 향상도등이며, 실루엣 계수와 관련이 없다.
③ 실루엣 계수는 각 관측치마다 개별적으로 계산되며, 군집 전체의 평균 실루엣 값을 통해 군집 성능을 평가한다.

47 ②

연관 규칙 분석에서는 서로 관련이 있는 항목 조합을 탐색하고 규칙으로 설정하며, 각 규칙 내 항목의 연관정도를 지지도, 신뢰도, 향상도와 같은 지표로 계산할 수 있다. 주어진 문제에 해당하는 지표는 ②의 향상도이다.

오답 피하기

① 얼마나 자주 발생했는가를 보는 빈도 지표로 독립성 여부와는 직접적인 관련이 없다.
③ 분류 모형의 평가 지표로 연관 규칙 분석과는 관련이 없다.
④ A가 발생했을 때 B도 발생할 확률로 독립성과 비교하는 지표가 아니다.

48 ②

확률분포는 확률변수가 특정 값을 가질 확률을 나타내는 함수이며, 연속형과 이산형으로 구분한다.
①, ③, ④는 확률변수가 연속적인 값을 가질 수 있는 연속형 확률분포이다.
②는 음이 아닌 정수 값을 가질 수 있고 베르누이 분포, 이항분포와 같이 이산형 확률분포에 속한다.

49 ③

확률분포를 결정하는 값을 모수(parameter)라고 하며, t–분포는 자유도에 따라 그 형태가 결정된다.

t–분포를 활용하는 다양한 검정이 있으며, 전체 관측치 수에서 검정 통계량 계산 과정에서 계산하는 평균의 개수만큼을 뺀 것이 자유도가 된다. 상관분석에서 상관계수를 활용해 검정통계량을 계산하고, 상관계수 계산 과정에서 두 변수 각각의 평균을 활용하기 때문에 자유도는 n−2이다.

50 ③

P(B|A) =P(B)와 같이 특정 사건의 조건부 확률이 사건의 확률과 동일할 때 두 사건이 독립이라고 한다.

두 사건의 독립을 가정하고 위의 수식을 풀어 두 사건이 동시에 발생할 확률을 ③과 같이 두 사건의 확률의 곱으로 계산할 수 있다.

> **오답 피하기**
> ① 두 사건의 배반을 의미한다.
> ② 합집합과 교집합의 관계를 설명한다.
> ④ 조건부 확률의 정의이다.

부록 R 스크립트

SECTION 01 주요 R 스크립트 및 해석

R은 데이터 분석을 위한 프로그래밍 언어로 기초 문법부터 집계, 시각화, 알고리즘 활용까지 학습량이 매우 많습니다. 이 책에서는 주요한 주제와 내용을 중심으로 간략히 살펴보고, 전체 스크립트는 이기적 홈페이지(license.youngjin.com)의 자료실 > 기타 게시판에서 다운로드하고 살펴볼 수 있습니다.

01 데이터 불러오기 및 탐색

```
> data = read.csv('data/StudentsPerformance.csv')
> data = fread('data/StudentsPerformance.csv')
> data
       gender  race/ethnicity  parental level of education   lunch
        <char>     <char>                  <char>             <char>
    1: female    group B          bachelor's degree          standard
    2: female    group C          some college               standard
    3: female    group B          master's degree            standard
    4:   male    group A          associate's degree         free/reduced
    5:   male    group C          some college               standard
   ---
  996: female    group E          master's degree            standard
  997:   male    group C          high school                free/reduced
  998: female    group C          high school                free/reduced
  999: female    group D          some college               standard
 1000: female    group D          some college               free/reduced
       test preparation course  math score  reading score  writing score
                  <char>           <int>        <int>          <int>
    1:           none              72            72             74
    2:           completed         69            90             88
    3:           none              90            95             93
    4:           none              47            57             44
    5:           none              76            78             75
   ---
  996:           completed         88            99             95
  997:           none              62            55             55
  998:           completed         59            71             65
  999:           completed         68            78             77
 1000:           none              77            86             86
```

```
> str(data)
Classes 'data.table' and 'data.frame':
1000 obs. of  8 variables:
 $ gender                     : chr  "female" "female" "female" "male" ...
 $ race/ethnicity             : chr  "group B" "group C" "group B" "group A" ...
 $ parental level of education: chr  "bachelor's degree" "some college" "master's degree" "associate's degree" ...
 $ lunch                      : chr  "standard" "standard" "standard" "free/reduced" ...
 $ test preparation course    : chr  "none" "completed" "none" "none" ...
 $ math score                 : int  72 69 90 47 76 71 88 40 64 38 ...
 $ reading score              : int  72 90 95 57 78 83 95 43 64 60 ...
 $ writing score              : int  74 88 93 44 75 78 92 39 67 50 ...
```

- 기본 내장 함수인 read.csv() 혹은 data.table 패키지의 fread() 등을 활용하여 데이터 불러오기 가능
- str()로 관측치 개수, 변수의 개수 및 각 변수의 형식 확인 가능
- 각 변수는 숫자 형식(numeric, integer) 및 문자열(string), 범주형(factor) 형식 등으로 설정 가능

02 수치형 변수의 집계 및 시각화

```
> c(mean(data$math.score), sd(data$math.score), max(data$math.score), min(data$math.score) )
[1]  66.08900  15.16308 100.00000   0.00000
> summary(data$math.score)
   Min. 1st Qu.  Median    Mean 3rd Qu.    Max.
   0.00   57.00   66.00   66.09   77.00  100.00
> boxplot(data$math.score)
```

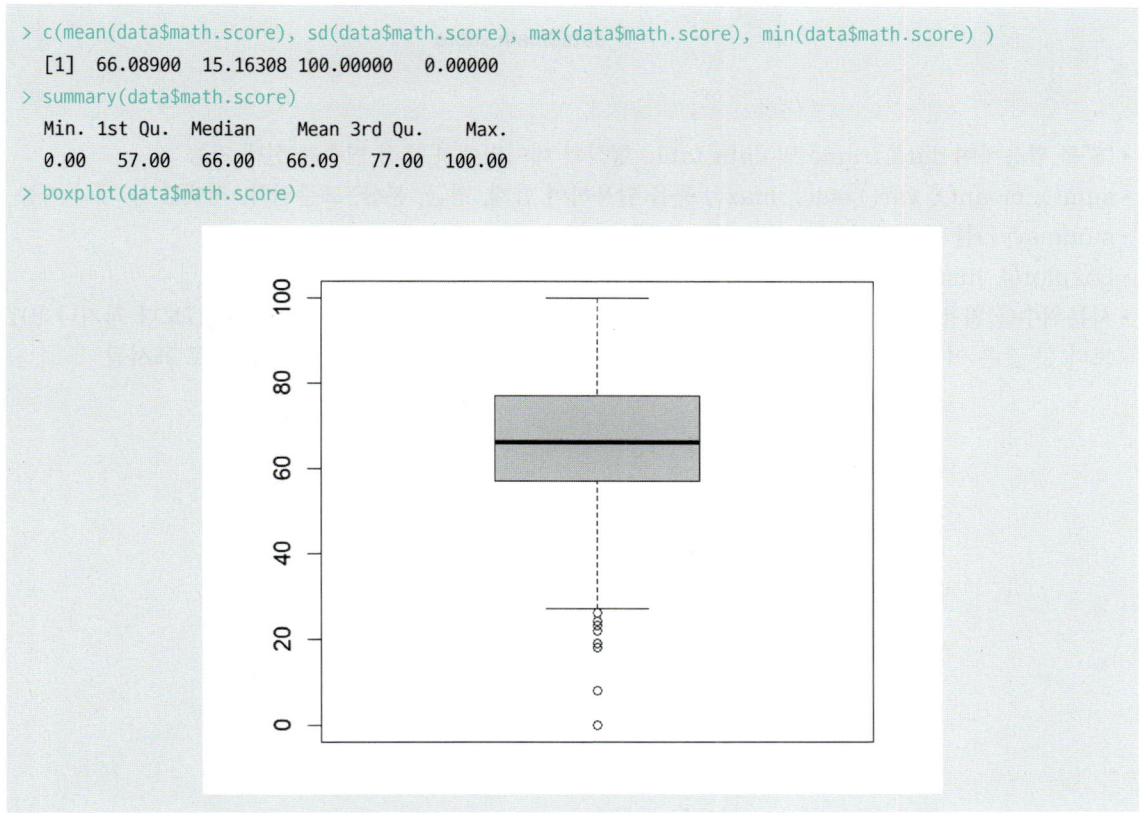

```
> hist(data$math.score)
```

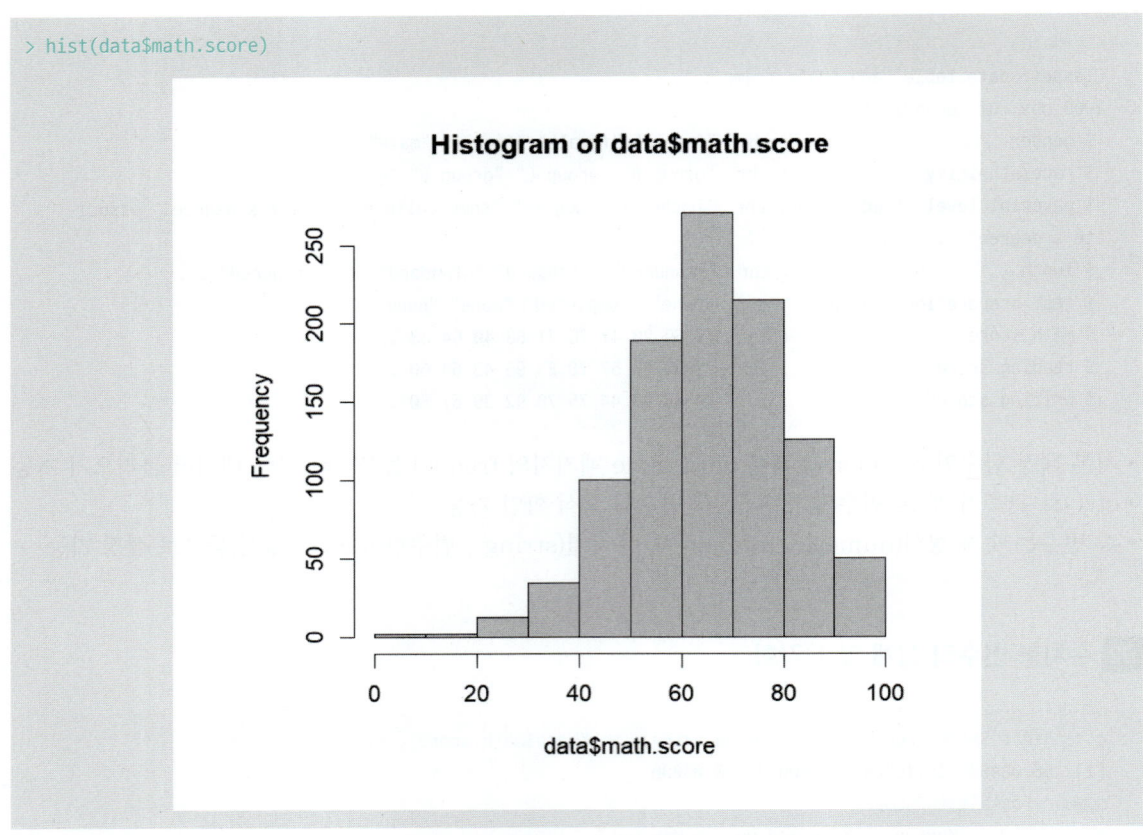

- "$"를 활용하여 data.frame 및 data.table 형식의 데이터에서 특정 변수를 선택 가능
- sum(), mean(), var(), sd(), max() 등을 활용하여 합계, 평균, 분산, 표준편차, 최댓값 등 계산 가능
- summary()를 활용하여 사분위수와 평균 계산 가능
- boxplot(), hist()로 상자그림 및 히스토그램을 작성하고 분포 확인 가능
- 사분위수를 활용한 이상치 탐지에서 IQR은 77-57=20이며, 1.5*IQR은 30이므로 27보다 작거나 107 보다 큰 값은 이상치로 판단할 수 있으며, 상자그림에서 이상치에 해당하는 값은 "O"로 표시됨

03 범주형 변수의 요약 및 시각화

```
> t1 = table(data$race.ethnicity)
> t1

  group A group B group C group D group E
       89     190     319     262     140
> barplot(t1)
```

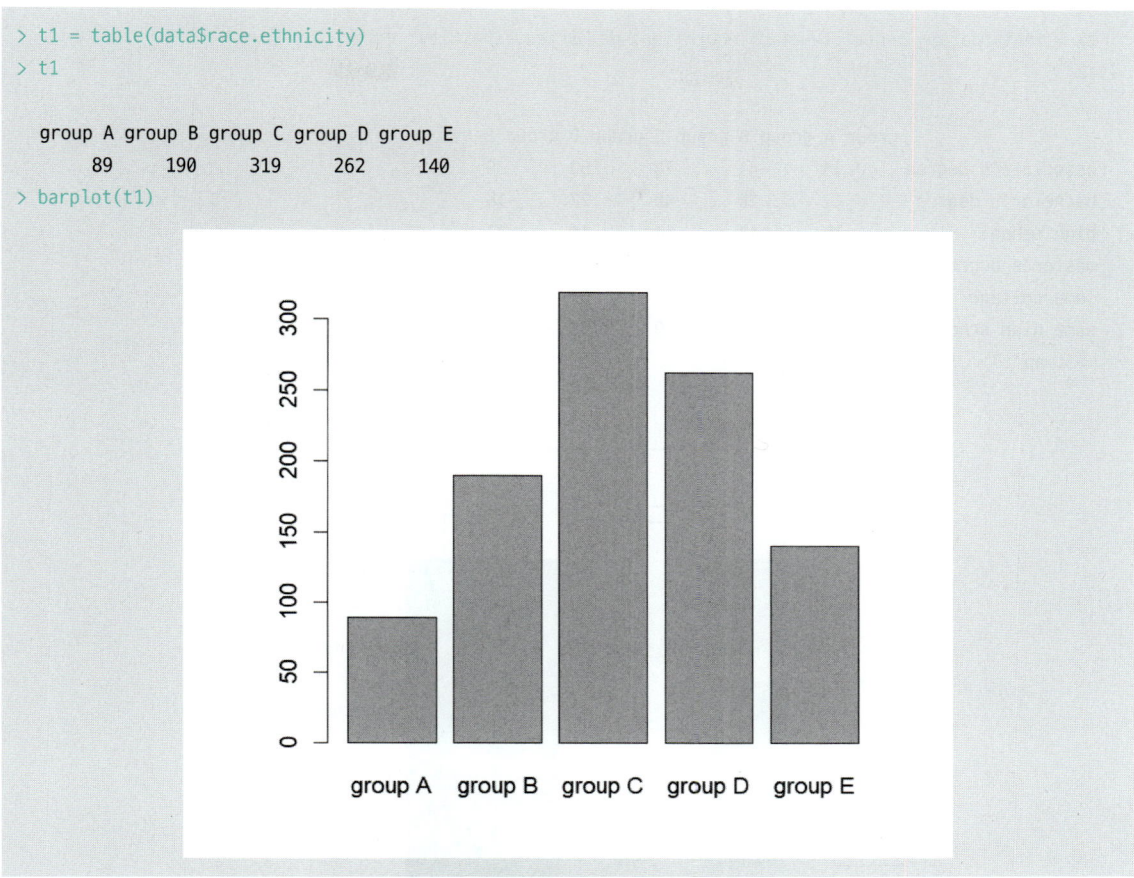

- 범주형 변수는 table()로 수준별 관측치 개수를 계산하고 빈도표 작성
- 빈도표는 pie(), barplot()을 활용해 그래프 시각화 가능

04 두 범주형 변수의 관계 탐색 및 검정

```
> t2 = table(data$parental.level.of.education, data$race.ethnicity)
> t2
```

	group A	group B	group C	group D	group E
associate's degree	14	41	78	50	39
bachelor's degree	12	20	40	28	18
high school	18	48	64	44	22
master's degree	3	6	19	23	8
some college	18	37	69	67	35
some high school	24	38	49	50	18

```
> heatmap(t2)
```

```
> chisq.test(t2)

        Pearson's Chi-squared test

data:  t2
X-squared = 29.459, df = 20, p-value = 0.07911
```

- table()로 두 변수의 교차표를 생성하고 heatmap()으로 열지도 시각화 가능
- heatmap()의 시각화에서 행, 열에 대한 계층적 군집화가 자동으로 이뤄지며 그 결과를 덴드로그램(dendrogram)으로 표현
- chisq.test()로 교차표의 두 범주형 변수에 대한 독립성 검정을 수행할 수 있으며, 계산된 카이제곱값은 29.459이고 교차표가 6행 5열이므로 자유도는 (6-1)*(5-1)=20이며, 유의확률(p값)은 0.07911로 유의수준 0.05에서 귀무가설을 기각하지 못함

05 두 수치형 변수의 관계 탐색 및 검정

```
> plot(data$math.score, data$reading.score, pch=16)
> abline(v = mean(data$math.score),  h = mean(data$reading.score) , lty=2)
```

```
> cov(data$math.score, data$reading.score)
  [1] 180.999
> cor(data$math.score, data$reading.score)
  [1] 0.8175797
> cor.test(data$math.score, data$reading.score)

    Pearson's product-moment correlation

data:  data$math.score and data$reading.score
t = 44.855, df = 998, p-value < 2.2e-16
alternative hypothesis: true correlation is not equal to 0
95 percent confidence interval:
 0.7959276 0.8371428
sample estimates:
      cor
0.8175797
```

- plot()으로 산점도를 작성하고, abline()으로 수직선과 수평선을 추가하여 두 수치형 변수의 관계를 시각화
- cov()로 공분산을 계산하고, cor()로 상관계수 0.8175를 확인
- 상관계수가 유의미한지를 따지지 위해 cor.test()를 활용해 상관 분석 수행
- 유의확률이 2.2e-16(2.2×10^{-16})보다 작으므로 유의수준 0.05에서 귀무가설을 기각하며, "두 수치형 변수가 유의미한 양의 상관을 갖는다고 할 수 있다"라고 해석 가능

06 수치형 변수와 범주형 변수 관계 탐색 및 검정

```
> aggregate(math.score~race.ethnicity, data=data, FUN=mean)
  race.ethnicity math.score
1        group A   61.62921
2        group B   63.45263
3        group C   64.46395
4        group D   67.36260
5        group E   73.82143
> boxplot(math.score~race.ethnicity, data=data)
```

```
> summary( aov(math.score~race.ethnicity, data=data) )
                Df Sum Sq Mean Sq F value  Pr(>F)
race.ethnicity   4  12729    3182   14.59 1.37e-11 ***
Residuals      995 216960     218
---
Signif. codes:  0 '***' 0.001 '**' 0.01 '*' 0.05 '.' 0.1 ' ' 1
```

- aggregate()로 그룹별 평균을 계산하고, boxplot()으로 그룹별 상자그림으로 그룹별 분포 비교
- aov()와 summary()로 그룹별 평균차이에 대한 분산분석을 수행하고, 계산된 유의확률("Pr(>F)")과 설정한 유의수준을 활용하여 귀무가설 기각 여부를 판단
- 자유도와 제곱합을 활용해 F 값 14.59을 계산하고 F 분포를 활용해 유의확률 1.37e-11가 계산되며, 유의수준 0.05에서 귀무가설을 기각하고 그룹별 평균차이가 통계적으로 유의미한 것으로 판단

07 주성분 분석을 활용한 차원축소

```
> cor(data[6:8])
              math.score reading.score writing.score
math.score     1.0000000     0.8175797     0.8026420
reading.score  0.8175797     1.0000000     0.9545981
writing.score  0.8026420     0.9545981     1.0000000
> pc_scores = princomp(data[6:8], cor=TRUE)
> pc_scores$loadings

Loadings:
              Comp.1 Comp.2 Comp.3
math.score     0.555  0.831
reading.score  0.590 -0.359 -0.723
writing.score  0.587 -0.424  0.690
> summary(pc_scores)
Importance of components:
                         Comp.1     Comp.2     Comp.3
Standard deviation     1.6487661  0.48640017 0.21209696
Proportion of Variance 0.9061433  0.07886171 0.01499504
Cumulative Proportion  0.9061433  0.98500496 1.00000000
> screeplot(pc_scores, type='lines')
```

```
> biplot( pc_scores, choices=1:2)
> abline(v=0, h=0, lty=2)
```

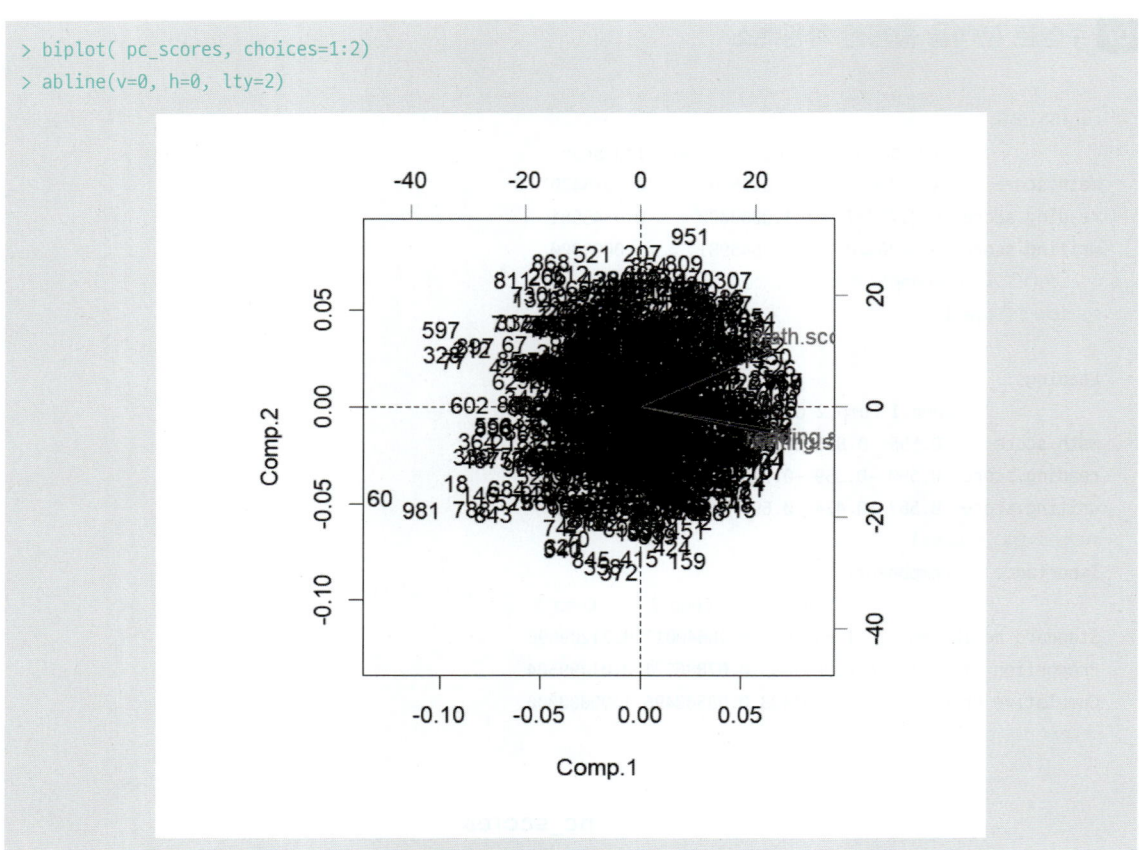

- princomp()를 활용하여 서로 일련의 상관을 갖는 세 변수의 주성분 분석을 실행
- 이때, 함수는 일반적으로 "cor=TRUE"를 사용하여 상관계수 행렬을 분해하는 주성분 분석 혹은 표준화한 변수를 활용한 주성분 분석을 수행
- "$loadings"로 각 성분을 생성하기 위한 각 변수에 대한 가중치를 확인할 수 있음
- 첫 번째 성분은 세 변수에 각각 0.555, 0.590, 0.587를 곱하고 더한 값으로 "전반적으로 점수가 높고 낮음"을 의미하고, 두 번째 성분은 각각 0.831, −0.359, −0.424를 곱해 더한 값으로 "수학과 읽기/쓰기의 점수 차이)를 의미
- summary()로 각 성분의 분산 설명 비율 및 누적 비율을 확인 가능하며 첫 번째 성분의 비중이 90.6%, 두 번째 성분의 비중이 7.9%로 두 번째 성분까지의 누적 비율이 98.5%인 것을 확인
- 위에서 확인한 비율과 screeplot()으로 그린 scree 그래프 등을 통해 적절한 성분의 개수를 선택할 수 있으며, 이 예제에서는 두 주성분을 선택하고 biplot()으로 실제 2차원 공간으로 차원 축소 결과를 확인

08 계층적 군집화

```
> data2 = head(data[6:8], 100)
> data2_scaled = scale(data2)
> dist_data = dist(data2_scaled, method = 'euclidean')
> md_hc = hclust(dist_data, method = 'complete')
> plot(md_hc)
```

Cluster Dendrogram

```
> cutree(md_hc, k=4)
  1   2   3   4   5   6   7   8   9  10  11  12  13  14  15  16  17  18  19  20  21  22
  1   2   2   1   2   2   2   3   1   1   1   1   1   1   1   1   2   1   1   1   1   1
 23  24  25  26  27  28  29  30  31  32  33  34  35  36  37  38  39  40  41  42  43  44
  1   1   1   1   1   1   1   1   1   1   1   3   2   2   2   1   2   1   1   1   1   1
 45  46  47  48  49  50  51  52  53  54  55  56  57  58  59  60  61  62  63  64  65  66
  1   1   1   1   1   2   1   1   1   2   2   3   2   1   1   4   1   3   1   1   1   1
 67  68  69  70  71  72  73  74  75  76  77  78  79  80  81  82  83  84  85  86  87  88
  3   1   1   1   1   1   1   3   3   2   1   1   1   1   1   1   1   3   2   2   1
 89  90  91  92  93  94  95  96  97  98  99 100
  1   2   1   3   1   1   2   2   1   1   1   1
```

```
> plot(md_hc)
> rect.hclust(md_hc, k=4)
```

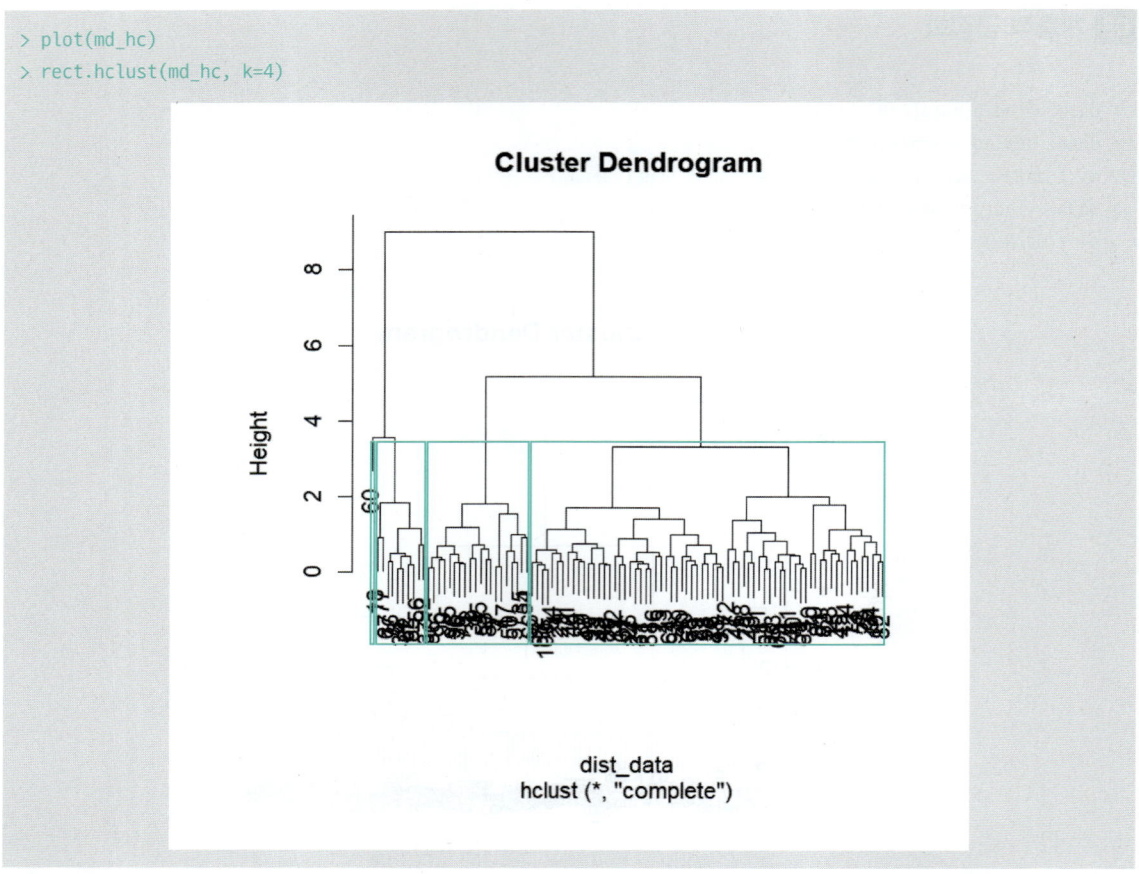

- 효율적인 작업을 위해서 세 수치형 변수와 100개의 관측치만 선택하고, scale()을 활용해 표준화
- dist()로 100개 관측치의 모든 가능한 쌍에 대한 거리 행렬을 계산하며, "method=" 옵션을 활용해 유클리드 거리('euclidean'), 맨해튼 거리('manhattan') 등 거리 계산 방법을 지정
- hclust()로 계층적 군집화를 실행하며, "method=" 옵션에서 'complete', 'average', 'centroid' 등에서 적절한 값을 선택하고 군집 간 거리 계산 방법을 설정
- plot()으로 계층적 군집화의 결과를 덴드로그램으로 표현하며, cutree()로 관측치를 k개 그룹으로 나눈 군집화 결과를 확인 가능

09 k-평균 군집화

```
> set.seed(1)
> md_km = kmeans(data2_scaled, centers=5)
> md_km$size
 [1] 31  4 36 11 18
> md_km$centers
  math.score reading.score writing.score
1 -0.5316325    -0.6440192    -0.6239180
2  1.8836408     1.7001080     1.5007857
3  0.2819763     0.3801157     0.3630686
4 -1.7563478    -1.8310267    -1.8391163
5  1.0063734     1.0900717     1.1387848
> md_km$cluster
  1  2  3  4  5  6  7  8  9 10 11 12 13 14 15 16 17 18 19 20 21 22
  3  5  2  1  5  5  2  4  3  1  1  3  3  1  3  2  4  1  1  3  3
 23 24 25 26 27 28 29 30 31 32 33 34 35 36 37 38 39 40 41 42 43 44
  1  3  5  3  1  3  3  3  3  4  2  5  5  1  5  1  1  3  1  3  1
 45 46 47 48 49 50 51 52 53 54 55 56 57 58 59 60 61 62 63 64 65 66
  1  1  3  3  3  5  1  3  1  5  5  4  5  1  1  4  5  4  1  3  1  3
 67 68 69 70 71 72 73 74 75 76 77 78 79 80 81 82 83 84 85 86 87 88
  4  3  1  1  3  1  1  1  4  4  5  3  3  1  1  3  4  5  5  3
 89 90 91 92 93 94 95 96 97 98 99 100
  3  5  3  4  3  1  5  5  3  3  3
```

- 무작위로 초기 중심을 설정하는 k-평균 군집화의 결과를 고정하기 위해 set.seed()를 활용
- kmeans()로 k-평균 군집화를 수행하고 "centers=" 옵션을 활용하여 군집의 개수를 설정
- "$size"로 각 군집에 할당된 관측치의 개수를 확인하고 "$centers"로 각 군집의 중심을 확인하고 군집의 특성을 설명할 수 있으며 "$cluster"로 각 관측치가 어떤 군집에 속하는지 파악 가능

10 선형회귀 모형

```
> data_ins = read.csv('data/insurance.csv')
> head(data_ins)
  age    sex    bmi children smoker    region   charges
1  19 female 27.900        0    yes southwest 16884.924
2  18   male 33.770        1     no southeast  1725.552
3  28   male 33.000        3     no southeast  4449.462
4  33   male 22.705        0     no northwest 21984.471
5  32   male 28.880        0     no northwest  3866.855
6  31 female 25.740        0     no southeast  3756.622
> lm_charges = lm(charges ~ ., data=data_ins)
> lm_charges

Call:
lm(formula = charges ~ ., data = data_ins)

Coefficients:
    (Intercept)              age          sexmale              bmi         children
       -11938.5            256.9           -131.3            339.2            475.5
      smokeryes  regionnorthwest  regionsoutheast  regionsouthwest
        23848.5           -353.0          -1035.0           -960.1
> summary(lm_charges)

Call:
lm(formula = charges ~ ., data = data_ins)

Residuals:
     Min       1Q   Median       3Q      Max
-11304.9  -2848.1   -982.1   1393.9  29992.8
Coefficients:
                 Estimate Std. Error t value Pr(>|t|)
(Intercept)     -11938.5      987.8 -12.086  < 2e-16 ***
age                256.9       11.9  21.587  < 2e-16 ***
sexmale           -131.3      332.9  -0.394 0.693348
bmi                339.2       28.6  11.860  < 2e-16 ***
children           475.5      137.8   3.451 0.000577 ***
smokeryes        23848.5      413.1  57.723  < 2e-16 ***
regionnorthwest   -353.0      476.3  -0.741 0.458769
regionsoutheast -1035.0      478.7  -2.162 0.030782 *
regionsouthwest  -960.0      477.9  -2.009 0.044765 *
---
Signif. codes:  0 '***' 0.001 '**' 0.01 '*' 0.05 '.' 0.1 ' ' 1

Residual standard error: 6062 on 1329 degrees of freedom
Multiple R-squared:  0.7509,    Adjusted R-squared:  0.7494
F-statistic: 500.8 on 8 and 1329 DF,  p-value: < 2.2e-16
```

```
> data_new = read.csv('data/insurance_new.csv')
> data_new
  age    sex    bmi children smoker    region
1  21 female 27.900        0    yes southwest
2  18   male 33.770        1     no southeast
3  30   male 33.000        3     no southeast
4  33 female 22.705        0    yes northwest
5  43   male 32.120        2    yes northeast
> predict(lm_charges, data_new)
        1         2         3         4         5
25807.426  3448.603  7220.701 27734.679 34669.400
```

- lm()과 charges를 데이터의 나머지 모든 변수로 설명하는 모형식 "charges ~ ."으로 선형회귀 모형 적합
- 적합된 모형의 실행 결과 중 "Coefficients"에서 모형의 회귀 계수를 확인할 수 있으며, "age"의 회귀 계수 256.9는 "age"가 1 증가할 때 마다 "charges"가 256.9씩 증가한다고 해석할 수 있음
- summary()의 실행 결과 중 "Coefficients"에서 각 설명변수(독립변수)의 회귀 계수와 표준 오차, 회귀 계수를 표준 오차로 나눈 t값, 그리고 각 변수의 통계적 유의성에 대한 유의확률을 확인 가능
- 예를 들어, "age"의 회귀 계수 256.9를 그 표준 오차 11.9로 나눈 t값은 21.587이며, 유의확률 ("Pr(>|t|)")이 2e-16보다 작으므로 유의수준 0.05에서 통계적으로 유의미하다고 판단할 수 있음
- "sex", "smoker", "region"과 같은 범주형 변수는 "sexmale"과 같이 0, 1로 구성된 가변수(dummy variable)로 변환되어 모형적합에 활용하며 "sexmale"이 1일 경우, 즉 "sex"의 값이 "male"일 경우 charges는 -131.3만큼 영향을 받는다고 해석
- "Multiple R-squared"는 결정계수를 의미하며, 적합된 회귀 모형으로 "charges"의 분산 혹은 차이의 75.09%를 설명 가능함을 의미
- "F-statistic"은 모형 전체의 유의성에 대한 검정 내용으로 유의확률이 2.2e-16보다 작으므로 유의수준 0.05에서 적합된 선형회귀 모형이 통계적으로 유의미하다고 해석
- 적합된 모형과 predict()를 활용하여 새로운 관측치에 대한 예측 계산 가능

11 로지스틱회귀 모형

```
> data_stu = read.csv('data/students.csv')
> head(data_stu)
  admit gre  gpa  rank
1     0 380 3.61    3
2     1 660 3.67    3
3     1 800 4.00    1
4     1 640 3.19    4
5     0 520 2.93    4
6     1 760 3.00    2
> glm_admit = glm(admit~., data=data_stu, family='binomial')
> summary(glm_admit)

Call:
glm(formula = admit ~ ., family = "binomial", data = data_stu)

Coefficients:
             Estimate Std. Error z value Pr(>|z|)
(Intercept) -3.989979   1.139951  -3.500 0.000465 ***
gre          0.002264   0.001094   2.070 0.038465 *
gpa          0.804038   0.331819   2.423 0.015388 *
rank2       -0.675443   0.316490  -2.134 0.032829 *
rank3       -1.340204   0.345306  -3.881 0.000104 ***
rank4       -1.551464   0.417832  -3.713 0.000205 ***
---
Signif. codes:  0 '***' 0.001 '**' 0.01 '*' 0.05 '.' 0.1 ' ' 1
(Dispersion parameter for binomial family taken to be 1)

    Null deviance: 499.98  on 399  degrees of freedom
Residual deviance: 458.52  on 394  degrees of freedom
AIC: 470.52

Number of Fisher Scoring iterations: 4

> data_stu_new = read.csv('data/students_new.csv')
> head(data_stu_new)
  gre  gpa  rank
1 750 4.01    4
2 800 3.52    1
3 500 4.22    2
4 650 3.76    3
> predict(glm_admit, data_stu_new, type='response')
        1         2         3         4
0.3500242 0.6574101 0.4650146 0.3025625
```

- 로지스틱회귀 모형은 이진(binary) 관심변수(종속변수)에 대한 모형으로, glm()을 활용하여 적합하고 "family='binomial'" 옵션을 활용
- 선형회귀 모형과 마찬가지로 범주형 변수는 가변수 처리되며, summary()를 활용해 각 변수가 모형에 필요한지를 따지는 유의성 검정 결과를 확인 가능
- predict()와 "type='response'" 옵션을 활용해 새로운 관측치에 대한 "1"일 확률 예측값을 계산

12 의사결정나무(회귀)

```
> library(rpart)
> library(rpart.plot)
> data_ins = read.csv('data/insurance.csv')
> head(data_ins)
  age    sex    bmi children smoker    region   charges
1  19 female 27.900        0    yes southwest 16884.924
2  18   male 33.770        1     no southeast  1725.552
3  28   male 33.000        3     no southeast  4449.462
4  33   male 22.705        0     no northwest 21984.471
5  32   male 28.880        0     no northwest  3866.855
6  31 female 25.740        0     no southeast  3756.622
> 
> tree_charges = rpart(charges ~ ., data=data_ins, maxdepth=3)
> tree_charges
n= 1338

node), split, n, deviance, yval
      * denotes terminal node

1) root 1338 196074200000 13270.420
  2) smoker=no 1064  38188720000  8434.268
    4) age< 42.5 596  13198540000  5398.850 *
    5) age>=42.5 468  12505450000 12299.890 *
  3) smoker=yes 274  36365600000 32050.230
    6) bmi< 30.01 130   3286655000 21369.220 *
    7) bmi>=30.01 144   4859010000 41692.810 *
```

```
> rpart.plot(tree_charges)
```

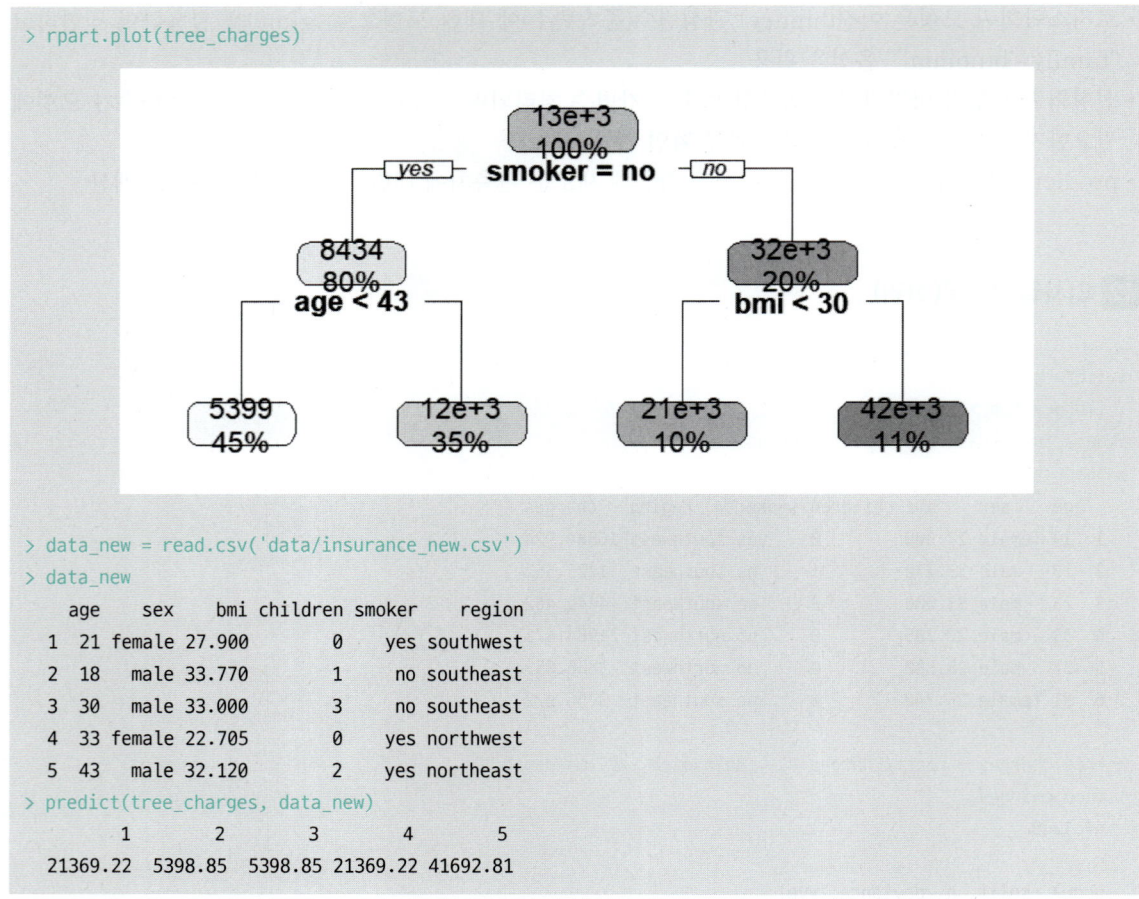

```
> data_new = read.csv('data/insurance_new.csv')
> data_new
  age    sex    bmi children smoker    region
1  21 female 27.900        0    yes southwest
2  18   male 33.770        1     no southeast
3  30   male 33.000        3     no southeast
4  33 female 22.705        0    yes northwest
5  43   male 32.120        2    yes northeast
> predict(tree_charges, data_new)
       1        2        3        4        5
21369.22  5398.85  5398.85 21369.22 41692.81
```

- rpart 패키지의 rpart()를 활용해 의사결정나무 모형을 적합 가능하며, "maxdepth=3"과 같은 옵션 활용
- 관심변수(종속변수)가 수치형인 회귀 나무에서 "root" 노드의 제곱합은 196074200000이고 "charges"의 평균은 13270.420인데, 첫 분기에서 "smoker=no"와 "smoker=yes"로 분할하며 각 노드의 평균은 8434.268와 32050.230이고 각 노드는 다시 "age"와 "bmi"를 활용해 분할됨
- predict()로 각 관측치에 대해 동일한 조건에 해당하는 노드의 평균값으로 예측값을 계산

13 의사결정나무(분류)

```
> data_stu = read.csv('data/students.csv')
> head(data_stu)
  admit gre  gpa rank
1     0 380 3.61    3
2     1 660 3.67    3
3     1 800 4.00    1
4     1 640 3.19    4
5     0 520 2.93    4
6     1 760 3.00    2
```

```
> tree_admit = rpart(admit~., data=data_stu, method='class', maxdepth=3)
> tree_admit
  n= 400

node), split, n, loss, yval, (yprob)
      * denotes terminal node

 1) root 400 127 0 (0.6825000 0.3175000)
   2) gpa< 3.415 208  45 0 (0.7836538 0.2163462)
     4) rank=3,4 99  13 0 (0.8686869 0.1313131) *
     5) rank=1,2 109  32 0 (0.7064220 0.2935780)
      10) gre< 730 99  25 0 (0.7474747 0.2525253) *
      11) gre>=730 10   3 1 (0.3000000 0.7000000) *
   3) gpa>=3.415 192  82 0 (0.5729167 0.4270833)
     6) rank=2,3,4 160  58 0 (0.6375000 0.3625000) *
     7) rank=1 32   8 1 (0.2500000 0.7500000) *
>
> rpart.plot(tree_admit)
```

- 관심변수(종속변수)가 범주형인 경우에도 rpart()를 활용하며 "method='class'" 옵션을 추가

MEMO

MEMO

자격증은 이기적!

합격입니다.

이기적 강의는 무조건 0원!

이기적 영진닷컴

공부하다가 궁금한 사항은?
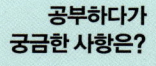
이기적 스터디 카페